武城年鉴

WUCHENG YEARBOOK

2018

中共武城县委
武城县人民政府 主办
武城县党史史志办公室 编

方志出版社
Publishing House of Local Records

图书在版编目（C I P）数据

武城年鉴. 2018 / 武城县党史史志办公室编. --
北京 ：方志出版社，2018.9
ISBN 978-7-5144-3247-3

Ⅰ. ①武… Ⅱ. ①武… Ⅲ. ①武城县 - 2018 - 年鉴
Ⅳ. ①Z525.24

中国版本图书馆CIP数据核字（2018）第209452号

武城年鉴（2018）

编　　者：武城县党史史志办公室
责任编辑：王　品
出 版 人：冀祥德
出 版 者：方志出版社
地址　北京市朝阳区潘家园东里9号（国家方志馆4层）
邮编　100021
网址　http://www.fzph.org
发　　行：方志出版社图书经销中心
电话（010）67110500
经　　销：各地新华书店
印　　刷：山东黄氏印务有限公司
开　　本：787×1092　1/16
印　　张：30
字　　数：624千字
版　　次：2018年9月第1版　2018年9月第1次印刷
印　　数：0001～1000册
ISBN 978-7-5144-3247-3　定价：300.00元

武城县地方史志编纂委员会

《武城年鉴（2018）》编审人员

中国共产党武城县第十三次代表大会

2017年1月12日至14日，中国共产党武城县第十三次代表大会胜利召开。张磊代表中共武城县第十二届委员会向大会作报告，报告的题目是《积极地稳，主动地进，让党中央治国理政新理念新思想新战略在武城落地生根开花结果》。

《报告》指出，今后五年的工作主题是：让党中央治国理政新理念新思想新战略在武城落地生根、开花结果。总体思路是：高举中国特色社会主义伟大旗帜，全面贯彻党的十八大和十八届历次全会精神，以邓小平理论、“三个代表”重要思想、科学发展观为指导，深入贯彻习近平总书记系列重要讲话精神，紧紧围绕“四个全面”战略布局和“五大发展理念”，充分认识经济总量太小、供给结构失衡两大主要矛盾，以全面从严治党为总抓手，牢固树立新发展理念，以做大总量和提高质效为目标，以推进供给侧结构性改革为主线，积极地稳，主动地进，不断改革创新，完善体制机制，坚持标本兼治，一手抓产业推进，一手抓生活环境提升，调动各方面积极因素，努力建设协同发展先行区。总体要求是：围绕“四县”战略，更新思想观念、改进工作方法、狠抓工作落实。工作主基调是：积极地稳，主动地进。

大会选举产生了中共武城县第十三届委员会、县纪律检查委员会，审议通过了《中国共产党武城县第十三次代表大会关于十二届县委工作报告的决议》和《中国共产党武城县第十三次代表大会关于十二届县纪委工作报告的决议》。

中共武城县委书记张磊代表中共武城县第十二届委员会向大会作报告

2017 年 1 月 14 日下午，中国共产党武城县第十三届委员会举行第一次全体会议，选举产生县委常委、书记、副书记。图为新当选的县委常委合影，从左到右依次为：李兆臣、乔咏梅、田志清、季之岭、张磊、朱恩鹤、刘之荣、刘呈辉、耿建强、陈义太。

（本栏照片由武城时报提供）

武城县第十七届人民代表大会第一次会议

2017 年 1 月 15 日至 18 日，武城县第十七届人民代表大会第一次会议召开。

中共武城县委副书记、县长朱恩鹤在县第十七届人民代表大会第一次会议上作《政府工作报告》

县人大常委会主任王英华在县第十七届人民代表大会第一次会议上作《人大常委会工作报告》

大会期间听取并审议通过了朱恩鹤作的政府工作报告，王英华作的县人大常委会工作报告，陈晓静作的法院工作报告，智广作的检察院工作报告。审议通过了武城县 2016 年国民经济和社会发展计划执行情况与 2017 年计划草案，武城县 2016 年财政预算执行情况和 2017 年财政预算草案。

选举王英华为县人大常委会主任，选举朱恩鹤为县人民政府县长，选举陈晓静为县人民法院院长，选举智广为县人民检察院检察长，选举张玉清、袁长霞、贾保华、孙玉民、丰文茂为县人大常委会副主任，选举田志清、杜文陆、王国琦、韩以广、孙旭红为县人民政府副县长，选举王士杰、王希辉等 25 人为县人大常委会委员，选举刘贵堂、吴振齐等 32 人为出席德州市第十八届人民代表大会的代表。并表决通过了县十七届人民代表大会各专门委员会组成人员人选。

（本栏照片由武城时报提供）

中国人民政治协商会议第十届武城县委员会第一次会议

▶ 县政协主席王志强在县政协十届一次会议上作报告

2017 年 1 月 14 日至 17 日，中国人民政治协商会议第十届武城县委员会第一次会议召开。

王志强代表县政协九届委员会常务委员会作工作报告。会议审议通过了《关于县政协十届一次会议提案审查情况的报告（草案）》，听取并表决通过了《县政协十届委员会第一次会议决议（草案）》。

大会选举王志强为县政协第十届委员会主席，选举周树彬、石尚贞、潘华伟、李俊清、王文东为副主席，牟光勇为秘书长。

（本栏照片由武城时报提供）

不忘初心

2018 年 6 月 28 日，武城县举办庆祝建党 97 周年暨“担当作为 干事创业”先进典型事迹汇报会。▶

◀ 2017 年 1 月 19 日，中共武城县委书记张磊看望慰问困难群众。

牢记使命

2017 年 10 月 11 日，武城县举办“红心永向党　喜迎十九大”主题演讲大赛。▶

◀ 2018 年 5 月 25 日，中共武城县委副书记、县长朱恩鹤参加党员固定活动日。

（本栏照片由武城时报、武城县广播电视台提供）

武城名片

- 首批中国地名文化遗产千年古县
- 全国第一个玻璃钢县
- 中国汽车零部件产业集群县
- 中国民族毯业城
- 中国民族经济最具潜力县
- 中国辣椒之乡
- 中国食用菌之乡
- 全国棉花生产百强县
- 中国全面小康成长型百佳县
- 山东省投资环境最佳县市
- 山东省省级卫生县城

数字武城

- 2017 年全县总人口 38.59 万人
- 实现地区生产总值 199.5 亿元
- 第一、二、三产业结构比例为 11.8 ：50.8 ：37.4
- 人均 GDP 达到 5.29 万元
- 全年居民消费价格指数（CPI）上涨 1.4%
- 粮食总产量 68.74 万吨
- 蔬菜（含食用菌）产量 17.98 万吨
- 全社会固定资产投资 217.95 亿元
- 全年客运量 562.5 万人
- 邮政业务总量 5600.17 万元
- 进出口总额 6.78 亿元
- 社会消费品零售总额 96.58 亿元
- 全县城乡居民人均可支配收入 1.9 万元
- 金融机构各项存款余额 171 亿元
- 在校学生人数 5.27 万人
- 常住人口城镇化率 55.57%
- 基本养老保险参保人数 25.28 万人
- 基本医疗保险参保人数 35.2 万人

农业机械化　　　　（摄影　赵书华）

玲珑轮胎　　　　（摄影　尹元渤）

古贝佳酿　　　　（摄影　刘炳锋）

龙祥橡塑　　　　（摄影　赵书华）

共享工厂　　　　（摄影　赵登勤）

招才引智　　　　（供稿　武城时报）

生态公园　（摄影　李玉军）

贝州湖　（摄影　李玉军）

多 彩

柳子戏 （摄影　尹元渤）

百姓春晚
（摄影　赵书华）

环保骑行 （摄影　李玉凯）

▲ 跑驴　（摄影　吴华）

▼ 央视拍摄取景　（摄影　陈华晓）

欢乐的音符 （摄影　赵登勤）

乡村小学新貌
（摄影　张恒录）

新型农村社区
（摄影　张恒录）

生态武城

春意盎然（摄影 赵登勤）

盈盈秋水（摄影　张恒武）

银装素裹（摄影　赵登勤）

广场夜色　（摄影　赵登勤）

静谧夜景 （摄影　赵登勤）

编 辑 说 明

一、《武城年鉴》是由中共武城县委、武城县人民政府主办，由武城县党史史志办公室承编的大型地方性综合年度资料性文献。始编于2015年，已连续出版4卷。本卷翔实地记载武城县2017年政治、经济、文化、社会、生态等各方面基本情况，反映武城县紧紧围绕“四县战略”，重启“认真模式”，积极地稳、主动地进，推进经济建设、作风建设、质量建设“三大重点建设”，努力建设协同发展先行区，共筑美丽幸福武城梦的过程中，获得的新成就、新经验。为各级各界人士了解研究武城提供权威信息，同时为编修地方志积累材料。

二、《武城年鉴（2018）》共设24个栏目：特载、大事记、武城概览、武城印象、机构人物、政治、人民团体、法治、军事、农业水利、工业、商贸流通、城建环保、交通邮政通信、金融、财政税务、经济管理与监督、教育、科学、文化体育旅游、卫生和计划生育、社会、镇（街、开发区）概况、附录。采取分类编辑法，以篇目、分目、条目组成框架结构主体部分，全书条目标题统一用黑体字加【　】表示。为保持记述的连续性，书中个别内容有适当上溯或下沿。本书中光荣榜及附录中所载文件根据相关行文规范和需要，略有删节。为方便读者查阅，卷末备有简要索引。

三、为生动形象反映武城的新风貌，卷首有武城县地图和彩色图片47幅，随文配有彩图155幅。

四、本年鉴使用了9个二维码符号，收录了8个视频资料和1个一次文献，以便读者扫描阅读。

五、本年鉴的基础资料由武城县直机关单位和镇、街、开发区及中央、省、市驻武单位提供。综合数据摘自武城县统计局统计公报，个别数据因统计口径不同存在差异。文中插图由相关单位报送或选自公开媒体。

七、本年鉴在编写过程中得到各级领导及各单位的大力支持，是集体协作的成果，在此，谨向为本年鉴编辑出版给予热情支持、付出辛勤劳动的单位和个人表示衷心感谢！由于编纂水平所限，书中难免错讹和疏漏，恳请广大读者批评指正。

编　者

2018年9月

目 录

Contents

武城印象

Wucheng Impression

机构　人物

Organizations People

政党　政权

Party Regime

人民团体

Mass organizations

法　治

Rule by Law

军　事

Military

农业　水利

Agriculture Hydraulic Engineering

工　业

Industry

商贸流通

Commerce Circulation

城建　环保

Urban Construction Environmental Protection

交通　邮政　通信

Transportation Postal Service Communication

金　融

Finance

财政　税务

Finance Taxation

经济管理与监督

Economical Management and Supervision

教　育

Education

科　技

Science

文化　体育　旅游

Culture Sports Tourism

卫生和计划生育

Health and Family Planning

社会生活

Social Life

镇街开发区

Town and Street and Development zone

附　录

Appendix

特　载

Special Report

重启认真模式　推进三大建设

始终保持高质量发展的战略定力

——在全县总结考评暨经济工作会议上的讲话

（2018 年 2 月 24 日）

中共武城县委书记　张磊

一、关于 2017 年工作

2017 年是极不平凡的一年，在压力大、任务重、形势紧的背景下，全县上下团结一心、扎实苦干，跨过了一道又一道难关，打赢了一场又一场硬仗，提振了信心、鼓舞了士气，显示了武城干部担当实干、团结攻坚、创新有为的良好形象。总的来讲，底线工作坚定有力，在安全生产、生态环保、脱贫攻坚、金融风险防控、社会稳定等底线工作上，守得死、把得牢、有创新，为党的十九大胜利召开做出了积极贡献；重点工作扎实有效，产业升级、企业培植、招商引资、棚改拆迁、基础设施建设等工作成绩实打实、效果看得见；常规工作有序推进，农业农村、教育卫生、金融财税、社会保障、城市管理、基层党建等工作，在常规推进中闯出了新路、创造了亮点；攻坚工作势如破竹，全面深化改革、省级卫生县城复审、教育均衡县验收以及外经外贸等工作，均取得突破性进展。总之，一年来，我们围绕新形势、新任务，始终坚持“积极地稳，主动地进”，全县经济社会呈现出稳中竞进、稳中增潜、稳中向好态势，为推动高质量发展奠定了良好基础。主要表现在：一是工作架构基本搭建。工作架构是工作推进的基础工程，只有搭好台，才能唱好戏。为推动产业发展，我们在“三位一体、四线联动”协同推进产业发展基础上，进一步健全完善了“699”产业推进体系，产业办、部门、镇街协调联动，搭建起信息共享、合力攻坚的新体系。为啃下生态环保这块“硬骨头”，我们健全完善了县生态环保委，形成“1+13”工作体系，上下联动、左右协同，搭建起“党政同责、一岗双责”齐抓共管的框架。另外，还有安全生产“1+17”监管体系、社会大救助体系，等等，这些系统性的工作体系，有力推动了工作开展。二是体制机制更加完善。体制机制健全，工作才能一顺百顺。当前，产业项目论证，联合验线、加快项目建设等办法，成为过滤劣质项目的“防火墙”；政府投资项目“回头查”“回头看”工作机制，成为保证质量的“过滤网”。我们在全市率先推开的“1+2+X+N”大维稳工作机制，形成了领导带头、部门负责、协调配合的良性格局，成功解决了大批历史遗留问题。还有我们集思广益、讨论研究形成的“土六条”“油四条”等举措，既明确了“时间、地点、人物、是什么、为什么”，更解决了“怎么办”的问题，有力推进了上级政策落实的动作化、规范化、具体化。三是作风能力不断提升。建设一支高素质的党员干部队伍，是取得一切成绩的基础。去年以来，我们深入推进“业务单位学业务”“整风肃纪，抓早抓小”活动，落实“三种行为”治理、“两黑”整治、“四风问题”查摆改等系列动作，全县党员干部的整体素质明显提升、作风明显改变、能力明显增强。实践充分证明，抓作风建设就是抓战斗力、抓生产力、抓凝聚力，就是抓发展、抓民生、抓稳定，必须把全面从严治党这场自我革命进行到底。

在肯定成绩的同时，我们更要充分认识到，面对新时代、新要求，我们还有很多不足，主要表现在：一是发展不平衡不充分的一些问题比较突出，仍面临“供给结构失衡、经济总量太小”两个影响发展的突出问题，发展质量和效益不高，实体经济发展不足，产业推进与新发展理念“形似神不似”；二是生态建设任务繁重，大气、水、土污染防治面临较大压力；三是民生领域还存在不少短板、弱项，各类风险防控需要高度重视；四是干部队伍的执政能力和执政水平还不能很好地适应新形势、新任务的要求，破除惯性思维、增强担当精神、落实新发展理念还有很多工作要做；五是工作不平衡的问题较为突出，部门与部门、部门与镇街、镇街与镇街之间都存在这种现象。这都需要引起高度重视，坚持问题导向，切实加以解决。

二、关于 2018 年工作安排

虽然我们永远处于滚石上山的路上，但经过近两年来的更新观念、改进方法、狠抓落实，拉起了框架、打牢了基础、选准了路子，目前各项工作已到了一个攻城拔寨、收获成果的关键时期。今年工作的总体思路是：深入学习贯彻党的十九大精神，坚持以习近平新时代中国特色社会主义思想为指导，坚持新发展理念，坚持以人民为中心，围绕供给结构失衡、经济总量太小这两个影响发展的突出问题，坚持把全面从严治党作为推进全局工作的总抓手，以推进供给侧结构性改革为主线，重启“认真”模式，推进经济建设、作风建设、质量建设“三大重点建设”，统筹抓好稳增长、促改革、调结构、惠民生、防风险各项工作，积极地稳，主动地进，努力实现高质量、更平衡、更充分的发展。

工作推进过程中，重点把握六条原则。

第一，牢牢把握全面从严治党这个总抓手。始终保持治党务必从严的战略定力，坚持把政治建设摆在首位，严肃党内政治生活，把党的十九大精神作为行动指南，在真学、真懂基础上做到真信、真用。要抓住作风建设这个关键，从县委常委会做起，切实抓好县级干部和“一把手”等关键少数，把“正不正、敢不敢”作为重要依据，把能否“干成事”“打胜仗”作为重要标准，将作风建设落实到每一项具体工作，以优良作风保障高质量发展。县几套班子成员带头开展好“讲认真、守规矩、除陋习、扫污垢”活动，形成“头雁”振翅飞、“群雁”紧相随的生动局面。

第二，牢牢把握群众路线这条生命线和根本工作路线。党的十九大强调，“把党的群众路线贯彻到治国理政全部活动之中”。我们必须充分理解其中的深刻含义，牢固树立以人民为中心的发展思想，坚持一切为了群众，一切依靠群众，从群众中来，到群众中去。要大兴调查研究之风，要尊重和激发群众的首创精神，既要反对命令主义，又要反对尾巴主义，要在工作中宣传群众、发动群众、组织群众，努力探索新形势下做好群众工作的新方式、新方法。

第三，牢牢把握实事求是的思想路线。实事求是的要义在于讲“认真”。毛泽东同志讲，世界上怕就怕“认真”二字，共产党就最讲认真。只有讲“认真”，谋发展才能有高境界，干工作才能下真功夫，抓落实才能一抓到底、一气呵成。要对照刘家义同志“八个讲认真”要求，凡事都要秉持讲“认真”的工作态度，重启“认真”模式，细谋敏行、敢于担当，把“认真”精神体现到干事创业的方方面面。

第四，牢牢把握“两问四答”衡量标尺。“两问”，即是否把群众的小事当成自己的大事，做到视人如己；是否把公家的事当成个人的事，做到视公如私。“四答”，即回答好是否向总书记看齐的问题、是习惯惯例大还是纪律规矩大的问题、敢不敢担当的问题、会不会业务的问题。之所以提出开展任何具体工作，都要对照“两问四答”标准的要求，其实质就是要求同志们用心、认真，切实办好公家的事、办好群众的事。只有对照好“两问四答”，用这把尺子丈量好日常行为，才能将时刻保持高质量发展的战略定力落实到所有具体工作，才能落实好以人民为中心的发展思想，才能不断满足群众日益增长的美好生活需要。

第五，牢牢把握“深化改革创新”动力源泉。故步自封、自我满足、自以为是最可怕，“学然后知不足”“知不足，然后能自反也”。我们必须认真学习贯彻习近平新时代中国特色社会主义思想，深刻把握其所蕴含的立场观点方法，用新思想来解放思想，用新思想来更新观念，把新思想、新发展理念内化为价值取向和行为准则，指导我们不断发现武城的现实问题、指导我们结合武城实际，改革创新，解决问题。

第六，牢牢把握“三大建设”核心要求。今年，县委、县政府提出要抓好经济建设、作风建设、质量建设“三个重点建设”，这是从不同维度讲的。经济建设是我们最需补齐的短板，经济建设上，关键就是牢固树立“经济工作一切以项目为中心”的理念，把所有工作都落实到“推进项目、引进项目、培植项目”上。作风建设是最为根本的一招，作风建设上，关键就是对照十种表现、具体工作、“头雁”效应、“三种行为”、重点难题来持续推进“查摆改”工作，坚决根除“四风”问题，尤其是习惯性的官僚主义、形式主义。质量建设是我们最需解决的问题，质量建设上，新旧动能转换、保障和改善民生、各项底线工作、党的建设，所有工作推进都要讲质量、求效益、重长远、顾大局，努力做到“不要人夸颜色好，只留清气满乾坤”。

三、关于2018年工作任务

主要就是围绕中央、省市的系列部署要求，结合我县实际，突出抓好全面从严治党、实体经济发展、乡村振兴战略、城市提档升级、重点领域改革、提高民生发展质量、打赢“五大”攻坚战等重点工作，努力把高质量发展的要求落到实处。

第一，党的建设要强基固本，努力做到“打铁必须自身硬”

实现高质量发展，必须持续推进高素质队伍建设。全体党员、干部必须按照十九大党的建设总要求，抓好自身、带好队伍，改进作风、提升能力，为事业发展提供坚强支撑。

一要把党的政治建设摆在首位。要弘扬马克思主义学风，高质量开展好“不忘初心、牢记使命”主题教育，抓好“业务单位学业务”活动，强化理论武装、补足精神之钙，提升业务能力，真正用十九大精神武装头脑、指导实践、推动工作。要进一步强化“四个意识”，以强烈的政治意识和高度的政治自觉，全面落实好中央、省市县委确定的各项决策部署，决不能打折扣、搞变通。比如，我们正在积极推进的创卫工作，就是县委、县政府从全局出发，安排的一项政治任务，各级各部门必须围绕“认识再提高、作风再改进、群众再发动、党建再加强、机制再完善、责任再落实”的六方面总体要求，统一思想、步调一致、确保成功。

二要持之以恒正风肃纪。要将“查摆改”工作作为“整风肃纪，抓早抓小”活动重要内容，查问题、摆表现，改进作风、改进工作，持续性跟进监督，进一步优化政治生态。要坚决抓好反腐败斗争，深入推进国家监察体制改革试点，全面开展政治巡察，综合运用监督执纪“四种形态”，始终保持反腐败斗争的压倒性态势。要把扫黑除恶同反腐败结合起来，抓实抓好断链、破网、拆伞等关键环节，坚决铲除黑恶势力滋生蔓延的土壤。

三要抓好基层党组织建设。树牢党的一切工作到支部的鲜明导向，抓好“三会一课”制度落实，努力让党的每个“细胞”更健康、更坚强。下精细功夫抓好“两委”换届，改进“支部统领，主体分工”治理机制，提升领导基层治理水平。统筹抓好城市社区、机关、企事业单位、非公有制经济组织和社会组织等基层党组织建设，推进党的组织、党的工作全覆盖，巩固和发挥好基层党组织在社会治理中的领导核心地位和作用。

四是把管党治党的主体责任落到实处。习近平总书记指出，全面从严治党是各级党组织的职责所在，各级党组织及其负责人都是责任主体，必须担负起全面从严治党的主体责任。落实主体责任是对各级党组织的政治要求，也是各级党组织的法定职责。全县各级务必牢固树立“抓从严治党是本职、不抓从严治党是失职、抓不好从严治党是渎职”的观念，把主体责任落到实处。

第二，产业推进要全面“神似”，不断加快新旧动能转换

对武城来讲，产业建设是经济建设的核心任务。去年以来，我们凝神聚力、严守底线，在保“稳”上建立了好机制、筑牢了好基础，这些都为我们向经济建设发力、向产业进军形成了更好保障。目前我们在产业推进上，“形似”而“神不似”是最大问题，项目建设是最大短板，必须围绕这两个重中之重，投入主要精力、调准方向和重心，发挥特色产业集群的优势，克服供给结构失衡的短板，聚焦聚力、重点突破。

一要坚持以项目为中心。项目是经济发展的“生命线”，是稳增长、调结构、惠民生的重要支撑。做到以项目为中心，主要做到“三有”：有方向、有结果、有质量。有方向，就是确保方向不偏，紧紧围绕党的十九大、中央经济工作会议等会议精神，对各项决策部署真学、真懂、真信、真用，真正做到“因为相信而看见”，看见工作推进的道路，看到解决问题的办法。在抓开放引领上、抓对接京津冀上，思想要放开、手段要放活、力度要加大，把特色产业培优培强，把优质项目培强培大。有结果，就是强化结果导向，明确时间节点，确保工作推进有效益、推动发展有支撑。这里明确一下，就是最晚到今年6月底，各有关部门、产业办、镇街区的工作都要靠落地项目来体现，确保成果实实在在。有质量，坚持一手抓狠力招引项目、一手抓狠心否决项目常态化、制度化，通过严把项目论证、签订亩均税收协议等措施来抓好落实，决不能让今天引来的项目成

为明天发展的包袱。

二要加快新旧动能转换。要按照高质量发展的要求，聚焦新旧动能转换，紧紧抓住全省综合试验区建设重大历史机遇，不断提高实体经济的质量、效益和竞争力。重点就是充分发扬企业家精神、劳模精神、工匠精神“三种精神”，在“破”“立”“降”上下功夫。“破”就是大力破除无效供给，加快“僵尸企业”市场出清。“立”就是大力培育新动能，深入推进新材料（玻璃钢）产业拓展、新能源空调产业整合、汽车及汽车零部件产业合作发展转型升级“三大工程”，全力加快“三招三引”步伐。坚持企业“唯一性”导向，坚持以科技创新为引领推动协同创新。“降”就是大力降低实体经济成本，深化“放管服”改革。搞好“破”“立”“降”，对县级层面讲，关键要有具体的动作、精准的动作，而不能大而化之。例如，前期，县政府绘制的以地治税“四张地图”（工业占地图、宗地地主图、占地主体税收图、占地主体亩均税收图），就是意义重大的一个具体而精准的动作，有了这个动作，我们的“破”“立”“降”就可以精准到每一个企业、每一个项目，今天表彰的这40家企业，就是“四张地图”的一个具体运用。

三要全力做好保障工作。强化作风保障。从近两年的大量事实案例中，我们可以发现，经济领域不作为、慢作为、乱作为“三种行为”危害巨大，群众反映强烈，必须下狠手整治到位。县纪委监委要围绕工作推进，进一步强化过程监督，重点抓早抓小，拿出专门意见。特别要加强对批示件有关问题的办理，挖掘出一些深层次问题、一批共性问题，由点及面、由表及里，把违规行为整治到位，把制度笼子扎得更紧。强化要素保障。有关部门要加强工作创新，加强协调配合，持续加大人才、土地、金融、基础设施等要素保障力度，切实让企业来之安心、发展舒心。

第三，城乡建设要规范提升，打造融合发展新格局

去年以来，我们在建设、管理、拆违等方面做了大量工作，也取得了不错成效，群众也比较满意，但抓生活环境提升是一项长期工程，我们必须坚持常抓不懈、久久为功，一步一个脚印，一年一个台阶，努力把各项工作干起来。

一要把握四个关键词。主要就是质量、进度、管理、作风，这是针对整个城建工作来讲的。抓质量很容易理解，我们所有城建工程、城建项目都是民生所系、群众所盼，必须把质量放在第一位。要建立“回头查”“回头干”的长效机制，阶段性地来一次自我体检，找出不足、加以改正。在抓好质量、抓好安全的基础上，必须注重工程进度，一天的活不能拖到第二天，否则的话，即使质量再好，县委、县政府不会答应，群众也不满意。在这方面，我们吃过很多亏，财政拨了钱，各方都着急，但有些工程就是疲疲沓沓、应应付付，没速度、没效益。今后工作中，这是决不允许的。在管理上，关键要把功夫下在经常，要常盯、盯长，对市容市貌、城区交通秩序规范、地下水开采使用、居民小区管理，等等，牵头部门要充分做好“严格管理、人性化管理、规范性执法”的结合文章，该管理的管到位，该治理的治到位。同时，要严防违法建设，严查违法建设，严禁违法建设，坚决拆除违法建设。“路长制”“街长制”工作要加快推进、加快落实，开创武城道路建管的新局面。关于城区的基础设施工程，要进一步加强工作梳理，理出工作头绪，科学安排施工。一个总的原则，就是先地下再地上；以污水管

道来引领地下工程，以机动车道来引领地上工程。作风建设上，城建领域不仅要抓作风问题，还要抓好反腐败工作，因为城建领域非同一般，好多作风问题极易演变为腐败问题，必须高度重视，深挖严打、彻底根除。

二要实施乡村振兴战略。党的十九大报告指出，“建立健全城乡融合发展体制机制和政策体系”。从“统筹城乡发展”到“城乡发展一体化”，再到“城乡融合发展”，既反映了中央政策的一脉相承，又符合新时代的阶段性特征和具体要求。中央农村工作会议进一步对有关工作进行部署，清晰划定了乡村振兴战略的时间表和路线图。省委、省政府实施乡村振兴战略的意见已经出台，市委、市政府也研究了落实意见。各级各有关部门要对照上级要求，认真抓好贯彻落实。特别要高度重视实施产城融合推进就地城镇化试点工作，《山东省新旧动能转换重大工程实施规划》明确指出，“支持武城开展产城融合试点，探索就地城镇化路径模式。”这是省委赋予我们的一项重大政治任务，必须坚决完成好。下一步，我们要以实施产城融合推进就地城镇化试点为引领，紧紧围绕“产业兴旺、生态宜居、乡风文明、治理有效、生活富裕”的总要求，积极拓展试点工作的内涵和外延，把产业兴旺放在乡村振兴的首位，把产城融合作为武城发展的路径，加快城乡融合，释放改革红利，更加务实有效地做好各项工作，努力打造乡村振兴的“武城版”。

第四，民生建设要持续升温，做到以人民为中心

“时代是出卷人，我们是答卷人，人民是阅卷人”。“时代是出卷人”，提醒着我们要把握发展新方位；“我们是答卷人”，鞭策着我们要不负这个新时代；“人民是阅卷人”，警醒着我们要以人民为中心。具体到武城来讲，我们民生欠账还比较多，推进民生建设必须不断升温，一茬接着一茬干，一届赛着一届干，才能有个好成绩。工作中，要正确处理好三方面的关系。

一要处理好“尽力而为”与“量力而行”的关系。尽力而为，就是在民生保障投入上，要高于以往、高于历史，能够用于民生的财力要全部用上，集中力量办大事、办好事，以实实在在的投入，让群众看到变化、感到满意。量力而行，就是结合地方财力，结合融资能力，结合群众的所盼所急，把钱真正用在刀刃上。可以多选一些工程，列入计划库、公示出来，让群众投票来决定。

二要处理好“按部就班”与“提高标准”的关系。这里提的“按部就班”，指的是上级规定的具体工作，必须不折不扣、保质保量完成任务。比如脱贫攻坚，这是全面建成小康社会的底线任务，必须按照“八个精准”要求，打赢关键一仗。同时，我们还要强调“提高标准”，民生工程再提速、民生温度再加热，让群众享受到更多实惠。比如，我们正在开展的国家卫生城、省级园林城、省级食品安全县“三城联创”工作，必须高质量、高标准推进好。

三要处理好“民生质量”与“三种行为”的关系。以人民为中心诠释党的根本政治立场和价值取向。民生领域的“三种行为”影响的是民心，对发展起着“一票否决”的作用。还是用去年的一个老案例，老城镇村民反映古槐被破坏的事，村里的路即使修得再好、公共服务即使再优质，但群众的诉求没回应，一切都是零。所以说，民生领域的“整风肃纪，抓早抓小”活动，要切实从百姓的身边事抓起。在这里，我们定个标准，就是因为同一件事，百

姓通过 12345 市民热线反映 3 次以上得不到解决的，要向县纪委移交。特别是政法类热线要单独分类、重点关注，有关情况及时报送。

第五，底线工作要持续深化，确保不出任何问题

对于安全生产、生态环保、金融风险防控、社会稳定等底线工作，我们必须始终坚持群众路线，坚持问题导向，完善体制机制，特别注重治本，抓在日常，防患未然。

一要在常抓不懈上下功夫。安全生产工作要始终保持高压态势，突出抓好政府、部门的监管责任和企业主体责任落实，继续开展“大快严全”集中行动，警钟长鸣，常抓不懈，确保长治久安。

二要在力度不减上下功夫。按照党的十九大要求，防范化解重大风险（重点是防控金融风险）、精准脱贫、污染防治三大攻坚战是今后 3 年的防范重点，各级各部门要扛起政治责任，保持韧劲、巩固成果，长期坚持、久久为功。

三要在机制完善上下功夫。做好社会稳定工作，关键是以十九大精神来指引、用十九大安保维稳成果来巩固、用十九大维稳经验来提升，总结经验、把握规律，努力把工作经验、创新探索转化成行之有效的体制机制，长期坚持下去。

东风浩荡满眼春，万里征程催人急。全县上下必须以学习贯彻十九大精神为主线，以翻篇归零的心态、雷厉风行的作风，迅速行动起来，抢抓机遇，创造性地推进各项工作，奋力开创新局面、谱写新篇章。

政府工作报告

——在武城县第十七届人民代表大会第二次会议上

（2018 年 1 月 13 日）

中共武城县委副书记、县人民政府县长　朱恩鹤

2017 年工作回顾

2017 年，是极不平凡的一年，是大事、急事、要事高度集中的一年。在县委的坚强领导下，全县上下认真贯彻落实党的十八大、十八届历次全会和党的十九大精神，以习近平新时代中国特色社会主义思想武装头脑、指导实践，更新思想观念，改进工作方法，狠抓工作落实，经济社会呈现稳中有进、进中提质、整体向好的发展态势。

一、经济保持平稳增长，发展质效不断提升。地区生产总值迈上 200 亿元台阶，增长 7.2%。固定资产投资增长 8.5%。外经贸工作实现重大突破，进出口总额增长 5.2 倍，增幅全市第一。一般公共预算收入完成 8.53 亿元，可比增长 10%，财政收入质量实现实质性提升。三次产业比例调整为 11.7：50：38.3，三产占比较年初提高 0.5 个百分点，产业结构持续优化。发展成果最大限度惠及民生。民生支出占一般公共预算支出的 82%。城镇和农村居民人均可支配收入分别增长 8.3% 和 8.8%，高于经济增速 1.1 和 1.6 个百分点。居民人均储蓄达到 36350 元，居全市第 2 位。

二、推进供给侧结构性改革，新旧动能实现接续转换。围绕解决“供给结构失衡、经济总量太小”两个突出问题，大力实施新旧动能转换重大工程，系统用好“加减乘除法”。

优质投入“加”出新支撑。全面打响“向产业进军”重大战役，深入推进新材料（玻璃钢）产业拓展、新能源空调产业整合、汽车及汽车零部件产业合作发展转型升级“三大工程”。新上产业项目 31 个。高新技术投资增长 27%，居全市第 3 位。龙祥公司桥梁支座智能制造、陈氏集团高档汽车内饰件等 58 个重点技改项目扎实推进。玲珑公司半钢子午线轮胎二期项目竣工投产，销售收入增长 40%，成为全国轮胎行业逆势上扬的典范。古贝春集团、水星集团与央企名企合作稳步推进。水星天元公司、中椒英潮公司、凯地兰公司等企业上市挂牌筹备工作有序开展。创新“699”招商模式，双一科技复合材料制品、能态公司氢能发电机等重点项目稳步实施。全国单体规模最大的耀盛农业科技大棚光伏电站项目实现并网发电，连续 20 年每年固定分红 1050 万元专项用于扶贫。

淘汰落后产能“减”出新动能。全县规模以上工业企业煤炭消费量下降 10.2%。万元 GDP 能耗下降 7%，超额完成市定任务。我们

将环保整治作为助推产业转型的重大历史机遇，坚持疏堵结合、分类施策，整治关停“散乱污”企业1444家，开启“共享工厂”武城模式，800余家小微企业实现蝶变重生，新旧动能加速转换，产业发展焕发出蓬勃生机和强大活力。新能源空调产业用电量增长22%，税收增长39.3%。作为整治重点的鲁权屯镇实现税收2.04亿元，增长29%。市委、市政府主要领导同志对我县做法给予充分肯定，《中国环境报》、省电视台进行报道。

创新驱动“乘”出新引擎。坚持以科技创新为引领推进企业协同创新，形成一批具有自主知识产权、行业话语权的科技创新企业。新增市级以上高新技术企业6家、研发平台15个，获专利授权151件。奥博公司成为国内唯一生产高端系列精密过滤装置的企业。丰神农机公司“立式割台”项目入围全省重大科技创新工程。成功举办“才聚贝州·智汇武城”创新创业对接推介会，与山东大学建立全面深化合作关系，全年引进中科院“百人计划”专家等高层次人才18名，6位行业专家担任政府顾问。高新技术产业产值占比达到44.5%，居全市首位。

创优服务“除”出新环境。坚持把提升服务能力和优化政务环境作为重点，努力扫除影响发展的一切障碍。深入推进“放管服”改革，取消、调整权力事项44项，推出“零跑腿”“只跑一次”事项165项。政务大厅增设窗口48个，492项公共服务事项实现上网运行。坚持事要解决原则，对遗留问题不回避、不推脱，帮助企业解决立项、环评、资质等遗留问题1547个。

三、完善提升城乡功能，生活环境明显改善。2017年是城乡建设投入最大、项目最多、变化最明显的一年。坚持标本兼治，一手抓产业推进，一手抓生活环境改善，城市品质和承载能力明显提升。

城乡规划体系日趋完备。《城市总体规划》实施评估报告及纲要通过省住建厅评审，城区管线综合规划及水系、绿地等专项规划完成成果编制，鲁权屯镇、四女寺镇总体规划形成初步成果，覆盖城乡的规划体系正在建立。

重点工程建设成效明显。棚户区改造工程，坚持公开公平公正，一把尺子量到底，五大片区棚改工程完成拆迁5668户，中东片区8天时间拆除率达到99%，创造了征收拆迁的新速度。坚持群众利益至上，把最好的地段用于安置，把最好的环境留给群众，开工安置楼96万平方米。公共设施工程，坚持民生优先理念，新建、扩建解决“大班额”学校8所，新增校舍面积15.5万平方米、学位1.2万个。新设卫生服务站3处，有效满足周边2.2万名居民基本医疗服务需求。德百集团商业综合体主体基本完工，城市功能更加完善。水系景观工程，畅通城市地下管网和供排水体系，改造雨污管网42公里。赵庄沟黑臭水体综合治理工程全面完工，昔日的“臭水沟”变为靓丽的“风景带”；姜庄沟、利城河综合治理项目扎实推进，“水润武城”的美丽画卷即将绘就。城区道路工程，投资1.5亿元的南环路即将通车，北方街、西环路改造工程顺利推进。高标准实施宏海路绿化升级工程，树立起工程施工的标准化、规范化标杆。古贝春大街西展路面改造已完工，打造起城区连接高速公路的快速通道。绿化美化工程，治理裸露土地14万平方米，种植花卉苗木15.3万棵。高速公路及省道沿线大型广告牌匾清理任务全部完成，净化了视觉空间。管理提升工程，大力整治乱停乱放、露天烧烤、违法建设等行为，城市变得更加文明、整洁、有序，成功创建省级文明县城，顺利通过省级卫生县城复审。扎实开展政府投资项目“回头干”“回头看”活动，对发现的问题全面整改、严肃问责，坚决保证工程质量。

镇村建设统筹推进。完成农村无害化卫生厕所改造38458户，累计4.8万户群众受益，三年任务两年提前超额完成。150户农村危房实现应改尽改。辣椒小镇入选山东省特色小镇，四女寺运河孝德古镇跻身德州市特色小镇行列。新建改建县乡道路12公里、村级公路185公里，群众出行更加安全便捷。

四、牢固树立底线思维，社会形势和谐稳定。严守生态底线。建立“1+13”工作体系，创新党政领导现场督办、环保督查专员工作机制，55家企业完成挥发性有机物治理，无震荡关搬改畜禽养殖场947家，在全市率先完成清洁煤推广任务，错峰生产“五步工作法”全市推广。完成“气代煤”改造4925户，高标准通过国家和省级检查验收，我县工作得到充分肯定。建立县镇村三级河长体系，“清河行动”治理任务基本完成。新增造林面积1.3万亩。空气质量改善明显，SO_2、NO_2、PM2.5、PM10分别改善11.4%、10%、19.1%和17.1%，雾霾天气明显减少，蓝天白云成为常态。严守安全底线。深入开展“大快严”集中行动、“起底问效”联合大督查，扎实推进分级管控和隐患排查治理“两个体系”建设，全县安全生产形势持续稳定，受到省政府安委会巡查组高度评价。在全市率先完成基层食药所标准化建设，食药安全监管能力明显提升。建立农产品质量安全“四大体系”，省级农产品质量安全县创建工作稳步推进。严守维稳底线。创新建立“1+2+X+N”大维稳格局，深入开展“大调研、大排查、大整改”、信访案件百日清零等系列行动，全面推行城乡网格化管理，认真落实县级领导公开接访等制度，妥善处置各项信访问题。扎实开展公安基层基础建设三年攻坚行动，德上高速武城公安检查站当年建设当年投入使用。坚持“三个一切”压倒一切，“五个不发生”一个也不发生，圆满完成十九大各项安保维稳任务。严守金融底线。建立金融风险预警机制，大力开展“破圈断链”行动，利用过桥续贷、担保增信等方式，帮扶企业融资17.1亿元；化解9家企业担保贷款风险2.79亿元，打包核销8家企业不良贷款5997万元，果断成功化解1起重大金融风险隐患，有力维护了全县金融稳定。

五、稳步推进重点改革，内生动力不断激发。投融资体制改革扎实推进。组建山东舜华建设集团有限公司，搭建起市场化的国有资本运营平台，破解了影响发展的工具制约。大力拓展新型合作发展方式，与国实集团、赛伯乐公司、鼎泰投融资公司等社会资本对接合作稳步推进。积极盘活国有闲置资产，为后续发展拓展空间。成功盘活齐鲁职业学院、水星集团国有股权等国有资产，龙禧家园保障房盘活等工作扎实推进，释放了国有资本运营潜力。着力解决历史遗留问题，为后续发展扫除障碍。果里社区沿街商铺、梁庄社区完成分配安置，部分商业住宅小区不动产证办理问题得到有效解决，凤凰台社区保障房分配等问题有序推进。农业农村改革走在全省前列。扎实推进就地城镇化试点工作，户籍人口城镇化率达到51.97%，高出全国平均水平10个百分点，全省推进农业转移人口市民化现场会在我县召开。全国农村承包土地经营权抵押贷款试点工作成效突出，完成抵押贷款11.08亿元，居全省首位。农村产权“大数据”共享、土地托管经营模式被新华社、人民日报、中央电视台等国家级媒体宣传报道。新注册家庭农场50家、农民合作社179家。农村党支部领办创办土地股份合作社40家，涉及农户2476户。农业绿色发展方式加快推进，3家企业入选全市首批“放心农场”，李家户镇被评为省级生态循环农业示范园区。新增“三品一标”认证产品17个，认证面积11.6万亩。其他重点改革稳步实施。公立医院全部取消药品加成，群众看病负担进一步减轻。综合行政执法体制改革全面推进。家事审判“武城模式”走进央视《法治中国说》栏目，工作经验全国推广。未成年人保护一体化工作成为全国典型，全国未成年人保护多部门联动机制研讨会在我县召开。

六、全力补齐民生短板，民生福祉持续增进。把脱贫攻坚作为头等大事、第一民生工程，实施产业扶贫项目32个，全年脱贫6848人，38个重点村全部摘帽。在全省率先探索产业扶贫资金所有权、收益权、经营权“三权分置”模式，受到省扶贫部门高度认可。建立社会大救助体系，救助重特大病患者839人次，发放医疗救助金125.3万元，为1万余名困难学生发放助学金728.5万元。饱和式投入3.42亿元推进“全面改薄”，38处校舍工程全部投入使用，新招聘教师300人，顺利通过国家义务教育发展基本均衡县验收。投资7000余万元实施武城二中改造提升工程，学校面貌焕然一新。一次性解决教师职称评聘问题，极大激发了全县教师的工作热情。退役士兵安置和权益保障政策全部落实。我县被评为山东省医养结合示范县、国家老龄健康服务能力建设试点县。基层武装部规范化建设成效明显，省市现场会在我县召开。图书馆通过国家二级馆验收。民兵预备役、双拥共建工作深入开展，妇女儿童、青少年事业健康发展，应急、统计、对台事务、民族宗教、新闻出版、广播电视等工作取得新成绩。

七、严格履行主体责任，政府自身建设进一步加强。推进“两学一做”学习教育常态化制度化，全面贯彻落实党风廉政建设责任制各项要求，从严从实抓好县政府党组和政府系统党的建设。自觉接受人大工作监督、法律监督，主动加强与政协的民主协商，认真听取各民主党派、工商联、无党派人士和人民团体意见，办理人大代表建议138件、政协委员提案148件。严格落实“三重一大”制度，民主决策和依法行政水平进一步提高。所有村庄社区实现法律顾问全覆盖，打通法治建设服务群众的“最后一公里”。深入开展“业务单位学业务”“整风肃纪、抓早抓小”等系列活动，广大干部职工干事创业、担当作为的主动性和积极性不断增强，汇聚起加快发展的强大正能量。

回顾一年来的工作，我们深刻体会到：必须坚持县委的坚强领导不动摇。面对新形势、新任务、新要求，县委把关定向、总揽全局、协调各方，确立了把握两个突出问题、坚持标本兼治等战略部署，为全县发展指明了前进方向、提供了重要遵循，这是加快发展的根本保障。必须坚持加强作风建设不动摇。事业成败，关键在人。锲而不舍抓作风，持之以恒提素质，从严从实，抓早抓小，以作风转变推动工作开展。在产业项目建设上，突出问题导向，成立工作专班，县级领导紧盯紧靠，有关部门主动作为，破解制约瓶颈，打通绿色通道；在城市建设上，广大干部职工强化责任担当，敢于迎难而上，细谋敏行，稳扎稳打，攻克了一个个顽疾，打赢了一场场硬仗，倡树了良风正气，推动了环境改善；在环保整治上，县级领导同志深入一线、现场督办，各级党员干部宣传引导、依法整治，既有法治刚性，又有民生温度，以艰辛付出换来了天蓝水清、繁星闪烁，这是加快发展的重要基础。必须坚持践行群众路线不动摇。始终站稳群众立场，把群众的小事当成自己的大事，把公家的事当成个人的事，时时处处立足群众角度想问题、办实事，以实际行动赢得群众的理解、信任和支持，这是加快发展的坚强后盾。必须坚持改革创新不动摇。坚持用改革的精神、创新的方法谋划工作、推进工作，创新建立政府采购、签订亩均税收协议、“油四条”等一系列制度，政府工作纳入规范化、制度化轨道，这是加快发展的关键举措。

成绩来之不易，经验弥足珍贵。在此，我代表县人民政府，向各位代表、各位委员和离退休老同志，向全县广大干部群众、在外武商、在武客商和所有为武城发展做出贡献的各界人士，表示衷心的感谢并致以崇高的敬意！

在肯定成绩的同时，也清醒地认识到，我们仍然存在一些问题和短板。主要表现在：供给结构失衡、经济总量太小的问题还没有根本改变；民生领域还有不少短板，教育、医疗等工作需要进一步加强；城乡基础设施、生态环保、公共服务等方面与人民群众的需求还有一定差距；政府工作人员的专业素质、工作作风有待进一步改进。对此，我们一定高度重视，认真加以解决，绝不辜负全县人民的期望。

2018 年重点工作

2018 年是贯彻落实党的十九大精神的开局之年，是改革开放 40 周年，是决胜全面建成小康社会、实施“十三五”规划承上启下的关键一年，做好今年工作意义重大。

根据县委十三届二次全会精神，今年政府工作的总体要求是：深入学习贯彻党的十九大精神，以习近平新时代中国特色社会主义思想为指导，认真落实新发展理念，坚持稳中求进工作总基调，以全面从严治党为总抓手，按照高质量发展的要求，以供给侧结构性改革为主线，推动经济建设、作风建设、质量建设“三大建设”，抓重点、攻难点，补短板、强弱项，重启“认真”模式，强化责任担当，努力开创武城振兴发展新局面！

主要预期指标为：地区生产总值增长 7% 左右，一般公共预算收入增长 6% 左右，固定资产投资增长 8% 左右，社会消费品零售总额增长 9% 左右，城镇和农村居民人均可支配收入分别增长 8% 左右和 8.5% 左右。

一、保持高质量发展定力，聚力加快实体经济发展

解决“两个突出问题”，必须坚持发展第一要务不动摇，时刻保持高质量发展的战略定力，牢固树立“经济工作一切以项目建设为中心”的理念，全力以赴引进项目、推进项目、保障项目，以优质项目大建设促进全县经济大发展。

着力推进招大引强。坚持把招商引资作为经济工作的生命线、推动高质量发展的重要途径，大力开展招商引资突破年活动，努力在招大引强上实现新突破。产业办要真学真懂，提炼优质项目，建立目标项目库，真正成为产业发展的“智囊团”、项目引进的“参谋部”。进一步提高招商队伍专业素养和业务水平，解决不对频道、心中无底、能力不足的问题。抢抓北京加快疏解非首都功能的重要机遇，优化工作对接和力量配备，围绕产业扩链、补链、强链，招引落地一批创新优势突出、产业拉动作用突出的重大项目。精心组织好首届武商大会，

把特色产业推出去，把优质项目引进来。严把项目质量，坚持一手抓狠力招引项目，一手抓狠心否决项目，决不让今天引进的项目成为明天发展的包袱！突出结果导向，健全考核机制，真正让实干者得实惠，让无为者挨板子！

着力推进动能转换。坚持质量第一、效益优先，推动产业现代化、智能化、品牌化。加大企业技改股改力度，抓实50个重点技改项目建设，完成30家企业规范化公司制改制，形成新旧动能转换的强大后劲和支撑。推动大数据、人工智能与实体经济深度融合，积极开展“机器换人”计划，提高企业制造水平。坚持企业“唯一性”导向，着力培育一批“专精特新”企业和行业“隐形冠军”。聚集资源要素抓大培强，推动骨干企业与央企强企并购重组，抓好古贝春集团燃料乙醇、新明公司智能化托盘、金信公司高效纺织用过滤器等合作项目建设，全力打造财源支柱。加快发展节能环保、新材料等新兴产业，聚力推进奥博公司洁净化设备等重点项目。实施商标培育工程，严厉打击假冒伪劣产品，铸造“品质武城”金字招牌。

着力推进高质量供给。以提高供给体系质量为主攻方向，推动质量变革、效率变革、动力变革。一是实施科技驱动。把科技创新作为打造质量优势的“加速器”，加强与山东大学等高校院所的产学研合作，积极引进创新团队和创新人才，让创造价值的人在武城实现价值，让创造财富的人在武城得到财富。规划建设新材料（玻璃钢）、新能源空调产业共享创新平台，为小微企业提供基础性、智力型资源保障。二是强化人才支撑。深入实施“双招双引”，力争引进高层次人才15名以上，新增省级院士工作站2处。持续放大“33条人才新政”激励效应，倡导“领军人才＋团队＋项目”运作模式，做到引进一名人才、做强一个企业、带动一个产业。三是优化资源配置。深化要素市场化配置改革，大力破除无效供给。加快“僵尸企业”市场出清，推动化解低效产能。以县经济开发区为重点，以清缴土地使用税为手段，依法盘活闲置低效土地，释放园区发展空间。四是提供优质服务。产业是经济发展的命脉，企业家是最宝贵的资源。从突破瓶颈制约和企业需求出发，深入开展“进解促”活动，推进企业遗留问题化解清零。深化“放管服”改革，继续清理规范涉企收费，全面推行政务服务大厅“一窗受理”服务，保证项目以最快的效率、最低的成本落地开工、建成投产。加大明察暗访力度，坚决纠正以罚代管、滥用自由裁量权等现象，对“三乱”行为坚决查处！

二、推动农村农业优先发展，实施乡村振兴战略

把解决好“三农”问题作为工作的重中之重，大力实施乡村振兴战略，统筹把握城乡关系，努力改善农村生活环境，着力提高农业竞争力和农民收入水平，实现农业强、农村美、农民富。

提高农产品供给质量。坚持质量兴农、绿色兴农，加强农业供给侧结构性改革，推进农业从增产向提质转变。积极推广粮食绿色增产增效模式，促进粮食生产提质增效。推进农业标准化生产，打造一批区域特色品牌，增加绿色优质农产品供给，争创省级农产品质量安全县。规划建设“放心农场”2个、高标准蔬菜产业园3处，新增“三品一标”认证5个以上。

推动一二三产深度融合。围绕产业链相加、价值链相乘、供应链相通，统筹推进一二三产融合。发展终端型业态，围绕辣椒、白酒、面

粉优势产业，依托中椒英潮公司、古贝春集团、丹顶鹤公司等龙头企业，构建从田间到餐桌、从初级产品到终端消费无缝对接的产业体系。发展体验型业态，以华盛绿能公司、金水湾生态园等企业为重点，促进农业生产与休闲观光、节庆采摘深度融合，构建生产生活生态功能于一体的农业产业体系。发展循环型业态，加强农业废弃物和加工副产物资源化利用，构建生态环保与效益并举、可持续发展的产业新体系。发展智慧型业态，加快发展日光温室等设施农业和工厂化农业，抓好耀盛日电农光互补项目，推进向现代种植模式转变。

激发农业农村内生动力。积极培育新型农业经营主体，大力推进土地流转、股份合作、托管服务等多种经营方式，提高农业适度规模经营水平。鼓励工商资本进入农业领域，引进培育农业龙头企业2家以上。扎实开展农村承包土地经营权抵押贷款试点工作。稳步推进农村集体产权制度改革，抓好集体资产清产核资，有序推开股份合作制改革试点，多途径发展壮大集体经济。强化新型农民培训，努力打造一支高素质的职业农民队伍。加强农村“三资”管理，持续推进农村财务网上公开。深入推进实施产城融合推进就地城镇化试点工作，巩固扩大转移备案、“房票”等成果，让更多农业转移人口在城镇落户。

扎实推进美丽乡村建设。坚持因地制宜，导入市场力量，突出抓好辣椒特色小镇、孝德运河古镇建设。大力开展农村人居环境三年整治行动，抓好“七改”工程，完成15个村庄“美丽乡村·空心村整治”任务，深入实施城乡环卫一体化，保障镇驻地和新型农村社区污水处理设施正常运行。推进村级公路网化、农村公路“户户通”工作，新建改造县乡道路50公里、村级公路160公里。探索建立“路长制”管理模式，建设“四好农村路”。争取德上高速四女寺互通立交、京台高速至国道105段工程，打通武城至德州市区的“中梗阻”。深入开展乡村文明主题活动，加强“四德”工程建设，倡导移风易俗，树立文明新风。

三、推动城市提档升级，打造宜居宜业美丽家园

坚持以创建全国文明城市、国家卫生城市和省级园林城市“三城联创”为总抓手，高起点规划、高标准建管、高效能运营，提升城市环境质量、人民生活质量和城市综合竞争力。

高标准完善规划体系。按照“规划一步到位，建设分步实施”的原则，高质量完成城市总体规划、城区控制性详细规划，精心设计棚户区改造、道路提升等重点工程，稳步推进镇村规划编制，构建层次分明、相互衔接的城市规划体系。牢固树立“规划即法”意识，坚决维护规划的严肃性和权威性。

大投入实施重点工程。坚持先地下后地上、先里子后面子，重点实施四大类40个重点城建项目。实施绿化美化亮化工程。坚持“大绿量、高密植”推进裸露土地治理，高标准打造“两路三园五带”绿化景观工程，加快污水处理厂、生活垃圾转运站、路灯建设，真正让城市绿起来、美起来、亮起来。实施棚户区改造工程。以高度的历史责任感抓好四大片区安置区建设，启动实施西片区二期、西南片区二期、三个城边村棚改项目。加快推进德百商业综合体、文体中心、文昌湖体育公园等公共配套服务设施建设，完善提升城市功能。实施城区水系工程。全面打通“三纵三横”城区水系，构建“四水环绕、十字联通”的生态水网。推进雨污分流改造工程，确保雨水污水有序可控。

实施路网优化工程。完成古贝春大街西展提升工程，打造出入武城的靓丽通道。实施北方街、广运街等“四纵两横”主干道路升级改造，全面改善城区道路交通条件。

大力度提升建设质量。扎实开展质量安全提升年活动，强化建设单位控质量、控进度、控投资、抓合同管理“三控一管”责任，塑造武城建筑市场新秩序。遵循建设规律，统筹施工顺序，不走“回头路”，不花“冤枉钱”。大力开展“回头看”“回头查”活动，实行最严厉的责任倒查和责任追究，坚决杜绝劳民伤财的工程，坚决杜绝不为武城人民负责的工程！

精细化推进城市管理。统筹执法力量，加大对大货车进城、占道经营等行为的整治力度，抓好背街小巷、广场公园环境卫生整治。实施物业管理提升年活动，着力解决无物业小区的管理问题。以加强作风建设为抓手，努力锻造一支勇于担当、敢于碰硬、廉洁自律的城管铁军，为加强城市管理保驾护航。

四、扎实推进重点领域改革，不断释放发展活力

稳步推进财税管理改革。充分发挥财政在社会治理中的基础和重要支柱作用，积极适应和有效应对收支矛盾，聚焦重点领域和关键环节，重塑财政管理秩序。牢固树立“过紧日子”思想。树牢“吃饭穿衣量家当”的工作理念，调整优化支出结构，加大部门结转结余资金清理力度，大力压减非必要的财政支出，集中力量保工资、保民生、保运转。努力增加财税收入。主动适应税制改革变化，强化大数据分析稽查，深挖税收潜力，确保应收尽收。加强非税收入征管，推进依法征收。强化责任意识，进一步加大转移支付争取力度。加强财政预算管理。坚持统筹兼顾，分清轻重缓急，科学编制财政预算，将有限的财力用到刀刃上。严格规范预算追加行为，增加预算的约束性，减少支出的随意性。扎实推进预算绩效管理改革，最大限度发挥财政资金效益。按照“围绕本质、化繁为简、保障核心”的原则，调整完善镇街财政体制，合理划分财政事权和支出责任，实行财政支出安排与税收收入相挂钩，超收奖励，短收扣支。加强国有资产系统性、规范性管理，让“沉睡”的资产资源活起来、动起来、用起来。深化投融资体制改革。对舜华建设集团有限公司等国有资本运营平台，加大国有资产整合注入力度，加快市场化、实体化发展。建立多元化投融资机制，探索推进资产证券化，设立城市发展基金、产业发展股权引导基金，撬动更多金融资本、社会资本推动重点项目建设。按照积极稳妥、尽力而为、量力而行的原则，增强政府投资项目的计划性，实行项目建设单位负责制，建立关键节点汇报制度，强化全过程管控。加快推进校长职级制、中小学教师“县管校聘”管理改革。抓好医药卫生、综合水价等各项重点改革。

五、打赢“五大”攻坚战，营造良好发展环境

坚决打赢金融风险防控攻坚战。把更好服务实体经济作为金融工作的出发点和落脚点，让金融回归本源，深入推进政银企对接，认真落实银行降息、无还本续贷等举措，全力保障企业资金需求。加强金融风险监测分析预警，扎实开展不良资产核销、打包处置，探索推行债转股，严格压实属地责任，持续推进风险企业“破圈断链”，牢牢守住不发生系统性金融风险的底线。坚决打赢精准脱贫攻坚战。坚持问题导向，瞄准薄弱环节，不断提高扶贫工作质量。抓实扶贫对象动态调整和信息采集，推

进精准识别、精准帮扶、精准退出。把产业扶贫作为主攻方向，巩固老项目、发展新项目，带动贫困群众稳定增收。加大涉农资金整合力度，确保资金安全高效使用。构建全覆盖、网格化帮扶机制，统筹推进行业扶贫、社会扶贫、金融扶贫，确保全县贫困群众一个不少地如期全面脱贫。坚决打赢污染防治攻坚战。坚持思想上不松懈、工作上不松劲，以更大力度抓好环境突出问题整治。巩固提升大气污染防治成效，推进VOC深度治理，强化非法加油站治理，继续大力度推动“气电代煤”和清洁煤推广工作，坚决打好蓝天保卫战。纵深推进“河长制”，全面加强水污染防治和水环境治理。稳步实施土壤污染防治和固体废弃物治理。抓好林业生产工作。坚决打赢安全生产攻坚战。牢固树立底线思维，严格落实网格监管责任，大力开展安全隐患排查整治，强化企业“两个体系”建设，推广安全生产责任保险制度，坚决防范各类安全生产事故发生。坚决打赢信访维稳攻坚战。健全完善大维稳工作机制，充分发挥基层网格员作用，有效预防和妥善化解各类不稳定因素。坚持领导干部公开接访制度，扎实开展信访积案攻坚化解行动，畅通群众诉求渠道，维护群众合法权益。

六、提高民生发展质量，努力建设幸福武城

牢固树立以人民为中心的发展思路，努力解决群众最关心、最直接、最现实的利益问题，让民生发展更有质量、更有温度。努力提升群众幸福感。优化全方位公共就业服务，引导农民工多渠道就业创业，新增城镇就业4100人。完善大救助体系，提高“救急难”能力。深入开展重特大疾病医疗救助工作，积极推进“一站式”医疗救助服务。实施养老服务机构质量提升工程，促进以医带养、以养促医、医养结合，争创全国医养结合示范基地。努力提升群众获得感。扩大优质和多样的教育供给，着力办好公平而有质量的教育。全面改薄工作巩固提升，解决“大班额”工程全部按时投入使用，科学划分学区，合理配置师资，推动教育由基本均衡向优质均衡迈进。完成武城二中体育馆、运动场等配套设施工程，进一步改善办学条件。努力补齐医疗资源不足短板，加强镇村医疗机构标准化建设，全面提升基层医疗卫生服务水平。全县所有村庄社区全部建成综合性文化中心，积极开展文化惠民活动，丰富群众精神文化生活。举办第八届全民健身运动会，普及推广全民健身项目，增加体育健身设施，更好满足市民体育健身需求。统筹推进双拥共建、史志档案、外事侨务、民族宗教、红十字等社会事业发展，切实保障妇女儿童、未成年人、老年人和残疾人权益。努力提升群众安全感。保持对各类违法犯罪的高压态势，加强社会治安防控体系建设，完成德上高速武城公安检查站西站工程，打造共治共建共享的社会治理格局。推进检验检测中心建设，加大食品重点领域、重点环节监督检查力度，争创省级食品安全先进县。

人民对美好生活的向往，就是我们最大的奋斗目标。我们将始终带着深厚感情和满腔热情，把惠及民生的工作做实办好，让民生成为最厚重的底色，让共享成为最温暖的主题。

七、坚持为民务实清廉，不断加强政府自身建设

强化政治意识，坚持党的领导。深入学习贯彻党的十九大精神，用习近平新时代中国特色社会主义思想武装头脑、指导实践、推进工作。把十九大精神作为领航灯塔、工作标尺，

真学真懂内化于心，真信真用外化于行，真正把新思想转化为具体动作、方法措施和体制机制。牢固树立“四个意识”，增强“四个自信”，坚决维护以习近平同志为核心的党中央权威和集中统一领导。自觉服从县委领导，对县委的各项决策部署坚决完成。扎实开展“不忘初心、牢记使命”主题教育，将群众路线贯穿政府工作各领域、全过程，打造人民满意政府。树牢法治思维，推进依法行政。坚持把法律法规作为开展政府工作的“基本准绳”，在法中学法、从法中找法。严格执行县人大及其常委会决议决定，主动接受人大法律监督、政协民主监督。深化行政执法体制改革，加强执法监督，规范执法行为。加大政务公开力度，及时回应社会关切。完善政府法律顾问制度，扎实做好行政复议和行政应诉工作，促进政府有效施政。全力支持国家监察体制改革试点工作，自觉接受监察委员会的监督。加强作风建设，提高执政能力。时刻牢记肩负的责任使命，保持永不懈怠的精神动力，把全部精力和智慧投入到武城发展上来。在政府系统持续深入开展“业务单位学业务”活动，提升境界格局，增强“八种本领”，培养专业能力，全力打造高素质的干部队伍。认真落实新发展理念，立足当前，着眼长远，遵循规律，抢抓机遇，创造性地开展工作。要时刻保持工作定力，一锤接着一锤敲，一件接着一件干，善始善终、善做善成。要学会“弹钢琴”，打牢基础，突出重点，攻克难点，优化常规，确保底线。发挥领导干部带头示范作用，坚持以上率下，形成“头雁效应”。大兴调查研究之风，找准短板弱项，解决实际问题。深入开展“查摆改”活动，对所有工作都用“两问四答”进行检验，以良好作风推动工作开展。严守纪律规矩，树立廉洁形象。廉洁如水，容不得半点污染。坚持以全面从严治党为抓手，认真落实党风廉政建设责任制，时刻把纪律和规矩挺在前面，强化正风肃纪、抓早抓小，严肃查处“三种行为”，坚决纠正“四风”问题，让各级干部知敬畏、存戒惧、守底线。紧盯政府投资项目、涉农惠民资金等重要领域和关键环节，加强审计监督，严肃查处各类违纪违法行为，坚决整治损害群众利益的不正之风，以勤政为民、清正廉洁的良好形象赢得社会各界真心点赞。

大事记

Events

1月

11日 县工商联（总商会）第八届会员代表大会召开。

12—14日 中国共产党武城县第十三次代表大会召开。县委书记张磊代表十二届县委作题为《积极地稳，主动地进，让党中央治国理政新理念新思想新战略在武城落地生根开花结果》的工作报告。大会审议《中共武城县纪律检查委员工作报告》；选举产生中共武城县第十三届委员会、县纪律检查委员会；选举张磊、朱恩鹤、季之岭、刘之荣、田志清、刘呈辉、乔咏梅、耿建强、李兆臣、陈义太为县委常委，选举张磊为书记，朱恩鹤、季之岭为副书记。

14—17日 中国人民政治协商会议第十届武城县委员会第一次会议召开。大会听取《关于县政协十届一次会议提案审查情况的报告》，听取并表决通过《县政协十届委员会第一次会议决议（草案）》。选举王志强为县政协第十届委员会主席，选举周树彬、石尚贞、潘华伟、李俊清、王广东为副主席，牟光勇为秘书长。

15—18日 武城县第十七届人民代表大会召开。会议审议通过政府工作报告、武城县2016年国民经济和社会发展计划执行情况与2017年计划草案、武城县2016年财政预算执行情况和2017年财政预算草案、人大常委会工作报告、县人民法院工作报告、县人民检察院工作报告；选举王英华为县人大常委会主任，选举张玉清、袁长霞、贾保华、孙玉民、丰文茂为县人大常委会副主任；选举朱恩鹤为县人民政府县长，选举田志清、杜文陆、王国琦、韩以广、孙旭红为县人民政府副县长；选举陈晓静为县人民法院院长；选举智广为县人民检察院检察长；选举县人大常委会委员25人，选举出席德州市第十八届人民代表大会代表32人。

17日 副省长王随莲到武城县走访慰问困难群众、残疾人、困难企业及职工。

22日 县第一届“星级文明户”评选表彰仪式在郝王庄镇大吕王庄村举行。

2月

3日 2017年全县经济工作会议召开。

8日 庆云县委副书记赵晓静到武城县考察学习实施产城融合推进就地城镇化工作。

15日 邹城市委常委、常务副市长田成柱到武城县考察学习新型城镇化工作。

17日 中央综治委预防青少年违法犯罪专项组、团中央维护青少年权益部副部长姚建龙到武城县调研“未成年人权益保护检察监督信息平台”运行工作。

21日 “互联网+法治进校园”活动启动仪式举行。

23日 山西省吕梁市文水县到武城县考察城乡环卫一体化运营管理工作。

27日 中共武城县纪律检查委员会十三届二次全体会议暨全县警示教育大会召开。

3月

1日　2017年“三个一批”活动重点项目集中开工仪式举行。市委副书记、市长陈飞参加活动。此次，武城县共确定“三个一批”项目27个，总投资109.5亿元。现场签约项目10个，投资41.6亿元；投产项目6个，投资14.92亿元；耀盛武城县100兆瓦农业科技大棚光伏电站扶贫项目、双一集团年产100套精密模具项目二期等11个项目集中开工，总投资53亿元，涉及现代农业、新能源、服务业、金融业等多个领域。

2日　农业部挂职干部、禹城市委常委、副市长孙俊立，农业部挂职干部、乐陵市委常委、副市长朱宝颖到武城县考察现代农业发展情况。

6日　中国三冶集团有限公司党委书记、总经理张兴无到武城县考察。

8日　共青团广西壮族自治区委副书记郑胜景到武城县考察未成年人权益保护工作。

14日　最高人民检察院未检办副主任史卫忠到武城县调研未成年人权益保护工作。

20日　省畜牧兽医局局长唐建俊到武城县调研行业扶贫工作。

同日　德州军分区司令员张俊杰到武城县调研基层人民武装部建设。

23日　最高人民法院审判委员会专职委员杜万华，全国妇联权益部部长高莎薇到武城县调研家事审判工作。

同日　浙江省嘉兴市人大常委会副主任张志伟到武城县考察大运河文化遗产保护工作。

29日　安徽省霍山县考察团到武城县考察城乡环卫一体化运营管理工作。

同日　齐河县考察团到武城县考察学习“美丽乡村·空心村整治”工作。

30—31日　全省推进农业转移人口市民化现场会在武城县召开。

4月

1日　河北省巨鹿县委书记孙保祥带领巨鹿县党政考察团到武城县考察学习招商引资、项目建设、园区建设、产城融合等工作。

5日　河南省郏县人大常委会党组书记郭国顺到武城县考察学习城乡环卫一体化工作。

同日　全县加快产业发展暨招商引资工作会议召开。

7日　全省法院家事审判方式和工作机制改革试点推进会议在武城县召开。

10日　省关工委常务副主任、省委原常委、省军区原政委张秉德到武城县调研关心下一代工作。

13日　威海市农业局副局长徐荣发到武城县考察学习深化农村改革工作。

18日　宁津县委副书记毕志国、王荣渭到武城县考察学习新型城镇化、乡村旅游、美丽乡村建设和扶贫开发等工作。

19日　四女寺镇“特色小镇”项目战略合作框架协议签约仪式举行。

11—20日　全县科级干部学习贯彻十八届六中全会精神及素质提升培训班举行，省委党校、市委党校专家教授对680多名科级干部进行专题授课。

21日　“爱武城”手机客户端上线仪式暨广电融媒研讨会举行。

26日　庆祝“五一”国际劳动节暨劳模表彰大会召开。

27日　纪念“五四运动”98周年暨“武城最美青年”表彰大会召开。

5月

2—3日　招远市副市长王国良到武城县开展扶贫协作对接工作。

4日　全市户政管理工作会议暨户籍制度改革现场推进会在武城县召开。

5日　全国未成年人保护多部门联动机制与网络平台建设研讨现场会在武城县召开。

同日　全市农业脱贫攻坚工作会议在武城县召开。

9日　乐陵市委书记樊廷雷到武城县参观考察德百集团城市商业综合体项目建设工作。

10日　复旦大学环境科学与工程系润华POPS研究中心博士、复卿环保科技有限公司总经理赵同强到武城县调研VOC治理工作。

12日　全市生产环节食品安全监管现场会在武城县召开。

17日　全国人大常委、教科文卫委员会副主任，致公党中央副主席严以新到武城县调研京杭大运河黄河以北段复航及沿线水资源利用工作。

18日　省政协副主席陈光到武城县就“培育山东白酒骨干企业和知名品牌，振兴山东白酒产业”进行专题调研。

同日　市委书记陈勇到武城县昌盛日电光伏科技扶贫产业园、棚户区西片区改造工程、赵庄沟黑臭水体治理等项目建设现场，对经济社会发展情况进行调研。

同日　潍坊市委办公室副调研员邱安利到武城县参观考察扶贫开发、“美丽乡村·空心村整治”等工作。

21日　山东理工大学特色种植技术转移中心签约揭牌仪式在武城县举行。

22日　湖南省益阳市南县政协副主席杨洪到武城县考察学习未成年人保护多部门联动机制与网络平台建设工作。

26日　全县推进“两学一做”学习教育常态化制度化工作座谈会召开。

27日　全县“向产业进军”动员大会召开。

6月

6日　2017年上半年全市协同发展督查评议观摩团到武城县进行现场观摩。

2017年6月6日，全市协同发展督查评议观摩团到武城县进行现场观摩　（供稿　武城时报）

8日　德州学院与武城县人民政府全面合作签约仪式举行。

9日　枣庄市旅游和服务业发展委员会副主任吕东到武城县考察调研“鲁风运河”旅游

品牌项目开发工作。

7—12日　平原县、乐陵市、宁津县、夏津县、德州市经济技术开发区、庆云县党政考察团先后到武城县参观考察经济社会发展情况。

15日　省政府参事刘勇毅、董志祥到武城县调研农田水利管理体制创新与效能提升工作。

19日　中国人民银行新疆塔城市中心支行行长张建华到武城县考察农村承包土地经营权抵押贷款试点工作。

23日　德州军分区司令员张俊杰、政委刘晓明到武城县检查指导基层人民武装部规范化建设工作。

28日　全县“小散乱污”企业整治集中攻坚行动动员会议召开。

30日　庆祝建党96周年暨“两学一做”标兵先进事迹交流会举行。

7月

6—7日　全市全面深化改革现场会在武城县召开。

14日　“清风武城”书画展暨德州市文联书画走基层、山东有线高清美术馆上线开播仪式在武城县举行。

24日　清华大学中国农村研究院副院长何宇鹏到武城县调研新型农业经营主体培育和农业适度规模经营推进情况。

26日　共青团武城县第十八次代表大会召开。

27—28日　深圳国实集团通航公司总经理王燚到武城县就特色辣椒小镇项目合作事宜进行考察。

28日　全县生态环保集中攻坚行动动员大会召开。

8月

2日　德州军分区司令员张俊杰、政委刘晓明到武城县检查指导基层人民武装部正规化建设情况和征兵工作。

11日　全市人武系统规范化建设会议与会人员到武城县现场观摩人武系统规范化建设工作。

14日　全市共青团工作会议在武城县召开。

17日　广东省高级人民法院民一庭庭长戴佛明到武城县参观学习家事审判方式和工作机制改革工作。

22日　山东理工大学党委书记吕传毅到武城县调研驻村“第一书记”扶贫工作。

同日　菲律宾总统中国事务特使、上好佳集团荣誉董事长施恭旗到武城县考察。

23日　全市政法调研信息宣传工作现场会在武城县召开。

28日　全市散煤清洁化治理工作现场推进会议在武城县召开。

30日　天津市台湾同胞投资企业协会副秘书长、天津百里富工业有限公司董事长特别助理黄怀军到武城县考察现代农业发展情况。

9月

1日　省委常委、常务副省长李群到武城县调研漳卫南运河河长制工作。

同日　淄博军分区司令员王培泉到武城县参观指导基层人民武装部规范化建设工作。

6日　齐鲁银行武城支行银企合作暨开业

仪式举行。

7日　安徽省界首市人大常委会副主任王东升、法院院长张芳到武城县考察家事审判方式和工作机制改革工作。

13日　夏津县委常委、副县长李建国到武城县参观考察环境保护工作。

21日　北京紫玉方舟投资有限公司执行董事刘静到武城县考察四女寺镇特色小镇建设项目。

22日　淄博市旅发委副主任严旭到武城县考察工业旅游发展情况。

23日　全市三秋全程机械化生产现场会议在武城县鲁权屯镇祥金农机合作社召开。

2017年9月1日，省委常委、常务副省长李群到武城调研
（供稿　武城时报）

25日　省委党史研究室主任赵国卿到武城县调研省派"第一书记"驻村扶贫工作。

同日　青岛市安全生产监察支队调研员周义亮到武城县开展企业层面安全生产巡查工作。

26日　省军区副司令员唐岩峰带领省军区按新体制编制规范运行研讨交流会议与会人员到武城县观摩基层人民武装部规范化建设工作。

27—28日　省委讲师团副团长张丽带领省"中国梦·党在心中"百姓宣讲团到武城县开展巡回宣讲活动。

10月

11日　江苏绿港现代农业有限公司山东区总经理王相敬到武城县对接洽谈农业科技示范园PPP合作项目。

12日　夏津县人大常委会主任张长臣带领驻夏津县德州市人大代表到武城县开展专题调研。

13日　乐陵市副市长吴峰到武城县考察学习"美丽乡村·空心村整治"工作。

24日　全县"清河行动"工作动员会议召开。

同日　美国医学与生物工程院院士、"千人计划"专家、长江学者文学军教授到武城县考察"超高效无毒抗菌液"项目合作事项。

27日　市委副书记、市长陈飞到武城县调研经济社会发展情况。

31日　国实集团董事长席建国到武城县对接洽谈文体中心规划设计和辣椒特色小镇合作事宜。

11月

1日　深圳国实集团与武城县人民政府辣椒特色小镇、文体中心项目签约仪式举行。

3 日　武城县新能源空调产业新旧动能转换研讨会召开。

同日　“才聚贝州·智汇武城”创新创业对接推介会暨重点项目签约仪式举行。

7 日　市农工办副主任林晓波带领参加全市魅力乡村（两区同建）观摩活动与会人员到武城县观摩。

10 日　学习贯彻党的十九大精神暨全市机关党建现场观摩交流会议在武城县召开。

2017 年 11 月 10 日，全市机关党建现场观摩交流会
（供稿　县机关工委）

13—14 日　国家督学、甘肃广播电视大学校长张方明到武城县开展国家义务教育均衡发展督导评估验收。

19 日　2017 年下半年全市协同发展督查评议团到武城县进行现场督查评议。

22 日　泰国山东总商会会长、泰国泰山国际集团有限公司董事长冯文亮带领泰国华侨考察团到武城县考察。

21—23 日　乐陵市、平原县、夏津县、宁津县党政考察团先后到武城县参观考察经济社会发展情况。

24 日　《武城县志（1986—2013）》志稿评审会议召开，省政府办公厅党组成员、省史志办主任刘爱军，市政府副市长商怀君出席会议。

同日　省民委主任马传凯到武城县调研少数民族贫困村脱贫攻坚工作。

同日　市统计局局长张千华带领全市统计基层基础设施建设观摩团到武城县观摩统计基层基础建设情况。

25 日　中国共产党武城县委十三届二次全体会议召开。全会深入学习贯彻党的十九大、十九届一中全会和省委十一届二次全会、市委十五届三次全会精神，听取和讨论县委书记张磊受县委常委会委托作的工作报告，审议通过《中共武城县委关于深入学习宣传贯彻党的十九大精神的决议》。

12 月

2 日　江苏徐州世奇汽车科技有限公司总裁张朝友到武城县考察洽谈新能源汽车整装项目。

4 日　美国凯泽公司董事长张军到武城县考察年产 20 亿只植物纤维全降解一次性包装生产项目。

5 日　全县领导干部第一期党的十九大精神专题学习班开班暨“大学习、大宣讲、大调研、大落实”活动动员会议召开，邀请市委党的十九大精神宣讲团成员、市委宣传部副部长、德州日报社党委书记史成志作题为《习近平新时代中国特色社会主义思想》的宣讲。

6 日　中投国联（北京）投资基金有限公司副总经理郝亮到武城县考察特色小镇建设项目。

7日　全县领导干部第二期党的十九大精神专题学习班召开，邀请省委党校经济学教研部主任杨珍作题为《贯彻新发展理念，建设现代化经济体系——党的十九大精神学习体会》的宣讲。

13日　河北省河间市副市长马占芳到武城县考察学习制冷装备产业园创建工作。

21日　湖南锦程新能源汽车有限公司总经理张海波到武城县洽谈对接新能源汽车项目和锂电池动力电池集成项目。

14日　全县慈善募捐暨社会大救助工作动员会议召开。

20日　武城县举行京师（北京）律师事务所驻法院工作室、司法局公证处驻法院工作室揭牌仪式。

28日　武城县残疾人联合会第七次代表大会召开。

29日　山东大学能源与动力工程学院与武城县人民政府全面深化合作签约活动在武城县举行。

武城概览

Wucheng Overview

地　理

【地名由来】 武城县置县历史悠久。春秋时期为晋国东鄙地，因备齐而筑城；战国时属赵地，因地处赵国东境边塞，平广旷阔，四无山阜，为防御强齐入侵，岁饬武备，是谓武备之城，“武城”由此而得名。西汉初年设立东武城县，西晋太康年间去“东”字始称武城县，县名沿用至今。唐武德六年(623 年)曾为贝州州治所在，故武城又有“贝州”之称。

【地理位置】 武城县位于山东省西北边陲，鲁西北平原，京杭大运河东岸，隶属德州市。北纬 37° 03' 至 37° 23'，东经 115° 51' 至 116° 17' 之间。东邻黄河故道，与平原县连接；南和夏津县交界；西、北两面隔卫运河，同河北省故城县相望；东北濒四女寺减河，与德城区为邻。全境南窄北阔，西南到东北较长，东西宽 27 千米，南北长 33 千米，面积 748 平方千米。

【地形地貌】 武城县属于典型的黄河冲积平原，地势平坦，土层深厚。南高北低，自西南向东北倾斜，海拔高度在 30.5—20.8 米之间，自然坡降为 1/6000。历史上黄河多次变徙流经武城，加上卫运河冲积，遂形成高、坡、洼相间的地貌类型。其中，高地占 44.4%，坡地占 24.3%，洼地占 31.3%。恩县洼是卫运河最后一个滞洪区。

【河流】 武城县地处海河水系卫运河流域，境内河流属过境河与季节性间歇河。西、北两面有卫运河、四女寺减河，中间六五河贯穿全县，旧城河、六六河、利民河等支流交错，互相连接，形成排灌骨干水利系统。卫运河是海河南系最大的行洪河道，亦是著名的京杭大运河的重要组成部分，由漳河和卫河两大支流组成，自老城镇吕洼村入境，流经老城、甲马营、鲁权屯、四女寺等镇，至四女寺水利枢纽，长度达 62.5 千米。四女寺减河是卫运河的主要分洪河道，从四女寺水利枢纽南分洪闸开始至聂官屯大桥进入平原县，流经武城 5.5 千米。六五河全长 71.8 千米，流域面积 1065.8 平方千米，排涝流量 129.8 立方米 / 秒。旧城河全长 45 千米，境内长 34.9 千米，以陈公堤为界分为两段，堤上旧城河全长 15.5 千米，县境内长 5.5 千米；堤下旧城河全长 29.5 千米，流域面积 217 平方千米，排涝流量 49.9 立方米 / 秒。六六河全长 18.6 千米，流域面积 153.4 平方千米，排涝流量 39.1 立方米 / 秒。利民河全长 22.7 千米，流域面积 2052 平方千米，排涝流量 46.2 立方米 / 秒，其支流有东、西、南、北、中五条，较大的支流有东支和北支。

【气候】 武城县属亚洲暖温带季风区，大陆性气候，冷热干湿变化明显，雨热同期，光照充足，四季分明。冬季 145 天，达四个半月以上，夏季 105 天，有 3 个月之多，春秋季各 2 个月左右。有“十年九旱”的气候特点，时有气象灾害发生。县内气候条件大致相同。多年平均气温 13.0℃，1 月平均气温 -2.8℃，极端最低气温 -21.6℃（1981 年 1 月 26 日）；7 月平均气温 26.7℃，极端最高气温 39.3℃（1972 年 7 月 5 日）。最高月均气温 26.7℃（7 月），最低月均气温 -2.8℃（1 月）。平均气温年较差 29.5℃。年平均无霜期 197 天。年平均日照时数 2488 小时。年平均降水量 486.5 毫米，年平均降雨 62.2 天，年最长连续降水日 12 天，年最长无降水日 107 天。极端年最大雨量 996.9 毫米(1990 年),极端年最少雨量 315 毫米(1986 年)。降雨集中在每年 5 月至 9 月，7 月最多。

2017 年，全年平均气温 14.7℃，较常年偏高 1.7℃，较去年偏高 0.3℃。年极端最高气温 38.1℃，出现在 7 月 11 日，极端最低气温 -10.6℃，出现在 1 月 20 日。全县年降水量 454.7 毫米，较常年偏少 53.9 毫米，较去年偏少 0.4 毫米。整体来看 2017 年度气候属正常年份。

【自然灾害】 主要有旱涝、暴雨、冰雹、干热风、霜冻和地震等，约计十年九灾。旱涝出现频率为 61%，旱年以春旱为主，涝年以夏涝为主。成灾暴雨机率为 58%，暴雨中心西南片以祝官屯、老城为中心，东北片以四女寺镇一带为中心。卫运河决口 1963 年以前多有发生。中华人民共和国成立后最严重涝灾发生在 1961 年 7、8 月份，降雨 462.8 毫米，超过常年同期雨量 41%，1370.6 平方千米的地表径流几乎全汇注恩县洼，滞潴 3800 万立方米，卜官屯、朱庄、胡家洼水深 1.7 米，9、10 月份降雨 193.1 毫米，为常年同期雨量的 150%，涝了再涝，灾情愈加严重，淹地 39 万亩，绝产 29.1 万亩。重涝灾成因除当地雨水大，客水浸入也是一大因素。冰雹多发生在偏旱年份，4—10 月有可能发生，5—6 月，8—9 月出现机率较大。多下午到傍晚发生。降雹时间五至数十分钟不等。大小似玉米粒，平均直径 5 毫米。一般不会全部掩盖地面。重降雹深度可达 2 厘米 ~ 3 厘米。干热风、霜冻每年都有出现。干热风多在 5 月下旬至 6 月上旬出现。霜冻多在春秋两季，春霜占 30%，秋霜占 70%，是危害农作物的主要灾害。自 1888 年至 2011 年，有明显震感的地震 6 次，都是别处地震波及所致。

2017 年内出现大雾、沙尘、高温、大风、冰雹、暴雨、寒潮等气候事件。1 月大雾超强特多，共出现 14 天，给交通出行带来不利影响。春季大风多、沙尘强，1—3 月共有 9 次较强冷空气过程，南北大风交替频繁，出现 5 次扬沙。麦收期风雹灾害较重，6 月 12 日下午出现 2017 年最强的一次强对流天气过程，东北部乡镇出现了冰雹天气，同时伴随 8 级 ~ 9 级阵风，降水量分布不均，最大降水量出现在董王庄为 62.6 毫米。鲁权屯镇、四女寺镇、郝王庄镇和武城镇出现冰雹灾情，受灾人口 3296 人，受损农作物主要为棉花、小麦，受灾面积 809 公顷，经济损失 1198 万。高温集中出现在中伏以前；35℃以上高温天气有 16 天。汛期局地短时强降水多，曾出现 2 次暴雨天气过程，分别为 6 月 22 日和 8 月 17 日。秋收秋种遭遇阴雨天，阴雨寡照，影响秋收秋种。11—12 月降水异常偏少。

政区　人口

【历史沿革】 明嘉靖《武城县志》载："武城，禹贡冀州之城。春秋为晋东鄙地。晋因备齐始城焉。"又载战国"武城为东郡要县，实古赵地，平广旷阔，四无山阜，东毗强齐，岁饰武备，邑之得名，盖本于此。"早在春秋战国时期，武城已作为一个城池存在，春秋时属晋国，战国间隶赵国。晋、赵为防御强齐入侵，于此筑城，武城之名，由此而得。

清乾隆《重修武城县志》和民国《重修恩县志》均载"唐、虞、夏、商几代，武城属兖州地。春秋为晋东鄙地。战国为赵地东武城。西汉始设东武城县。"关于"东武城"的由来，《太平环宇记·贝州》载："七国时，赵邑也。"《史记》卷七六《平原君传》载："赵平原君胜封东武城，即此城。"据现存最早的地理总志《元和郡县图志》载："盖以定襄有武城同属赵，故此加'东'字以辨之。"

武城县有建制以来，政区和隶属关系变动频繁。

西汉初设东武城县和东阳县，都隶属冀州刺史部清河郡。东阳县在卫运河东今甲马营附近，按地理位置看，今武城县境当属东阳县。东汉属冀州部清河国。据《恩县志》载："东汉桓帝建和二年(148年)，改清河郡为清河国。"后属曹魏冀州部清河郡，为东武城县。

西晋初，沿袭东汉建制。太康中（约计284年）去"东"字，改称武城县。

东晋十六国时期，初属后赵，中属前燕，后属前秦，一直隶属清河郡。南北朝时期，初属刘宋冀州部清河郡。刘宋孝武帝大明(457—464年)时，又属北魏相州部清河郡。东魏时（武定四年，546年）属清河郡。北齐将清河郡治从今临清东北15里处移至今河北省清河县西北15里之信城，又将位于今临清东南10里左右的贝丘县并入清河郡旧治，改称贝丘县，武城也省入贝丘县。北周武帝时（建德六年，577年）平齐罢郡置贝州，武城属贝州贝丘县。

隋初，仍属清河郡贝州贝丘县。"开皇六年（586年）废阳平之武城，仍于贝丘县析东武城旧地，置武城县。""十六年，析武城，置历亭（按历亭县治在今广运街道）。十八年又改东阳县为漳南县，属贝州。大业二年(606年)，废州，复置清河郡。"以此推测，今之武城县境，当时北部属漳南县，南部属历亭县，西南一隅当属武城县。

唐属河北道贝州清河郡。

宋初，属河北东路贝州。庆历八年(1048年)涿县人王则起义，皇帝命令文彦博讨伐，杀王

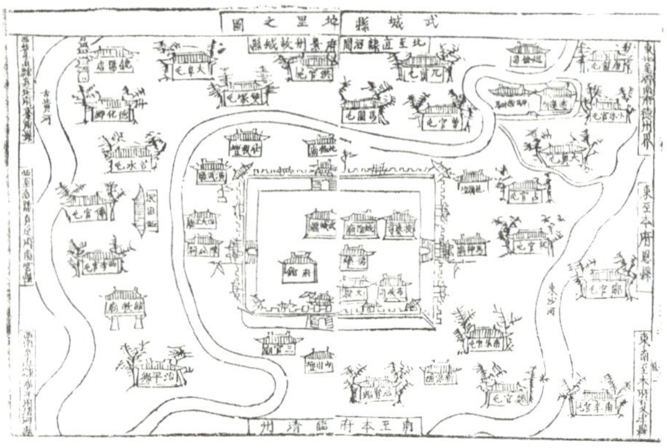

明嘉靖《武城县志》——地理之图

则，赦免其部下，因此，请示皇帝批准改贝州为恩州，武城也改隶恩州。南宋建立后属金大明府路恩州。

元初，属东平路。至元七年（1270 年）改隶高唐州。

明属山东布政使司东昌府高唐州。

清朝，属山东布政使司东昌府高唐州。雍正八年（1730 年）改高唐州为直隶州，辖四县。武城自后径属东昌府临清州。

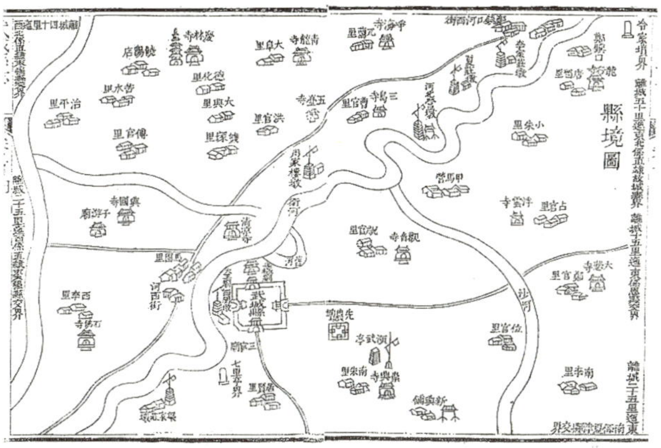

清乾隆《武城县志》——县境图

民国二年（1913 年）废除府、州制，山东省改设胶东、济西、岱南、岱北四道，武城县属济西道。民国三年（1914 年），国民政府内务部公布各省、道区域名称，将山东省的济西道改为东临道，武城县属东临道。民国十四年（1925 年），武城县改属德临道。民国十六年（1927 年），国民政府废除道制，设省、县两级政府，武城县径属山东省政府所辖。民国二十一年（1932 年），国民政府行政院颁发《行政督察专员公署暂行条例》规定省以下设行政督察专员公署为省政府派出机构。武城县属临清行政督察专员公署。民国二十六年（1937 年），山东省下设十二个行政区，武城县属第四行政督察专员公署。民国二十七年（1938 年），山东省政府下设鲁西、鲁北、胶东三个行署，并划分为十二个行政督察区，武城县属鲁西行署第四行政督察专员公署。民国三十四年（1945 年），山东省改设鲁北、鲁西北等六个省政府办事处，武城县属鲁西北办事处第四行政督察专员公署。同年，武城县全境解放，国民党统治至此结束。

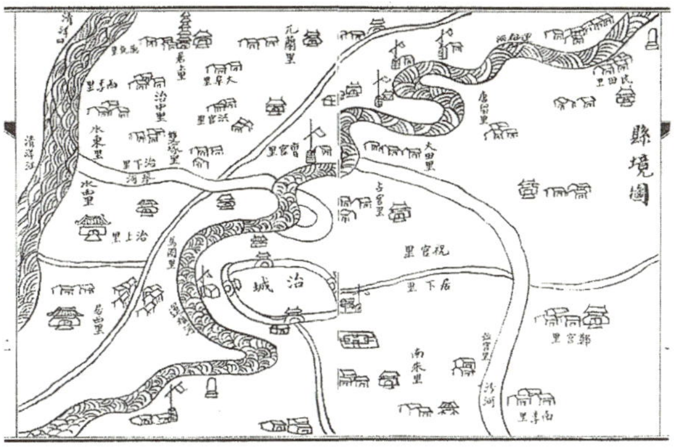

民国《增订武城县志续编》——县境图

1940 年 5 月，中国共产党领导武城县人民，奋起抗击日本侵略者。与此同时，建立武城县抗日民主政府，隶属冀南行政主任公署。同年 8 月，改属冀南太行太岳行政联合办事处冀南行政主任公署第六专属。1941 年 9 月 1 日，改属晋冀鲁豫边区政府冀南行署第二专属。1945

武城县抗日政府旧址

年5月，冀南行署合并为冀鲁豫行署，武城县抗日民主政府亦属晋冀鲁豫边区政府冀鲁豫行署第二专署。1945年8月，日本侵略军投降，抗日战争胜利，武城县抗日政府改称武城县政府。其隶属关系未变。

抗战期间，曾有伪武城县公署成立于民国二十七年(1938年)，隶属伪山东省公署鲁北道。民国二十九年（1940年），伪山东省公署将全省四道改为十道，伪武城县公署改属伪山东省公署东临道。1945年8月，日本侵略军无条件投降，伪武城县公署随之消亡。

1949年8月13日，改属河北省衡水专员公署。1950年，县政府改称武城县人民政府。

1952年，武城县人民政府改属山东省德州专区。1956年，撤销德州专区，武城县改属山东省聊城专区。

武城县委故址

1958年12月，将武城合并于夏津县，隶属聊城专区。1961年6月，夏津、武城分立，并恢复德州专区，武城属之。1967年，德州专区改为德州地区，武城仍属之。1995年4月，德州地区撤区建市，武城县隶属之迄今。

1973年，卫运河展宽，县城迁往现址。

武城县境域隶属、称谓沿革表

表1

朝代及公元纪年	称　谓	隶属关系
唐虞夏商		兖州地
春秋		晋国东鄙地
战国		赵地
秦	东武城	钜鹿郡
西汉	东武城县	属冀州刺史部清河郡
东汉	东武城县	属冀州部清河国
三国	东武城县	属魏国冀州被清河郡
东晋十六国前燕北秦	武城县	属清河郡
南宋（420—470年）	武城县	属冀州部清河郡
北魏（386—534年）	武城县	属相州部清河郡
东魏（534—550年）	武城	属清河郡
北齐（479—502年）	武城	属贝丘县
北周（557—581年）	武城	属贝州贝丘县

续表

朝代及公元纪年	称　谓	隶属关系
隋（581—618 年）	武城县	初属清河郡贝州贝丘县。继属贝州。复属清河郡
唐（618—907 年）	武城县	属河北道贝州清河郡
宋（960—1127 年）	武城县	初属河北东路贝州，后改贝州为恩州，武城县也改隶恩州
金（1115—1234 年）	武城县	属大名府路恩州
元（1235—1368 年）	武城县	初属东平路，至元七年（1270），武城县隶属高唐州
明（1368—1644 年）	武城县	属山东布政使司东昌府高唐州
清（1644—1911 年）	武城县	属山东布政使司东昌府临清州
中华民国（1912—1949 年）	武城县	民国二年（1913），属济西道；民国三年（1914），属东临道；民国十四年（1925），属德临道；民国十六年（1927），属山东省政府所辖；民国二十一年（1932），属临清行政督察专员公署；民国二十六年（1937），属第四行政督察专员公署；民国二十七年（1938），属鲁西行署第四行政督察专员公署；民国三十四年（1945），属鲁西北办事处第四行政督察专员公署。同年，武城解放。
中华人民共和国（1949—2017 年）	武城县	初属河北省衡水专区；1952 年属山东省德州专区；1956 年改属山东省聊城专区；1958 年 12 月，并入夏津县，隶属聊城专区。1961 年 6 月，恢复武城县，隶属山东德州专区。1994 年 12 月，德州地区撤区建市，武城县隶属至迄今。

【行政区划】 清朝后半叶，武城县编为 26 里 410 村。1912 年的民国《增订武城县志续编》有云“井疆如故，城郭依然。”同年实测县境，东西宽 40 余里，南北长 60 余里，壤地偏小，全县分为一区四乡。一城四厢为城区，周围 27 村附之；城东南 81 村为李官屯乡；东北 74 村为刘堂乡；西北 80 村为武官寨乡；西南 91 村为瓦子乡，合计 353 村。

中华人民共和国成立后，武城县辖 5 个区，即一、二、三、四、五区。1950 年 5 月，根据政务院调整行政区划的规定，将五区省入三、四区。

1953 年末至 1954 年 6 月，恢复五区，并建立 58 个小乡。

1955 年，各区以驻地命名，同时扩大乡的范围。一区改为东屯区，二区改为城关区，三区改为孙庄区，四区改为饶阳店区，五区改为夏庄区。下设 39 个小乡。1956 年春撤销恩县，将滕庄、旧城两区及刘王庄区的大部分并入武城县。重新划分 6 个区 67 个小乡。

1958 年初撤区并乡，全县组建 18 个乡。卫运河以东有杨庄、东屯、祝官屯、甲马营、滕庄、马庄、西王屯、旧城、刘王庄 9 个乡；河西有祖杨、军屯、孙庄、瓦子庄、武官寨、饶阳店、李官屯、兀兰屯、曹官屯 9 个乡。

1958 年秋至 1964 年冬，全县建立 8 个公社，即城关、甲马营、滕庄、旧城、李家户、祖杨、武官寨、饶阳店。

1964 年冬，将卫运河以西地区划给河北省故城县，河东划为 10 个公社，即杨庄、城关、祝官屯、甲马营、鲁权屯、滕庄、马庄、旧城、梁庄、李家户。

1965年，从平原县划来5个公社，至此，全县辖15个公社，即杨庄、城关、祝官屯、甲马营、鲁权屯、滕庄、四女寺、张官寺、郝王庄、董王庄、大屯、马庄、旧城、梁庄、李家户。

1981年，经德州地区行署批准，将城关公社改为老城公社，张官寺公社更名为蔡村公社。

1984年机构改革时，旧城公社更名为武城镇，老城公社改为老城镇，四女寺公社改为四女寺镇，其余各公社一律更名为乡。

1986年，武城县辖武城、老城、四女寺3镇，杨庄、大屯、马庄、蔡村、滕庄、董王庄、郝王庄、李家户、梁庄、鲁权屯、甲马营、祝官屯12乡，共有391个行政村。

1993年9月7日，武城县人民政府下发武政〔1993〕71号文，同意撤销梁庄乡，将其行政区划并入武城镇，并向山东省人民政府提交请示报告。10月9日，省政府批准撤销梁庄乡，将其行政区域并入武城镇。

1993年10月27日，省政府批准撤销鲁权屯乡，设立鲁权屯镇，其行政区域和人民政府驻地不变。

1994年9月22日，武城县人民政府向德州行署呈报《关于撤销滕庄乡设立镇的请示》（武政发〔1994〕46号）。12月1日，山东省人民政府、德州行署批复同意撤销滕庄乡，设立滕庄镇，其行政区划和人民政府驻地不变。

1996年6月3日，经山东省人民政府批复同意，撤销祝官屯乡，将原祝官屯乡的祖寨、梁寨、范庄、韩寨、陈庄、后王庄、冶庄、前王庄、祝官屯9个行政村划归老城镇管辖；田庄、董白三、徐庄、谭庄、北王庄5个行政村划归甲马营乡管辖，行政区划变更后，老城镇和甲马营乡的行政区域界线以德政发〔1996〕62号文所附的1∶5万地形图上标绘的界线为准（鲁政函民字〔1996〕27号）。

1998年6月6日，武城县人民政府下发《关于在县城区域内建立居民委员会组织的通知》，并根据居民居住状况，城区内设置6个居民委员会，其分布以文化街、顺河街为横轴，以“六干三”河为纵轴，把城区分为六个区域，每个区域设一居民委员会，名称依次为“漳南居民委员会”“振东居民委员会”“贝州居民委员会”“兴武居民委员会”“振华居民委员会”“兴隆居民委员会”。

2000年5月8日，经山东省人民政府批准（鲁政函民字〔2000〕33号），武城县撤销郝王庄乡、蔡村乡，以原郝王庄乡、蔡村乡的行政区域设立郝王庄镇，镇人民政府驻原郝王庄乡人民政府驻地；撤销四女寺镇、马庄乡，将原四女寺镇的行政区域和原马庄乡的胡家洼、潘庄、代官屯、南郑庄、小史庄、张郭秦、小贾庄、朱庄等8个村划归滕庄镇管辖，将原马庄乡的陈庄、林庄、刘庄、李堂、马庄、付家坊、西王庄、付家楼、孔官屯、东场、小张庄、赵庄、小魏庄、西王屯、东王屯、张官屯、高官屯、刘军户等18个村划归鲁权屯镇管辖；撤销董王庄乡、大屯乡，将其行政区域并入武城镇。老城镇及杨庄、李家户、甲马营3个乡未动，全县形成5镇3乡格局。

2004年4月17日，山东省人民政府同意武城县滕庄镇宋王庄村划归鲁权屯镇管辖。

2004年9月30日，经山东省人民政府批复同意，设立广运街道，将武城镇的振华、兴武、兴隆、振东、漳南、贝州等6个居委会和棘围、果里、沙西、沙中、沙东、姜官屯、黄花园、曲庄、梁庄、钱庄、林尔庄、祝庄、张庄、西刘庄、北关、东关、西关、南关、东赵庄、高庄、东刘庄、前王立屯、后王立屯、东林庄等24个村，划归广运街道管辖，办事处机关驻振华街。

2009年6月18日，经山东省人民政府批准，武城县撤销滕庄镇，将其行政区域并入鲁权屯镇。鲁权屯镇政府驻地迁至王贤屯村北。

2010年7月，经山东省人民政府批复同意，武城县撤销杨庄乡、甲马营乡，设立杨庄镇、甲马营镇。至此，全县辖1个街道、6个镇、1个乡。

2011年1月，经山东省人民政府批准，武城县杨庄镇并入老城镇；设立四女寺镇，将鲁权屯镇原四女寺辖区及郝王庄镇的聂官屯、小刘庄、北小李、刘茂庄、谢张庄、商庄、大刘庄、董庄、荣寨、东张庄、罗小屯、温庄、韩庄、白庄、铁官屯、辛立庄、岳官屯、南李、蔡中、祁村、蔡后、油坊、高庄、张官寺、大孙庄、蔡西等26个村（即原属蔡村乡北部村庄）划归四女寺镇，原武城镇的任河沟、孙河沟、军庄、盛寨、董前坡、赵前坡、杜前坡、王前坡等8个村划归广运街道。2011年9月，经山东省人民政府批准，李家户撤乡设镇。

2011年12月，设立经济开发区农村工作管理委员会，将广运街道前屯、后屯、东赵庄、东刘庄、林庄、高庄、军庄、盛寨、孙河沟、任河沟等10个村划归县经济开发区管理。

【人口变化】 1949年全县总户数为53082户，总人口219890人。1964年6月30日，全国第二次人口普查时，全县有67928户，总人口288114人，15年间人口自然增长率平均每年为18.18%。1970年开始加强计划生育工作，到1982年11年间人口自然增长率平均每年为6.83%。1982年7月1日全国第三次人口普查时，全县有常住户数73035户，总人口311711人，男性155555人，女性156156人；农业人口304081人，非农业人口7630人。1986年，全县有80383户，总人口329824人，户均4.1人，1986至1990年，共增长23138人，年均增长4627.6人。1990年，全县有86406户，352962人，共登记当年出生及往年漏报人口11346人，人口自然增长率25.3‰，人口数量和人口自然增长率达到新中国成立后的第三个高峰。1990年第四次全国人口普查，全县总人口同第三次人口普查的1982年7月1日0时的311711人相比，八年间共增加48992人，增长15.72%，年平均增长率为1.84%。1994年，人口呈负增长，人口自然增长率为-1.1‰。1995年后，人口自然增长率趋于平稳，呈“少生优生优育”的人口再生产类型。2000年第五次全国人口普查，全县总人口为361179人，同第四次全国人口普查1990年7月1日0时的360703人相比，十年零四个月共增加476人，增长0.13%，平均每年增47.6人。年平均增长率为0.01%。2003年、2010年、2012年和2013年人口呈负增长，分别为-1.1‰、-2.2‰、-0.3‰和-2.0‰。2010年第六次全国人口普查，全县总人口为376069人，同第四次全国人口普查1990年7月1日0时的360703人相比，二十年零四个月共增加15366人，增长4.26%，平均每年增1536.6人。年平均增长率为4.18%。2017年底，全县常住人口38.59万人，户籍人口40.06万人。

经济和社会发展

2017年，全县上下在县委、县政府的坚强领导下，以习近平新时代中国特色社会主义思想为指导，深入学习贯彻党的十九大精神，积极践行新发展理念，深化供给侧结构性改革，转变发展方式，提高发展质量，全县经济运行保持在合理区间，呈现稳中有进、进中提质、整体向好的态势，社会事业取得全面进步。

【综合】 经济实现平稳增长。初步核算，全县实现地区生产总值（GDP）199.5亿元，按可比价格计算，比上年增长7.1%。其中，第一产业增加值23.2亿元，增长3.6%，第二产业增加值101.49亿元，增长7.7%，第三产业增加值74.81亿元，增长7.4%。产业结构进一步优化。三次产业比例由11.8:50.8:37.4调整为11.6:50.9:37.5。人均GDP达到52878元。

就业形势保持稳定。全县实现城镇新增就业4209人。城镇登记失业人员1118人，城镇登记失业率为2.58%，均控制在计划目标范围内。全县组织就业技能培训2325人，组织创业培训464人。

居民消费价格涨势温和。全县居民消费价格(CPI)比上年上涨1.4%，涨幅比上年回落0.4个百分点。八大类商品和服务项目价格中，食品烟酒类下降0.7%，衣着类上涨2.4%，居住类上涨0.9%，生活用品及服务类持平，交通和通信类上涨2%，教育文化和娱乐类上涨3.5%，医疗保健类上涨7.2%，其他用品和服务类上涨1%。

市场主体快速增长。民营经济户数、从业人员、注册资金为2.2万户、7.8万人和194.4亿元，分别增长12.2%、15.6%和29.6%。其中私营企业户数、从业人员、注册资金为0.4万户，2.7万人和166.9亿元，分别增长41%、42%和31.7%。

【动能转换与创新】 新动能成为经济增长的助推器。高新技术产业快速发展。全县高新技术产业总产值334.29亿元，增长14.5%，占规模以上工业总产值的比重为44.68%，比年初提高1.38个百分点。

科技创新成效显著。年末，拥有工程技术研究中心22家（其中省级4家，市级18家），重点实验室5家（市级），科技企业孵化器1家（市级）。

全年专利申请量292件，其中，发明专利申请量45件。专利授权量157件，其中，发明专利授权量11件。

【农林牧渔业】 农林牧渔服发展平稳。全县农林牧渔服实现增加值25.92亿元，同比增长6.8%。其中,农业增加值17.0亿元,增长9.4%;林业增加值0.6亿元,增长5.8%;牧业增加值4.6亿元，下降8.9%；渔业增加值1.0亿元，下降3.8%；服务业增加值2.7亿元，增长31.6%。

粮食生产再获丰收。全县农作物播种面积109万亩，其中，粮食面积119.16万亩，其中，夏粮面积59.42万亩，秋粮面积59.74万亩。

棉花面积4.89万亩，蔬菜面积5.16万亩。油料面积2.41万亩。全年粮食总产量达到68.74万吨，其中夏粮总产量32.88万吨，秋粮总产量35.87万吨。粮食单产576.9公斤/亩,其中，夏粮单产553.3公斤/亩，秋粮单产600.4公斤/亩。

棉花产量0.57万吨，下降31.5%，单产115.8公斤/亩；蔬菜及食用菌产量17.98万吨，增长21.1%；水果总产量0.86万吨，比上年增长21.1%，油料产量6770.3吨，增长8.9%。机电井数7720公顷。

林业发展良好。全年实现造林1.8万亩、植树72万株。

畜牧业持续调整。全年肉类总产量达到1.36万吨，增长4.5%；禽蛋产量11952.3吨，增长41.7%，奶类产量3257.1吨，增长4.9%。

现代农业建设加快推进。全县市级以上农业产业化龙头企业14家，其中国家级1家、省级3家、市级10家。“三品一标”(无公害农产品、绿色食品、有机农产品和农产品地理标志)产品44个。

【工业和建筑业】 工业生产平稳增长。全县规模以上工业增加值增长7.6%（按可比价计算，下同）。实体经济效益进一步改善。规模以上工业实现主营业务收入993.78亿元，增长11.5%；实现利税67.26亿元，增长12.8%；实现利润56.1亿元，增长12.3%。

建筑业发展向好。资质内建筑企业16家，完成总产值23.5亿元，增长14.1%。

【固定资产投资】 固定资产投资稳中趋缓。年末全县固定资产投资（不含农户）项目265个，其中500万元以上投资项目120个。固定资产投资（不含农户）完成217.95亿元，增长8.0%。其中，第一产业投资0.8亿元，增长0.02%；第二产业投资116.08亿元，增长4.1%，其中工业投资116.08亿元，增长4.1%；第三产业投资101.87亿元，增长23.3%。三次产业投资比例由上年的1.1：59.6：39.3调整为0.4:53.3:46.7。工业投资中，技术改造投资69.78亿元，增长15.7%，高新技术完成投资63.73亿元，增长29.5%。

房地产市场健康发展。房地产11家，房地产开发投资完成10.02亿元，增长106.6%，其中住宅投资8.5亿元，增长112.2%。

【国内贸易】 市场消费稳定增长。实现社会消费品零售额96.58亿元，增长10.1%。其中城镇社会消费品零售额63.91元，增长9.9%；乡村社会消费品零售额32.67亿元，增长10.4%。批发业社会消费品零售额11.25亿元，增长10%；零售业社会消费品零售额69.52亿元，增长9.2%；住宿业社会消费品零售额1.99亿元，增长14.4%；餐饮业社会消费品零售额13.82亿元，增长14.2%。商贸企业规模发展壮大。全县限额以上批发零售和住宿餐饮企业达到115家。

【对外经济】 对外贸易平稳增长。全县进出口完成67842万元，增长288.7%。其中出口47998万元，增长193.4%，进口19844万元，增长1712.2%。

实际利用外资保持稳定。实际利用外资245万美元，增长27.6%。

【交通 邮电】 交通运输平稳发展。全县实有公路通车里程2009公里（不包括村级道路），全县公路客运量562.5万人，下降3%，客运周转量36693万人/公里，增长3%；货运量830万吨，货运周转量46903万吨/公里，分别增长3.9%和3.9%。年末公交线路15条；公交营运车辆58辆，实有出租车汽车数160辆。

邮电通信业快速发展。邮政业务总量5600.17万元，增长21%。移动电话年末用户26.9万户；固定电话年末用户1.7万户。互联网宽带接入用户6.7万户。

【财政　金融】 财政收入稳定增长，支出保障有力。一般公共预算收入完成89804万元，可比增长10.0%。其中税收收入59630万元，可比增长3.0%，占一般公共预算收入比重为66.4%。民生支出保障有力。一般公共预算支出190976万元，增长3.81%。其中，教育支出42595万元，增长9.59%，社会保障和就业支出26899万元，增长28.43%，城乡社区支出19944万元，增长22.95%。

金融机构存贷款稳步增加。人民币各项存款余额为171亿元，较年初增加11.4亿元。其中住户存款余额为140亿元，较年初增加10亿元；非金融企业存款余额为17.3亿元，较年初增加2.4亿元。人民币各项贷款余额为93亿元，较年初增加12.6亿元。其中住户贷款余额42亿元，比年初增加5.3亿元；非金融企业及机关团体贷款余额50.5亿元，较年初增加7.4亿元。

【教育　文化　卫生和体育】 教育事业全面发展。拥有普通中学数9所，普通中学专任教师数1404人，普通中学在校学生数18630人。小学数30所，小学专任教师数1797人，小学在校学生数28526人。中等职业教育学校2所，中等职业教育学校专任教师数281人，中等职业教育学校在校学生数5498人。

文化事业融合发展。公共图书馆1个，图书总藏量108.6千册。剧院、影剧院1个，体育场馆数1个。全县有线电视用户达到3.9万户。

医疗卫生条件改善。全县拥有政府办（卫生部门）医疗卫生机构14处，其中：综合医院1处，中医院1处，乡镇卫生院10处，社区卫生服务中心（站）4处，疾病预防控制中心1处，妇幼保健站1处。全县医疗、卫生机构床位1462床。全县医疗机构拥有卫生专业技术人员1750人，其中：执业医师及执业助理医师836人，注册护士558人。卫生防疫人员168人。5岁以下儿童死亡率0.75‰；婴儿死亡率3‰。

【城市建设　环境保护和安全生产】 城市综合承载能力增强。全县行政区域土地面积750.8平方公里。城镇化水平不断提升。常住人口城镇化率达到56.1%，比上年提高1.7个百分点。

安全生产事故下降。全县纳入考核统计范围的行业领域共发生安全生产事故4起，死亡3人，受伤1人，经济损失7.2万元。亿元GDP事故死亡率为0.015，工矿商贸十万就业人员死亡率为0，道路交通万车死亡率为2.3。

生态环境持续改善。全县二氧化硫（SO2）平均浓度41μg/m^3，恶化7.9%；二氧化氮（NO2）平均浓度57μg/m^3，改善8.1%；细颗粒物（PM2.5）平均浓度100μg/m^3，改善31.5%；可吸入颗粒物（PM10）平均浓度171μg/m^3，改善13.6%；主要河流平均水质COD19.1mg/L，改善40.3%；主要河流平均水质氨氮0.17mg/L，恶化19%。

【人口　居民生活和社会保障】 人口自然增长率略有下降。全年出生人口8011人，出生率20‰；死亡人口5390人，死亡率13‰；人口自然增长率7‰。年末常住人口38.59万人，其中城镇人口21.66万人。

城乡居民收入水平进一步提高。全县居民人均可支配收入19001元，比上年增长9.3%；人均消费支出12129元。其中，城镇居民人均可支配收入24632元，增长8.1%；农村居民人均可支配收入13351元，增长8.9%。

社会保障水平稳步提升。全县基本养老保险参保人数252776人。其中，城镇职工基本养老保险参保人数33750人，下降0.4%。全县基本医疗保险参保人数352002人，其中，城镇职工基本医疗保险参保人数45550人，增幅0.22%。

全县各种社会福利收养性单位8个，床位1230床。城镇居民最低生活保障人数144人，农村最低生活保障人数4262人，农村五保供养人数1159人。

注：

1. 公报数据均为初步统计数或初步核算数。

2. 生产总值、各产业增加值绝对数按现价计算，增长速度按不变价格计算。

3. 民营市场主体包括私营企业、个体工商户和农民专业合作社。

4. 规模以上工业企业指年主营业务收入2000万元及以上的工业法人企业。

5. 固定资产投资（不含农户）包括城镇和农村各种登记注册类型的企业、事业、行政单位以及城镇个体户计划总投资500万元及以上的建设项目投资，全部房地产开发经营业法人单位开发项目投资。

6. 资质以内建筑业企业是指在辖区内注册且具有建筑业资质（获得建设部门颁发的资质证书）的独立核算的施工总承包、专业承包和劳务分包企业；房地产开发经营业法人单位全部纳入统计；

7. 限额以上批发业企业指年主营业务收入2000万元及以上的批发业企业，限额以上零售业企业指年主营业务收入500万元及以上的零售业企业，限额以上住宿和餐饮业企业指年主营业务收入200万元及以上的住宿和餐饮业企业。

武城印象

Wucheng Impression

名优特产

【“古贝春”酒】 “古贝春”酒是古贝春集团有限公司主导产品，有浓香、酱香、兼香三大香型，该酒先后荣获全国浓香型白酒质量鉴评第一名、第二名，中国白酒国家评委感官质量奖、中国白酒酒体设计奖、联合国千年金奖等殊荣，是中国历史文化名酒、中国白酒技术创新典范产品，“古贝春”商标与该公司的“国蕴”“古贝元”商标先后被认定为“中国驰名商标”；“古贝春”品牌被认定为中华老字号，品牌价值被国家权威机构评定为86亿元。酱香型“古贝元”酒在第29届布鲁塞尔世界优质酒类评选大奖赛上获金、银奖，在全国首届食品博览会上获金奖。古贝春集团有限公司1952年建厂，现有员工2300余人，总资产9亿元，有酿酒车间10万平方米，灌装车间5万平方米，流水线20条，年生产优质白酒能力10万吨，是一家集产、学、研、发为一体的全国纯粮食酒重点生产厂家，企业先后被授予全国五一劳动奖章、中国白酒工业百强企业、全国守合同重信用企业、全国企业文化建设示范单位等荣誉称号，为长江以北最大五粮浓香型白酒生产基地。

古贝春酒

【地毯】 地毯制品为武城县传统工业制品，其龙头企业为山东神龙毯业有限公司。该公司是由1958年建厂的武城县地毯厂，在2003年7

世界上最大的艺术挂毯“龙腾图”

月改制组建。公司总资产2.8亿元，占地300余亩，有干部员工1200人，专业技术人员280人，公司年产各类地毯100万平方米，年销售收入1.6亿元，利税2000万元。公司是全国唯一一家既有手工，又有针刺，又有机制手工工艺地毯的生产企业，先后投入近2000余万元开发成功具有自主创新、知识产权、核心竞争力的龙禧华夏机织工艺地毯、机织工艺满铺毯、东方机织羊毛工艺毯、波斯机织羊毛工艺地毯六大系列产品，均系采用中国传统手工地毯的设计工艺、丝光工艺、染整工艺、片剪工艺与现代化机织地毯设备的高效率巧妙结合，产品可以与手工打结地毯效果相媲美，属世界地毯业首创产品，成为国内外机织地毯市场的领头羊，引领机织地毯市场消费新潮流。公司是全国唯一"中国民族毯业城"的核心企业，坚持弘扬龙的文化，保护、发展和传承这一既属于中国又属于世界的文化财产。投资3000余万元建成"神龙地毯艺术博物馆"。实现由经营品质到经营品牌再到经营品味的升华，实现由生产产品到生产艺术品形成龙的文化的升华。产品先后出口日本、美国、欧洲、中东、沙特、乌克兰、俄罗斯等二十多个国家和地区，国内市场遍布北京、天津、上海、沈阳、成都、武汉、新疆、甘肃、内蒙等二十几个省市和地区。

【辣椒】 辣椒在武城有悠久的种植历史，自明末就已有种植，如今已成为武城的特色产业。武城辣椒以其优良的品质享誉古今，产品畅销全国各地并出口韩国、日本、东南亚等国家和地区，成为全县人民引以为豪的产业。"武城辣椒"被国家工商总局正式认定为地理标志证明商标。武城辣椒品种主要以益都红、望都红、朝天椒为主，经过世代精心栽培，凭借武城优良的土质和协调的水、肥、气、热条件，以其色泽光亮，辣味适中而远近闻名。在过去自然经济条件下，辣椒生产不能进入流通环节，只是在当地作为调味品，虽然栽培量少，却是当地人不可或缺的调味佳品。新中国成立后，武城县辣椒产业发展分为三个时期。一、缓慢增长阶段。主要在20世纪50—70年代，面积扩大到2万亩左右。二、十一届三中全会至90年代中后期，为快速发展阶段。农民有了种植自主权，加之辣椒的商品需求旺盛，种植面积迅速突破6万亩。三、2000年以后，为迅速发展期。县委、县政府把辣椒生产作为农业发展的支柱产业来抓，制定一系列优惠政策，调动农民种植积极性，全县辣椒面积突破10万亩，加工企业发展到20多家，涌现出英潮公司、亚星食品有限公司、黑马集团等以辣椒收购加工为主的20多家国家级、省级、市级农业龙头企业，年可加工鲜辣椒20万吨，辣椒干、辣椒粉、辣椒圈近2万吨，辣椒制成品达200多个品种。同时中国武城辣椒城的兴建带动起数百个辣椒运销、加工大户，年交易量突破10万吨，交易额突破11亿元。2002年，中国武城辣椒城被中国特产之乡组委

人工辣椒分拣

会命名为“中国辣椒之乡”和“中国辣椒第一城”。

【“贝州”食用菌】 食用菌产业为武城县特色产业之一，各种菌类及制品远近闻名。武城县以森源公司、丰裕食用菌公司和各级食用菌合作社为依托，大力发展食用菌产业，发展种植会员，形成产前、产中、产后一条龙的服务体系。

“贝州”食用菌

全程进行无公害栽培，同时强化监管，在育种、购料、作料、施药等环节严格按照无公害标准流程进行操作，明确规定 15 种违禁药品，确保蘑菇加工的货源质量。由森源公司生产的“贝州”牌食用菌干鲜品及盐渍品通过国家有机食品认证，并同时获得 ISO9001-2000 和 HAC - CP 食品安全管理体系认证，达到联合国粮农组织和世界卫生组织标准。丰裕食用菌公司生产的蘑菇罐头制品全部出口海外。双孢菇系列产品出口美国、欧盟等 10 多个国家和地区。

【武城旋饼】 武城旋饼为远近闻名的当地特色小吃。旋饼厚如指，大如盘，色泽黄褐油亮，外皮油酥焦脆，肉馅松软香嫩，肥而不腻，焦香可口，愈吃愈香，回味无穷。

武城旋饼

武城旋饼制作历史悠久，源于武城县郭庄村（今故城县建国镇郭庄）。相传是明初由山西洪洞县移民时流传到武城。明末，闯王李自成进京路过武城时，发现路边席棚内烙制馅饼的工艺稀奇，下马品尝后大加赞赏，因见因馅饼在制作者手中、鏊子上、铛子上不停旋转，遂依其特点赐名“旋饼”。

2004 年，在第二届“山东名小吃”认定活动中，武城旋饼被省经济贸易办公室和省名吃认定委员会认定为“山东名小吃”。2006 年 7 月，武城旋饼被授予第三届“山东名小吃”称号。

【鑫平老粗布】 老粗布俗称“本地布”“土布”，是用原始的纺车、织布机一梭一梭纯手工编织

鑫平老粗布

而成，纺织工艺极为复杂，从采棉纺线到上机织布经轧花、弹花、纺线、打线、浆染、沌线、落线、经线、刷线、作综、闯杼、掏综、吊机子、栓布、织布、了机等70余道工序，从几种基本色线变幻出千余种绚丽多彩的图案。每道工序里还有很多子工序，一件产品包含繁复劳动。老粗布的图案意境是一种抽象化的艺术，它以不同的色彩组合利用经线、纬线精心手织而成，以富有现代装饰美感的几何图形来体现，通过抽象图案的重复、平行、连续、间隔、对比等变化，形成特有的节奏和韵律，色彩古朴大方，又与当代审美观念和时代潮流相吻合，迎合现代人的品位和追求，极具艺术魅力。

鑫平老粗布为武城县传统土特产品，是鑫平粗布庄整合武城县传统织布工艺，用当地优质棉花织染而成，具有绿色环保、冬暖夏凉、透气性好、舒适止痒、手感柔软、抗静电、不起球、不褪色等特点。

【“拴马棚”韭菜】 “拴马棚”韭菜生长于武城县武城镇前马村，该村具有悠久的韭菜栽培历史。拴马棚又名御马棚，相传乾隆皇帝下江南，路经该村驻马歇息，食用当地韭菜后称之为“天赐之物”。此后，该村始名御马村。后为留住龙气，改为拴马棚。由此，拴马棚村韭菜名扬四方。前马村土质肥沃、空气清新、水质优良，自然条件优越，是德州市农科院科研示范基地和武城县有机蔬菜示范基地。生产过程严格遵循国家有机食品生产标准，不施任何化肥和农药，不使用任何除草剂和转基因技术及制品，施以发酵有机肥、沼渣、沼液及生物肥料。防虫采用防虫网及粘板、杀虫灯，使用地下深井灌溉。“拴马棚”韭菜已通过北京五洲恒通认证中心的有机认证。2010年10月被推上央视荧屏。

“拴马棚”韭菜

【“三白”西瓜】 武城县传统特产，以皮白如玉、瓤白如脂、籽白如珠而冠名“三白”。汁甜含蜜香，籽少爽口，瓤不泻，味不变，明清时期曾定为贡品。据史载，“三白”西瓜自唐五代以来就有栽培，距今已有近千年的历史。“三白”西瓜品质优良，别具风味。据国家食品质量检验中心进行鉴定，此品种不仅具有一般西瓜的清爽、多汁、体大、耐贮等品质，更有丰富的氨基酸，具有一般瓜类所没有的防癌、抗癌、抗衰老之功能。

“三白”西瓜

【武城辣椒鸡】 武城一直有在辣椒地散养柴鸡的传统养殖习惯，这些鸡常年以辣椒叶子、辣椒籽等辣椒作物为食物，不使用任何抗生素、添加剂，体内富含丰富的维生素，肉蛋品质好，肉质鲜美，口感独特。所产鸡蛋被称为辣椒蛋，较普通鸡蛋相比，蛋清浓稠，蛋白质维生素含量极高，脂肪、胆固醇含量低，口感好，质嫩无腥味，深受广大消费者好评。养殖范围主要分布在武城辣椒城附近的广运街道、武城镇、老城镇、鲁权屯镇、郝王庄镇、甲马营镇、李家户镇等辣椒广泛种植区域。武城辣椒鸡入选中国海洋大学出版社出版的《中国名优特产大全》第二辑。

崔瑞军糖葫芦

【崔瑞军糖葫芦】 武城崔瑞军糖葫芦店成立于2004年9月，以生产和销售冰糖葫芦、山楂制品、雪红果为主。店内有蜂蜜不化类、蜂蜜色拉油熬糖类、外粘综合类、水果类、巧克力类、软糖类、普通类、夹心类、熟山楂类等100多个品种，其中特色口味蜂蜜不化糖葫芦、脆皮巧克力糖葫芦是全国同行业中最领先的技术，独创的蜂蜜口味的不化糖葫芦，更是大受欢迎，此品种特色是入口酥脆，有一种浓浓的蜂蜜味和天然的薄荷糖果香味，食后开胃消食、营养丰富、口齿留香。

2014年，被授予“德州名小吃”荣誉称号。2015年，获“齐鲁名吃”荣誉称号。

风景名胜

【四女寺风景区】 亦称运河古镇文化旅游风景区，位于四女寺镇四女寺村，东北距德州市6000米处，景区于2013年冬正式对外开放，为国家AAA级旅游景区。四女寺古称安乐镇，明清时期以运河重镇享有盛名。古“武城十二景”的“槐荫清风”胜境就在此处，“千乘旌旗分羽卫，九河春色护楼船”是其历史上的繁盛写照。四女和睦侍亲的传说流传广泛，其德行更成为百姓争相效仿的典范，后人为纪念四女建祠塑像、树碑立传。四女寺原建有石佛寺，

运河古镇文化旅游风景区

相传为明代高僧占潭修建，鼎盛时期拥有81间殿阁。乾隆皇帝下江南时，专程前往敬香礼佛，并赞道："好一个佛光祥和之地！"从此，石佛寺更名为佛光寺，声名远播，朝拜香客络绎不绝。20世纪50年代，孝女祠、佛光寺两座古代建筑因拓宽运河被拆毁。

该景区是武城县重点文化旅游项目，按照"以史为根、以文为魂、以河为脉、以湖为韵、以树为景、以孝为先"的设计理念，复建四女祠、佛光寺等人文景观，形成以运河文化、礼孝文化和佛教文化为主要特色的综合性主题景区。

景区被纳入全省十大文化旅游目的地品牌"鲁风运河"建设体系，协同打造沿运河特色旅游线路产品。主要景点有孝文化广场、孝门、明德湖、四女祠、十二生肖园、郭氏祠堂、郭鲁纪念馆、佛光寺、菩提院、槐荫清风湿地公园等景点。

景区内佛光寺是江北最大禅宗寺院。寺内的佛像都是由缅甸僧王所赠，由缅甸玉雕刻而成，做工精美，总价值上亿元。卧佛殿内供奉的释迦牟尼玉质卧佛，重27吨，全身由缅甸玉雕刻而成，是江北最大的玉卧佛。

景区北部有卫运河最大水利枢纽工程——四女寺枢纽，位于四女寺村东北卫运河、漳卫新河和南运河的衔接处。该工程兴建于1957年，1972年进行扩建，由南进洪闸（原称减河进洪闸）、北进洪闸（岔河进洪闸）、节制闸、船闸组成，另建有十二属相公园等景点，系具有防洪、排灌、航运、观光游览综合效益的枢纽工程，闸群甚为壮观，被誉为"北方都江堰"。运河流至此处，地势开阔，视野宽广，两岸风光秀丽，垂柳成荫，环境清幽，公园里古树林立，花草繁茂，运河内碧波荡漾，风光秀美。

景区南部为四女寺千亩生态湿地公园，AA级景区，是长江水、黄河水、运河水三水汇聚之地，湿地以人工湿地为主。园区内现有维管植物67科150属235种，其中国家Ⅰ、Ⅱ级重点保护植物包括银杏、莲、野大豆。园区内河流纵横，水网交错，植被资源丰富，吸引众多动物来此栖息、觅食。园区约有脊椎动物267种，其中东方白鹳、鸳鸯、苍鹰等22种，分别为国家Ⅰ、Ⅱ级重点保护动物。湿地公园分为：湿地保育区、恢复重建区、科普宣教区、合理利用区和管理服务区五大功能区。

【古贝春工业旅游园区】 位于古贝春集团公司内，国家AAA级景区，隶属古贝春集团有限公司，共有七处主要景点，根据各景点坐落的位置，形成了三条旅游线路：一、老城酒厂旅游线路，景点在公司的发祥地——老城酒厂院内，主要有建于清朝光绪年间的老窖池和当年所用的古井，还有建厂之初从大运河畔移植过来的一棵醉柳；二、工业园东区旅游线路，主要景点是热电、燃料乙醇项目及生态园，主要展示企业多元化发展的成就；三、公司总部旅游线路，这里景点比较多，既有代表当今酿酒工艺的机械化生产车间、灌装车间、科研中心

酒仙山

等，还有展示企业浓厚文化氛围的文化长廊、酒文化馆、诗酒大道、百诗苑、酒仙山、酒星雕塑等。其中，古贝春酒文化馆，建筑面积3000平方米，是山东省白酒企业中唯一的一家酒文化场馆。2008年初被批准为“全国工业旅游示范点” 和“山东省文化产业示范基地”，2015年被国家旅游局认定为“国家AAA级旅游景区”，“古贝春酒文化馆”被认定为“省级博物馆”，2017年获批山东省首批工业旅游示范基地。

【金水湾生态园】 位于武城镇马粮庄村南，由山东富泰尔科技有限公司于2010年投资兴建，利用原马粮庄砖瓦窑厂废弃地及周边部分农田改造而成，占地面积1500亩，其中水域面积304亩。金水湾生态园是一个集生态农业科技示范、特色养殖、休闲度假、旅游观光、商务会议等内容于一体的多功能生态园。该园区交通便利，水资源充足，联合中国农业大学开展

金水湾生态园

生态农业种植，基础条件十分优越。

为打造一流的生态农业示范基地及休闲旅游品牌，园区聘请中国农业大学、河南农业大学有关专家进行了精心规划设计。按照功能划分为四大区域，一区是800亩的生态农业科技示范及水果采摘区，包括温室蔬菜大棚、花卉大棚、特色农业种植，种植品种达30余个，各种果木2万余株，品种20余个。该区以开展农业科技实验、示范为主，具有观赏、采摘、推广等功能。二区为占地200亩的特色养殖区，主要实施林下生态畜牧、家禽散养，为园区生态餐饮提供绿色产品，为游客提供养殖观赏、休闲游乐之场所。三区是宽阔的休闲游乐区，包括28000平方米的大型喷泉广场和7000平方米绿地广场、300亩的湖面设有水上游乐项目、休闲垂钓项目，还建有室外游泳池，儿童乐园配备多种儿童游乐设施及成人游乐设施。四区是100亩的旅游服务接待区，包括3200平方米的宾馆、3600平方米的酒楼、农家乐餐饮、超市、游泳馆、温泉理疗、会议中心等。

2016年1月，金水湾生态园被评为国家AAA级旅游景区，并获得山东省“休闲农业示范园”称号。

【弦歌湖】 位于县城西部，振华街南侧，围绕“弦歌古郡”文化主题，以“湖”为重点，将“水”和“绿”贯穿于整个公园，总体规划布局为“一湖一河三景”，形成以入口休闲广场、中部湖

弦歌湖公园

面景观、西侧景观河道和南部弦歌台的风景轴线。“一湖”即弦歌湖，4.5 万平方米。湖东侧建有一小岛，岛上筑有四角亭；湖西侧建设亲水平台，平台上有八角亭。两亭东西呼应，将弦歌湖点缀得更加美丽动人。“一河”即景观河道，位于弦歌湖西侧，南北蜿蜒 400 余米，河岸进行高标准绿化，实现四季常青，达到步移景异之效。“三景”自南向北为弦歌台、游船码头和休闲广场。湖南为弦歌台，高 29 米，建筑面积 4700 平方米，采取汉唐建筑风格，融入大型皇家园林式风貌的大唐芙蓉元素，气势磅礴又不乏委婉雅致，驻足弦歌楼可尽览公园全景；游船码头包括荷花池、曲桥、雕栏等景观。荷花清新脱俗、亭亭玉立，曲桥蜿蜒曲折、贯穿其中，雕栏典雅高档、工艺精美，散步于码头风景，心旷神怡；休闲广场规划面积 6400 平方米，沿湖岸建设北岸亲水平台，平台上有五根 11 米的祥云福柱，通天而立，气势雄伟。石柱底座八面分别雕刻梅花、兰花、竹子、菊花、牡丹、荷花、石榴、桃花，柱身通体雕刻祥云和蝙蝠，工艺精美，栩栩如生，寓意着武城县人民生活幸福祥和。弦歌湖成为武城县西部城区的滨水活动乐园、生态休闲空间、城市呼吸“绿肺”，市民休闲、娱乐、健身环境得到质的提升。

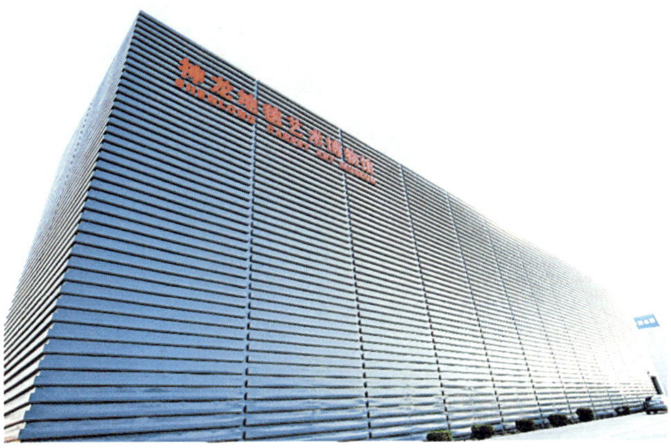

神龙地毯博物馆

【神龙地毯艺术博物馆】 位于县经济开发区，2008 年 12 月建成，建筑面积 4800 平方米，布展面积 5000 平方米，是全国第一家地毯博物馆。一层为历史馆，展示中国毯业三千多年发展历程。二层新产品馆，展示神龙地毯艺术发展新成就。三层为珍品馆，展示中国地毯艺术之精深。四层为腾飞馆。以真实史料与稀有珍品呈现世人，再现“中国民族毯业城”的风采。

【武城县辣椒文化馆】 位于县城南部中国武城辣椒城，中椒英潮辣业发展有限公司院内，展

辣椒文化馆

馆总面积 1600 平方米，是山东省第一个综合型辣椒文化展览馆。内分 8 个展区，分别为综合荣誉，辣椒溯源，运水润椒红，辣味满神州、中椒英潮发展历程，武城辣椒红动世界、辣椒文化杂谈及品牌展示体验，用大量图片和实物做成展板、展台，介绍了全国各地辣椒的品种、特点及辣椒的相关知识，并从历史、种植、品种、技术及文化等多方面综合展示了辣椒生产在武城的发展过程。并有智能化、信息化生产示范生产线参观走廊供游客参观。

奥博公司环保产业科技馆

【奥博环保产业科技馆】 位于县经济开发区奥博公司办公大楼一楼，建于2011年，投资500万元，建筑面积1200平方米，是武城县第一个环保科技展览馆。展馆分为文化展厅和产品展厅，运用声、光、电等科技手段，通过文字资料、图片展板、实物模型等多种形式，图文并茂的直观展示了生态环境逐渐被破坏的过程和人们拯救环境所做的努力，把最新的科学技术研究成果转化为公众喜闻乐见的展览活动。通过弘扬绿色、低碳的环保理念，唤醒人们的环保意识，引导其积极投身环保事业。

文物 古迹

【陈公堤】 大堤东临黄河故道大沙河，高4米～5米，顶宽6米～8米，呈南北走向，横贯武城全境。北起德州东5里处，自四女寺村东3里处入武城境内，向南由武城镇肖邢王庄村西出境入夏津县。恩县旧志载："在县西三十里许，为宋代陈尧佐守滑筑之，以障黄河，故名陈公堤。"远远望去，于贝野之上突兀而起，蜿蜒南北，势若长虹，尤为壮观，旧称"贝野长堤"，为"恩县十景"之一。长堤至今仍发挥抗洪作用，武城人民为纪念陈尧佐的千秋伟业，仍将长堤称为"陈公堤"。

陈公堤

【古贝州遗址】 位于广运街道"四关"村。该遗址南北长约1800米，东西宽约1000米，中心位置在现汽车站的十字路口。遗址较之周围高出许多，形成一大土阜状。曾出土过陶器、铜鼎，唐代的绞胎瓷坛、白釉瓷碗、黑釉瓷碗，宋代的黑釉小瓷狮，数枚古铜币"大观通宝""大泉五十"及"五铢"等文物，1957年被定为省级文物保护单位。

【漳南镇遗址】 位于鲁权屯镇漳南镇村，南北长500米、东西宽800米。北半部分被民宅所覆盖。全国第二次文物普查发现该遗址，在遗址坑塘、沟渠内发现砖瓦片。据民国《恩县志》记载，此地为隋末农民起义领袖窦建德、刘黑

漳南镇村

闼起兵之地。遗址南侧曾有一土台，高出周围地面 3 米，20 世纪 70 年代因取土夷平，传说为点将台。2006 年 5 月清理水塘时，于地表下 3 米处发现建筑遗址，并出土碑刻、经幢、石雕、拴马桩等文物 10 余件。经省考古研究所专家考察，鉴定为唐代寺庙遗址，出土文物藏于县图书馆。2011 年，被市政府公布为第二批市级文物保护单位。

老县城西门

【老武城遗址】 位于老城镇东关村西运河堤内，遗址南北长约 1140 米，东西宽约 800 米，运河大桥东西向在遗址北首穿过。河床及河道内均有大量碎砖、陶片、瓷片等文化遗物，出土器物有唐末注子 2 件，元代尖底陶罐 2 件，唐咸通年间墓志一方。遗址年代应为唐宋时期。根据嘉靖《武城县志》载：宋朝大观年间运河西决，将武城县治由距老城 5 千米的河西祖杨移至河东岸。1973 年卫运河展宽，将原城址辟为河道，县治东迁 20 千米至旧城（贝州遗址）西北重建。2010 年 11 月，被县政府公布为第一批县级文物保护单位。2011 年，被市政府公布为第二批市级文物保护单位。

【达官营清真寺】 位于四女寺镇达官营村北

达官营清真寺

首，卫运河堤南岸。大门坐西向东，北侧建有男水房，南侧建有女水房。二门内正西为大殿，坐西向东，面阔 3 间，两侧各建 1 间耳房，进深 3 间，卷棚三联脊、灰瓦、硬山，大殿前南北两侧分别建有南讲堂和北讲堂各 4 间。始建于明代，但无史料可考。大殿、南讲堂、北讲堂、大门为民国二十六年（1937）重建，男水房、女水房为 20 世纪 60 年代所建。清真寺整体保存良好。2010年11月，被县政府公布为第一批县级文物保护单位。2011年，被市政府公布为第二批市级文物保护单位。

【东阳县遗址】 位于甲马营镇附近。遗址距地表约3.5米，地表为运河河床，现为甲马营村农田。据《中国古代地名大词典》载“汉侯国，后汉省，故城在今山东恩县西北六十里，隋复置东阳县，改为漳南县。”根据《中国历史地图集》标注，城址应在今甲马营一带。由于淤积较深，多年未被发现。2009年第三次全国文物普查时发现甲马营村西运河干涸，河道内暴露大量灰陶器物残片，以及青砖、瓦等建筑痕迹。南北长1200米，东西宽500米，遗址向东延伸，被运河河道覆盖，深3米，根据其年代范围等特征分析，该遗址应为东阳古城遗址，其年代应该汉代，是武城县迄今为止发现的最早遗址，现为市级文物保护单位。

【王金铭墓】 坐落于武城镇东屯村东500米处。墓葬坐北向南，为砖混结构，南北长3米，东西宽2.4米，高1.5米，顶部为拱形，市级文物保护单位。王金铭，武城县老城镇东屯村人，辛亥革命时为推翻清政府，与冯玉祥、施从方等发动了滦州起义，王金铭为大都督，后起义失败被杀，当时下葬于天津，后来冯玉祥为其重新起灵移葬故里。1990年，县人民政府为其修建永久性烈士墓。

非物质文化遗产

【抬花杠】 又称花杠舞，流传在老城镇南屯村一带。传说明弘治年间，武城一带连年干旱，稼禾不生。农历四月十八日早晨，城东娘娘庙突现一位仙姑，脚踏祥云升至半空，手提花篮边走边撒，所到之处万物复苏，稼禾生芽，果树开花。后来在南屯上空落下不见踪影，人们奔走相告：这是王母娘娘让她的女儿（百姓后称其为“大姑”）拯救这方生灵来了。当地百姓感念恩情，在南屯村修建大姑庙供奉大姑。传说大姑神爱花，人们便抬着花篮在大姑庙前表演，以表达敬仰之情。南屯系武术之乡，抬杠人有武术功底，集舞蹈、武术于一体，形成独具一格的民间表演艺术。抬花杠即由这种仪式衍生而来。后来，为祈求大姑神保佑，把每年的农历四月十八日定为大姑回娘家的日子，称为“大姑出驾”或“大姑出巡”。到了清乾隆年间，抬花杠达到鼎盛期，乐队规模越来越大，波及县城及周边地区。抬花杠摒弃原来的表演方式，形成以南屯村为核心的花杠队，舞步动作及表演套路得到进一步规范。20世纪

抬花杠

70年代末，抬花杠被选为节庆项目。1979年，县文化馆对抬花杠进行发掘整理和艺术加工，从民间搬上舞台，在德州市文艺会演中获优秀节目奖，同年赴济南会演，获山东省优秀节目奖。1984年，中国舞协将抬花杠录像保存。1992年，被收录到《中国民族民间舞蹈集成·山东卷》，成为国家艺术学科重点研究项目，在沈阳国际民间文化艺术会演中获优秀节目奖。1996年，参加省委宣传部、文化厅举办的齐鲁民间广场艺术展演，获“黑牡丹”奖。2006年12月，被列入山东省首批省级非物质文化遗产名录。

【运河船工号子】 始于元代，盛于明清，止于1978年漳卫南运河断流。明清两代，运河上来往船只络绎不绝，船工号子此起彼伏，打蓬、

运河船工号子

拉纤、摇橹、撑篙各种号子声响彻云霄，形成“南来北往船如梭，处处欣闻号子歌”的热闹景象。解放后，运河航运繁荣兴旺，船工号子更加热情奔放，委婉动听。县文艺工作者根据运河号子旋律创作出民歌“唱秧歌”，1964年在“上海之春”音乐会上受到专家与观众的好评，并灌制成唱片多次在中央、省电台、电视台播放。武城运河船工号子大体可分为打蓬号、打锚号、拉冲号、拉纤号、撑篙号、擶篙号、摇橹号、绞关号、警戒号、联络号、出舱号11种。2006年12月，被列入山东省首批省级非物质文化遗产名录。

【四女寺的传说】 四女寺传说有两种说法。其一，西汉景帝时期，在安乐镇（今四女寺），有一户傅姓人家，傅氏夫妇为人和善，经常救济穷苦乡邻，颇受百姓称赞。傅氏夫妇年届五十，膝下只有四个女儿，四女个个相貌出众，聪慧过人。有一年，她们在为双亲做寿时，发现父亲并无喜悦之容，于是便问缘由，父亲长叹道：“为父只有你们姊妹四个，惜无男儿，如今你们已到出嫁的年龄，日后无人为我们养老送终，我怎能不忧。”四姊妹听后恍然大悟，从此，改着男装，矢志不嫁，侍奉双亲。为表心愿，各自种下一棵槐树，并对天盟誓：“槐枯则嫁，槐茂则留。”后来为争养双亲，各在暗中用开水浇她人之槐，以免贻误其他姊妹的青春。不料，槐树却越长越繁茂。四姊妹只好同室事亲，从早到晚读书诵经，祈祝父母长寿，遂修道成仙，举家超升。人虽已去，但傅家宅院还在，四棵槐树依然亭亭玉立，世人遂改安

四女祠

乐镇为四女树镇。后人为四女建祠（四女祠）塑像、树碑立传，将四女树更名为四女寺。其二，根据四女寺村出土的清代碑刻《四女寺诗有序》记载，四女寺之四女是指唐代贝州宋廷芬之五女中的若莘、若昭、若伦、若荀，因若宪被诛未被列入其中。宋氏五姐妹才华出众，均先后在宫中任职，或赠郡君，或呼学士、先生。后人为祭祀四女以宋氏家宅为寺，塑像立碑供人瞻仰。关于宋氏姐妹，《旧唐书》“后妃传”中有详细记载。明清时期的《恩县志》与民国时期的《重修恩县志》载：明代河南参政左杰的《四女遗槐》，管异之的《恩县四女碑》，清代恩县知县张光祖的《四女传》，清代异地县令黄始的《山东四女祠记》等，都详细记述了四女传说。四女祠建于何时已无从考证，原祠内碑刻为明代。1957 年，运河拓宽时四女祠被拆，除仅存四女塑像照片及碑刻碑文外，其他祠内文物皆失。2007 年 5 月，被列入德州市第一批非物质文化遗产保护名录。

【姑嫂坟的传说】 在老城镇祝官屯村北 500 米处有一座坟墓，当地群众称为“姑嫂坟”。传说，在明代祝官屯村一个姓陈的小伙娶了本村姑娘孙某为妻，与老母和小妹一家四人男耕女织，俭朴度日。不久，小伙被抓丁带走，几年都无音信。老母让儿媳趁年轻改嫁，儿媳不应，并发誓替夫养老，不再嫁人，并劝小妹早日了却终身大事。小妹倍感嫂子疼爱，也决定终身不嫁。不久，老母病重离世，姑嫂生活愈加凄凉，还常常遭受刁民调戏。嫂屡劝妹出嫁，小妹执意不从，说，妹若出嫁，嫂孤身一人更难度日，我死也与嫂在一起！某日夜晚，一歹徒潜入陈家，欲行不轨，搏斗中，性情刚烈的嫂子打伤歹徒，歹徒恼怒，将其杀死，随后仓皇而逃。搏斗中惊醒小妹，小妹见嫂子被杀痛不欲生，自杀身亡。邻居亲友置两口陋棺将二人合葬。当地百姓敬佩姑嫂二人和睦相处、孝敬老人的美德，暗为其立碑，墓前有“烈女之墓”“淑姬之墓”“万世流芳”“二位仙姑之墓”等石碑 24 块，并逐年递增。2009 年 8 月，被列入德州市第二批非物质文化遗产保护名录。

【武城架鼓】 亦称家鼓，即民间家家皆有而得名。架鼓遍及县城周围及县内部分村庄，已有 500 多年历史。据传，明末当地连年兵荒马乱，百姓为防御匪患，便以鼓声示警传递消息。明清时期架鼓开始用于配合“抬花杠”，所以又称“驾鼓”。至清咸丰年间又融入军鼓乐、宫

姑嫂坟

武城架鼓

廷鼓乐的演奏套路，使这一以打击乐为演奏方式的民间艺术达到鼎盛。20世纪中期传唱着一首这样的歌谣：河西高跷河东杠（抬花杠），最数架鼓敲得棒。枣木鼓槌举三举，运河浪花唱九唱。架鼓不属于戏曲之类，以鼓充当伴奏，常以鼓手自身为支架，把鼓绑在腰间，“架”在腹前，敲打演奏。一些乡民大都从小注重训练，没鼓没锤，以树枝当锤，以鞋底为鼓，学习演打架鼓。架鼓演打以李家户镇刘王庄村和老城镇东屯村最为有名，是传承、发展武城架鼓的两大支系。2009年8月，被列入德州市第二批非物质文化遗产保护名录。

【旋饼制作工艺】 武城旋饼制作历史悠久，源于武城县郭庄村（今故城县建国镇郭庄村）。相传为明末农民起义军领袖闯王李自成所赐名。当年李闯王进京路过武城时，发现路边席棚内烙制馅饼的工艺稀奇，于是便下马品尝，并大加赞赏，因见馅饼在制作者手中、在鏊子、在铛子上不停旋转，遂依其特点赐名“旋饼”。

旋饼制作工艺

武城旋饼的制作工艺经过世代传授，工艺日臻完善，风味独特。选料精良，面要上等，肉要瘦肉，制作讲究，和面要根据四季温度的不同掌握软硬，并反复的揉捏。馅有猪、牛、羊肉和鸡蛋，各色俱全。肉要切成玉米粒大小的细块，并配以蔬菜，一般牛肉配大葱，猪肉配韭菜，羊肉配香菜，再加花椒面、味精、精盐、生姜、香油等作料调和。旋饼师傅们在长期的实践过程中，又创出了三个著名的特色品种，即牛肉馅的“雪里红”，猪肉韭菜加鸡蛋的“凤加雪”，猪腔油加冰糖制成的“水晶参”。

做旋饼通常在传统的旋饼席棚里。棚口右侧盘旋饼灶，一般采用一洞两灶，前边是铛子，内放若干瓦粒，有盖子，后是鏊子，再后是汆子。把饼先放在鏊子上刷油旋转烙挺，再放入铛子的瓦粒上，盖上盖烘烤，并不时刷油翻个（三翻六遍油），一般三分钟熟一个。武城旋饼大如盘，厚如指，色泽黄褐油亮，皮油酥焦脆，馅松软鲜嫩。焦而不糊，嫩而不生。肉肥而不腻，面厚而不黏。兼有焦香、清香、芝麻香的味道，深受百姓欢迎。

到了清代中后期，大批旋饼师傅们开始外出赶庙会、串集市，经常到的地方有河北的衡水、故城、冀县、清河，山东的德州、夏津、平原、临清、高唐等周边县市，武城旋饼的名声也逐渐越传越远。

2004年，在第二届“山东名小吃”认定活动中，武城旋饼被山东省经济贸易办公室和山东省名吃认定委员会认定为“山东名小吃”。2006年7月，武城旋饼又被授予第三届“山东名小吃”称号。

【古贝春酒传统酿造技艺】 古贝春酒是典型的浓香型白酒，是鲁酒的代表之一，也是北方浓香五粮酒的代表之一。其传统的酿造技艺历史悠久，晚清时期武城县南屯村的柴、胡、何、马四家酿酒作坊闻名于当地，在20世纪20—

古贝春酒传统酿造技艺

30年代，南屯村的于宝星汲取多家酿造技艺使于家酿酒作坊的影响力不断扩大，逐渐发展成了武城规模最大的酿酒作坊。1949年中华人民共和国成立以后，公私合营时期组合起来成为一家，在1958年推行地方国营时正式建立山东武城酒厂（即古贝春公司前身）。数家作坊各取所长，组成一种酿造技艺，当时叫作“混蒸杂粮酒工艺”，所用粮食有五种：高粱、小麦、玉米、大米和江米。高粱产酒香，小麦产酒糙，玉米产酒甜，大米产酒净，江米产酒浓。五种粮食合理搭配起来，生产出的白酒诸味协调。现将酿造工艺称之为“混蒸混烧跑窖工艺”。其生产工艺特点可概括为“三高、一低、一长”，三高是入池时的淀粉含量高、酸度高、温度高；一低是用糠量低，即熟稻糠的用量低；一长是发酵期长，发酵期达90天。

古贝春酒的传统酿造技艺特色鲜明，工艺精湛，使得古贝春历久不衰，并获得诸多荣誉：2005年38度古贝春酒，在全国浓香型白酒鉴评中被评为第一名，52度古贝春酒被评为第二名；2006年被中国酒文化专业协会认定为“中国文化名酒”；同年被中国市场品牌战略管理联合会认定为“中国历史文化名酒”；2007年被山东省经济贸易委员会认定为“山东老字号”。

2009年8月，古贝春酒传统酿造技艺被列入德州市第二批“非物质文化遗产”保护名录。2016年3月，被列入山东省“非物质文化遗产”保护名录。

【武城柳子戏】 老城镇吕洼村为柳子戏传承地，建有专业柳子戏剧团。吕洼柳子戏（又名“吹腔”）起源于清朝中期，据今传入武城已有200多年的历史。在武城、夏津两县广为流传。

在吕洼当地把柳子戏习惯叫作吹腔。鼎盛时期，柳子戏剧团的演职人员多达40余人。生、旦、净、丑行当齐全。上演的传统剧目有《余唐关》《挂龙灯》《破洪州》《三宝殿》等，还有连台本戏。20世纪70年代左右还移植上演了革命样板戏《红灯记》《沙家浜》《智取威虎山》等。

柳子戏的主要伴奏乐器有笛子、笙、三弦，其他的还有二胡、箫、月琴、唢呐、管子等，打击乐器有板鼓、板、大锣、小锣、铙钹、小钹等，还有堂鼓、大皮鼓，文武场合奏曲牌威武雄壮，气贯长虹，给人一惊心动魄之感。

柳子戏的曲调曲牌有很多。有“九曲十八板七十二调”，也叫“七十二哼哼”，所以吕

武城柳子戏

洼柳子戏也有“哼哼腔”之称，可见曲牌丰富，曲调繁多，归纳起来的主调有三大类，即“平”“越”“下”。这三类之内包含了五大牌子腔，如“大青羊”“驻马亭”等。

柳子戏的演唱早年都是男演员唱女腔，以真假声混合演唱，后来有了女演员就大小嗓并用。这也是本剧种的地域特点。柳子戏韵调层次分明。根据剧情的不同曲牌设计唱腔。如欢快自豪就用“络络”曲牌，行走观赏就用“驻马亭”，文武吹打戏就用“山坡羊”“大青羊”，悲切用“迷子”，抒情用“锁南板”等。

经山东省柳子戏艺术保护传承中心批准，老城镇的吕洼村正式成为“中国柳子戏艺术培训传承基地”。2016 年 6 月 23 日，“中国柳子戏艺术传承基地”揭牌仪式在武城县老城镇举行，山东省柳子戏艺术保护传承中心主任栾苏、山东省柳子戏艺术保护传承中心业务部主任李卫国及武城县有关领导出席仪式。

【刘秀在武城的传说】 东汉光武帝刘秀究竟到没到过武城，史书上没有记载，但武城有四个村子的地名传说中，却流传着同一个故事，把刘秀来武城说的活灵活现。话说当年刘秀打了败仗，曾落难武城，经过饮马庄、马粮庄（妈妈地）、见马庄、马言庄。这四个村子恰形成一条西南东北的路线，沿黄河古道而行。由此可推断，传说有一定的真实性。据传刘秀一行败阵逃到武城，已经是人饥马乏，到一水塘边，马喝足了水跑过后，蹄印即被黄河故道的沙土掩埋，且沙地松软，难以行走，刘秀连饿带乏筋疲力尽，摔下马来，昏了过去，多亏一位好心的老妈妈将他救起，当再寻坐骑时，早已无踪影。刘秀派随从四处寻找，无奈周围全是沙土，连马蹄印都找不到，后来，随从在一个村子里听到了马嘶叫声，急驰过去。村中人对刘秀的随从们讲，他们见一匹马跑进村来，浑身汗水淋漓，累得快跑不动了，就想将它抓住，待几个人一围上，不想马便鬃毛炸起，一声长鸣，从人们的头上窜过，扬蹄跑出村外。随从们顺马蹄印急追而去，沿途打听，村里人都说见过此马，狂奔而去，无人敢靠前。就这样，刘秀的坐骑就跑出了武城。后来，刘秀当了东汉皇帝，为了不忘这段兵败被追的经历，便把饮马的村子敕封为“饮马庄”；摔下马的地方敕封为“马无蹄”；听见马嘶的村子敕封为“马言庄”；后来，刘秀为了感谢那位老妈妈，将“马无蹄”村的土地封给了老妈妈，免缴皇粮国税，把“马无蹄”改为“妈妈地”。到了清朝中期，该村马延俊、马连杰两兄弟同科中了贡生。恩县知县前来祝贺，言“妈妈地”三个字有欠庄重，说：“有马必有粮。”便将“妈妈地”改为“马粮庄”。除马无蹄的名字改了两次，最后改成“马粮庄”外，其余三个村的名字，沿用至今。尽管史书没有记载，但当地人深信，当年刘秀一定到过武城。

该传说于 2009 年 7 月，被列入武城县第二批“非物质文化遗产”保护名录。

刘秀塑像

【大祁庄地秧歌】 大祁庄地秧歌起源于元末明初，距今已有数百年的历史。以舞为主，以唱为辅，集舞唱为一体。一般每年的活动均在春节、元宵节期间，以在当村自娱自乐为主。以后每年元宵节前后，周边各村均派德高望重三个人，前往大祁庄约请秧歌队去各自村庄表演，

大祁庄地秧歌

并逐渐在平原、武城两县流传开来。

大祁庄地秧歌表演队员多达六七十人，多数身着明清时的古装，人物极为丰富，个性鲜明。领队（俗称打伞地）手持一把红色伞盖（也叫华盖），走在队伍的最前面，身后是四名武士（俗称打棒地），他们身穿青色打衣、打裤，头扎青巾，额戴镜牌，腰系宽带，足蹬快靴，意为队伍的保护神，主要起领舞和打场子的作用。他们都要会一点儿武功，一旦场子围的太小了，打伞地将伞向上一指往回一翻。这时四个打棒地就要向前起飞脚，打场子，给秧歌队增添威武雄壮之势。后面跟着身着艳妆、手持彩绸的宫女，宫女后面是手持马鞭的官吏和官太太，再后有穿长衫戴墨镜手托鸟笼浪荡公子。还有打鱼公、打鱼婆、算命先生、货郎、花郎、猎人、老头、瞎婆、瘸子、傻小子、傻闺女及三教九流戏剧人物等。

表演时，队伍呈两路纵队二人一排，横向交叉来回扭着秧歌步，队形有转圆场、直行、二龙吐须。圆场和直行时二人交叉来回走。二龙吐须时打伞者将向上一举再向下往回一翻，四个打棒地一起打一套飞脚后，两队均向外回翻走，总之撑伞者怎样领后面就怎样跟，什么样的人物做什么样的姿态。傻小子傻闺女在其中插科打诨，有时找一陡坡让老头老婆来上。在上坡时燃放烟花，这时鼓点打得非常急，老头老婆开始上坡越着急越上不去，而且上去还要掉下来。这样反反复复多次，直到观众满意为止，非常诙谐、搞笑。扭完一番队员在休息时间，撑伞者便开始唱秧歌。演唱时随机点秧歌队员，点着谁谁就要唱歌，会唱什么就唱什么，气氛热烈，令围观者拍手叫好。

【千层豆腐制作技艺】 地方特色豆腐品种，与一般豆腐不同之处在于装包压榨工序。经过前期的浸泡、清洗、磨浆、煮浆、细滤、点浆、蹲脑后进行装包压榨。首先将一层布包放入四方形的模具里，将点好的豆腐脑适量装入布包，然后将布包四角折起，把装入的豆腐脑包住，依次在上面叠压布包，一般叠放十余层，然后用重物压榨即可。

千层豆腐制作技艺

武城千层豆腐质地细嫩，口感好。由于每层厚度仅为三四毫米，层薄有韧性，所以具有炒、炖不乱的特点。

【南屯戊子门武术】 始盛于清初，传承于今老城镇南屯村一带。过去有着严格的收徒规矩，一般收徒只传授戊子拳及简单器械，非可造之才难以学到戊子门的整套功夫，更难学到戊子门的上乘功夫。戊子拳由于注重实际应用，以赢人为目的，因而又称黑拳，意思是手黑，专门研究打人招数，讲求出手必胜。戊子拳有三趟戊子拳、五趟单拳（衣衫母、水浒拳、金刚拳、翻拳、黑虎拳）。

南屯戊子门武术

戊子门的命名是根据其武术流派的特点而定的。从战术上讲，戊子门占据中央戊己土，面对四面八方，以自身为轴，灵活机动，出奇制胜。从健身上讲，戊为脾胃子为肾，调全身内气于胃肾，肾为先天之本，肾强则壮，益寿延年。戊子门吸取少林、太极两家之长，刚柔相济，以指力见长，主要兵器有戊子鸳鸯钺、黑虎枪和四连镗及鱼镰进枪。

戊子拳从招式到练法都有它自己的独到之处，既学习借鉴、贯融了其他武术门类之长，又有一套自己独创的打法。如戊子拳的散打一百零八手，便是以梁山一百零八名好汉的名字命名的。从宋江“连珠短打”、卢俊义“散手圈拦”、林冲“顺手摘掌”、柴进“白衫救驾”到燕青“携手八快”的三十六天罡手，都是用天罡之气（阳气）一力降十会，后半趟的七十二地煞手亦是用梁山七十二个好汉的名字每人一招命名的，如朱武“大金丝”、宣赞“金丝缠腕”、裴宣“苏秦背剑”、宋清“仙人摘茄”等，皆用阴柔之气。

武城县非物质文化遗产项目一览表

表 2

项目名称	级　别	类　别	所在地区
抬花杠	省级	民间舞蹈类	老城镇南屯村
运河船工号子	省级	民间音乐类	甲马营镇
古贝春酒传统酿造技艺	省级	手工技艺类	武城县
四女寺的传说	市级	民间文学类	四女寺镇四女寺村
姑嫂坟的传说	市级	民间文学类	老城镇祝官屯村
武城架鼓	市级	民间音乐类	李家户镇刘王庄村

续表

项目名称	级　别	类　别	所在地区
旋饼制作工艺	市级	手工技艺类	老城镇
武城柳子戏	市级	戏曲类	老城镇吕洼村
南街舞龙	县级	民间舞蹈类	老城镇南街村
邱王庄高跷	县级	民间舞蹈类	郝王庄镇邱王庄村
大杨树的传说	县级	民间文学类	老城镇赵庄村北
刘秀在武城的传说	县级	民间文学类	武城县
燕王扫北的传说	县级	民间文学类	武城县
罗成在武城的传说	县级	民间文学类	武城县
文圣人王道的传说	县级	民间文学类	武城县
运河民谣	县级	民间文学类	武城县
面祭	县级	传统美术类	武城镇付王庄村
剪纸	县级	传统美术类	武城镇杨庄村
野庄威风锣鼓	县级	民间音乐类	武城镇野庄村
杨庄叶家吹打乐	县级	民间音乐类	老城镇闫沟村
评剧	县级	戏曲类	武城县
大祁庄地秧歌	县级	民间舞蹈类	郝王庄镇大祁庄村
河南坠子	县级	曲艺类	鲁权屯镇北宋庄村
锔盆锔碗技艺	县级	手工技艺类	甲马营镇占官屯村
锭杆铣制技艺	县级	手工技艺类	武城镇后马村
传统纺织技艺	县级	手工技艺类	武城县
千层豆腐制作技艺	县级	手工技艺类	武城镇杨官屯村
笼头编织技艺	县级	手工技艺类	武城镇丁王庄村
竹编筛子技艺	县级	手工技艺类	甲马营镇盐庄村
柳编技艺	县级	手工技艺类	甲马营镇尹庄村
二月二炒蝎子爪	县级	传统习俗类	武城县
叫魂	县级	民间信仰类	武城县
林氏吊斜风膏药	县级	传统医药类	老城镇林楼村

续表

项目名称	级　别	类　别	所在地区
姜氏正骨术	县级	传统医药类	李家户镇刘韩联村
赵氏烧烫伤偏方	县级	传统医药类	甲马营镇田庄村
曲氏咽炎秘制汤药	县级	传统医药类	鲁权屯镇小馆村
南屯戌子门武术	县级	传统体育与竞技	老城镇南屯村

武城名人

河川孕秀，民物胎灵。古老的黄河与显扬的大运河，在武城这片沃土上哺育出世代名人。古代有兴利除弊的治世能臣，有功勋卓著的勇猛武将，有文采斐然的文人骚客，有医术精湛的济世名医，有揭竿而起的义军领袖，有名声显赫的世家大族。近现代更是名人辈出，不可胜数。

崔　群（771—832 年）　字敦诗，唐贝州武城县人。唐朝宰相。

少时博览经史，19 岁进士及第。被任命为秘书省校书郎，后屡次升迁至右补阙，负责对皇帝进行规谏和选拔人才。深受皇帝赏识，被提拔为翰林院学士、中书舍人。元和十二年（817 年），任中书侍郎、同中书门下平章事（即宰相）。

崔群为官公正廉明，不谋私利，当时有处州（今丽水东南、辖今约浙江明水、缙云、青田、遂昌、龙泉、云和等县市）刺史苗积送钱 700 万给他，崔群拒绝接受，并请他将这些钱交给处州府，代替百姓租税。

当时皇甫镈受皇帝宠爱，他买通皇帝近臣求取宰相之职。崔群力陈皇甫镈佞邪不可用。宪宗帝不听，任用皇甫镈为相。皇甫镈对崔群怀恨在心，挑唆皇上，将崔群撤职，改任湖南观察使。

唐穆宗继位后，崔群任吏部侍郎。不久被任命为御史大夫。不长时间，又任检校兵部尚书、武宁节度使，后为荆南节度使。太和五年（827 年），任检校左仆射，兼吏部尚书等职，封清河县开国公。唐文宗大和六年（832 年）去世，被追赠司空。

李海青（1895—1937 年）　原名李青山，号丹忱，又名忠义，老城镇祝官屯村人。黑龙江抗日义勇军最早的创建者，著名将领。

自幼家贫，9 岁时随父母逃荒到东北，在肇州县李木匠铺屯为地主放马。学过瓦匠，赶过大车，后委身绿林，报号“海青”，出没于松花江沿岸。

1925 年，黑龙江督军吴俊陞招抚李海青，委为营长，又赐名“忠义”，以表彰他有忠义之行，不同俗匪。

1931 年 9 月 18 日，抗日战争爆发。1932

年3月，李海青公开扬起义旗，将所部改称“东北民众自卫军”，自任总司令，率军突然进逼扶余城下，收复扶余城。3月末，率军南下，直逼农安县城。后北上同马占山会师。他率部连克肇源、肇州两城，激战8日，攻克肇东。引兵进入兰西，任黑龙江省抗日救国义勇军第三军军长，所部拥众万余人，成为黑龙江省境内的一支抗日劲旅，在齐（齐哈尔）克（山）、洮（安）昂（昂溪）等铁路沿线袭扰敌军，击毙日本大尉远矢忠及士兵百余人。曾在不到1个月时间里，三打昂昂溪，三袭安达城，给敌人以沉重打击，令敌军闻风丧胆。

1932年末，日伪军集中优势兵力向黑龙江省义勇军进行大规模围剿。由于义勇军各部转战多年，后援不继，相继撤往苏境或热河。李海青率部退入热河，并参加热河保卫战。后辗转进入察哈尔省，与冯玉祥部会合，被编为第十六军，任军长兼右路军副总指挥，先后克复康保、沽源、宝昌和多伦，受到冯玉祥、吉鸿昌等将领的赞誉。抗日同盟军被蒋介石政府瓦解后，李海青部被改编成宋哲元部骑兵第二十四旅，任少将旅长。由于上层无抗战决心和行动，他多次请战，均遭训斥，后遭解职，并羁押4个月。1934年10月释放，寓居北平、南京等地。

1937年“七七事变”后，在中共地下党组织的帮助下，他召集旧部再度举旗抗日，受命驻扎卢沟桥附近，同日本侵略军展开游击斗争，一度威震平西。日本侵略者对李海青重返战场又惊又怕，买通汉奸，于1937年8月末将其暗杀。时年42岁。

在抗日战争中，他是黑龙江义勇军最早的创建者与著名将领，是察哈尔抗日的中坚，率部跨越九省市区（黑龙江、吉林、辽宁、内蒙古、热河、河北、察哈尔、北平市以及东三省特别行政区哈尔滨），纵横几万里，是为数不多的参加过江桥抗战、热河抗战、长城抗战、察哈尔抗战、卢沟桥抗战的将军，是东北义勇军中抗日最坚决、抗战时间最长、抗日战场最大、功勋最为卓著、让敌寇闻风丧胆的民族英雄。

孙冠生（1916—1989年） 四女寺镇大孙庄村人。

1939年6月，加入中国共产党。历任津浦大队第三中队指导员、团政委、县委书记、武汉军区空军政治部副主任、河南省军区副政委等职。

抗日战争时期，他从事敌工工作，机智勇敢地同日伪军斗争，瓦解伪军，打击了敌人。解放战争时期，先后参加淮海、邯郸、郑州、成都等著名战役。1949年11月，任四川省威远县第一书记，在极其艰苦的条件下，完成1738万公斤大米的征购任务，超额27.6%，有力地支援解放战争。1951年，奉命率部队入朝作战，参加第五次战役和上甘岭战役。。

他长期从事党和军队的政治工作，认真贯彻执行党的方针、路线、政策，忠于职守，克己奉公，为政清廉，从不吃请受贿。对子女和家人要求极严，在武汉军区空军政治部任副主任期间，从未利用手中的权力让家属子女乘坐飞机。他自觉加强党性修养，公休时间仍坚持学习，从不放松。长期和孙冠生在一起工作的干部说：“孙政委不钓鱼、不打猎，关起门来学马列”。

1964年，被授予大校军衔。曾获三级独

立自由勋章、三级解放勋章、中国人民解放军独立功勋荣誉章。

陈盛甫（1902—1996 年） 曾用名陈世昌，武城镇桃花店村人。国家级武术裁判员，曾任全国体总委员、全国武协委员、全国武术科学会委员、山西省政协委员、山西省体协副主席、山西省武协主席等职。

幼读私塾，体弱多病，13 岁随祖父学“八段锦”。尔后又师从六趟门名师鞠朝栋学习拳械套路。1921 年至 1924 年，师从武术名家杨明斋学习孙膑拳。1924 年至 1926 年，师从体育专家王杯琪及精武体育会武术教练赵保成学习“易筋经”“五禽戏”及许多少林拳械套路。1926 年至 1927 年，师从张克勤学“五手拳”“对打十六手”“十字棍”，师从韩冠洲、高作霖、韩冠英等学“太极拳”和“奇门剑”。至此，集众人之长于一身，武艺精湛，名声大振。

1937 年“七七事变”后，参加抗日工作，先后任山东省政府视察员、莒县及恩县县长等职。1942 年被日军所俘，押至抚顺煤矿下苦力 60 余日。1948 年济南解放后，任济南女师体育和语文教师。1949 年任太原国民师范体育教师。1951 年创办山西大学体育科，任副教授、科主任。1978 年任教授、系主任。1982 年专带武术研究生，讲授武术专选课。1988 年离休后仍致力于武术事业。

他对长拳、形意拳、太极拳、八卦拳、剑术、鞭杆和武术散手等均有较深的研究。1978 年、1979 年、1983 年作为老年运动员代表山西省参加的湘潭、南宁、上海全国武术表演赛上均获一等奖。1985 年被评为全国健康老人；1988 年获中国国际武术节武术贡献奖；1992 年被国家教委评为全国高校优秀体育老师；1995 年被国家体委和中国武术协会评选为中国当代十大武术名教授之一。

他一生著作颇多，出版《中老年健身操》《鞭杆》《扬眉剑》《十六手对打》《五手散打》《技击制敌三十二拳》《武术讲义》《小花拳》《新六路弹腿》《一、二、三套武术操》《五手拳》《和平剑》等书。

张子文（1931—1997 年） 武城镇付王庄村人。

1947 年 7 月加入中国共产党，1948 年 9 月参加革命工作。1975 年至 1989 年担任武城酒厂领导职务期间，以厂为家，率先垂范，带领全厂干部职工艰苦拼搏渡难关，深化改革求发展，摆脱多年一直生产单一瓜干白酒的历史，创造性酿造出浓香型“古贝特曲”、创立“古贝春”品牌，开发了“酱香型古贝元酒”，扩大了企业规模，甩掉了企业长期亏损的帽子。为企业赢得了效益，使酒厂成为县财政收入的重要支柱，为武城经济的振兴发展做出突出贡献。曾获“山东省劳动模范”称号和“全国五一劳动奖章”。

姜殿富（1911—2008年） 武城镇贾庄村人。

1931年4月入伍，任中央红军12师34团战士。1932年7月任红四军11师33团重机枪连排长，同年10月加入中国共产党。1934年8月任江西瑞金县补充营连长，同年10月参加长征。1935年任红四军2师5团机枪连排长，奉命东渡黄河，顺利完成任务，受到军团部表彰奖励。1937年6月任红校教导师5队区队长、副队长。1938年3月任总部随营学校大队队长。1939年12月任抗一分校五营营长兼军事主教。1940年6月任太行区129师保安6团团长，同年10月任八路军129师新编第10旅28团参谋长。1943年3月任129师轮训队大队长。1948年任华北军政大学四大队大队长，1949年任高干队副队长。1951年2月任衡水军分区副司令员。1952年2月参加抗美援朝，任志愿军第23军第67师副师长，率部参加金城战役等。1953年2月任华北工程兵部工区主任。1955年4月后，历任北京军区工程兵副主任、国防工事建筑部部长（正军）等职。

1955年9月被授予大校军衔，获三级八一勋章、二级独立自由勋章、二级解放勋章。1988年获二级红星功勋荣誉章。

机构　人物

Organizations People

组织机构及负责人

中国共产党武城县委员会及所属工作部门

中国共产党武城县委员会

书　记　张　磊
副书记　朱恩鹤
季之岭
张乃清（女，挂职，2月离职）
杜卫东（挂职，3月任职）
高　静（女，挂职，3月任职）
常　委　张　磊
朱恩鹤
季之岭
刘之荣
田志清
刘呈辉
乔咏梅（女）
耿建强
李兆臣
陈义太（回）
谭清顺
张乃清（女，挂职，2月离职）
张洪波（挂职，4月离职）
周　燕（女，挂职，10月离职）
许　琳（女，挂职，8月离职）
杜卫东（挂职，3月任职）
高　静（女，挂职，3月任职）

办公室

主　任　宋传虎
副主任　王志新
王连深（挂职）
王洪胜（兼，2月离职）
张宝辉（兼）
徐洪泉（兼，2月任职）

全面深化改革领导小组办公室

主　任　宋传虎
副主任　沙汉斌
李　康（6月任职）

研究室

主　任　王志新（兼）

机要局

局　长　（缺）

后勤服务中心

主　任　苗振利（6月离职）
赵淑荣（女，6月任职）
副主任　赵淑荣（女，6月离职）
刘治辉（6月任职）
李功波（6月任职）

保密局

局　长　赵　勇（6月离职）
李　飞（6月任职）
副局长　李　飞（6月离职）

机构编制委员会办公室

主　任　王玉涛
副主任　王汉明（6月任职）
潘庆斌

信访局

局　　长　王连深
副 局 长　李志刚
　　　　　刘桂芹（女，6月离职）
　　　　　陈玉梅（女，6月任职）

新农村建设办公室

主　　任　张宝辉
副 主 任　王建军

组织部

部　　长　刘之荣
常务副部长　耿玉清
副 部 长　陈　勇（兼）
　　　　　陈安欢
　　　　　田志勇
　　　　　刘卫卫（6月任职）

组织员办公室

主　　任（缺）
副 主 任　刘曰贞（女，6月离职）

农村党员干部现代远程教育中心

主　　任　张振东（6月离职）

人才工作办公室

主　　任（缺）
副 主 任　刘卫卫（6月离职）
　　　　　孔德伟（6月任职）

督查考核办公室

主　　任　田志勇（兼）

宣传部

部　　长　耿建强
常务副部长　陈　峰
副 部 长　张振东（6月任职）
　　　　　任　倩（女）
　　　　　王玉磊（6月任职）

精神文明办公室

主　　任（缺）
副 主 任　李会霞（女，6月任职）

对外宣传办公室

主　　任　王玉磊（6月离职）
　　　　　尹元渤（6月至11月）

统一战线工作部

部　　长　刘呈辉
常务副部长　孙连山
副 部 长　鲁　勇
　　　　　徐金海（兼）
　　　　　高　山

对台工作办公室

主　　任　王瑞峰
副 主 任　高训丽（女）
　　　　　王新英（女，6月离职）
　　　　　李　勇（6月任职）

政法委员会

书　　记　陈义太（回）
常务副书记　王希辉
副 书 记　裴振坤（6月离职）
　　　　　张东森
　　　　　弓海朋
　　　　　王连深（挂职，1月任职）
　　　　　夏凌云（女，6月任职）

社会治安综合治理委员会办公室

主　　任　张东森（兼，6月任职）
副 主 任　朱艳娥（女，6月任职）

县直机关工作委员会

书　　记　姚建江
副 书 记　王志勇
　　　　　刘宝新
　　　　　王　婷（女）

老干部局

局　　长　陈安欢（兼）
副 局 长　李剑坡（8月离职）

王建秋
李素芳（女）
唐灵敏（女，8月任职）

党史史志办公室

主　　任　尹　莉（女）
副 主 任　王如民（6月离职）
张　君

档案局

局　　长　刘振兰（女）
副 局 长　霍桂芹（女，8月离职）
赵志华
姜广东（8月任职）

党校

校　　长　张　磊
常务副校长　郑新阳
副 校 长　程显营
刘汝亮
郑学敏（女，6月任职）

武城县人民代表大会常委会及所属委、室

武城县人民代表大会常务委员会

主　　任　王英华
副 主 任　袁长霞（女）
张玉清
卢长生
贾保华

办公室

主　　任　尹光波（2月离职）
孔春华（2月任职）
副 主 任　徐洪兵

人事代表工作委员会

主　　任　王士杰
副主任　张家峰

法制工作委员会

主　任　张延忠

财政经济工作委员会

主　任　张鹏祥（8月离职）
副主任　孟祥军（8月任职）

教科文卫工作委员会

主　任　陈艳军（女）

城建环保工作委员会

主　任　李　敏（女）
副主任　王德明（8月任职）

农村经济工作委员会

主　任　尹　兵

预算工作委员会

主　任　李明霞（女）
副主任　陈尚霞（女）

信访办公室

主　任　赵秀双（女）
副主任　刘桂芹（女，6月任职）

研究室

主　任　孙慎先

民族侨务外事工作委员会

主　任　罗明国

武城县人民政府及组成部门、所属单位

武城县人民政府

县　长　朱恩鹤（1月任职）
副县长　田志清（1月任职）
刘呈辉
杜文陆
王国琦
韩以广

孙旭红（女）
周 燕（女，挂职，10月离职）
许 琳（女，挂职，8月离职）
于泽庭（挂职，10月任职）
张迎春（挂职，12月任职）
县长助理 冯清华（挂职，6月任职）

办公室

主任 于恩峰
副主任 宋士春
宋步庆
石尚岚（6月任职）

后勤服务中心

主任 张振岭
副主任 陈京京（6月任职）
王观雷（6月任职）

侨务办公室

主任 宋步庆（兼，6月任职）

应急管理办公室

主任 陈志涛（6月任职）
副主任 陈志涛（6月离职）

机关事务管理局

局长 祝志强
副局长 宋 波（8月任职）
张传冰（6月任职）

法制办公室

主任 徐宝永（6月离职）
于恩峰（兼，6月任职）
副主任 王汉明（6月离职）
梁宝峰（6月任职）

金融工作办公室

主任 刘振山
副主任 孟祥军（8月离职）
唐明亮（8月任职）

地方金融监督管理局

局长 刘振山（兼）
副局长 孟祥军（兼，8月离职）
唐明亮（兼，8月任职）

经济合作局

局长 侯志刚
副局长 张家国
程 杰（8月离职）
韩 敏（8月任职）

经济和信息化局

局长 杨传辉
副局长 郭洪文
王 勇（11月离职）
马士军

质量技术监督局

局长 王德星
副局长 张 红（女，7月离职）
耿 正

检验检测中心

主任 戴树超（6月离职）
苗振利（6月任职）
副主任 姜广东（8月离职）
陈 红（女）
吴志飞（8月任职）

安全生产监督管理局

局长 王立堂（2月离职）
尹光波（2月任职）
副局长 王文录
邹 利

商务局

局长 张 君（7月离职）
祖全奎（7月任职）
副局长 任洪涛（8月离职）
程 杰（8月任职）

李加强（8月任职）

粮食管理局

局　长　李学峰

副局长　庞立新

陈继辉

商　彬

农业综合开发办公室

主　任　李新泉

副主任　庞明君（8月离职）

徐　敏（女，8月离职）

隋光辉（8月任职）

农业局（8月与林业局合并）

局　长　张学丰（8月离职）

副局长　李文彬

张华军

卢　燕（女，8月离职）

林业局（8月与农业局合并）

局　长　王献峰（7月离职）

副局长　邵在东（4月离职）

李爱萍（女）

王洪涛

杨春梅（女）

农林局（8月设立）

局　长　张学丰（9月任职）

副局长　王长宽（7月任职）

王其刚（8月任职）

蔬菜局

局　长　刘世全（6月离职）

徐宝永（6月任职）

副局长　刘洪军（6月离职）

袁　宁（6月任职）

农村经济管理局

局　长　王洪胜（2月离职）

董　君（2月任职）

副局长　赵淑莉（女，8月任职）

扶贫开发领导小组办公室

主　　任　杜文陆（兼，1月离职）

韩以广（兼，1月任职）

常务副主任　王洪胜（兼，2月离职）

徐洪泉（2月任职）

副主任　李文彬

刘长峰

刘曰贞（女，6月离职）

程永焘（6月任职）

畜牧兽医水产局

局　　长　刘振阳

副局长　石尚贞（1月离职）

高付城（8月离职）

王如新（8月任职）

韩德龙（8月任职）

王　强（8月任职）

农业机械管理局

局　　长　王建峰

副局长　赵长奎

王　兴

卢风通

发展和改革局

局　　长　沙汉斌

副局长　孙怀强

霍伯钰

物价局

局　　长　赵子坡（2月离职）

王立堂（2月任职）

副局长　何　利

住房和城乡建设局

局　　长　朱振东（7月离职）

于宝勇（7月任职）

副局长　杜新城

罗现英（女）
李庆凯（8月任职）

规划局

局　长　刘建岭

环境保护局

局　长　孔春华（2月离职）
副局长　谭桂阳（2月任职）
韩洪星（8月离职）
宋玉石

科学技术局

局　长　高洪岩（11月离职）
王树田（12月任职）
副局长　宋　波（8月离职）
王庆涛
马长华（8月任职）

教育局

局　长　张义忠
副局长　李红霞（女）
祖全岩
王中良（8月离职）
刘志宏（挂职）

文体广电新闻出版局

局　长　杜惠来
副局长　陈雪梅（女）
赵红霞（女）
武宏伟（女，8月离职）
宗连鸿（挂任）
程　民（8月任职）

文化市场综合执法局

局　长　耿春军
副局长　程　民（8月离职）
邴桂双（女）
宋玉杰（8月任职）

旅游发展局

局　长　宋士春（兼）
副局长（缺）

体育工作办公室

主　任　宗连鸿
副主任　董　军

公安局

局　长（督察长）
王国琦（兼）
政　委　张秀军
副局长　纪新纲
王建军
尹军红（挂职）
王　营

公安局交通警察大队

大队长　尹军红
政　委　王玉泉
副大队长　王希元
刘德新

司法局

局　长　卢宝利
副局长　李洪君
师庆成

民政局

局　长　孙国春
副局长　王德兴
刘长峰
李晓华

人力资源和社会保障局

局　长　陈　勇
副局长　霍春雷
冯维东
刘洪军

财政局

局　长　隋秀鹏（2月离职）
王洪胜（2月任职）

副　局　长　陈占奇（7月离职）
　　　　　　杨　静（女）

国有资产管理办公室

主　　　任　李恩敬

人民防空办公室

主　　　任　祖全奎（7月离职）
　　　　　　董春峰（7月任职）
副　主　任　于邦河（8月离职）
　　　　　　马　勇
　　　　　　武宏伟（女，8月任职）

交通运输局

局　　　长　徐卫东
副　局　长　李希文
　　　　　　黄　平（挂职）
　　　　　　高　进（挂职）
　　　　　　吕　静（女）

水务局

局　　　长　于宝勇（7月离职）
　　　　　　王献峰（7月任职）
副　局　长　王耀章
　　　　　　常子菊（女）

卫生和计划生育局

局　　　长　范福亮
副　局　长　吕新哲（8月任职）
　　　　　　韩兰霞（女，8月任职）
　　　　　　孙福娟（女，8月任职）
　　　　　　满运水（挂职，8月任职）
　　　　　　戴树超（挂职，8月任职）

食品药品监督管理局

局　　　长　王春林
副　局　长　孙洪英（女，8月离职）
　　　　　　王洪海
　　　　　　陈桂梅（女）
　　　　　　胡振清（8月任职）

审计局

局　　　长　殷庆利
副　局　长　张凡江（8月离职）
　　　　　　张秀岭
　　　　　　王福静（女，8月任职）

工商行政管理局

局　　　长　殷永军
副　局　长　王宝山
　　　　　　王圣昌
　　　　　　王洪生

民营经济发展局

局　　　长　王文东
副　局　长　周恩利
　　　　　　邵光厚
　　　　　　刘德文

统计局

局　　　长　林茂昌（2月离职）
　　　　　　赵子坡（2月任职）
副　局　长　李向东
　　　　　　李　真（女，8月任职）

广播电视台

台　　　长　王　涛
副　台　长　耿晓宇（女）
　　　　　　刘玉成

山东广电网络有限公司武城分公司

总　经　理　任秀芬（女）
副总经理　张东彬
　　　　　　韩风武

行政审批服务中心

主　　　任　戚宗越
副　主　任　方志丽（女）
　　　　　　王风利
　　　　　　王延新（6月任职）

房产管理局

局　　　长　霍树旭

副　局　长　王德明（8 月离职）
王　超
石艳波
王仲岭（8 月任职）

城市管理行政执法局

局　　　长　张　峰（7 月离职）
张　君（7 月任职）
副　局　长　李庆凯（8 月离职）
李杰平
杨　帅
王振鹏（8 月任职）

民族宗教事务管理局

局　　　长　徐金海
副　局　长　石尚岚（6 月离职）

外商服务中心

主　　　任　宫宝文
副　主　任　唐　蕾（女）
王华昌

商业总公司

总　经　理　王洪金
副总经理　郭长山
梁　涛

供销合作社联合社

主　　　任　姜希武（6 月离职）
刘世全（6 月任职）
副　主　任　范兴芬（女，12 月离职）
刘洪军（6 月任职）

棉麻公司

经　　　理　尹光玉

城市资产运营公司

经　　　理　张德强（8 月离职）
副　经　理　张东祥
谈家斌
纪风军

物资总公司

经　　　理　高和平

外贸公司

经　　　理　马洪群

医药公司

董事长、总经理　王　军
董事、副总经理　魏光明
孙凤明（女）
秦令峰

中国人民政治协商会议武城县委员会及所属委、室

政协武城县委员会

主　　　席　王志强（1 月任职）
副　主　席　周树彬（1 月任职）
石尚贞（1 月任职）
潘华伟（女，1 月任职）
李俊清（女，1 月任职）
王广东（1 月任职）
秘　书　长　牟光勇（1 月任职）

办公室

主　　　任　董春峰（7 月离职）

委员活动和联络工作室

主　　　任　唐　磊（8 月任职）

提案委员会

主　　　任　张广森（8 月任职）
副　主　任　宋金燕（女，8 月任职）

经济委员会

主　　　任　刘永芹（女，8 月任职）
副　主　任　于邦河（8 月任职）

人口资源环境委员会

主　　　任　付明华（8 月任职）
副　主　任　韩洪星（8 月任职）

科教文卫体委员会

主　　任　郑惠民（8月任职）

副 主 任　刘子华（8月任职）

社会法制联谊委员会

主　　任　管　敏（女，8月任职）

副 主 任　姜希武（8月任职）

文史资料委员会

主　　任　李希元（8月任职）

副 主 任　张子波（8月任职）

　　　　　吴广峰（兼，8月任职）

中国共产党武城县纪律检查委员会及所属室部、派驻机构

中国共产党武城县纪律检查委员会

书　　记　乔咏梅（女）

常务副书记　王兆林

副 书 记　周兴宝

常　　委　乔咏梅（女）

　　　　　王兆林

　　　　　周兴宝

　　　　　闫桂芝（女）

　　　　　宋玉军

　　　　　王树田（12月离职）

　　　　　孔令山（1月离职）

　　　　　马玉江（1月任职）

监察局

局　　长　王兆林

副 局 长　马玉江（6月离职）

　　　　　赵金辉（12月离职）

　　　　　王春菊（女，6月任职）

办公室

主　　任　于洪军（6月离职）

　　　　　付　波（6月任职）

组织部

主　　任　徐淑菊（女，6月离职）

　　　　　陈祖军（12月任职）

党风政风监督室

主　　任　王树田（6月离职）

　　　　　刘延红（女，6月任职）

信访室

主　　任　王春菊（女，6月离职）

案件监督管理室

主　　任　（空）

第一纪检监察室

主　　任　闫桂芝（女，6月离职）

　　　　　刘　丽（女，6月任职）

第二纪检监察室

主　　任　宋玉军（6月离职）

　　　　　任瑞涛（6月任职）

第三纪检监察室

主　　任　马玉江（兼）

第四纪检监察室

主　　任　苏洪章（12月任职）

第五纪检监察室

主　　任　（空）

第六纪检监察室

主　　任　（空）

案件审理室

主　　任　宋兆燕（女）

派驻第一纪工委、监察室

书　记（主　任）王风军

副书记（副主任）李义昌

　　　　　　　　李华静（女，6月离职）

派驻第二纪工委、监察室

书　记（主　任）杨照宇

副书记（副主任）郑学敏（女，6月离职）

　　　　　　　　张哲宁（6月任职）

派驻第三纪工委、监察室

书　记（主　任）徐宝振
副书记（副主任）刘延红（女，6月离职）
王洪香（女，2月离职）
徐勇强（6月任职）

派驻第四纪工委、监察室
书　记（主　任）吕　峰
副书记（副主任）管红梅（女，6月离职）
刘　丽（女，6月离职）

派驻第五纪工委、监察室
书　记（主　任）董　军（2月离职）
赵立军（6月任职）
副书记（副主任）赵立军（6月离职）
苏艳红（女，6月任职）

县委巡察办
主　任　赵之广（2月任职）
副主任　王洪香（女，2月任职）

第一巡察组
组　长　赵　勇（6月任职）
副组长　管红梅（女，6月任职）

第二巡察组
组　长　于洪军（6月任职）
副组长　史红静（女，6月任职）

第三巡察组
组　长　徐淑菊（女，6月任职）
副组长　王　梁（6月任职）

第四巡察组
组　长　刘曰贞（女，6月任职）
副组长　李华静（女，6月任职）

武城县人民法院
武城县人民检察院

武城县人民法院
院　　长　陈晓静（女）
副 院 长　田瑞波
李宝和
张福勇
吴广辉

武城县人民检察院
检 察 长　智　广
副检察长　王　峰
卢立彬
赵　强
杨成武
王增顺

驻武军事机关

中国人民解放军山东省武城县人民武装部
部　　长　曹际新
政治委员　谭清顺
副 部 长　赵培杰
董玉军

军事科
科　　长　董玉军（兼）

政工科
科　　长　于　斌

民兵军事训练基地
主　　任　张凡亭（6月离职）
齐　兵（6月任职）

民兵武器装备仓库
主　　任　张凡亭（6月任职）
副 主 任　祖国华
路　磊（6月任职）

中国人民武装警察部队武城县中队
队　　长　代中泽
指 导 员　葛培林

公安消防大队
大 队 长　郝保杰

政治教导员　李　鑫

人民团体

总工会

主　　席　李兆臣
常务副主席　刘庆同
副 主 席　秦文彬（8月离职）
潘明家（6月离职）
王如民（6月任职）
徐　敏（女，8月任职）

共青团武城县委员会

书　　记　元艳青
副 书 记　李　燕（女）
于　超（6月任职）

妇女联合会

主　　席　史洪娟（女）
副 主 席　孙红君（女）
赵艳红（女）

科学技术协会

主　　任　史国兵
副 主 任　姚华勇
徐莉莉（女）

工商业联合会

主　　席　林红昕（女）
副 主 席　鲁　勇
陶书强
吴广峰

残疾人联合会

理 事 长　王玉海
副理事长　沙卫红（女，8月离职）
张　宏（女）
耿玉苹（女，8月任职）
张九海（挂职，12月任职）

老龄工作委员会办公室

主　　任　孟庆生
副 主 任　刘文娟（女，6月离职）
戚宗达
潘明家（6月任职）

红十字会办公室

主　　任　于宝铎

爱国卫生运动委员会办公室

主　　任　孔祥平

镇街开发区

鲁权屯镇

书　　记　纪芳强
副 书 记　张灵敏
范忠新
镇　　长　张灵敏
人大主席团主席
张子璐
政协委员联络室主任
范忠新

武城镇

书　　记　王召华
副 书 记　季国君
宋秀红（女）
镇　　长　季国君
人大主席团主席
朱绪登
政协委员联络室主任
宋秀红（女）

老城镇

书　　记　于　妍（女）
副 书 记　王风广
张广举

镇　　　长　王风广

人大主席团主席

宋兆勇

政协委员联络室主任

张广举

郝王庄镇

书　　　记　姚汝壮

副　书　记　张纪良

张晓博

镇　　　长　张纪良

人大主席团主席

刘圣水

政协委员联络室主任

张晓博

甲马营镇

书　　　记　刘　杰

副　书　记　杨　帆

焦树东

镇　　　长　杨　帆

人大主席团主席

宋延中

政协委员联络室主任

焦树东

四女寺镇

书　　　记　田瑞华

副　书　记　林传健

宋志强

镇　　　长　林传健

人大主席团主席

张东博

政协委员联络室主任

宋志强

李家户镇

书　　　记　卢远飞

副　书　记　刘东梅（女）

郑天方

镇　　　长　刘东梅（女）

人大主席团主席

王长宽（7月离职）

政协委员联络室主任

郑天方

广运街道

书　　　记　谭桂阳（2月离职）

林茂昌（2月任职）

副　书　记　李书华

王　伟

主　　　任　李书华

人大工作委员会主任

弭尚恒

政协委员联络室主任

王　伟

经济开发区

书　　　记　张风江

副　书　记　王伟功

主　　　任　孙玉民

人大工作委员会主任

王伟功

垂直管理部门

恩县洼滞洪区管理处

主　　　任　张宝璞

副　主　任　邢树敬

国家税务局

局　　　长　张　晖

副　局　长　李景山（6月离职）

赵志坚

胡瑞华（5月任职）

地方税务局

局　　长　刘志强
副 局 长　王国梁
　　　　　蒋　兵

国网山东省电力公司武城县供电公司

总 经 理　范建军

中国邮政集团公司山东省武城县分公司

经　　理　苗爱东

国土资源局

局　　长　曲　哲（11月离职）
副 局 长　刘志兴
　　　　　李　峰

中国移动通信集团山东有限公司武城分公司

经　　理　孟　涛（3月离职）
　　　　　张广峰（3月任职）

中国联合网络通信有限公司武城县分公司

总 经 理　张　滨

中国电信股份有限公司武城分公司

总 经 理　王国华

公路局

局　　长　赵希亭（8月离职）
　　　　　杨志强（8月任职）
副 局 长　高志勇（9月任职）
　　　　　王宏伟（9月任职）
　　　　　张海霞（女，9月任职）

气象局

局　　长　段兴武

盐务局

局　　长　吴　涛

住房公积金管理中心

主　　任　董国岭

新华书店

经　　理　韩子雪

烟草专卖局（营销部）

局长（经理）张光岭
　　　　　马德彪（11月任职）

教育系统

第二中学

校　　长　王子良（5月离职）

第一中学

校　　长　冷春臣

实验中学

校　　长　孙军一

第四中学

校　　长　张元昌

第五中学

校　　长　秦长远

第一实验小学

校　　长　梁世岭

第二实验小学

校　　长　王云臣

第三实验小学

校　　长　杨华静（女）

第四实验小学

校　　长　卜庆信

弦歌小学

校　　长　王振平

状元小学

校　　长　刘国峰

第一幼儿园

园　　长　殷艳梅（女）

实验幼儿园

园　　长　袁鸿雁（女）

职业中等专业学校

校　　长　牛俊敏

技工学校

校　　长　赵玉香（女）

教师进修学校

校　　长　祁兴军

卫生系统

人民医院

理 事 长　范承岗（7 月任职）

院　　长　范承岗（7 月离职）

任玉方（7 月任职）

中医院

院　　长　高洪东

疾病预防控制中心

主　　任　满运水

妇幼保健院

理 事 长　戴树超（7 月任职）

院　　长　李建兴（6 月离职）

戴树超（6 月至 7 月）

孙　娜（女，8 月任职）

金融系统

中国人民银行武城县支行

行　　长　张如宝

中国农业发展银行武城县支行

行　　长　王瑞胜

中国工商银行股份有限公司武城支行

行　　长　杨　伟

中国农业银行股份有限公司武城县支行

行　　长　范　斌

中国建设银行股份有限公司武城县支行

行　　长　梁　军

中国银行股份有限公司武城县支行

行　　长　张若信（8 月离职）

王庆迎（女，8 月任职）

中国邮政储蓄银行武城县支行

行　　长　许晓龙

武城县农商银行

董 事 长　王立国

德州银行股份有限公司武城县支行

行　　长　赵　兵

武城圆融村镇银行

行　　长　杨海丰

中国人寿股份有限公司武城县支公司

经　　理　张世祥

中国人民财产保险股份有限公司武城县支公司

经　　理　都均明

年度职务调整负责人简介

（2017年1—12月职务变动者）

朱恩鹤 武城县委副书记、县长。1970年4月出生，山东省夏津县人，中共党员，研究生学历。1989年7月至1995年3月，任德州地区财政局预算科科员（其间：1990年5月至1992年6月，在山东经济学院高教自考大专财政专业学习）。1995年3月至1997年4月，任德州市财政局预算科科员。1997年4月至2001年7月，任德州市财政局预算科副主任科员（其间：1992年11月至1997年6月，在山东经济学院高教自考大学财政专业学习）。2001年7月至2003年3月，任德州市财政局预算科副科长。2003年3月至2005年11月，德州市财政局预算科科长（其间：2001年9月至2004年6月，在山东省委党校在职研究生班经济管理专业学习）。2005年11月至2008年6月，任德州市财政局助理调研员、预算科科长。2008年6月至2011年6月，任德州市财政局党组成员、副调研员、预算科科长。2011年6月至2012年11月，任德州市财政局总经济师、党组成员。2012年11月至2014年11月，任德州市财政局党组成员、副局长。2014年11月至12月，任德州市财政局党组副书记、副局长。2014年12月至2015年6月，任德州市财政局党组副书记、市经济开发投资公司经理。2015年6月至2016年4月，任德州市财政局党组副书记、市经济发展投资服务中心主任。2016年4月至2016年12月，任德州市金融工作办公室党组书记、主任。2016年12月至2017年1月，任武城县委副书记、县政府党组书记、代县长。2017年1月，任武城县委副书记、县长。

王志强 政协武城县委员会党组书记、主席。1964年12月出生，武城县武城镇东肖河村人，中共党员，研究生学历。1981年7月至1988年6月，任武城县大屯乡政府文书。1988年6月至1992年11月，任武城县信访局干事。1992年11月至1995年10月，任武城县郝王庄乡政府副乡长。1995年10月至1998年3月，任武城县郝王庄乡党委副书记。1998年3月至1998年12月，任武城县郝王庄乡党委副书记、副乡长。1998年12月至2000年5月，任武城县郝王庄乡党委副书记、乡长。2000年5月至2002年1月，任武城县武城镇党委副书记、

镇长。2002年1月至2003年12月，任武城县武城镇党委书记。2003年12月至2007年2月，任武城县鲁权屯镇党委书记。2007年2月至2007年3月，任武城县委常委、鲁权屯镇党委书记。2007年3月至2011年11月，任武城县委常委、县委办公室主任。2011年11月至2017年1月，任武城县委常委、常务副县长。2017年1月，任政协武城县委员会党组书记、主席。

田志清 中共武城县委常委、县政府副县长、党组副书记。1966年11月出生，武城县甲马营镇田庄村人，大学学历。1984年1月至1985年9月，任武城县税务局办事员；1985年9月至1987年6月，山东大学干部专修科经济系财政与税务专业学生；1987年6月至1990年7月，任武城县税务局办事员；1990年7月至1994年7月，任武城县委组织部干事；1994年7月至1996年2月，任武城县委组织部办公室主任（其间：1994年9月至1996年7月，在山东省委党校业余本科班经济管理专业学习）；1996年2月至1996年12月，任武城县委组织部组织员办公室副主任；1996年12月至1999年2月，任武城县党员电教中心主任；1999年2月至2000年10月，任武城县人事局副局长；2000年10月至2002年1月，任武城县人事局副局长、主任科员；2002年1月至2003年12月，任甲马营乡党委副书记、乡长；2003年12月至2006年12月，任甲马营乡党委书记；2006年12月至2007年2月，任甲马营乡党委书记、人大主席团主席；2007年2月至2007年11月，任滕庄镇党委书记；2007年11月至2009年6月，任滕庄镇党委书记、人大主席团主席；2009年6月至2010年4月，任广运街道党委书记、人大工委主任；2010年4月至2010年9月，任广运街道党委书记、人大工委主任，县经济开发区党委书记；2010年9月至2012年1月，任鲁权屯镇党委书记、人大主席团主席；2012年1月至2016年12月，任中共武城县委常委、鲁权屯镇党委书记；2016年12月至2017年1月，任中共武城县委常委；2017年1月，任中共武城县委常委、县政府副县长、党组副书记。

徐洪泉 武城县委办公室副主任、武城县扶贫办常务副主任。1976年6月出生，武城县老城镇仓上村人，中共党员，大学学历。1997年7月至2005年3月，任武城县政府办公室科员。2005年3月至2008年5月，任武城县政府办公室副主任科员。2008年5月至2012年3月，任武城县政府办公室副主任。2012年3月至2013年2月，任武城县政府办公室副主任（正科级）。2013年2月至2014年2月，任武城县食品安全委员会办公室主任。2014年2月至2016年12月，任武城县政府办公室党组成员、县民族宗教局局长。2016年12月至2017年2月，任武城县政府办公室党组副书记。2017年2月，任武城县委办公室副主任、武城县扶贫办常务副主任。

孔春华　武城县人民代表大会常务委员会办公室主任。1969年10月出生，武城县鲁权屯镇孔官屯村人，中共党员，大学学历。1989年7月至1990年8月，任武城县总工会职工学校教师。1990年8月至1992年6月，任共青团武城县委干事。1992年6月至1993年10月，任共青团武城县委宣传部部长。1993年10月至1994年7月，任武城县委组织部干事。1994年7月至1996年7月，任武城县委组织部副科级组织员。1996年7月至1999年2月，任武城县委组织部干部科科长。1999年2月至2003年12月，任武城县纪委副书记。2003年12月至2010年9月，任武城县纪委副书记、监察局局长。2010年9月至2011年12月，任武城县审计局党组副书记、局长。2011年12月至2013年12月，任武城县审计局党组书记、局长。2013年12月至2017年2月，任武城县环境保护局党组书记、局长。2017年2月，任武城县人民代表大会常务委员会办公室主任。

于恩峰　武城县政府党组成员、县政府办公室党组书记、主任，兼任县政府法制办党组书记、主任。1976年8月出生，武城县经济开发区军庄村人，中共党员，大学学历。1996年7月至1999年7月，任武城县大屯小学教师。1999年7月至2005年8月，任武城县武城镇中学教师（其间：2002年8月至2005年7月，在山东大学汉语文学专业学习）。2005年8月至2008年1月，任武城县武城镇政府科员。2008年1月至2008年6月，任武城县政府办公室科员。2008年6月至2011年6月，任武城县政府办公室副主任科员。2011年6月至2014年2月，任武城县政府办公室党组成员、副主任。2014年2月至2014年12月，任武城县政府办公室党组成员、常务副主任（正科级）。2014年12月至2016年12月，任武城县政府办公室党组副书记、主任科员。2016年12月至2017年6月，任武城县政府党组成员、县政府办公室党组书记、主任。2017年6月，任武城县政府党组成员，县政府办公室党组书记、主任，兼任县政府法制办党组书记、主任。

尹光波　武城县安全生产监督管理局党组书记、局长。1977年8月出生，武城县甲马营镇占官屯村人，中共党员，大学学历。1996年7月至1998年10月，任武城县武城镇政府干事。1998年10月至2001年7月，任武城县农业委员会干事。2001年7月至2013年2月，历任武城县委政法委干事、办公室主任、武城县委政法委副书记等职（其间：2002年9月至2004年12月，在山东省委党校业余本科班法律专业学习）。2013年2月至2017年2月，任武城县人大常委会党组成员、办公室主任。2017年2月，任武城县安全生产监督管理局党组书记、局长。

董 君 武城县农经局局长。1968年11月出生，武城县甲马营镇甲马营村人，中共党员，大学学历。1993年7月至1998年12月，任武城县水利局干事。1998年12月至2000年5月，任武城县马庄乡政府副乡长。2000年5月至2002年1月，任武城县武城镇政府副镇长。2002年1月至2003年12月，任武城县李家户乡党委副书记。2003年12月至2006年12月，任李家户乡党委副书记、纪委书记。2006年12月至2007年11月，任武城县老城镇人大主席团主席。2007年11月至2010年9月，任武城县老城镇党委副书记。2010年9月至2017年3月，任武城县纪委监察局派驻第五纪工委（监察室）书记（主任）。2017年3月，任武城县农经局局长。

祖全奎 武城县商务局党组书记、局长。1972年2月出生，武城县老城镇祖寨村人，中共党员，大学学历。1991年7月至1998年11月，任武城县滕庄镇武装部副部长。1998年11月至2003年12月，任武城县滕庄镇党委委员。2003年12月至2006年7月，任武城县滕庄镇副镇长。2006年7月至2009年6月，任武城县滕庄镇常务副镇长。2009年6月至2010年9月，任武城县鲁权屯镇常务副镇长、工业园管委会副主任。2010年9月至2011年1月，任武城县鲁权屯镇党委副书记。2011年1月至2011年12月，任武城县四女寺镇党委副书记、政协委员联络室主任。2011年12月至2013年12月，任武城县鲁权屯镇党委副书记、武城县经济开发区鲁权屯管委会主任。2013年12月至2016年12月，任武城县郝王庄镇党委副书记、镇长。2016年12月至2017年7月，任武城县人防办党组书记、主任。2017年7月，任武城县商务局党组书记、局长。

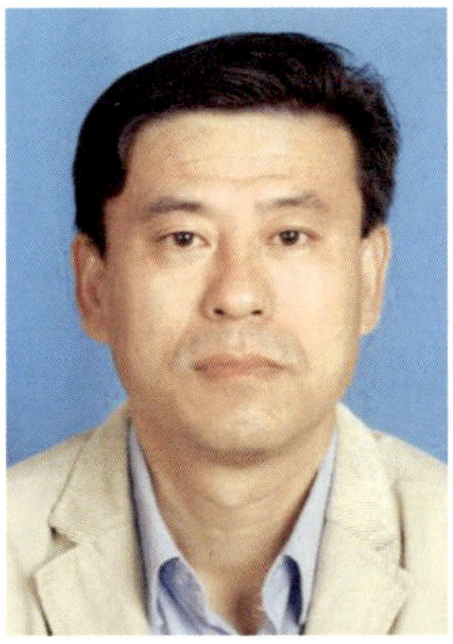

张学丰 武城县农林局局长。1969年8月出生，武城县四女寺镇卧虎庄村人，中共党员，大学学历。1991年7月至1995年10月，任武城县四女寺镇统计助理、团委书记。1995年10月至1998年2月，任武城县四女寺镇党委组织委员。1998年2月至1999年2月，任武城县四女寺镇政府副镇长。1999年2月至2002年1月，任武城县李家户乡政府副乡长。2002年1月至2007年11月，任武城县李家户乡党委副书记、人大主席团主席。2007年11月至2009年9月，任武城县鲁权屯镇党委副书记、镇长。2009年9月至2013年3月，任武城县安监局党组书记、局长。2013年3月至2017年8月，任武城县农业局党组书记、局长。2017年8月，任武城县农林局局长。

徐宝永 武城县蔬菜局局长。1978年6月出生，武城县老城镇西徐村人，中共党员，大学学历。1993年5月至1995年6月，任武城县政府办公室科员。1995年6月至1996年

9月，任武城县委办公室科员。1996年9月至1999年7月，山东省青年干部管理学院行政管理专业学习。1999年7月至2005年5月，历任武城县委办公室秘书科、信息科科员、科长。2005年5月至2008年6月，任武城县委、县政府接待办公室副主任。2008年6月至2011年6月，任武城县政府办公室副主任。2011年6月至2013年4月，任武城县政府办公室副主任、县贸促会常务副会长。2013年4月至2014年1月，任武城县政府办公室党组成员、县贸促会常务副会长。2014年1月至2017年6月，任武城县法制局局长、县法制办公室主任。2017年6月，任武城县蔬菜局局长。

王立堂　武城县物价局党组书记、局长。1973年12月出生，武城县甲马营镇北王庄村人，中共党员，大学学历。1994年7月至2008年6月，历任县委办公室科员、保密局副局长、局长。2008年6月至2011年12月，任武城县政府办公室副主任、县招商办主任。2011年12月至2013年3月，任县政府办公室常务副主任。2013年3月至2017年2月，任武城县安全生产监督管理局党组书记、局长。2017年2月，任武城县物价局党组书记、局长。

于宝勇　武城县住房和城乡建设局党组书记、局长。1969年3月出生，武城县甲马营镇高坟台村人，中共党员，大学学历。1991年7月至1992年4月，任武城县梁庄中学教师。1992年4月至1996年12月，任武城县教育局团委书记。1996年12月至1999年2月，任武城县委办公室科员。1999年2月至2002年1月，任武城县委办公室综合科长、县委研究室副主任。2002年1月至2005年2月，任武城县委办公室副主任。2005年3月至2008年6月，任武城县人大党组成员、办公室主任。2008年6月至2013年3月，任武城县物价局党组书记、局长。2013年3月至2014年12月，任武城县人口计生局党组书记、局长。2015年1月至2017年7月，任武城县水务局党组书记、局长。2017年7月，任武城县住房和城乡建设局党组书记、局长。

王树田　武城县科技局党组书记、局长。1978年6月出生，河北省故城县人，中共党员，大学学历。1999年7月至2000年8月，任武城县祝庄中学教师。2000年8月至2005年3月，任武城县纪委科员。2005年3月至2007年1月，任武城县纪委宣教室主任（兼任党风室、研究室主任）。2007年1月至2011年6月，任武城县纪委委员、宣教室主任（先后兼办公室、党风室、研究室、干部室、综合室主任）。

2011年6月至2012年1月，任武城县监察局副局长（兼办公室、党风室、研究室、干部室、宣教室、综合室主任）。2012年1月至2017年12月，任武城县纪委常委（正科级纪律检查员）。2017年12月，任武城县科技局党组书记、局长。

王洪胜 武城县财政局党组书记、局长。1966年10月出生，武城县郝王庄镇庞庄村人，中共党员、大学学历。1988年7月至1990年10月，任武城县文化馆科员。1990年10月至1994年3月，任武城县文化局业务科长、文化稽查队队长。1994年3月至1999年2月，任武城县人事局干部科科长。1999年2月至2000年10月，任武城县编办副主任（副科级）。2000年10月至2002年2月，任武城县编办副主任（正科级）。2002年2月至2008年6月，任武城县人事局副局长。2008年6月至2013年3月，任武城县人社局副局长，兼人才交流中心主任。2013年3月至2017年2月，任武城县农村经济管理局党组书记、局长（其间：2016年1月至2017年2月，兼武城县委办公室副主任、武城县扶贫办常务副主任）。2017年2月，任武城县财政局党组书记、局长。

董春峰 武城县人防办党组书记、主任。1975年11月出生，武城县广运街道北关村人，中共党员，大学学历。1993年5月至2005年3月，任武城县政府办公室科员。2005年3月至2008年6月，任武城县政府办公室副主

任科员、综合科科长。2008年6月至2012年2月，任武城县政府办公室副主任。2012年2月至2014年2月，任武城县政府办公室党组成员、县民族宗教管理局局长。2014年2月至2017年7月，任武城县政协办公室主任。2017年7月，任武城县人防办党组书记、主任。

王献峰 武城县水务局局长。1967年11月出生，武城县老城镇饮马庄村人，中共党员，大学学历。1988年8月至1999年2月，任武城县政府办公室科员。1999年2月至2002年1月，任武城县政府办公室副主任科员。2002年1月至2005年5月，任武城县政府办公室副主任。2005年5月至2008年6月，任武城县政府办公室副主任、招商办公室主任。2008年6月至2017年7月，任武城县林业局局长。2017年7月，任武城县水务局局长。

赵子坡 武城县统计局党组书记、局长。1970年12月出生，武城县广运街道东关村人，中共党员，大学学历。1991年7月至1992年10月，武城镇中学任教。1992年10

月至1996年3月，任武城县农业委员会科员。1996年3月至2008年6月，历任武城县政府办公室秘书、副主任。2008年6月至2013年2月，任武城县人大常委会办公室主任。2013年2月至2013年3月，任武城县农财局党组书记、局长。2013年3月至2017年2月任武城县物价局党组书记、局长。2017年2月，任武城县统计局党组书记、局长。

张　君　武城县城市管理行政执法局局长。1965年11月出生，河北省武邑县人，中共党员，大学学历。1986年7月至1991年7月，任武城县农牧渔业局干事。1991年7月至1999年2月，任武城县政府办公室干事。1999年2月至2000年5月，任武城县董王庄乡党委副书记。2000年5月至2000年10月，任武城县武城镇党委副书记。2000年10月至2003年12月，任武城县武城镇党委副书记（正科级）。2003年12月至2007年11月，任武城县武城镇党委副书记、镇长。2007年11月至2011年1月，任武城县郝王庄镇党委书记、人大主席团主席。2011年1月至2011年12月，任武城县四女寺镇党委书记。2011年12月至2015年1月，任武城县水务局党组书记、局长。2015年1月至2016年12月，任武城县老龄工作会员会办公室主任。2016年12月至2017年7月，任武城县商务局局长。2017年7月，任武城县城市管理行政执法局局长。

刘世全　武城县供销合作社联合社党委书记、主任、理事会主任。1969年12月出生，武城县武城镇张王庄村人，中共党员，大专学历。1991年7月至1993年9月，在武城县梁庄乡政府工作。1993年9月至2002年1月，在武城县武城镇政府工作。2002年1月至2004年1月，任武城县李家户乡党委委员。2004年1月至2006年12月，任武城县李家户乡副乡长。2006年12月至2007年11月，任武城县李家户乡党委委员、副乡长。2007年11月至2011年11月，任武城县李家户乡人大主席团副主席。2011年11月2015年5月，任武城县李家户镇党委副书记、人大主席团主席。2015年5月至2017年6月，任武城县蔬菜局党组书记、局长。2017年6月，任武城县供销合作社联合社党委书记、主任、理事会主任。

苗振利　武城县检验检测中心党组书记、主任。1979年12月出生，武城县老城镇范庄村人，中共党员，大学学历。2001年11月至2008年6月，任武城县委办公室科员。2008年6月至2011年6月，任武城县委办公室副主任科员。2011年6月至2014年2月，任武城县委机关后勤服务中心副主任。2014年2月至2017年6月，任武城县委机关后勤服务中心主任。2017年6月，任武城县检验检测中心党组书记、主任。

林茂昌　武城县广运街道党工委书记。1969年12月出生，武城县武城镇孙尔庄村人，中共党员，大学学历。1991年7月至1995年6月，任武城县农机局政工科干事。1995年6月至1997年12月，任武城县农业委员会干事、生产科长。1997年12月至2002年2月，任武城县委组织部干事、组织科科长。2002年2月至2005年3月，任武城县委组织员办公室副主任。2005年3月至2008年6月，任武城县委组织部副部长。2008年6月至2011年12月，任武城县委组织部副部长、县委党员电化教育中心主任。2011年12月至2013年3月，任武城县委组织部常务副部长、县委党员电化教育中心主任。2013年3月至2014年2月，任武城县委组织部常务副部长、县老干部局局长。2014年2月至2017年2月，任武城县统计局党组书记、局长。2017年2月，任武城县广运街道党工委书记。

杨志强　武城县公路局党总支书记、局长。1977年6月出生，山东省平原县人，中共党员，大学学历。2000年12月至2003年10月，任平原县公路局养护科科员。2003年10月至2011年3月，任平原县公路局恩城公路站站长。2011年3月至2017年8月，任平原县公路局副局长。2017年8月，任武城县公路局党总支书记、局长。

马德彪　武城县烟草专卖局（营销部）党组书记、局长、经理。1970年9月出生，山东省平原县人，中共党员，大学学历。1994年7月至1995年5月，德州卷烟厂见习。1995年5月至2003年3月，任德州市德城区烟草专卖局（公司）业务科长。2003年3月至2003年11月，任乐陵市烟草专卖局（营销部）副经理。2003年11月至2007年12月，任宁津县烟草专卖局（营销部）局长、经理。2007年12月至2009年3月，任夏津县烟草专卖局（营销部）经理。2009年3月至2010年3月，任德州市烟草专卖局（公司）人事劳资科科长。2010年3月至2011年11月，任德州市烟草专卖局（公司）纪检科科长。2011年11月至2017年11月，任德州市烟草专卖局（公司）物流配送部经理。2017年11月，任武城县烟草专卖局（营销部）党组书记、局长、经理。

张广峰　中国移动通信集团山东有限公司武城分公司总经理。1976年3月出生，山东省武城县人，中共党员，大学学历，研究生学位。1999年8月参加工作。1999年8月至2007年1月，山东德州移动公司员工。2007年1月至2008年5月，历任山东德州移动经济开发

区乡镇营业厅经理、经理助理。2008年5月至2009年7月，任山东德州移动市场经营部账务中心主任。2009年7月至2010年6月，任山东德州移动运河开发区经理。2010年6月至2015年1月，任山东德州移动夏津公司经理。2015年1月至2017年3月，任山东德州移动临邑公司经理。2017年3月，任中国移动通信集团山东有限公司武城分公司总经理。

范承岗 武城县人民医院理事长。1963年8月出生，武城县甲马营镇龙湾村人，中共党员，大学学历。1985年8月至2005年5月，先后任武城县人民医院外科医生、副主任、外三科主任、副院长。2005年6月至2011年11月，任武城县中医院院长。2011年12月至2017年7月，任武城县人民医院党总支书记、院长。2017年7月，任武城县人民医院理事长。

戴树超 武城县妇幼保健院理事长。1974年9月出生，武城县李家户镇代庄村人，中共党员。1994年9月至1996年3月，在武城县司法局工作。1996年4月至2002年3月，任武城县委宣传部新闻科干事。2002年3月至2005年3月，任武城县委对外宣传办公室主任。2005年3月至2008年6月，任武城县委宣传部副部长。2008年6月至2011年6月，任武城县委宣传部副部长、主任科员。2011年6月至2015年10月，任武城县委宣传部副部长、文明办主任。2015年10月至2017年6月，任武城县检验检测中心主任。2017年6月至2017年7月，任武城县妇幼保健院院长。2017年7月，任武城县妇幼保健院理事长。

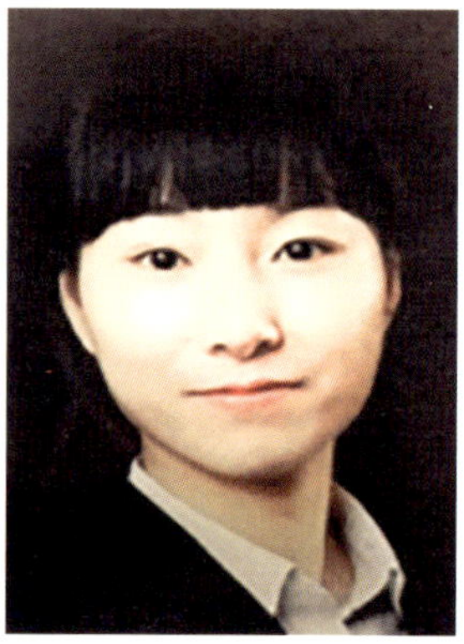

王庆迎 中国银行股份有限公司武城支行党支部书记、行长。1983年7月出生，女，山东省夏津县人，中共党员，大学学历。2006年7月至2011年1月，任中国银行山东省德州市分行营业部柜员（经办）。2011年1月至2012年12月，任中国银行山东省德州市分行营业部账户经理。2012年12月至2013年8月，任中国银行山东省德州市分行营业部客户经理（大堂）。2013年8月至2014年12月，任中国银行山东省德州市分行营业部助理客户经理（个人金融业务）。2014年12月至2016年6月，任中国银行山东省德州市分行营业部客户经理（存款）。2016年6月至2017年8月，任中国银行山东省德州市分行营业部副主任（营销）。2017年8月，任中国银行股份有限公司武城支行党支部书记、行长。

政党 政权

Party Regime

中国共产党武城县委员会

决策概要

【综述】 2017年，全县坚持以习近平新时代中国特色社会主义思想为指导，深入贯彻落实党的十九大精神，把全面从严治党作为推动全局工作的总抓手，紧紧围绕“供给结构失衡、经济总量太小”这两个影响发展的突出问题，以提高质效和做大总量为目标，以推进供给侧结构性改革为主线，一手抓产业推进，一手抓环境提升，不断改革创新，完善体制机制，经济社会呈现稳中有进、进中提质、整体向好的发展态势。2017年，全县地区生产总值迈上200亿元台阶，增长7.2%。固定资产投资增长8.5%。外经贸工作实现重大突破，进出口总额增长5.2倍，增幅全市第一。城镇和农村居民人均可支配收入分别增长8.5%和8.8%，居民人均储蓄达到3.65万元，居全市第2位。

【产业发展】 全面打响“向产业进军”重大战役，大力实施新材料（玻璃钢）产业拓展、新能源空调产业整合、汽车及汽车零部件产业合作发展三大工程，深入推进“三位一体、四线联动”协同推进产业发展机制，召开“向产业进军”动员大会，扩大对外开放、推进产业升级。鲁权屯镇新能源空调产业创新“共享工厂”发展模式，骨干企业搭建平台，小微企业加盟共享，400多家“散乱污”企业转化为规范企业，大批农民变身产业工人。坚持把提升服务能力和优化政务环境作为重点，推动构建“亲”“清”新型政商关系，努力扫除影响企业发展的一切障碍。深入推进“放管服”改革，取消、调整权力事项44项，推出“零跑腿”“只跑一次”事项165项。政务大厅增设窗口48个，492项公共服务事项实现上网运行。坚持事要解决原则，帮助企业解决立项、环评、资质等遗留问题1547个，帮扶融资17.1亿元，化解担保贷款2.79亿元，打包核销不良贷款5997万元。

2017年5月27日，全县向产业进军动员大会召开
（供稿　县委办公室）

【项目建设】 严把项目质量，坚持一手抓狠力招引项目，一手抓狠心否决项目，决不让今天

引进的项目成为明天发展的包袱。全县 2017 年论证项目 13 个，否定低效项目 2 个。龙祥公司桥梁支座智能制造等 58 个重点技改项目扎实推进；玲珑公司半钢子午线轮胎二期项目竣工投产，销售收入增长 40%。古贝春集团、水星集团与央企名企合作稳步推进；水星天元公司、中椒英潮公司、凯地兰公司等企业上市挂牌工作有序开展；全县外经贸工作实现逆转，进出口总额增长 5.2 倍，增幅全市第一。与青岛昌盛日电公司投资 14.48 亿元联合建设 100 兆瓦农光互补扶贫项目，发展“棚上发电、棚下种植、棚中休闲观光”的立体复合经济发展模式，全部建成后，预计年平均发电量 1.3 亿千瓦时，年可节约标准煤 38970 吨，减少排放温室效应气体二氧化碳约 99513.4 吨，减少烟尘排放量约 149.5 吨。该项目覆盖全县所有贫困户，贫困群众可连续 20 年享受这个项目的分红，每年至少 1000 万元，年人均增收 1000 多元。该项目还引进 20 多家农业创客团队，既做实产业扶贫，又引领农业创新。

耀盛 100 兆瓦农业科技大棚光伏电站　　（供稿　县委办公室）

【招商引资】 建立“99”（9 个产业招商组、9 个镇街区招商组）招商引资新模式，形成全党动员、全员参与招商的生动局面。招商引资、招才引智、招研引学加快推进，全年引进中科院“百人计划”专家等高层次人才 18 名，聘请 6 位行业专家担任政府顾问，与山东大学建立全面深化合作关系。在中椒英潮公司、古贝春公司建立院士工作站。依托院士工作站，中椒英潮公司研发推广高产高品质辣椒品种 3 个，研制辣椒制品 5 大系列 100 多种，在杭州建立营销中心，构建起全新的线上销售模式，实现全产业链技术革新。新增市级以上高新技术企业 6 家、研发平台 15 个，高新技术产业产值占比达到 44.5%，居全市首位。新动能公司水氢发电机、双一科技复合材料制品等 31 个产业项目相继开工。

中椒英潮辣业发展有限公司年产 10 万吨鲜椒酱新旧动能转换项目　　（供稿　县委办公室）

【城市建设】 围绕“建”“拆”“治”“美”四个关键词，投资46亿元实施42个城建项目，完善基础设施、优化公共服务、改进政府管理、创新工作体制，“软硬”环境实现大幅提升，群众获得感明显增强。投资7亿元的德百集团商业综合体主体基本完工，投资1.5亿元的南环路竣工通车，宏海路绿化工程全面推进，改造提升城区地下老旧管网42千米，赵庄沟黑臭水体综合治理全面完工，古贝春大街基础设施提升接近尾声。“五大片区”棚户区改造平稳快速推进，共完成拆迁3785户，开工安置楼96万平方米。顺利通过省级卫生城复审，城市管理水平明显提升。城乡环卫一体化深入推进，实施农村无害化卫生厕所改造3.85万户，三年任务两年提前超额完成。250户农村危房实现应改尽改。新建改建县乡道路和村级公路197千米，群众出行更加安全便捷。辣椒小镇入选山东省特色小镇，四女寺运河孝德古镇跻身德州市特色小镇行列。

【民生改善】 把脱贫攻坚作为头等大事、第一民生工程，实施产业扶贫项目32个，全年脱贫6848人，38个重点村全部摘帽。在全省率先探索产业扶贫项目所有权、收益权、经营权“三权分置”模式，受到省扶贫部门高度认可，工作经验全省推广。建立社会大救助体系，救助重特大病患者839人次，发放医疗救助金125.3万元，发放助学金728.5万元。饱和式投入3.42亿元推进“全面改薄”，38处校舍工程全部投入使用，顺利通过国家义务教育发展基本均衡县验收。投资7000余万元实施武城二中改造提升工程，学校面貌焕然一新。一次性解决教师职称评聘问题，极大激发全县教师的工作热情。退役士兵安置和权益保障政策全部落实。我县被评为山东省医养结合示范县、国家老龄健康服务能力建设试点县。图书馆通过国家二级馆验收。空气质量改善明显，雾霾天气明显减少，蓝天白云成为常态。

解决“大班额”暨实验小学北校区建设项目（供稿 县委办公室）

【党的建设】 坚持把全面从严治党作为推进全局工作的总抓手，把学习贯彻党的十九大精神作为首要政治任务，狠抓政治建设、思想建设、组织建设、作风建设、纪律建设，把制度建设贯彻其中，努力打造高素质干部队伍。一是把政治建设摆在首位。以严肃党内政治生活为主要手段，严格落实“三会一课”制度，引导党员干部严格遵守政治纪律和政治规矩，树牢“四个意识”，坚定“四个自信”，始终同党中央保持高度一致。加强党对一切工作的领导，践行党的路线方针政策、落实民主集中制，干部队伍战斗力明显增强。二是全面加强理论武装。以“两学一做”学习教育常态化制度化为基础性工程，深入推进“业务单位学业务”活动，深刻把握习近平新时代中国特色社会主义思想所蕴含的立场观点方法，内化为价值取向和行为准则。2017年，开展县委理论学习中心组集中学习14次、举办贝州大讲堂9期，轮训干部5000多人次。三是深入推进组织建设。深入开展“灯下黑、边缘黑”专项整治，全面加强机关党建，全市现场会在武城召开。构建起党支部领导、议事会协商决策、村委会执行、理事会落实、监事会监督、网格化管理的“支部统领，主体分工”村级治理机制，是全市唯一一个由省委组织部重点调度的县委书记抓基层党建突破项目。扎实推进党支部领办创办土地股份合作社，建立支部领办土地合作社81家，实现土地规模化经营1.8万亩，入社农民实现“土地变股权、农民当股东、有地不种地、收益靠分红”。四是坚持科学选人用人。坚持公心选人、事业用人，完善“一线培养锻炼选拔干部”工作机制，选派20名优秀年轻干部担任环保督察专员。认真落实省委、省政府《关于关心关爱基层干部减轻基层工作负担的十条意见》，全面落实乡镇工作补贴，定期进行健康查体，采取绩效形式发放文明奖，为党员干部干事创业营造良好环境。五是持续抓实作风建设。深入开展“整风肃纪，抓早抓小”活动，落实好“查摆改”“扪心问政”等具体动作，把“两问四答”作为衡量一切工作的具体标尺，坚持监督执纪问责在全覆盖的基础上，跟着重点工作走，着力整治不作为、慢作为、乱作为“三种行为”，切实纠正“四风”问题，特别是形式主义、官僚主义，实现政治效果、社会效果、法纪效果的有机统一。六是始终把纪律挺在前面。运用监督执纪“四种形态”，紧跟重点工作，盯住重点人、重点事，见事见人，以事找人，开展派驻监督，开展政治巡察。扎实推进深化国家监察体制改革试点，全市率先挂牌成立县监察委员会。2017年，县纪检监察机关立案258件，结案231件，给予党政纪处分228人。

（宗兴文　矫庆霄）

县委常委会议述要

1月3日，由县委书记张磊主持。会议内容：1. 听取重污染天气红色预警期间违规生产问题的汇报；2. 研究《武城县退休干部医疗救助基金使用管理办法（试行）》；3. 听取武城县第八届工商联（民间商会）人事安排情况说明的汇报；4. 研究确定武城县出席市第十五次党代会代表候选人初步人选。

2月20日，由县委书记张磊主持。会议内容：1. 传达中共德州市第十五次党代会会议精神；2. 研究全县环境保护工作暨配合环保部做好2017年第一季度空气质量专项督查工作；3. 研究全县社会稳定工作；4. 研究有关考核工作；5. 研究《关于持续开展“业务单位学业务”活动实施方案》；6. 研究县直机关党建工作。

3月4日，由县委书记张磊主持。会议内容：研究《关于对县级预算单位结余资金开展专项清理工作的实施意见（讨论稿）》。

5月5日，由县委书记张磊主持。会议内容：1. 研究全县信访稳定工作；2. 听取2017年以来全县党建工作开展情况汇报。

5月10日，由县委书记张磊主持。会议内容：传达5月10日市委常委会（扩大）会议精神，研究武城县当前信访稳定工作。

5月12日，由县委书记张磊主持。会议内容：1. 听取全面从严治党有关情况的汇报；2. 听取关于做好京津冀及周边地区大气污染防治强化督查迎查工作的汇报。

5月19日，由县委书记张磊主持。会议内容：专题听取群团工作情况汇报。

5月23日，由县委书记张磊主持。会议内容：1. 听取产业发展情况汇报；2. 听取关于县看守所拟上划市看守所集约管理的情况汇报。

5月26日，由县委书记张磊主持。会议内容：1. 听取关于防汛抗旱和《武城县全面实行河长制实施方案》有关情况的汇报；2. 听取关于全市推进“两学一做”学习教育常态化制度化工作座谈会精神及贯彻落实意见的汇报。

6月2日，由县委书记张磊主持。会议内容：专题听取关于干部调整情况的汇报。

6月9日，由县委书记张磊主持。会议内容：1. 听取关于建立“1+2+X+N”大维稳工作机制有关情况的汇报；2. 听取持续开展“业务单位学业务”活动情况汇报；3. 传达学习习近平总书记在接见全国公安系统英雄模范立功集体表彰大会代表时的重要讲话精神。

6月25日，由县委书记张磊主持。会议内容：1. 传达省第十一次党代会精神；2. 传达6月23日全市维稳工作会议精神、研究全县信访和非访治理工作；3. 听取全县退役士兵安置和权益保障工作进展情况汇报；4. 传达市政府有关领导环保约谈部分县会议精神，研究全县环保工作；5. 研究全县安全生产工作；6. 听取庆祝建党96周年暨“两学一做”标兵先进事迹交流会工作安排及筹备情况汇报。

7月11日，由县委书记张磊主持。会议内容：1. 传达《省委办公厅省政府办公厅印发〈关于进一步加强重点信访维稳工作的七点意见〉的通知》文件精神；2. 传达市委关于清理大型广告牌匾、规范交通指示牌内容等工作专题会议精神；3. 研究全县政协工作；4. 听取调整规范民族宗教局机构编制事项的汇报；5. 听取全市保密工作会议精神贯彻落实情况的汇报；6. 听取团县委第十八次代表大会筹备情况汇报；7. 听取全市新的社会阶层人士统战工作会议、统战部长座谈会会议精神及下一步工作情况汇报。

7月17日，由县委书记张磊主持。会议内容：1. 研究开展“扪心问政”活动有关情况；2. 研究产业推进工作；3. 研究干部工作。

7月31日，由县委书记张磊主持。会议内容：专题听取干部调整情况汇报。

8月5日，由县委书记张磊主持。会议内容：1. 研究全县生态环保工作；2. 研究全县脱贫攻坚工作。

8月17日，由县委书记张磊主持。会议内容：1. 研究干部工作；2. 研究向县生态环境保护委员会办公室和各专业委员会办公室选派挂职干部工作；3. 研究有关干部处理问题。

9月5日，由县委书记张磊主持。会议内容：专题研究安全生产及生态环境保护工作。

9月29日，由县委书记张磊主持。会议内容：1. 听取当前信访维稳工作情况的汇报；2. 研究100兆瓦光伏扶贫项目季度收益分配方案；3. 听取关于2017年省级公益事业扶贫基金使用计划汇报；4. 研究政府投融资建设工作；5. 研究县政协工作机构人员调整工作。

10月10日，由县委书记张磊主持。会议内容：专题研究党的十九大安保维稳工作。

10月25日，由县委书记张磊主持。会议内容：1. 听取建议加强政府投资项目质量监管的汇报；2. 听取全县解决“大班额”和“全面改薄”学校建设项目“回头看”工作情况的汇报；3. 听取《贯彻〈中国共产党党委（党组）理论学习中心组学习规则〉实施办法》贯彻落实情况汇报;4. 集中学习《关于加强党委(党组)意识形态工作责任制考核督查工作的通知》;5. 集中学习关于《中共中央办公厅印发〈关于五年来中央政治局贯彻执行中央八项规定并以此带动全党加强作风建设情况的报告〉的通知》精神;6. 安排部署学习宣传贯彻党的十九大精神有关工作。

11 月 3 日，由县委书记张磊主持。会议内容：研究干部调整工作。

11 月 22 日，由县委书记张磊主持。会议内容：1. 听取县委十三届二次全会筹备情况的汇报；2. 听取县纪委十三届三次全会筹备情况的汇报；3. 研究县属国有企业领导人员任免程序的建议；4. 研究有关干部工作。

11 月 25 日，由县委书记张磊主持。会议内容：听取中共武城县十三届二次全体会议各组讨论情况的汇报。

11 月 27 日，由县委书记张磊主持。会议内容：1. 传达学习《省委办公厅省政府办公厅印发〈关于关心关爱基层干部减轻基层工作负担的十条意见〉的通知》; 2. 研究《武城县机关事业单位户外工作人员误餐费管理办法(暂行)》。

12 月 1 日，由县委书记张磊主持。会议内容：1. 听取 2017 年度全市综合考评武城县各项指标进展情况及 2017 年度全县综合考评办法起草制定情况的汇报；2. 传达全市关于深入学习贯彻党的十九大精神开展“大学习、大宣讲、大调研、大落实”活动动员会议精神，听取全县贯彻落实意见的汇报；3. 听取首届武商大会活动筹备方案制定情况的汇报；4. 听取创建省级园林城市的情况汇报；5. 传达全省推开国家监察体制改革试点工作动员部署视频会议主要精神、通报县深化国家监察体制改革试点工作小组第一次会议精神，听取全县深化国家监察体制改革试点工作进展情况的汇报。

12 月 4 日，由县委书记张磊主持。会议内容：研究《武城县深化国家监察体制改革试点工作实施方案》。

12 月 11 日，由县委书记张磊主持。会议内容：1. 传达《中共中央办公厅印发习近平总书记关于进一步纠正“四风”、加强作风建设重要批示的通知》; 2. 听取有关信访问题情况的汇报；3. 听取全市村、城市社区“两委”换届选举工作动员部署会议精神及贯彻落实意见的汇报；4. 听取县人大常委会、政府、政协、法院、检察院党组工作情况汇报。

12 月 22 日，由县委书记张磊主持。会议内容:1. 听取创建国家卫生县城情况汇报;2. 听取全县食品安全工作情况汇报；3. 听取全县安全生产工作情况汇报；4. 听取全县党的十九大安保维稳总结会议筹备情况汇报；5. 听取全县巡察工作情况汇报;6. 听取党校工作情况汇报;7. 研究有关干部工作。

12 月 27 日，由县委书记张磊主持。会议内容：1. 研究深化国家监察体制改革试点工作人员转隶、人员调配情况以及相关人事安排和干部任免工作；2. 听取县第十七届人代会第二次会议有关工作准备情况和政协第十届武城县委员会第二次会议有关工作准备情况的汇报。

12 月 29 日，由县委书记张磊主持。会议内容：研究县监察委员会主任、副主任人事安排工作。

(宗兴文 娇庆霄)

县委办公室工作

【公文处理】 坚持把县委综合性文稿的研究起草，作为参与政务、以文辅政的重要形式和主要渠道。2017 年，共组织起草整理领导讲话、情况汇报、通知函件、会议纪要等文稿 120 多篇，撰写领导署名文章 6 篇，审核新闻媒体稿件 100 多篇，起草、审核县委、县委办公室文件 220 余个，总计约 73 万余字。向市委备案党内规范性文件 25 件，实现文件备案零差错。研究提出“让习近平新时代中国特色社会主义思想在武城落地生根、开花结果”的党代会报告工作主题，得到县委主要领导肯定，纳入县委决策。高质量撰写完成全县“向产业进军”动员大会、生态环保攻坚动员大会、十三届县委二次全会等重点会议的文字材料工作。负责中央、省市领导来武视察等活动的文字材料起草任务，展示武城好形象。

【会务活动】 认真做好接待工作，全年承办全国未成年人保护多部门联动机制研讨现场会议、全省推进农业转移人口市民化现场会议、全市基层党建工作现场会议、全市全面深化改革工作现场会议、县第十三次党代会等重要会议以及参与筹办以县委名义召开、部门承办的各类会议 400 余次，会议效果得到县委领导和各级各部门的高度认可。

【信息工作】 坚持以县委中心工作为引领，以经济社会发展热点难点为关键，加强信息工作规范化建设，各项工作扎实推进。2017 年，共编发《武城信息》71 期,《新视点》208 期,《信息特刊》18 期。全年上报省市各类信息 2300 多条，信息上报量及被采用成绩均居全市前列。其中，4 篇基层反映类信息被中办采用，25 篇被省办采用，155 篇被市办采用，被评为全市党委信息工作先进单位。

【后勤工作】 持续做好通信设施、水、电、暖等维修、机关绿化等服务工作，升级改造监控系统，实现办公区域高清监控全覆盖。2017 年，累计修理供排水、暖气管道、换锁修门 200 余次，更换照明灯 150 余盏，定期检查线路，排除用电故障、检修设备设施等 100 余次。做好财务管理、经费核销等工作，提高财务工作水平，规范资金管理和运作，既保证机关正常办公，又最大限度地节约经费。

【督查工作】 按照“马上办、及时办”的要求，全力抓好批示件办理。2017 年，累计参与现场专项督查 32 次，形成《督查报告》18 篇；办理市委领导转办件 12 件；办理县委主要领导批示件 632 件，其中批示督办件 130 件，批示转办件 411 件，决策督办件 91 件，全部做到 100% 办结。

【主体责任】 坚持将县委从严治党工作的新理念、新要求、新措施，贯穿于全县各项工作，全力抓好全面从严治党主体责任。签订《全面从严治党主体责任责任书》116 份。制定印发《武城县落实全面从严治党主体责任考核办法》《武城县落实党风廉政建设主体责任谈话制度（试行）》等文件，全县谈话 3400 余人次，其中县党政班子成员谈话 213 人次。结合落实中央八项规定、省委巡视“回头看”、纠正“四风”问题、落实主体责任等情况检查，形成情况汇报 31 篇。全面从严治党主体责任工作在全市考核中，连续两年名列第一。

【保密工作】 与部门及镇街、开发区签订保密责任书，调整完善县委保密委员会，制定出台《武城县计算机保密管理制度》《保密文件发放管理制度》，完善《保密档案管理办法》《办公电脑和上网电脑的管理办法》，建立完善文件资料回收制度，制作保密回收袋并按照要求发放至各级各部门，回收后由县委机要局集中销毁。全县县级政务网单位电脑全部安装保密“三合一”保密防护系统，实现政务网保密安全全覆盖。

（宗兴文　矫庆霄）

政策研究

【调查研究】 坚持把调查研究作为发挥以文辅政、参谋助手作用的重要手段，围绕县委决策部署、中心工作、阶段性工作、重点亮点工作及领导关注点，深入开展理论性、战略性、专题性、对策性和典型性调查研究，为领导科学决策提供参考依据。2017 年，开展各类调研 20 次，撰写调研报告 30 余篇。《关于武城县实施产城融合推进就地城镇化试点工作情况的报告》，被评为全省党委政研系统优秀调研成果一等奖；《关于建立“1+2+X+N”大维稳工作机制有关情况的报告》被市委副书记刘贵堂批示并转发全市学习；《武城县探索农村宅基地有偿退出机制助推产城融合推进就地城镇化试点工作》等 6 篇文稿被评为市级党委政研系统优秀调研文稿；《关于全县实施产城融合推进就地城镇化试点工作的调研报告》《旗帜鲜明讲政治　全力以赴抓稳定》《县公安局关于全面维稳形势研判分析报告》《县信访局关于全县信访形式分析及建议》等 10 余篇文稿得到县委主要领导批示或肯定，纳入县委决策。

【文稿撰写】 按照“贴近党委、贴近实践、面向基层、宣传鼓劲”的工作要求，围绕各部门、镇街区的好经验和好做法，全力提高文稿质量和理论内涵。2017 年，高质量撰写各类调研文稿和典型材料 48 篇。其中，中央层面刊发 3 篇，省级层面刊发 7 篇，市级层面刊发 14 篇。《以提高户籍人口城镇化率为抓手　推进就地城镇化的武城经验》在国家发改委《改革内参》刊登，《“离得开、进得来、留得住、过得好”——产城融合推进就地城镇化的“武城探索”》在新华社特供分析报告刊登，《以提高户籍城镇化率为抓手深化综合改革全面加快产城融合推进就地城镇化进程》在《山东通讯》刊登。山东省委改革办向中央改革办上报两批 29 个地方改革案例，每批都有 1 个武城案例，成为山东改革的靓丽名片。

【刊物编发】 围绕出精品、求突破，不断丰富刊物内容、创新形式，全力提高服务领导决策能力和水平。全年高质量编发《决策参考》4 期，每期都得到县委主要领导批示；编发《改革简报》22 期，及时反映上级改革动态、全县改革进展和外地改革经验，为改革决策和改革落实提供第一手资料；编发《情况反映》22 期，及时反映工作动态；编发《武办通报》3 期，传达县委精神，推进工作落实。

（宗兴文　矫庆霄）

深化改革

【改革推进】 充分发挥对改革工作的统筹协调作用，按照县委部署要求，及时调整县委全面深化改革领导小组及各专项小组、实施产城融合推进就地城镇化试点工作联席会议，确保全面深化改革工作不断档、有人管。组织召开6次县委全面深化改革领导小组会议，出台《2017年改革工作要点》等文件，划出全年改革工作的路线图。对十八届三中全会以来武城县承担的改革任务情况进行调度，梳理出220项重点改革事项，282项上级改革文件，形成改革任务四项清单，除需上级统一推进的事项外已全部完成。3月30日至31日，全省推进农业转移人口市民化现场会在武城县召开。7月6日至7日，全市改革工作现场会在武城县召开。

【督导调研】 建立全年改革任务台账，项目化、责任化管理改革任务。完善督查机制，制定《武城县2017年度全面深化改革工作考核办法》《武城县实施产城融合推进就地城镇化试点工作考核办法》，加强对各部门督导，树牢狠抓落实的鲜明导向。

【理论宣传】 全年共编发《改革工作简报》22期，及时反映上级改革动态、全县改革进展和外地改革经验。制定《武城县改革工作案例报送办法》，挖掘出一批基层典型，提炼可复制的经验。瞄准国家级主流媒体宣传推介改革典型，就地城镇化、家事审判改革、未成年人保护等10余项改革经验成为全省全国亮点。其中《进城农民如何实现户籍城镇化：武城县的做法和实践》《法院变医院　武城县构建家事审判新模式》作为深化改革典型案例被省委改革办推荐上报中央改革办；《以提高户籍人口城镇化率为抓手　推进就地城镇化的武城经验》在国家发改委《改革内参》刊登；《“离得开、进得来、留得住、过得好”——产城融合推进就地城镇化的“武城探索”》在新华社特供分析报告刊登；《以提高户籍城镇化率为抓手深化综合改革全面加快产城融合推进就地城镇化进程》在《山东通讯》刊登；家事审判“武城模式”走进央视《法治中国说》栏目。

（宗兴文　矫庆霄）

组织工作

【干部队伍建设】 稳妥推进干部选任调整。立足调动干部工作积极性，优化干部资源配置，综合考虑各单位班子配备的实际需要，加强全县干部队伍调研摸底及综合分析研判，分批对县直部门单位集中调整，充分发扬民主公开，充分发挥各级党组织的领导和把关作用，严格贯彻落实《干部任用条例》，严格执行干部选任全程纪实制度，及时做好选任文书档案归档整理，确保程序规范、全程留痕、“一事一档”。

探索年轻干部培养使用。着眼改善和优化干部队伍结构，遵循年轻干部成长规律，在全县择优选拔131名后备干部和140名优秀年轻干部纳入“新苗双育计划”，健全双轨育人、竞争成长培养机制，立足环保督查、扶贫攻坚、产业招商、城建拆迁、信访维稳、服务窗口等“六个一线”岗位历练，20名优秀年轻干部赴环保一线担任环保督察专员，经验做法被省市媒体刊发。

从严加强干部日常管理。着力构建全方位干部日常监管体系，通过干部全员谈心谈话、专题调研、年度考核等方式，加强干部日常了解，创新开展干部勤政反向测评，注重干部实绩一线评估、干部问题一线发现、干部诉求一线化解，多侧面了解干部一贯表现和能力实绩。充分发挥电话、来访、来信、网站、短信“五位一体”信访举报受理平台作用，做到有举必查、查必从严。

【基层组织建设】 推进“两学一做”学习教育常态化制度化。5月，县委第一时间召开推进“两学一做”学习教育常态化制度化座谈会，围绕融入日常、抓在经常的要求，制定“1+6”方案体系，系统谋划、深入推进。将每周五定为全县学习日，推行专题研讨学等“十学”模式。举办“贝州大讲堂”9期，邀请7名中央党校专家教授到武授课。动员全县党员进入网上党员之家，参与“灯塔—党建在线”党的十九大精神学习竞赛，获得全省第一的优异成绩。建立“三全一化”联系帮包机制，259名党员干部帮包432个基层单位，推动十九大精神进支部、传万家。刚性推进党员活动日、坐班值守等基础工作，督导支部扛起教育管理党员责任。推行“五色党日”，落实党性锻炼、民主议事等制度。分类实施“红旗引领”“堡垒提升”计划，采取派驻第一书记、结对共建等措施，推动每个支部过硬。

2017年5月26日，全县推进“两学一做”学习教育常态化制度化工作座谈会召开　　（供稿　武城时报）

夯实基础推进基层党建重点任务落实。持续提升农村基层党建水平，探索建立“支部统领，主体分工”村级治理机制，构建“一部四会一网”治理格局，“七彩石庄”规划、贫困户退出等一批群众关注的问题通过新机制顺利解决。发展壮大村级集体经济，推动党支部领办创办土地股份合作社，2个月领办创办土地合作社48个，10703亩耕地实现集约经营，党支部成为村民集体双增收的“主心骨”。推进城市基层党建工作，形成“社区党总支—网格党支部—楼院党小组”的“网格党建”模式，以社区党组织为核心推进网格化管理服务全覆盖，扎实推进机关事业单位在职党员到社区报到服务，推动118个机关事业单位与社区共建，2000余名在职党员到社区报到服务，纳入单位和社区党组织双重管理。

推动融入融合统筹抓好其他领域党建。建立机关党建“一呼百应”机制，开展“先锋建功”系列活动，深化党员挂牌上岗等制度，全市机关党建现场观摩交流会在武城召开。按照“属地管理、分级负责”的原则，向未建立党组织和党建基层薄弱的“两

2017年4月11日，市委副书记刘贵堂调研"支部统领，主体分工"村级治理机制　（摄影　才美慧）

新"组织派驻党建指导员130多名，拨付党建经费22万元，确保党的工作全覆盖。构建县镇村三级网格化管理平台，县级干部进网格化解矛盾、督查环保160余人次，中央环保督察组转办信访举报件维持全市低水平。聚焦"四个专家"，引进省级高层次人才18人，兑现项目扶持奖励资金391.7万元。

【人才工作】 深入推进人才强县战略，截至2017年底，全县本土市级以上高层次人才78人，市级以上平台载体70个，为武城县经济社会跨越发展提供强有力的人才保证和智力支撑。紧扣武城县"九大产业"发展，深化精准引才，分别与德州学院、山东大学能动学院签订全面合作协议，推进人才项目合作进程；举办"智汇武城·才聚贝州"创新创业对接推介会，邀请各领域专家人才78名、签约项目14个。全年对接引进省级以上高层次人才18人，其中英潮公司技术顾问邹学校入选中国工程院院士。

增强企业内生动力，发挥企业的创新主体作用，全年获批市级以上企业创新平台16个，其中古贝春公司获批齐鲁技能大师特色工作站、英潮公司获批省级工程技术研究中心；专利授权数量创历年新高，获批授权发明专利11件、实用新型专利116件、外观设计专利37件。

组织开展"人才政策进企业"宣讲活动，为100多家企业现场答疑解惑；积极推进人才公寓建设管理，2017年共建成乡村人才公寓16处，实现县域、乡村全覆盖；持续放大"33条人才新政"效应，发放人才扶持奖励资金459.7万元，激发全县企业、人才的创新创业活力。

【督查考核】 部门联动促督查。联合相关部门对大气污染防治、水污染防治、林业生产等阶段性重大活动及时调度督查，增强督查工作的针对性和实效性。对县生态环保委各专委会工作定期督查，形成通报9期，发挥生态环保网格化管理综合督导考核专业委员会的网格兜底和推进落实作用。

本着全面对接市考评指标体系、突出县委县政府重点工作的总体思路，制定《2017年度镇街区协同发展综合考评办法（试行）》《2017年度县直部门、驻武单位、重点工业企业协同发展综合考评办法（试行）》等文件，并对镇街、经济开发区、部门承担的关键性、基础性、核心性指标，进行季度考核。组织开展2017年度全县综合考评工作，各考评责任单位按照责任要求，制定考评细则，分工实施综合考评。

依据2017年度全县综合考评结果，制定《2017年度全县推动科学发展建设协同发展先行区综合考评情况通报》，对年度内各项重点工作、重点任务逐一进行总结排序，全面反映各级各部门、各条战线工作进展情况和工作成效。

（孔德伟）

宣传工作

【理论武装】 制定出台《武城县党委（党组）中心组2017年理论学习安排意见》《2017年中共武城县委理论学习中心组学习方案》，确定全年九大主题学习内容。县委理论学习中心组每半月开展一次集中学习研讨，全年开展集中学习15次、专题学习8次。规范强化各级党委（党组）理论中心组学习，将中心组学习情况列入全县年度综合考评，用制度规范学习自觉、用督查提升学习效果，推动各级党委（党组）中心组学习由“他律”到“自律”的转变。

坚持把深入学习习近平新时代中国特色社会主义思想和党的十九大摆到理论武装的核心位置，读原著、学原文、悟原理。先后邀请中央党校朱辉宇、罗平汉，省委党校杨珍，市委党校苑世清等专家教授来武辅导授课，着力推动习近平新时代中国特色社会主义思想深入人心，为谱写好新时代中国特色社会主义新篇章提供坚强思想保证和强大精神力量。11月23日，召开武城县宣讲工作动员会议，对党的十九大精神宣讲工作进行全面部署，组建成立19人的“宣讲团”，到农村社区集中宣讲30余场次。积极邀请省委、市委宣讲团到武城县开展“中国梦·党在心中”巡回宣讲活动，举办宣讲报告会20余场，受众3000余人。组建县级讲师队伍，深入镇村开展“迎接十九大　永远跟党走”宣讲活动，举办巡回宣讲50多场次，受教育群众1万余人。做好党的理论书籍征订工作，订阅《十九大报告》《党章》单行本、《习近平谈治国理政第二卷》等辅导读本5万余册。

2017年11月23日，武城县学习贯彻党的十九大精神宣讲团成立暨宣讲工作动员会召开　（摄影　刘增光）

【精神文明建设】 以“三大活动、四大工程、五大行动”为抓手，推进省级文明城市创建工作，市民文明素养和城市文明程度大幅提升。构建全方位、立体化宣传格局，武城时报、广播电视台、武城宣传微信公众号等县内媒体，开设双城同创、创城进行时等专栏，及时报道武城县创城成果，开展最响亮口号、创城故事集活动，征集创城口号360余条；在城区设置以创建文明城市、社会主义核心价值观、讲文明树新风、图说我们的价值观、未成年思想道德建设等内容的公益广告牌百余处，让市民在享受城市美丽景观的同时，也感受着街头正能量的熏陶。完善《武城县文明单位管理办法》，印发《关于规范机关事业单位精神文明奖发放办法的通知》，完成2016年度94个省、市、县级文明单位（村镇）复审，对56个申报的市、县级文明单位（村镇）进行考评。用好省市文明单位智能化管理系统，提高创建水平。县检察院作为全市唯一一个县级单位，被评为第五届全国文明单位。组织开展“村风大讨论”，在乡村文明示范村设置村风和社会主义核心价值观牌匾，引导群众自觉树立文明乡风。开展“传家风、扬家训”和文明家庭评选活动，各镇街区将第一届文明家庭先进事迹编印成册，免费发放给广大群众，用鲜活事例影响更多群众学好人、做好人。顾华兴家庭、陈仲魁家庭被评为首届全省文明家庭，刘娥家庭、柴文莉家庭、赵振华家庭、刘春梅家庭被评为首届全市文明家庭。继续实施“百镇千村”建设示范工程，郝王庄镇大吕王庄和四女寺镇白庄村被评为第五批“乡村文明家园”建设示范村。

【移风易俗工作】 印发《关于进一步严肃移风易俗工作考核问责的实施方案》，实施移风易俗“百日行动”，通过开展举办一场培训会、举办一场文艺演出等“十个一”活动，引导广大群众摒弃陈规陋习，树立文明新风尚。在下半年全省移风易俗电话调查中，武城县排名跃升至全省第17名，比上半年成绩提升44个名次。

【未成年人思想道德教育】 深入开展“中国梦”和中国特色社会主义主题教育，组织举办清明祭英烈、向国旗敬礼等活动。开展“国学小名士”“国学经典诵读大赛”等经典诵读活动，引导广大未成年人在诵读经典中，接受、传承和弘扬优秀传统文化，培育和践行社会主义核心价值观。坚持把创建文明校园作为加强和改进未成年人思想道德建设的重要抓手，武城二中、第二实验小学被评为省级文明校园，状元小学被评为市级文明校园。管好用好乡村学校少年宫，真正让乡村学校少年宫成为孩子们的“成长乐园”。

【四德工程建设】 建好用好善行义举四德榜，全县建成村居榜393个、机关榜116个、学校榜38个、企业榜82个，建榜率100%，上榜率95%以上。顺利通过“四德工程”建设示范县复审。建立国学讲师队伍，围绕家风建设、优秀家庭教育、中华优秀传统文化等内容，组织开展多场讲座，受益群众2000余人。

【志愿服务活动】 抓品牌建设，志愿服务活动常态化。坚持将志愿服务活动与创建省级文明城市、省级卫生城市、精准扶贫等工作相结合，不断完善志愿服务体系，建立“1+9+N”志愿服务模式，形成广覆盖、立体式、多元型的志愿服务格局，培育爱心联盟、手牵手志愿服务队、慈善义工等多个社会志愿团队。武城县在山东志愿服务网注册团队达到102个，注册志愿者达到3476余人，开展志愿服务活动200余次。刘清涛被评为山东省最美志愿者。

【选树典型】 组织开展第六届全省道德模范、德州好人——每周之星等道德典型推荐评选活动，选树一大批不同类型、不同层面的最美人

2017 年 8 月 11 日，创建省级文明城市志愿服务活动启动仪式举行 （摄影 刘增光）

物、道德模范，凝聚崇德向善的正能量，叫响"武城好人"品牌。做好"中国好人榜"群众线索推荐工作。孙立荣获第六届山东省道德模范，孙天国获第六届山东省道德模范提名奖，刘娥、柴文莉、刘玉强被评为第六届德州市道德模范，王秀青、王富民、曲延卫、张立国获第六届德州市道德模范提名奖。

【文化活动】 对县图书馆进行重新规划与改造，先后投资 100 余万元，服务功能进一步完善，服务水平进一步提升；对各镇街文化站"五室"内的设备进行完善提升，提高文化综合服务功能；新建成 90 处"农民健身工程"和 3 处"千村脱贫健身工程"。群众文化活动不断丰富，邀请市歌舞团、市京剧团、市杂技团开展送戏下乡演出 30 场；开展"党的十九大"优秀文艺作品展映展播展演展览、文艺作品创作、主题征文、知识竞赛等系列活动；举办健步走比赛、秧歌培训班、健身腰鼓培训班、全市跆拳道邀请赛、"体彩杯"象棋、朗读者等活动。文化创作精品迭出，魏庄舞龙表演队获德州市 2017 年元宵节民间文艺展演暨"非物质文化遗产月"系列活动启动仪式二等奖和优秀组织奖。在全市第二届民间文艺会演中表演唱《运河船工号子》获得三等奖、评剧《四女孝亲》获得优秀奖，县委宣传部获得优秀组织奖。推荐优秀文艺人才参加上级评选，古贝春集团有限公司顾金栋入选全省第四批齐鲁文化之星。

【新闻舆论工作】 对内宣传。做好习近平总书记系列重要讲话精神和党的十九大精神的宣传阐释，《武城时报》编辑出版 51 期，开辟《喜迎十九大 砥砺奋进协调发展》《学习贯彻十九大精神 新时代 新气象 新作为》等专栏专版 20 余个，为党的十九大精神和党中央治国理政新理念新思想新战略在基层落地生根起到积极作用。重点工作宣传紧锣密鼓。根据新旧动能转化、扶贫攻坚、生态环保等重点工作，组织县内媒体深入镇街区、企业、农村社区开展大型主题采访活动，做好基层成就宣传报道，把县委、县政府的声音及时传达到全县上下。

对外宣传。充分挖掘、归纳县内特色亮点工作，精心策划系列新闻选题报道，主动邀请上级主流媒体到武城采访 130 多人次，全年在中央、省、市主流媒体刊稿 310 余篇，《人民日报》一版头条刊发《山东给农民稳稳的幸福》稿件，对武城"土地托管"模式进行重点报道；《大众日报》一版刊发《郭子伟带权进城不纠结》反映武城"两证"保"三权"的实施产城融合推进就地城镇化经验；《德州日报》要闻版刊发重点稿件 48 篇，新旧动能转换、散乱污治理、

"共享工厂"模式等重点工作在一版头条位置刊发，数量位居全市前列；在人民网、新华网等主流网站发表反映武城重点工作的新闻稿件460余篇，为全县经济社会发展营造起浓厚的舆论氛围。不断拓展内参渠道，先后在新华社特供分析报告刊发《"离得开、进得来、留得住、过得好"——产城融合推进就地城镇化的"武城模式"》等内参件4篇。在2017年度中国新闻奖评选中，《大众日报》刊发的《武城农民率先持证带"权"进城》稿件获中国新闻奖二等奖，是武城新闻宣传工作获得的最高奖项。

网上宣传。利用新华社客户端、"武城宣传"微信公众号、山东手机报·武城版等新媒体传播速度快、受众面广等优势，重点解读县域发展重要战略方向和出台政策，向外界推送武城干部作风建设、新型城镇化、产业发展等工作中亮点和经验做法；"武城宣传"微信公众号推送微信585条，山东手机报·武城版编发统付版、免费版515条。新华社客户端刊发的《新理念引领下的蝶变之路——武城抢抓机遇推进协同发展经验与启示》稿件阅读量突破340万，《武城："全程精准"实现长效脱贫》稿件阅读量突破220万。

网络管理。加强热点问题和突发事件的监控、研判和处置，对全县网评员进行动态调整，重新梳理纳入全县各单位网评员118人，及时引导处置网络舆情50余次，党的十九大期间，宣传部全体工作人员担任网络舆情监测员，实行24小时值班制度，未出现网络舆情。做好舆情信息的搜集、研判、上报工作，围绕市委宣传部部署和国内外舆情信息热点，报送舆情信息126篇。

企业宣传。武城县被评为诚信企业建设工作先进单位，古贝春集团有限公司获全省首批"厚道鲁商"品牌形象榜，4家企业被评为全市诚信企业建设暨优秀企业文化示范基地，3家企业和1名个人入选全市思想政治工作"五优"名单。新闻发布工作扎实开展。全年组织举办县级和部门新闻发布会3次，发布内容涉及武城县国民经济运行情况、国民经济运行形势等，邀请县政府主要领导同志参加新闻发布会1次。

（吴 华 魏利军 王孟津 李会霞 王 森）

统战工作

【党外代表人士队伍建设】 调整完善党外后备人才库，新纳入22名党外后备人才进入人才库；党外干部安排和轮岗交流有新进展，政府部门安排副职2名，政协委室安排专兼职副主任2名，事业单位安排副职4名，轮岗交流3名；选派党外后备干部到工作一线挂职锻炼，有4名党外后备干部到县产业办、环保专委会挂职锻炼一年；调整充实县委常委同党外代表人士联谊交友对子，每个常委联系3名党外人士，其中有1名非公有制经济人士；加强对党外代表人士的培养，举办全县党外代表人士培训班1期，共培训55人。邀请省社会主义学院讲师冯永昌和民建德州市委副主委兼秘书长周相国，市委统战部干部科科长胡星海前来授课，并组织学员到孔繁森纪念馆、夏津县特殊教育学校参观学习。

【服务经济社会发展】 开展"同心扶贫攻坚行动"，组织全县105名乡村医生赴济南协和学院进行为期12天的免费业务培训。全年共有72名大学贫困新生获得"泛海助学"每人5000元救助金。5月26日，民革德州市总支

2017 年 9 月 28 日，组织全县党外代表人士培训班学员赴聊城孔繁森纪念馆参观学习　　（供稿　县委统战部）

部在武城县开展“庆六一”传统文化进校园活动，为四女寺镇郭鲁小学捐赠图书 600 余册。11 月 2 日，民革德州市总支部在武城县举行“爱心润童心·民革伴我行”音乐素养普及教育进校园系列活动，捐赠各类乐器价值 5 万余元。对 70 余位中小学及幼儿园的音乐教师进行培训。11 月 21 日，邀请中央音乐学院现代远程音乐教育学院院长修子健，对四女寺镇乡村学校少年宫建设情况进行视察对接。11 月 24 日上午，农工党德州市健康教育基地暨农工党德州市人民医院支部医疗帮扶基地揭牌仪式在四女寺镇卫生院举行。市人民医院专家为 60 多名乡村医生进行“消化道疾病早期预防与筛查科普讲座”和“肛肠疾病规范化诊治讲座”。

【“双提双做”活动】 在全县党外人士中开展“提升素质、做本职岗位标兵，提升境界、做协同发展先锋”活动。号召广大党外人士为武城经济社会发展献计献策，共收集意见建议 35 条，并择优刊登在《武城统战动态》上直接报送有关领导和部门。其中《关于运用大数据思维支撑新型城镇化建设的建议》《农村土地规模化经营缓慢的问题与对策》被县领导批示。在市委统战部、市社会组织联合会举办的“东海杯”“双提双做”演讲比赛中，武城选送的 4 名参赛选手全部进入决赛，并囊括大赛设置的所有奖项。

【县政协、县工商联换届工作】 1 月 11 日，召开县工商联（总商会）第八届会员代表大会，完成县工商联（总商会）新老班子交接，选举产生非公人士副主席 13 人，商会副会长 13 人，常委会 41 人，执委会 125 人。在县第十届政协换届工作中，推荐提名县第十届政协委员 178 名、常务委员 28 名。其中，党外委员 107 名，占比 60.1%；党外常务委员 19 名，占比 67.9%。推荐第十四届德州市政协委员 19 名，推荐第十二届德州市工商联执委 14 名。其中常委 3 名，副主席 1 名。在各项换届工作中，对市县人大代表、政协委员、党代表、工商联执委中的非公人士候选人 337 名进行综合评价。

（王春燕）

机构编制管理

【行政审批制度改革】 出台《武城县人民政府关于做好国务院、省政府、市政府取消、下放、调整行政许可和行政权力事项承接落实工作的通知》《关于做好省政府、市政府取消下放行政权力事项承接落实工作的通知》，取消对应行政权力事项 37 项，承接行政权力事项62项，调整行政权力事项7项，调整规范行政审批中介服务收费项目6项。编制《武城县县级随机抽查事项目录》，出台《武城县人民政府关于公布武城县县级随机抽查事项清单的通知》，保留县级随机抽查事项184项，并在县政府网站向社会公开。简化优化公共服务流程。编制公共服务事项目录。编制完成《县级公共服务事项目录》《镇街公共服务事项目录》《镇街行政权力清单》，出台《关于公布武城县县镇两级公共服务事项目录的通知》《关于公布武城县镇街行政权力清单的通知》。保留县级公共服务事项492项，保留镇街公共服务事项101项，保留镇街行政权力事项85项。依申请的公共服务事项逐项编制服务指南。清理年检和政府指定培训。出台《武城县推进政府职能转变领导小组关于公布武城县县级证照年检和政府指定培训项目目录的通知》，县级共保留证照年检项目21项，保留证照核发（年检）关联的政府指定培训项目7项。公布“零跑腿”和“只跑一次”事项清单。32个县直部门（单位）共确定保留第一批“零跑腿”事项17项，第一批“只跑一次”事项148项。对全县20个相关部门（单位）开展行政审批中介服务收费项目阶段性“回头看”工作，对已清理的14项和正在实施的27项行政审批中介服务收费项目进行全面自查，并对所发现的问题进行整改。联合县行政审批服务中心对纳入山东省政务服务平台的县镇两级公共服务事项进行要素梳理，优化办理流程，实现市、县、镇三级互联互通，让企业和群众少跑腿，好办事。

【机构改革】 全面推进综合行政执法体制改革，对全县具有行政执法权的34个部门进行认真梳理。11月15日，县政府印发《关于印发武城县综合执行执法体制改革方案的通知》，周密组织实施，确保改革有序推进、取得实效。推进从事生产经营活动事业单位改革。按照事业单位改革要求，对全县从事生产经营活动的事业单位分类提出改革措施。全县共7个从事生产经营事业单位，撤销1个无编无人单位，6个扎口管理。完成法检机构编制上划工作。组织县法院、县检察院做好机构编制上划审核工作。3月底，相关材料审核上报完毕，完成机构编制上划工作。

【事业单位管理】 2017年，全县新设立登记事业单位11个，变更登记事业单位24个，重新申领证书事业单位19个。1月1日至3月31日，247个事业单位全部进行2016年度事业单位法人年度报告公开。推进公立医院法人治理结构建设。7月31日，县人民医院首届

2017年7月31日，县人民医院首届理事会成立大会召开（摄影　王春霞）

理事会召开，任命首届理事会理事长，聘任外部理事和外部监事，标志着武城县公立医院以“理事会、管理层、监事会（监事）”为主要架构的法人治理结构模式初步建成。开展事业单位“双随机，一公开”监督检查工作。通过随机抽取方式，对武城县3家事业单位进行实地检查，抽查结果通过德州市机构编制网、信用德州等网站公开，并记入事业单位法人登记管理档案。做好事业单位业务范围清单试点工作。县事业单位改革领导小组办公室联审会议共审核确定教育、卫计、文化系统48家事业单位业务事项282项，其中教育系统27家单位业务事项162项，卫计系统16家单位业务事项94项，文化系统5家单位业务事项26项。试点单位达到事业单位总数的20%。

（祝婷婷）

农村工作

【政策研究】 坚持问题导向，通过专项调研、外出学习先进县市经验，对“两区同建”资金拨付标准、资金监管等工作机制进行再完善，研究起草《2017年化解“两区同建”遗留问题的资金拨付办法》，确保管理到位。

【两区同建】 推进农村新型社区建设。按照《武城县项目投资管理办法（试行）》文件要求，对新建续建项目规范申报、完善手续，采取现场办公、联合办公等方式，对项目建设、旧村拆迁情况进行监督。2017年，共有在建社区6个，35栋，1300余户。其中，24栋整体完工，11栋主体完工。提升社区公共服务功能。按照“五化八通八有”标准，结合社区实际，鲁权屯镇国庄社区、郝王庄镇萱草水乡社区、李家户镇刘王庄社区等12个社区在完善基础设施方面，努力打造优美休闲社区环境、改造天然气供暖，人民群众满意度显著提升。培育特色现代产业园区。围绕高效农业、工业加工园区，以提升基础配套、形象展示、吸纳劳动力、搭建致富平台为突破口，进行重点培育。鲁权屯镇返乡创业园、净化空调设备产业园，武城镇中草药种植产业园、甲马营镇中小企业园等12个园区更加完善。另有14个园区项目开展规划或提升工作。

【美丽乡村建设】 2017年，全县3个村被列为省级美丽乡村示范村项目，争取省级专项奖补资金300万元。对纳入省级美丽乡村建设的村庄，进行高标准规划和建设，突出村庄特色，发挥地域优势。四女寺镇和丽社区吕庄子村以“运河文化”为主题，鲁权屯镇和悦社区石庄村以“七彩石庄”为主题，李家户镇祥和社区西店村以民俗文化为主题，按照美丽乡村标准化建设规范，依托产业优势，开展村庄净化、硬化、绿化、亮化、美化工程，村容村貌得到改善，基础设施更加完善。在全市开展的

2017年7月，四女寺镇和丽社区　（摄影　刘新生）

美丽乡村（两区同建）观摩活动中，武城县三个省级美丽乡村项目获得高度评价。重点筛选17个村庄作为县级美丽乡村示范村项目进行创建。

（展　娟）

对台工作

【经贸合作】 8月，参加8在禹城举办的鲁台（德州）现代产业合作恳谈会，邀请参会4名台商到武城参观考察，推介武城县主导产业和招商引资项目，全年邀请和接待台胞、台商20多人次来武城考察投资环境。赴厦门、天津、苏州、青岛、济南等台商聚集地开展项目合作恳谈会、对接会。运用省、市台办平台，多汇报、多宣传、多沟通，争取上级支持。引进济南匡山门窗工贸有限公司的防火门项目，总投资1.2亿元，新注册成立山东颐佳门业有限公司。

【交往联络】 利用省政府"鲁台会""两千计划""山东·台湾周"和市政府"德台会""双百工程"等平台和渠道，扩大和台胞、台商的交往交流。组织相关人员参与省、市组织的赴台交流、学习培训活动。2017年，赴台学习培训、交往交流人员10余人。

2017年6月15日，赴宁阳考察防火门项目　（供稿　县台办）

【涉台宣传及服务】 通过县级简报、信息及省市级刊物等多种渠道加强涉台信息宣传，开展台情调查活动，对武城籍台胞、武城籍台资、台属企业、来武考察台胞、台商进行一轮调查摸底排查，收集信息，更新台情数据库数据，重新建档台属55户，新增台属2户。节假日重点慰问重点台属、困难台属23户，了解他们的实际情况和困难并极力帮助解决。及时稳妥处理涉台事件，确保涉台工作平安稳定。

（赵燕燕）

县直机关党建

【教育培训】 3月9—10日，举办县直机关党员发展对象培训班，对41名预备党员进行专题培训。3月13—15日，举办县直机关入党积极分子培训班，采取集中授课、分组研讨、观看电教片和理论考试方式，取得良好效果。4月21日，邀请市直机关工委领导就加强基层组织建设、全面从严治党、发展党员实务对全县200余名党务干部进行专题辅导。4月13—14日，带领六个示范单位的党组织书记、专职党务干部赴临沂沂水县、费县、蒙阴三县考察学习机关党建先进经验。全年党组织书记上党课400余次，培训党员7000余人次。统一印制《党务活动记录本》《党组织会议记录本》《县直机关党建工作手册》1000册，发放到每一个支部，实时规范记录。确定每月最后一个周五为党员固定活动日，构建起“6+2+N”的活动模式，每月对活动情况进行全覆盖督查。

2017 年 3 月 9 日，县直机关工委预备党员培训班开班
（供稿　县直机关工委）

【基层党组织管理】 出台《关于进一步严格党员领导干部双重组织生活制度的通知》《关于在重点工程和重点工作中发挥党组织战斗堡垒和共产党员先锋模范作用的通知》《关于深入贯彻全面从严治党要求落实机关党建工作责任实施细则》《关于县直机关党建工作规范化建设的实施意见》等文件，推进党建工作标准化、规范化。制定机关党建千分制考核办法，建立党建工作任务清单，将机关党建全年工作细化为 8 类、30 项重点任务，将“软任务”分解为清晰具体的“硬指标”。完成 3214 名党员信息采集并录入“灯塔—党建在线”系统。11 月 10 日，学习贯彻党的十九大精神暨全市机关党建现场观摩交流会在武城召开，先后参观学习武城 4 个党建示范点。县机关工委撰写的《关于加强机关党建工作的调研与思考》调研报告获 2017 年度全市机关党建调研成果一等奖。县机关工委获 2017 年全省机关党建调查研究与实践创新先进单位，全市机关党建调研工作先进单位。

【创新活动载体】 开展迎“七一”身边人讲身边事故事征集，共评出优秀作品 21 篇。其中，一等奖 3 名，二等奖 7 名，三等奖 11 名。围绕卫生城市复审，在县直机关开展“创建卫生城，党员做先锋”活动，对背街小巷、单位环境卫生定期集中整治。和工会、统计局共同举办全县统计系统技能比武大赛。联合体育办、宣传部共同开展迎“七一”乒乓球比赛和篮球比赛等活动，使机关党员增强党性观念、宗旨意识。2017 年，受到县委表彰的先进基层党组织 7 个、优秀共产党员 22 名、优秀党务工作者 9 名。受到县机关工委表彰的优秀共产党员 20 名、优秀党务工作者 15 名。

（王志勇）

信访工作

【概述】 2017 年，武城信访工作狠抓矛盾纠纷排查、领导干部接访下访、信访积案攻坚化解、案件督查督办四项工作，制定出台《武城县信访工作责任追究办法》，建立“1+2+X+N”大维稳工作机制，一大批信访积案得以化解，新发生问题得到控制，越级上访起数和人次实现双下降，全县信访形势总体平稳可控。

【公开接访】 每月上、下旬各安排 2-3 名县领导，按分管领域集中公开专题接访。在全国重大活动期间及敏感时期每天组织安排1名县级领导干部公开接访。采取现场督导、通报等方式加大对各镇街区领导干部公开接访工作督导检查力度，坚持“谁接访、谁负责”“谁包案、谁负责”，直至“案结事了”。2017年，县级领导公开接访51次，参与接访县级领导103人次，接待群众上访114起，办结率100%，结服率82.4%。

2017年7月11日，县委书记张磊公开接访　　（摄影　王振）

【化解信访积案】 开展重复到省进京信访积案集中攻坚化解和信访案件清零百日行动。办理上级信访部门交办信访积案9件，排查信访积案100件。实施领导包案，实地督导，采取通报等措施，督促有关部门开展信访积案集中化解工作，确保有效化解，不再反弹。上级交办的9件信访积案成功化解6件，排查的100件积案全部办结，办结率100%，化解68件。

建立“1+2+X+N”大维稳工作机制。由县委副书记牵头抓总，县委政法委书记和县公安局局长具体负责，分管副县级领导靠上工作，建立村务管理、劳动社保、涉法涉诉、军队退役人员安置和权益保障、应急处置等21个专项工作体系，推动信访维稳工作由维稳处置向矛盾纠纷解决转变。2017年，23件疑难信访案件纳入大维稳机制，化解18件。

【法规宣传】 在5月、12月开展“信访政策法规集中宣传月”活动，共出动宣传车6台次，举办信访知识培训班3次，发放信访法规明白纸、布袋书500份，设置信访知识宣传图版300余块，引导信访群众依法按政策维护自身合法权益。

（王　振）

老干部工作

【落实老干部待遇】 县委、县政府领导经常走访老干部，指导各职能部门提升服务保障水平，让老干部在政治上有荣誉感、组织上有归属感、生活上有幸福感。注重在政治上关怀。认真落实好老干部各项政治待遇，坚持阅读报刊、情况通报、参加重大活动、参观考察等工作制度。注重在生活上关怀。完善离休干部“三个机制”建设，在确保离休费及时足额发放的基础上，及时按规定为全县老干部进行正常增资。对老干部的护理费、抚恤金、丧葬费、遗属补助等各项待遇，全部按照最新标准及时兑现。注重在精神上关怀。坚持老干部生病住院必到、生日喜庆必到、逝世吊唁必到、遇重大变故必到，定期进行走访慰问，对生活困难的离休干部遗属进行帮扶救助。

【抓好老干部党建】 注重离退休干部党组织建

设，把支部建在老年社团协会，全县规范建立单位离退休干部党支部27个、老年社团协会党支部6个。注重支部班子建设，选好党支部班子成员。全年举办党支部书记培训班2期，共培训120余人次。县委组织部制定印发《关于进一步规范全县离退休干部党支部（党总支）建设的实施意见》，明确细化18条意见，指导全县离退休干部党建工作规范发展。以每月“党员固定活动日”为载体，逐步加强和规范离退休干部党内政治生活，努力使离退休干部党员始终处于党组织的教育管理服务之中。抓好离退休干部思想政治建设。坚持以理想信念、党性教育为重点，畅通老干部参与政治、社会活动渠道，在“两学一做”学习教育中，开展送党徽、送党章、送讲话读本的“送学上门”活动。紧扣喜迎十九大胜利召开主题，开展“展望十九大”“建言十九大”“我看十九大”“畅谈十九大”系列活动，保障老干部离岗不离党、退休不褪色，成为巩固党的执政地位、维护社会和谐稳定的“压舱石”。

2017年6月28日，“齐鲁夕阳红 五彩中国梦”暨“晚霞映贝州 喜迎十九大”文艺展演决赛　（摄影　刘明）

【引导老干部文化养老】 将文化养老工作纳入县委离退休干部工作领导小组重要职责，协调成员单位结合各自职能，建立资源共享、扶持激励、宣传引导的工作机制。通过提供必要的场地、设施和经费，鼓励引导广大老干部、老年人通过“唱、写、讲、展、赛、送、传”等各种形式，积极参与文化活动。采取更新教学活动设施、加强管理等措施，逐步把县老干部活动中心打造成为老干部学习的园地、活动的摇篮、才华展示的平台、发挥作用的载体。2017年，先后举办庆“五一”老干部乒乓球、台球比赛，“欢庆七一·喜迎十九大”京剧演唱会等活动，开办夏季养生、太极拳、舞蹈、书画、音乐等培训班。引导全县38个老年文化社团、3500多名会员积极参与文化养老工作，重点开展“齐鲁夕阳红，五彩中国梦”暨“晚霞映贝州，喜迎十九大”大型文艺展演活动，筹措社会资金10万余元，活动范围覆盖全县所有老年文化社团，各种参赛文艺节目300余个，参赛人数达2200余人。6月28日在升平广场举办决赛。

【发挥老干部作用】 2017年，全县老干部在主导产业开发、经济结构调整、创新社会管理、创建卫生城市、环境保护、棚户区改造等方面积极建言献策，共提出各种合理化建议200余条。支持鼓励广大老干部心系社会，退而不休，开展各种志愿服务活动。全县共有各种类型的老干部志愿服务组织20余个，队员2500余人。县运河老年艺术团被评为“山东省最美老干部志愿服务组织”。引导老干部关心下一代。全县建立基层关工委组织338个，组建“五老”志愿宣讲团、才艺指导团、慈善服务团等志愿服务队6个，开展争当义务网格员、廉洁家风伴成长、庆“六一”家庭教育公益讲座、庆“七一”党在我心中征文等一系列活动，促进青少年的健康成长。

（刘　明）

党史研究

【资料征编】开展“社会主义建设时期县委书记口述历史”征编工作，对社会主义建设时期历任县委书记的现状进行调查，通过到档案部门查阅相关历史档案和资料，收集整理历任县委书记讲话稿120篇。

【党史教育】在全县中小学校组织开展“党在我心中”主题征文比赛活动，收到参评征文1500余篇，评选出获奖作品54件，优秀教师8名、优秀组织奖10个，6月30日举行颁奖典礼，并在《武城时报》刊登优秀作品。县党史史志办公室被市关工委、市委党史研究室、市教育局联合授予“党在我心中”征文比赛优秀组织奖。

2017年6月30日，市委党史研究室主任李士新、县委书记张磊为市级党史教育基地揭牌　（供稿　县党史史志办）

【场馆建设】组织申报市级党史教育基地，县党员干部党性教育基地、县烈士陵园被市委党史研究室命名为“德州市党史教育基地”。6月30日，在县烈士陵园举行纪念建党96周年暨武城县市级党史教育基地揭牌仪式，市委党史研究室主任李士新、县委书记张磊为市级党史教育基地揭牌，全县各镇街、县直部门分管负责人70余人参加活动。

（石继凯）

县委党校工作

【干部培训】2017年，举办各类培训班次13期，培训干部1969人次。其中“全县科级干部学习贯彻十八届六中全会精神及素质提升培训班”3期677人，“县直机关预备党员培训班”1期39人，“县直机关入党积极分子培训班”2期110人，“全县党外人士培训班”1期52人，“全县中青年干部培训班”1期46人，“全县政法综治干部培训班”1期59人，“全县团干部培训班”1期60人，“全县宣传干部培训班”1期60人，“全县党的十九大精神专题学习班”2期863人，培训规模创历年最高水平。在教学课题设置上，突出党的理论教育和党性教育，将习近平新时代中国特色社会主义思想、十九大精神、党章党规党纪、法治教育、反腐倡廉等内容贯穿所有培训班次中，达到中央规定的培训总课时 70% 以上的占比。所有班次都安排学员到孔繁森纪念馆或冀鲁边革命纪念馆、县警示教育基地等地进行党性教育，强化学员的党性锻炼。坚持走高端培训的路子，先后邀请省市县专家教授 67 人次到主体班次授课。县委、县政府主要领导带头到党校讲党课，县领导共计到党校讲党课达 26 人次。

2017 年 4 月 11 日，县委党校 2017 年春季开学典礼举行
（供稿　县委党校）

【政策宣讲】 发挥好理论优势，及时准确解读中央大政方针和县委决策部署，展现党校的思想、立场、声音。参加县委组织的“喜迎十九大、永远跟党走”“党的十九大精神”宣讲活动，10 名教师被选为宣讲团成员，共开展宣讲 36 场次，直接受众近 3600 人；到镇街区及部分部门单位，开展上门送课活动 26 场次，培训干部群众 3000 余人。

【课题调研】 1 项课题被确定为“全省党校系统科研课题”。在 5 月举办的“全市优秀科研成果评选”活动中，6 名教师获奖。其中，一等奖 2 名，二等奖 4 人，位列全市县级党校第一名。4 项成果获德州市社科联第三十次社会科学优秀成果奖。全省党校系统十九大精神专项研究 13 篇立项，党校教师在各级刊物发表论文、调研报告 30 余篇。县委党校科研工作在全市综合评估中，位列全市县市区党校第一名。

【队伍建设】 分 3 批次组织 18 人次，到省内的沂源、寿光、青州、肥城、滕州、莒县、蓬莱、牟平、乳山、环翠区、即墨、莱西、东平等 13 所党校学习“取经”，安排教师到上级党校跟班听课学习 110 人次，参加各级各类培训班次学习 27 人次。1 名教师获“全省党校系统优秀教学奖”，1 名教师被表彰为“山东省党校系统优秀教师”，1 名教师被表彰为“山东省党校系统优秀教育工作者”，1 名教师被表彰为“山东省最美志愿者”。教师接受德州电视台、武城电视台等媒体采访 12 次，在电视媒体录播“国学讲堂”“走访”等节目 4 期，在县市获各种奖项 26 人次。2017 年，县委党校被表彰为“德州市文明单位”“德州市先进党校”“德州市优秀社会科学普及基地”“全县理论学习先进单位”等荣誉称号，获全市县市区党校“办学质量综合评估”一等奖。

【基层党校建设】 在镇街、社区建设分校 21 所，开展习近平新时代中国特色社会主义思想和党的十九大精神的学习宣传，实现县委党校与镇级社区基层党校培训计划、培训内容上下衔接、协同推进，实现党员进党校常态化、制度化。

（王会星）

武城县人民代表大会常务委员会

【重要会议】 武城县第十七届人民代表大会第一次会议　1月15—18日，武城县第十七届人民代表大会第一次会议召开，会议听取和审议县人大常委会、县人民政府、县人民法院、县人民检察院工作报告；审查、批准武城县2016年国民经济和社会发展计划执行情况的报告与2017年计划；审查武城县2016年预算执行情况的报告和2017年预算草案，批准武城县2016年预算执行情况的报告和2017年县级预算。代表对各项工作报告进行认真审议，并提出意见建议。会议依法选举出县人大常委会主任、副主任、委员，县人民代表大会各专门委员会主任委员、副主任委员、委员，县人民政府县长、副县长，县人民法院院长、人民检察院检察长，以及出席德州市第十八届人民代表大会的代表。

县十七届人大常委会第一次会议　3月15日，县十七届人大常委会第一次会议召开。会议进行人事任免事项，县人大常委会主任会议、县人民政府分别提出关于相关工作人员任免职的议案，部分被任命人员作供职报告，常委会组成人员分别对拟任命人员进行投票表决。县人大常委会主任王英华向被任命人员颁发任命书。会议还依法表决通过县十七届人大常委会代表资格审查委员会名单（草案），推选2017年向县人大常委会报告工作并接受满意度测评的部门。被任命人员依法参加向宪法宣誓仪式。

县十七届人大常委会第二次会议　3月31日，县十七届人大常委会第二次会议召开。会议听取县政府关于产城融合推进就地城镇化、经济开发区2017年工作计划安排、产业发展和企业培植计划安排、城建重点项目及城乡公路交通等基础设施建设项目计划安排四个专项工作报告，部分委员对以上报告进行审议发言，县人大常委会副主任贾保华、孙玉民分别作综合审议发言。县政府副县长韩以广作表态发言。会议还审议通过《武城县人民代表大会常务委员会专题询问工作办法（草案）》。

县十七届人大常委会第三次会议　5月19日，县十七届人大常委会第三次会议召开。会议听取县政府关于公立医院改革进展情况、食品药品监督管理、水利基础设施建设、农村土地流转四个专项工作报告，部分委员对以上报告进行审议发言，县人大常委会副主任张玉清、袁长霞分别作综合审议发言。会议听取县人民法院《关于对首批员额法官备案的情况说明》《关于对首批法官遴选未入额法官报告的情况说明》和县人民检察院《关于对首批员额检察官备案的情况说明》《关于对首批检察官遴选未入额检察官报告的情况说明》。会议还审议通过《武城县人民代表大会常务委员会议事规则》和《武城县人大常委会关于加强自身建设的意见》，进行人事任免。

县十七届人大常委会第四次会议　7月31日，县十七届人大常委会第四次会议召开。会议听取县政府关于2017年上半年国民经济和社会发展计划执行情况、2016年财政决算和2017年上半年财政预算执行情况、2016年财政预算执行和其他财政收支审计情况等三个报告，部分委员对以上报告进行审议发言，县人大常委会副主任孙玉民作综合审议发言，副县长孙旭红作了表态发言。会议还进行人事任免事项，县人大常委主任王英华向被任命人员颁发任命书。被任命人员依法参加向宪法宣誓仪式。

县十七届人大常委会第五次会议　9月30日，县十七届人大常委会第五次会议召开。会议听取县政府刑侦、行政监察，县法院执行，县检察院侦查监督，县交警队交通事故处理等五个工作报告，部分委员对以上报告进行审议发言，县人大常委会副主任张玉清作综合审议发言。县政府副县长、公安局局长王国琦作表态发言。会议审议通过《武城县人大常委会关于进一步加强人民法院执行工作的决议（草案）》和《武城县人大常委会关于实行重点案件备案的意见（草案）》。会议通过人事任免事项，县人大常委会主任王英华向被任命人员颁发任命书。被任命人员依法参加向宪法宣誓仪式。

县十七届人大常委会第六次会议　10月20日，县十七届人大常委会第六次会议召开。会议听取2017年向县人大常委会报告工作并接受满意度测评11个部门的工作报告。常委会组成人员根据部门报告、视察和平时了解的情况，进行投票测评，并现场公布测评结果。

县人大常委会召开水资源保护与饮水安全专题询问会议　11月1日，县人大常委会召开水资源保护与饮水安全专题询问会议。会议听取县政府关于全县水资源保护与饮水安全工作情况的报告，县人大常委会组成人员，部分市、县人大代表就全县水资源保护与饮水安全工作中不清楚、不理解和社会关注高、反映强烈的问题积极主动、畅所欲言的提出询问；相关部门负责人态度诚恳、实事求是的给予一一答复。韩以广代表县政府作表态发言。

县十七届人大常委会第七次会议　12月15日，县十七届人大常委会第七次会议召开。会议听取县政府关于全县环境状况和环境保护目标完成情况、2016年度县级预算执行和其他财政收支审计查出问题整改情况、代表建议办理情况三项工作报告，书面印发《〈关于武城县2016年县级预算执行和其他财政收支审计查出问题整改情况〉的初步审查意见》。部分委员对以上报告进行审议发言，县人大常委会副主任贾保华、孙玉民、丰文茂分别作综合审议发言。县政府副县长孙旭红作表态发言。会议听取部分驻武市人大代表的述职报告，并进行测评，进行人事任免事项。

【依法监督】　全县重点工作监督。听取审议产业发展、企业培植和经济开发区建设情况报告，对玲珑二期扩产、耀盛光伏电站等全县工业项目、招商引资工作进行视察，提出意见建议20余条，支持县政府科学制定产业发展规划，落实“向产业进军”措施，倾力培植古贝春、玲珑、水星集团等立县企业，大力扶持中椒英潮、龙祥公司等骨干企业，促进全县优势企业与央企合作，推动经济高质量增长；支持县政府完善开发区总体规划和控制性详细规划，加大基础设施建设力度，优化管理体制，推进“区政合一”。听取审议城建重点项目及城乡公路建设情况报告，对棚户区改造拆迁建设、赵庄沟黑臭水体治理、宏海路南环路升级及全县电力建设情况进行视察，推动城建交通公路重点项目顺利实施。

计划和预算决算审查监督。听取审议国

民经济和社会发展计划、预算执行和审计工作情况报告，审查批准决算和预算调整方案，制定《关于改进审计工作情况及审计查出问题整改情况向县人大常委会报告机制的有关意见》，建议完善政府预算管理体系，加强政府性债务管理，整改审计查出问题。县政府向县十七届人大常委会第七次会议就审计查出问题整改情况作出报告，各被审计单位整改问题金额3.1亿元，挽回和避免损失1971万元，根据审计建议制定完善规章制度15项。

保障和改善民生监督。听取审议县级公立医院综合改革进展情况报告，建议县政府加大“医疗、医保、医药”三医联动改革，增加财政预算投入，完善医疗卫生服务体系。听取审议全县食品药品监督管理情况报告，督促县政府加大幼儿园、学校等集中用餐单位问题整改力度，加强监管体制和能力建设，确保人民群众“舌尖上的安全”。听取审议县政府关于2017年环境状况和环境保护目标完成情况报告，支持县政府加大“散乱污”企业整治力度，健全环保长效机制，提高执法队伍素质能力，坚决打赢环境治理攻坚战。听取审议解决全县教育“大班额”问题情况报告，对全县教育改薄、精准扶贫等工作进行视察，提出意见建议10余条，并督促整改落实。

农业农村改革监督。听取审议就地城镇化试点工作情况报告，推动县政府围绕“离得开、进得来、留得住、过得好”关键环节，加快推进“两区同建”步伐和农业转移人口市民化进程。听取审议全县农村土地流转情况报告，支持县政府积极探索农村土地“三权”分置实现形式，健全农业社会化服务体系，培育新型农业经营主体，实现小农户和现代农业发展有机衔接。听取审议全县水利基础设施建设情况报告，建议县政府加大资金保障力度，加快推进河长制工作，发挥水务、国土、发改等部门资金的综合效益，确保水利工程建得成、管得好、长受益，推进“全县水利一盘棋”良性发展。

执法司法监督。听取审议县政府关于刑侦、行政监察和县法院执行、县检察院侦查监督、县交警队交通事故处理等情况报告，开展《土地管理法》执法检查，对天网工程建设情况进行视察，督促审议意见落实，推动“一府两院”提高执法、司法水平。做好规范性文件备案审查工作，接收县政府规范性文件5件。做好重点案件备案工作，审议通过《武城县人大常委会关于实行重点案件备案的意见》，接收报备重点案件47件。

信访工作监督。准确把握人大信访工作定位，围绕密切联系群众、化解社会矛盾、促进和谐稳定，制定《关于切实做好人民群众来信来访工作的意见》，加强人大信访队伍和网络建设，建立健全镇街区民情民意联络室，发挥人大代表根植人民、来自基层的优势，畅通人民群众诉求表达渠道，为党的十九大胜利召开和全县稳定大局做出应有贡献，工作成效和经验做法得到省市人大有关领导的肯定，全市人大信访工作现场会在武城县召开，武城县作《多渠道联系群众，全方位履职尽责，着力构建人大信访工作新机制》的典型发言。

完善监督方式方法。专题询问是地方人大完善监督方式、增强监督实效的重要形式。常委会出台《武城县人大常委会专题询问工作办法》，对询问议题、询问内容和实施程序进行规范，依法开展水资源管理与饮水安全专题询问。为确保专题询问取得实效，制定工作方案，成立领导小组，开展专题讲座和视察调研，组织常委会组成人员认真学习有关法律法规，向社会各界征集询问问题，做到询问工作准备充分、询问问题抓住重点，围绕县委关心、群众关注的建设第二水源地、提高供水质量、发挥建德水库效益、巩固黑臭水体治理成果、有序利用地热资源、加强农业面源污染治理等提出问题24个，从落实最严格的水资源保护制度、加强饮用水源的开发保护等方面提出审议意见13条。组织县级人大代表对113个政府部门、垂直管理部门和窗口服务单位的评议。完善“测评票决”监督机制，对11个政府部门开展满意度测评，县委书记张磊同志对测评结果作出批示。

【代表工作】 积极为代表履职创造条件。围绕提高代表综合素质和履职能力，邀请市人大有关领导和全国人大代表焦文玉，对新一届市县人大代表进行专题培训。建立市县镇三级代表活动小组，完善小组活动意见，加强小组活动指导。组织代表列席常委会会议，邀请市县人大代表参加视察调研、执法检查40余次。

增强代表建议办理实效。适应新形势，加强代表建议办理力度，落实常委会组成人员、人大代表、承办单位负责人“三方见面”代表建议办理机制，县十七届人大一次会议的138件建议全部办复。不断强化常委会领导、县政府领导、承办单位负责人“三方参与”重点建议办理模式，对重点建议跟踪督办、视察推动，促进赵庄沟景观治理、完善古贝春大街建设等10条重点建议加快落实。

提升代表履职热情。健全完善常委会组成人员与代表面对面交流机制，常委会各主任分团召开座谈会20余次，通报常委会工作情况、听取代表意见建议，围绕常委会工作重点、政府部门满意度测评及“一府两院”工作征集建议50余条。按照市人大的要求，组织驻武市人大代表以加快新旧动能转换、促进经济转型升级为主题到夏津进行跨区域调研。开展代表向选举单位述职活动，5名市人大代表向县人大常委会述职，并进行满意度测评。

加强对基层人大工作的指导。年初召开镇街区人大工作座谈会，修订完善基层人大工作目标考核办法，建立健全主席团会议制度、人大信访制度、代表活动制度等8项制度，完善配备主席团办公室、档案室、民情民意联络室和人大工作公开栏，按照“六有”标准建设代表活动室，现场观摩基层人大建设情况，基层人大基础建设实现历史性突破，省市人大领导实地调研后给予高度评价。

【自身建设】 围绕加强自身建设，制定《武城县人大常委会关于加强自身建设的意见》，围绕提高活动质量，制定《武城县人大常委会党组议事规则》《武城县人民代表大会常务委员会议事规则》《武城县人大常委会主任会议议事规则》，完善了人大机关学习、考勤、会务、财务等管理制度。

围绕深化教育体制改革、农村土地流转、城市规划建设管理、汽车零部件产业发展和全县旅游发展情况开展专题调研活动，形成5篇调研报告。其中《关于发掘运河文化、提升四女寺风景区建设内涵、促进协同发展先行区建设的调查与思考》，以“加快对接德州、推进协同发展”为主题，以推动全县旅游业做大做强为重点，提出科学制定规划、提升生态环境、发掘运河文化、完善旅游要素、加快项目建设5项对策建议，县委书记张磊同志作出批示。

提升队伍整体素质。坚持常委会组成人员“专题讲座”学习制度，举办食品药品安全监管、水资源管理等5期专题讲座。组织常委会、专委会及人大机关有关人员和镇街区人大主席、主任40人，由常委会副主任带队，分三期赴小汤山全国人大培训基地，进行人大制度与人大工作、地方组织法和地方人大工作业务培训，提高整体素质和业务能力。

加强宣传工作。在市级以上报刊、网站等媒介发表稿件70余篇。在2017年省、市人大系统优秀调研论文评选活动中获得全市优秀组织奖，县人大参评的《讨论决定重大事项制度研究》获全省三等奖、全市一等奖，《关于加强乡镇人大工作和建设问题的调查与思考》获全市二等奖。

【人事任免】 3月15日，武城县第十七届人民代表大会常务委员会第一次会议，根据武城县人民代表大会常务委员会主任会议的提请，决定任命孔春华为武城县人大常委会办公室主任。免去尹光波武城县人大常委会办公室主任职务。根据武城县人民政府县长朱恩鹤的提请，决定任命于恩峰为武城县人民政府办公室主任；徐宝勇为武城县人民政府法制办公室主任；徐金海为武城县民族宗教事务管理局局长；沙汉斌为武城县发展和改革局局长；杨传辉为武城县经济和信息化局局长；张君为武城县商务局局长；范福亮为武城县卫生和计划生育局局长；张义忠为武城县教育局局长；高洪岩为武城县科学技术局局长；孙国春为武城县民政局局长；王国琦为武城县公安局局长；王兆林为武城县监察局局长；卢宝利为武城县司法局局长；陈勇为武城县人力资源和社会保障局局长；王洪胜为武城县财政局局长；殷庆利为武城县审计局局长；赵子坡为武城县统计局局长；曲哲为武城县国土资源局局长；朱振东为武城县建设委员会主任；刘建岭为武城县规划局局长；徐卫东为武城县交通运输局局长；张学丰为武城县农业局局长；王献峰为武城县林业局局长；于宝勇为武城县水务局局长；杜惠来为武城县文体广电新闻出版局局长；尹光波为武城县安全生产监督管理局局长；王春林为武城县食品药品监督管理局局长；殷拥军为武城县工商行政管理局局长；王德星为武城县质量技术监督局局长。

5月19日，武城县第十七届人民代表大会常务委员会第三次会议，根据武城县人民法院院长陈晓静的提请，决定任命王建奎为武城县人民法院民事审判第三庭庭长；张立慧为武城县人民法院民事审判第四庭庭长；史华芬为武城县人民法院速裁庭庭长；张汉军为武城县人民法院立案庭副庭长；王庆文为武城县人民法院速裁庭副庭长；王玉祥为武城县人民法院民事审判第三庭副庭长；孙淑英为武城县人民法院立案信访庭副庭长；李文桥为武城县人民法院少年审判庭副庭长；吕莹为武城县人民法院家事审判庭副庭长；于晓燕为武城县人民法院审判员、执行审查庭副庭长；于树剑为武城县人民法院审判员、民事审判二庭副庭长；修凤青、祖振、宋薇、王长兴为武城县人民法院审判员。免去王建奎的县直人民法庭庭长职务；张立慧的郝王庄人民法庭庭长职务；史华芬的立案审查庭庭长职务；张汉军的立案信访庭副庭长职务；王庆文的立案审查庭副庭长职务；王玉祥的县直人民法庭副庭长职务；高振礼的少年审判庭庭长职务；孙淑英的刑事审判庭副庭长职务；李文桥的民事审判一庭副庭长职务；吕莹的行政审判庭副庭长职务；王可的武城县人民法院审判员职务。根据武城县人民法院院长陈晓静的提请，决定任命王俊红、于邦雨、于华亮、宋霄澎、韩金辉、高振方、桑树娥、程朋、李希君、吴兴邦、杜国英、孙太仲、徐宝成、张秀英、康晶、赵爱荣为武城县人民法院人民陪审员。免去林红昕、任卫兵、刘宝莲、许东菊、张进鲁、张心颖、郭保军、王淑军、邴杰、房志毅、秦风军、赵勇、任洪涛、陈锋、刘宝田、李真、罗明生、李丛丛、王广东、丁宝敏、李倩、孔令山、张景东、裴洪儒、孙成志、程晓、李素文、管宝军、陈树立、房志军、陈秀德、刘军胜、王洪坤、牟永刚、张传彬的武城县人民法院人民陪审员职务。根据武城县人民检察院检察长智广的提请，决定免去王立华的武城县人民检察院检察员职务。

7月31日，武城县第十七届人民代表大会常务委员会第四次会议，根据武城县人民代表大会常务委员会主任会议的提请，决定任命刘桂琴为武城县人大常委会信访室副主任。根据武城县人民政府县长朱恩鹤的提请，决定任命于恩峰兼任武城县人民政府法制办公室主任；祖全奎为武城县商务局局长；于宝勇为武城县建设委员会主任；王献峰为武城县水务局局长。免去徐宝勇的武城县法制局局长、武城县人民政府法制办公室主任职务；张君的武城县商务局局长职务；朱振东的武城县建设委员会主任职务；王献峰的武城县林业局局长职务；于宝勇的武城县水务局局长职务。

9月30日，武城县第十七届人民代表大会常务委员会第五次会议，根据武城县人民代表大会常务委员会主任会议的提请，决定任命王德明为武城县人大常委会城建环保工作委员会副主任；孟祥军为武城县人大常委会财政经济工作委员会副主任。免去张鹏祥的武城县人大常委会财政经济工作委员会主任职务。根据武城县人民政府县长朱恩鹤的提请，决定任命张学丰为武城县农林局局长。免去张学丰的武城县农业局局长职务。

12月15日，武城县第十七届人民代表大会常务委员会第七次会议，根据武城县人民政府县长朱恩鹤的提请，决定任命于泽庭挂任武城县人民政府科技副县长（时间一年）。免去高洪岩的武城县科学技术局局长职务。根据武城县人民法院院长陈晓静的提请，决定免去李文桥的武城县人民法院少年审判庭副庭长职务；吕莹的武城县人民法院家事审判庭副庭长职务；闫秀生的武城县人民法院审判员职务；邴妍的武城县人民法院审判员职务。

（李　川）

武城县人民政府

施政综述

【经济发展】 经济保持平稳增长，发展质效不断提升。地区生产总值迈上200亿元台阶，增长7.2%。固定资产投资增长8%。社会消费品零售总额增长10%。外经贸工作实现重大突破，进出口总额增长5.2倍，增幅全市第一。一般公共预算收入完成8.53亿元，可比增长10%，财政收入质量实现实质性提升。三次产业比例调整为 11.7:50:38.3，三产占比较年初提高 0.5 个百分点，产业结构持续优化。发展成果最大限度惠及民生。民生支出占一般公共预算支出的 82%。城镇和农村居民人均可支配收入分别增长 8.5% 和 8.8%，高于经济增速 1.3 和 1.6 个百分点。居民人均储蓄达到 36465 元，居全市第 2 位。

【改革开放】 推进供给侧结构性改革，新旧动能实现接续转换。围绕解决“供给结构失衡、经济总量太小”两个突出问题，大力实施新旧动能转换重大工程，系统用好“加减乘除法”。

优质投入“加”出新支撑。全面打响“向产业进军”重大战役，深入推进新材料（玻璃钢）产业拓展、新能源空调产业整合、汽车及汽车零部件产业合作发展“三大工程”。高新技术投资增长 27%，居全市第 3 位。龙祥公司桥梁支座智能制造、陈氏集团高档汽车内饰件等 58 个重点技改项目扎实推进。玲珑公司半钢子午线轮胎二期项目竣工投产，销售收入增长 40%，成为全国轮胎行业逆势上扬的典范。古贝春集团、水星集团与央企名企合作稳步推进。水星天元公司、中椒英潮公司、凯地兰公司等企业上市挂牌工作有序开展。创新“699”招商模式，新上产业项目 31 个，新动能公司水氢发电机等项目建设稳步推进，双一科技复合材料制品等一批重点项目建成投产。全国单体规模最大的耀盛农业科技大棚光伏电站项目实现并网发电，连续 20 年每年从分红中拿出 1050 万元专项用于扶贫。

淘汰落后产能“减”出新动能。全县规模以上工业企业煤炭消费量下降 10.2%。万元 GDP 能耗下降 7%，超额完成市定任务。将环保整治作为助推产业转型的重大历史机遇，坚持疏堵结合、分类施策，整治关停“散乱污”企业 1444 家，开启“共享工厂”武城模式，800 余家小微企业实现蝶变重生，新旧动能加速转换，产业发展焕发出蓬勃生机和强大活力。新能源空调产业用电量增长 22%，税收增长 39.3%。作为整治重点的鲁权屯镇实现税收 2 亿元，增长 26.9%，被评为全市唯一的 2017 年山东特色产业镇动能转换 20 强。市委、市政府主要领导对武城县做法给予充分肯定，《中国环境报》、省电视台进行报道。

创新驱动“乘”出新引擎。坚持以科技创新为引领推进企业协同创新，形成一批具有自主知识产权和行业话语权的科技创新企业。新增市级以上高新技术企业 6 家、研发平台 15 个，获专利授权 151 件。奥博公司成为国内唯一生产高端系列精密过滤装置的企业。丰神农机公司“立式割台”项目入围全省重大科技创新工程。成功举办“才聚贝州·智汇武城”创新创业对接推介会，与山东大学建立全面深化合作关系，全年引进中科院“百人计划”专家等高层次人才 18 名，聘请 6 位行业专家担任政府顾问。高新技术产业产值占比达到 44.5%，居全市首位。

创优服务“除”出新环境。坚持把提升服务能力和优化政务环境作为重点，努力扫除影响发展的一切障碍。深入推进“放管服”改革，取消、调整权力事项 44 项，推出“零跑腿”“只跑一次”事项 165 项。政务大厅增设窗口 48 个，492 项公共服务事项实现上网运行。坚持事要解决原则，对遗留问题不回避、不推脱，帮助企业解决立项、环评、资质等遗留问题 1341 个，使企业甩掉包袱、轻装上阵。

稳步推进重点改革，内生动力不断激发。深入实施国家级、省级改革试点 12 项，创造出一批武城经验、武城模式。省委深改办向中央深改办上报的两批共29个改革典型案例中，每批均有1个武城案例，为全省唯一。投融资体制改革扎实推进。组建山东舜华建设集团有限公司，搭建起市场化的国有资本运营平台，破解影响发展的工具制约。大力拓展新型合作发展方式，与国实集团、赛伯乐公司、鼎泰投融资公司等社会资本的对接合作稳步推进。积极盘活国有闲置资产，为后续发展拓展空间。盘活齐鲁职业学院、水星集团国有股权等国有资产，龙禧家园保障房盘活等工作扎实推进，释放国有资本运营潜力。着力解决历史遗留问题，为后续发展扫除障碍。果里社区沿街商铺、梁庄社区完成分配安置，部分商业住宅小区不动产证办理问题得到有效解决，凤凰台社区保障房分配等工作有序推进。农业农村改革走在全省前列。扎实推进就地城镇化试点工作，户籍人口城镇化率达到51.97%，全省推进农业转移人口市民化现场会在武城县召开。全国农村承包土地经营权抵押贷款试点工作成效突出，完成抵押贷款11.08亿元，居全省首位。农村产权“大数据”共享、土地托管经营模式被新华社、人民日报、中央电视台等国家级媒体宣传报道。新注册家庭农场50家、农民合作社179家。农村党支部领办创办土地股份合作社40家，涉及农户2476户。农业绿色发展方式加快推进，3家企业入选全市首批“放心农场”，李家户镇被评为省级生态循环农业示范园区。新增“三品一标”认证产品17个，认证面积11.6万亩。其他重点领域改革稳步实施。公立医院全部取消药品加成，群众看病负担进一步减轻。综合行政执法体制改革全面推进。家事审判“武城模式”走进央视《法治中国说》栏目，工作经验全国推广。未成年人保护一体化工作成为全国典型，全国未成年人保护多部门联动机制研讨会在武城县召开。

2017年3月30日至31日，全省推进农业转移人口市民化现场会召开　　（供稿　武城时报）

【城乡建设】 城乡规划体系日趋完备。《城市总体规划》实施评估报告及纲要通过省住建厅评审，城区管线综合规划及水系、绿地等专项规划完成成果编制，鲁权屯镇、四女寺镇总体规划形成初步成果，覆盖城乡的规划体系正在逐步建立。重点工程建设成效明显。棚户区改造工程。坚持公开公平公正，一把尺子量到底，五大片区棚改工程完成拆迁3785户。坚持群众利益至上，把最好的地段用于安置，把最好的环境留给群众，开工安置楼96万平方米，赢得广大拆迁户的拥护和支持。公共设施完善工程。坚持民生优先理念，新设卫生服务站3处，有效满足周边2.2万名群众基本医疗服务需求。完成升平广场、弦歌湖公园升级改造，德百集团商

赵庄沟黑臭水体综合治理工程　　　　　　　　(供稿　武城时报)

业综合体主体工程基本完工，城市功能更加完善。水系景观工程。畅通城市地下管网和供排水体系，改造雨污管网42公里。赵庄沟黑臭水体综合治理全面完工，昔日的臭水沟变为靓丽的风景带；姜庄沟、利城河综合治理项目扎实推进，一幅“水润武城”的美丽画卷即将绘就。城区道路工程。投资1.5亿元的南环路竣工通车，北方街、西环路改造工程顺利推进。高标准实施宏海路绿化升级工程，树立起城建工程标准化、规范化施工的样板。完成古贝春大街西展路面改造工程，构建起城区连接高速公路的快速通道。绿化美化工程。治理裸露土地14万平方米，种植花卉苗木15.3万棵。高速公路及省道沿线大型广告牌匾清理任务全部完成，净化视觉空间。管理提升工程。整治乱停乱放、露天烧烤、违法建设等行为，城市变得更加文明、整洁、有序，成功创建省级文明县城，顺利通过省级卫生县城复审。扎实开展政府投资项目“回头看”活动，对发现的问题全面整改、严肃问责，坚决保证工程质量。镇村建设统筹推进。实施农村无害化卫生厕所改造38458户，累计4.8万户群众受益，三年任务两年提前超额完成。250户农村危房实现应改尽改。辣椒小镇入选山东省特色小镇，四女寺运河孝德古镇跻身德州市特色小镇行列。新建改建县乡道路12千米、村级公路185千米，群众出行更加安全便捷。

【社会民生】 严守生态底线。建立“1+13”工作体系，创新党政领导现场督办、环保督查专员工作机制，55家企业完成挥发性有机物治理，无震荡关搬改畜禽养殖场947家，在全市率先完成清洁煤推广任务，错峰生产“五步工作法”全市推广。完成“气代煤”改造4925户，高标准通过国家和省级检查验收，得到上级充分肯定。建立县镇村三级河长体系，“清河行动”治理任务基本完成。植树造林1.3万亩。空气质量明显改善，NO_2、PM2.5、PM10分别改善10%、19.1%和17.1%，雾霾天气大幅减少，蓝天白云成为常态。严守安全底线。深入开展“大快严”集中行动，扎实推进风险分级管控和隐患排查治理“两个体系”建设，全县安全生产形势持续稳定，受到省政府安委会巡查组高度评价。在全市率先完成基层食药所标准化建设，食药安全监管能力明显提升。建立农产品质量安全“四大体系”，省级农产品质量安全县创建工作稳步推进。严守维稳底线。创新建立“1+2+X+N”大维稳工作机制，深入开展信访案件百日清零系列行动，全面推行城乡网格化管理，认真落实县级领导公开接访等制度，用心妥善处置各项信访问题。扎实开展公安基层基础建设三年攻坚行动，德上高速武城公安检查站当年建设当年投入使用。启动战时会商机制，成立工作专班，圆满完成十九大各项安保维稳任务。严守金融底线。建立金融风险预警机制，大力开展“破圈断链”行动，利用过桥续贷、担保增信等方式，帮扶企业融资17.1亿元；化解9家企业担保贷款风险2.79亿元，打包核销8家企业不良贷款5997万元，果断成功化解1起重大金融风险隐患，有力维护全县金融稳定。

全力补齐民生短板，民生福祉持续增进。把脱贫攻坚作为头等大事、第一民生工程，实施产业扶贫项目32个，全年脱贫6848人，38个重点村全部摘帽。在全省率先探索产业扶贫资金所有权、收益权、经营权“三权分置”模式，受到省扶贫部门高度认可。扶贫公路建设工作居全省28个省派第一书记县首位。建立社会大救助体系，救助重特大病患者839人次，发放医疗救助金125.3万元；为6754名困难学生发放助学金728.5万元。饱和式投入6.94亿元实施“全面改薄”和解决“大班额”工程，交付使用校舍工程38处，新招聘教师300名，顺利通过国家义务教育发展基本均衡县验收。投资7000余万元实施武城二中改造提升工程，学校面貌焕然一新。一次性解决教师职称评聘问题，极大激发全县教师的工作热情。武城县被评为山东省医养结合示范县、国家老龄健康服务能力建设试点县。退役士兵安置和权益保障政策全部落实。基层武装部规范化建设成效明显。图书馆通过国家二级馆验收。民兵预备役、双拥共建工作深入开展，妇女儿童、青少年、慈善事业健康发展，应急管理、统计物价、对台事务、民族宗教、史志档案、新闻出版、广播电视等工作取得新成绩。

（陈京京）

县政府常务会议述要

县政府第一次常务会议　1月10日，县委副书记、代县长朱恩鹤主持召开。研究《政府工作报告（讨论稿）》《关于2016年武城县国民经济和社会发展计划执行情况与2017年计划（草案）的报告》《关于武城县2016年预算执行情况和2017年预算草案的报告》修改完善工作，研究解决“大班额”“全面改薄”项目建设工作。

县政府第二次常务会议　2月14日，县委副书记、县长朱恩鹤主持召开。研究部署县政府投资项目工作、全县棚户区改造工作和配合环保部做好2017年第一季度空气质量专项督查暨全县环境保护工作。

县政府第三次常务会议　3月1日，县委副书记、县长朱恩鹤主持召开。会议传达学习市长陈飞在市第十八届人民代表大会第一次会议上所作的《政府工作报告》，对投融资体制改革、支持产业发展等工作进行研究。

县政府第四次常务会议　4月1日，县委副书记、县长朱恩鹤主持召开。研究部署辣椒目标价格保险保费补贴试点、公安派出所规范化建设升级达标、全县安全生产等工作。

县政府第六次常务会议　4月14日，县委副书记、县长朱恩鹤主持召开。研究部署砖瓦窑厂关闭、四女寺镇“美丽乡村·特色小镇”建设等工作。

县政府第七次常务会议　5月15日，县委副书记、县长朱恩鹤主持召开。就社区建设、加油加气站规划建设管理办法等工作进行研究部署。

县政府第八次常务会议　6月16日，县委

副书记、县长朱恩鹤主持召开。研究部署“大快严”集中行动和巡查工作，以及《武城县鼓励支持个体工商户转企业及小微企业规范升级的工作方案》等工作。

县政府第九次常务会议　7月22日，县委副书记、县长朱恩鹤主持召开。就推进全县消防安全、全县农村财务网络公开等工作提出具体要求。

县政府第十一次常务会议　9月5日，县委副书记、县长朱恩鹤主持召开。研究100兆瓦光伏扶贫电站项目建设等工作。

县政府第十二次常务会议　9月15日，县委副书记、县长朱恩鹤主持召开。研究县政府规范性文件清理等工作。

县政府第十四次常务会议　9月30日，县委副书记、县长朱恩鹤主持召开。安排部署全县环保、维稳、安全生产等工作。

县政府第十五次常务会议　10月21日，县委副书记、县长朱恩鹤主持召开。研究部署全县“大救助”体系建设、财税工作、国有投融资建设（集团）公司工作推进、秋冬季大气污染综合治理等事宜。

县政府第十六次常务会议　11月10日，县委副书记、县长朱恩鹤主持召开。会议就粮食安全等工作进行研究部署。

县政府第十七次常务会议　12月11日，县委副书记、县长朱恩鹤主持召开。会议就全县安全生产等工作进行研究部署。

（陈京京）

县政府办公室工作

【政务服务】　强化以文辅政，当好领导的“参谋员”。立足基本点，提高文稿质量。牢固树立精品意识，按照符合上级精神、契合武城实际、体现领导意图的要求，高质量完成领导讲话、工作汇报等各类文稿100余篇。突出关注点，主动开展调研。围绕领导关注的重点、群众关心的热点、工作落实的难点，深入企业、基层开展调研，做到情况实、问题真、建议准。《武城县“共享工厂”模式创新启示》《坚持绿色发展践行群众路线全力解决好群众身边的环保问题》等文章分别在省政府《决策参阅》、市政府《政务通讯》等刊物发表；《关于武城县投融资体制改革工作的调研报告》等三篇调研报告获全市政府系统调研成果一二三等奖。把握着力点，及时上报政务信息。加强对各类信息的甄别和分析，挖掘亮点、汇聚焦点。共编发《武城政务信息》207期，向市政府报送信息1000余篇（条），其中130余篇被国办和省办采纳，成为领导摸实情、做决策的重要依据。

加强沟通调度，当好政府的“协调员”。发挥综合协调作用，正确处理“内与外”“上与下”“急与缓”等各方面关系，保障各项工作衔接有序、高效推进。坚持真督实查，实行“一线工作法”，深入现场实地督导，掌握真实情况，不断加强压力传导；坚持联合督查，与相关职能部门共同开展督查，实现内行人督查内行事，有效提高督查的专业化和准确度。共办理领导批示件900余件，分解立项各类会议、活动督查通知69期。细化会务提质量。强化会前准备、会中服务、会后落实三大环节管理，将每次会务活动的相关材料汇编成册，及时总结推广先进经验和做法，圆满完成全省推进农业转移人口市民化现场会、全市协同发展督查评议等重要会务活动。完善平台促公开。扎实做好县政府网站整合工作，打造更加全面、权威、及时的政务信息公开平台，切实保障群众的知情权、监督权和参与权。

树牢宗旨意识，当好群众的“服务员”。积极帮扶联系村庄，多次安排办公室工作人员进村入户走访慰问，主动帮助解决各类问题。特别是针对群众反映强烈的环保问题，建立环保信访事项转办机制，将群众通过市民热线反应的环保事项及时转交县级领导办理，共转交326件，均办理完毕。

【依法行政】 把法律法规纳入政府办公室年度学习计划，依托“业务单位学业务”活动和党员固定活动日，结合工作实际，积极组织学习金融、环保等方面政策法规，推进学法常态化。坚持学以致用、法中找法，科学运用所学法律法规解决工作中遇到的难题，切实提高依法行政水平。

创新工作机制。建立全体人员每周晨会制度，及时了解科室工作动态；出台《县政府办公室保密制度》《关于改进文风提高公文质量的通知》等多项制度，单位运行体系更加规范、顺畅、高效。严格公文制发。按照精简、规范、高效的原则，在公文制发上严把内容关，实行“数据盖章”“压缝盖章”，重要文件全部提交法制办审查，确保文件合法性；严把程序关，实行主办单位、分管科室、分管领导逐级审查制度，确保文件可操作性；严把时效关，完善公文运转流程，提高运转效率。纠正公文制发中的“四风”问题，对2017年以来以县政府、县政府办公室名义印发的文件逐一进行查摆，坚决杜绝机械照抄、“依葫芦画瓢”等问题。扎实开展规范性文件清理工作，2017年之前的74件规范性文件全部清理完成并统一发布。

【队伍建设】 坚持以全面从严治党为总抓手，以推进“两学一做”学习教育常态化制度化为主线，自觉用习近平新时代中国特色社会主义思想武装头脑、指导实践，推进县委、县政府决策部署落实落地。将严肃党内政治生活具体化，认真开展党员活动日活动，严格落实“三会一课”制度，建立规范化党员活动室，党内政治生活的制度化、规范化水平显著提高。严格落实民主集中制原则，凡重大问题，一律召开办公室全体会议集体研究，议事更加民主，运转更加高效。加强能力建设，增强服务发展的本领。持续开展“业务单位学业务”活动，坚持每周集中学习制度，及时传达上级重要会议和文件精神，研究部署落实措施，不断提高全体人员的理论水平和业务能力。主动联系对接上级对口部门，举办全县市民热线应急管理政务公开工作培训会议，邀请市政府有关单位领导到武授课。严格落实中央八项规定精神，深入推进“整风肃纪，抓早抓小”活动，创新开展“查问题、找不足、促提升”活动，以身边人的小事为案例教导全体人员引以为戒、举一反三。认真落实党风廉政建设主体责任，开展谈心谈话，做到主要负责人和班子成员之间必谈，班子成员之间必谈，班子成员和分管科室之间必谈，在干部调整前后及时开展廉政谈话，确保全体人员时刻保持清醒头脑，做到自重、自省、自励。政府办公室党支部先后获全市过硬党支部、全县先进基层党组织等称号。

（陈京京）

政务服务

【政务审批】 2017年，共办理各类行政审批服务事项15万余件，按时办结率100%。承接公共资源交易项目166宗，成交总金额18.34亿元，节约资金1.15亿元，减幅5.9%。牵头组织项目论证会19次，服务企业245家，帮助企业解决遗留问题34件。

【政务服务平台建设】 制定印发《关于解决全县政务服务平台和政务服务网建设运行若干问题通知》《武城县政务服务平台建设有关事宜的通知》等文件通知10余个，66个部门重新确定分厅管理人员，取消行政许可事项4项，将县直部门单位497项公共服务事项纳入政务平台管理，修改完善动态管理系统事项信息，政务服务应用系统、电子监察系统、网上政务大厅统顺畅运转，行政许可事项和公共服务事项全部上网运行。从县部门人员调整幅度大的实际情况出发，通过调整更新领导小组、将县直部门政务服务平台运行情况纳入2017年度全县考核指标、更新政务平台联系人、集中办公、培训辅导、发放电子监察通报督导、宣传引导等工作措施，保证政务服务平台建设、行政许可和公共服务事项梳理试运行、上网办理等各项工作顺利进行。

加快建立省市县镇村“五级联动”政务服务体系，推进网上审批服务向基层延伸。印发《关于加强镇级、村（社区）级政务服务平台规范建设的通知》等通知，要求各镇加快推进便民服务中心规范化建设，要达到“四有”要求即“有场所、有办理人员、有牌子、有事项”，并组织4名工作人员，对全县8个镇街进行实地督查，督促各镇街便民服务规范提升，对硬件建设、窗口功能区设置、公共服务事项梳理入驻办理等工作进行指导和交流；集中办公，对8个乡镇的808项公共服务事项实施要素进行梳理，力求各镇街事项要素准确，统一标准。

【大厅服务能力建设】 为提升大厅服务水平，集中培训税务服务辅助性岗位工作人员，采购更新税务服务性电子设备，优化自助办税区环境，提高办税服务效率，为市场主体提供方便快捷的办税服务。建立城镇化业务专区，把房管局、国土、建委等单位办理购房补贴及办理城镇化相关业务整合一起，通过安装事项告知电子屏等便民措施，为县重点工作对象农业转移人口提供打包一体化服务，满足办事对象一站办理的服务需求。提升政务大厅智能化管理水平，实现“线上线下一体化”。中心先后启动考勤系统、自动触摸查询机、叫号系统，使大厅各项服务工作更加有秩序，更方便快捷。

【创新项目建设审批机制】 创新制度机制，对接招商引资工作，服务市场主体，解决企业设立发展中遇到的瓶颈问题，增强经济发展后劲。中心以“产业发展服务办公室”“企业服务接待站”“项目论证会审”为载体，创新出台《武城县加快项目建设实施办法》《企业服务接待站》《产业服务管理办公室管理办法》等制度性文件，发现、解决企业在设立、发展中遇到的问题，大力实施“会审阶段联合告知”“解决历史遗留问题联审联办、全程代办督办”等工作措施，切实为企业提供高效服务，降低企业制度性交易成本，增强企业发展后劲。

【强化大厅内部管理】 加强党风廉政建设，通过各种活动增强干部职工及窗口工作人员的廉洁意识和防腐能力；认真开展“党员固定活动日”“两学一做”“业务单位学业务”等活动，完成活动指定动作，切实提高思想认识，提升业务水平；认真召开民主生活会，互相批评与自我批评，敢于揭短亮丑；为进一步改进窗口工作人员工作作风，提高办事效率，在大厅开展“红旗窗口”评选活动，每季度评选出10个服务标兵，充分调动窗口工作人员的积极性，展示窗口单位良好形象，更好地为群众提供优质、高效、便捷的服务。

【公共资源交易平台建设】 10月，正式启用电子交易系统，系统上线后，实现项目注册、信息发布、竞标报名、文件下载、保证金交纳等业务的网上办理，投标单位不用亲临现场就可以网上完成投标报名、文件下载、保证金交纳等环节操作，有效降低投标成本。投标单位名单和保证金交纳信息在开标前全程加密，减少人为因素对交易工作的干扰，有效预防围标串标现象的发生，规范交易行为，提高公共资源交易配置的效率和质量。

（陈志涛）

2017年12月，公共资源交易平台运行　（摄影　梅莹）

“12345”市民热线

【工作简述】 2017年，“12345”市民热线贯彻落实属地负责制、首接负责制、电话督办制度和现场督办制度，协调处理群众关心的热点问题，对不按四项制度办理的部门和个人，采取通报、谈话等方式加大催办、督办力度，同时依据市民热线考核办法进行扣分、问责。全年，共受理市民热线承办件16176件，按期回复率100.00%，真实答复率99.57%，合理诉求满意率94.07%，总满意率93.33%，回退率0.87%，退回重办率0.01%。

【重点工作】 推行“两好三到位”工作方法，确保合理诉求解决好、不合理诉求解释好，确保部门责任意识到位、责任人员到位、责任追究到位。对涉及的热点难点问题，严格执行四级办理制度。根据《“12345”市民热线考核评分办法》，对按期回复率、真实率、退回重办率、推诿率、总满意率进行考核，计入年终考核成绩，报县督查考核部门。

（陈自伟）

应急管理

【应急预案修订和演练】 对全县涉及自然灾害、安全事故、社会治安事件和公共卫生事件等方面的4类47项专项预案进行修订完善。根据经济社会发展的需要，新编制7项专项应急预案。各单位根据职责、行业特点，组织修订或重新制定相关应急预案，确保预案内容符合法律规定，职责明确，有计划组织开展应急预案演练。全年共开展火灾、危化品事故、道路交通事故、油气、特种设备、城市防汛、河道防汛等综合演练、专项演练、企业应急演练 89 次。

【应急处置工作】 全年共启动重污染天气应急预案 14 次，督导重污染天气措施落实 31 次。制定下发关于做好雷电、降温天气防范应对工作等紧急通知，各部门及时采取年度突发事件应对工作总结评估和 2018 年度突发事件趋势分析工作，做到防患未然，有的放矢，避免各类应急事件发生。

【应急知识宣传与工作考核】 在县政府门户网站开设应急管理专栏，提供针对性强、实用性高的学习内容，及时发布各类灾害预警信息，全面普及预防、预警、避险、自救、互救和减灾救援队伍、应急知识普及等工作进行量化，有效发挥考核的导向、评价、激励作用。

（陈志涛）

电子政务

【内网运行】 2017 年，电子政务内网发挥便捷、高效、低耗的作用，全年接收上级公文 3004 件，发送县内公文 2703 件。严格做好信息保密安全工作，做到涉密文件不上网、上网公文不涉密。做好政府部门网站的整合工作，推进政府网站集约创新发展，协调做好国土资源局、统计局等多个部门网站关停、内容迁移、域名备案撤销、基本信息变更报备等工作。

【外网运行】 全年外网运行安全稳定。继续做好政务公开工作，按照“公开为常态，不公开为例外”的原则，以推进决策、执行、管理、服务、结果“五公开”为重点，以政务公开实现助力稳增长、促改革、调结构、惠民生、防风险，增强政务公开实效，全年通过网站、微信等各种平台共发布政务信息 40772 条，依法办理依申请公开事项 6 件。

（陈志涛）

外事侨务

【党政考察团出访管理】 严格把关党政出访团组人员和任务的对口审核，做到有序报批；规范出国任务和经费报审批程序，对因公出国（境）党政团组实行硬约束，做好规范管理；按照武城县《出国（出境）人员保密须知》《出国（境）人员有关注意事项》等有关制度，做好行前外事安全教育，提醒出国（境）人员要遵守外事纪律和注意归国时间。2017 年，按照有关程序做好县政府常务副县长随省商务厅到美国、加拿大两国访问事宜。

【对外合作交流】 紧抓国外考察团来德考察的机遇，深化拓展海外联络，在交往中扩大武城影响力。2017 年，先后接待泰国山东总商会会长冯文亮一行和菲律宾总统中国事务特使上好佳集团荣誉董事长施恭旗一行到中椒英潮辣业发展有限公司、德州玲珑轮胎有限公司等企业参观，找准武城县企业对外交流与国外商会需求的切合点，推动民营企业“走出去”，满足企业进行对外经贸活动的需求。配合省市外办工作，做好外派教师的遴选、资格审核和业务指导。2017 年，第五小学教师王燕连续三年赴印尼支教，扩大了德州和武城在外影响力，促进两地文化的交流。

【外事侨务工作法律法规宣传】 充分利用 12.4 宪法宣传日等各种法律宣传专题活动，

组织开展《山东省归侨侨眷权益保护条例》集中宣传周活动，到各社区宣传《中华人民共和国归侨侨眷权益保护法实施办法》《中华人民共和国归侨侨眷权益保护法》等关系归侨侨眷切身利益的法律法规。利用节假日对贫困侨眷进行走访，对生活中遇到的困难和问题，及时帮助解决。

（宋步庆）

经济合作

【概况】 2017 年，新落地项目 32 个，到位资金 50.9 亿元。“三个一批”项目中签约项目 10 个，开工项目 9 个，竣工项目 5 个。

【商会建设】 引导本地企业对接商会资源，在济南、北京武城商会成立大会期间，组织 20 余家本地企业参会，做好产业发展推介工作。筹备天津、河北商会有关事宜，引导广大非公有制经济人士团结协作、抱团发展、创新经营。发挥商会、企业“桥梁”作用。帮助民营企业把握经济新常态，贯彻新发展理念，分别成立“在外武商招商群”“武城企业家群”2 个微信群，依托在外武商、本地企业家协助搜集各区域招商信息 30 多条，协助产业办开展对接洽谈活动，通过与在外武城商会建立的密切联系，实现多地共享优质信息资源，共谋发展。

【招商活动】 构建“699”招商引资新模式，由 6 个单位分别牵头，成立 6 个招商小分队，重点瞄准京津冀、济青、长三角、珠三角开展重点区域招商。由 9 个产业办牵头，分别联系 10 个部门和 10 个本产业重点培植企业，组成 9 个产业招商团队，以本产业招商为重点，开展产业招商。以 9 个镇街、开发区为单位，立足各自优势和特点，积极开展全方位招商。制定《武城县向产业进军二产项目扶持政策》，对宣传手册、重点项目推介手册进行更新，重新修订 2017 年招商宣传片，设立“武城招商”微信，同步在微信群及招商主流网站扩大宣传、推介武城。发挥助推引领作用，多次召开现场调度会解决本地企业问题，传播学习新的产业发展政策，并与商会、外地优势资源多方联动，盘活闲置资源引导企业转型项目 2 个、对接商会、助推返乡创业项目 7 个、新兴产业项目 2 个、重点洽谈项目 8 个。

（张　群）

外商服务

【外商服务】 2017 年，为武商创投基金项目—武城诺尊节能技术有限公司的落地注册及立项论证提供基础性材料服务，协调该项目与有关部门的工作。利用与在京武城籍对接联系广泛的优势，参与北京武城企业商会筹备会议 3 次；在商会筹备成立过程中为会长人选、商会章程起草、商会在京注册报备提供大量服务。拜访座谈武城籍在京人员 50 余人次，力争把最大化的武城在京人士融入商会，使商会在京发挥最大能量。7 月 9 日，北京武城企业商会正式成立，同时建立北京武城企业商会党支部。北京武城企业商会成为武城县在外武城商会唯一在属地民政部门报备的商会组织。通过与县委组织部门协调研究，并从北京武城企业商会实际出发，9 月 9 日，成立武城县驻京流动党员党委，由县外商服务中心主任担任驻京流动党员党委书记。

【对接京津冀】 完成德国艾科威尔有限公司节能产品基地加工项目的招引工作。该项目具有10项专利技术，项目实施后可成功升级武城县空调节能产业，首期投资1000万元的加工项目完成注册、立项、环评工作。北京武城商会成立后，依托北京盈汇通投资管理有限公司成立武商创投基金，武商企业投资基金首支投入规模1亿元，预计后续基金规模达到5亿元，重点支持武城县本地企业转型升级及其他创业项目，该公司在武城县注册成立并投入运营。利用北京的人才、科技、资金、教育、医疗资源优势，做好项目承接；借助武城县在京津冀地区武城籍企业家多、在武挂职干部多、武城二中校友多的优势，加强与国家部委、央企、国企主动沟通联系，邀请有意向的投资企业到武城进行考察洽谈。7月底，通过市驻京办协调北京泛华集团武城县特色小城镇建设事项进行对接。推进北京远程视界科技集团前沿医疗合作技术与信息落地武城，完成与县中医院内科、外科、耳鼻喉科等相关科室对接，并开展诊疗服务。加强与北京市及各区政府招促部门之间的联系，做足承接北京市非首都功能外迁各项准备工作。7月，与北京市经济开发区达成共建立合作交流平台的意向。

（王华昌）

扶贫工作

【概况】 2017年，共摘帽重点贫困村38个，净减少贫困人口6848人，超额完成市委、市政府下达的年度脱贫目标任务。贫困村“五通十有”基本达到省定标准，贫困人口“两不愁、三保障”得到基本解决，脱贫攻坚取得阶段性成效。

【精准扶贫】 以省审计调查和市脱贫攻坚整治为契机，全面梳理扶贫脱贫工作。在全县范围内开展精准识别、资金使用、项目管理和档案管理等“回头看”活动，清退贫困户2678户、7803人，核实纠正各类问题1007项；除17名省派第一书记、9名市派第一书记包省定重点贫困村外，选定42名县派第一书记帮扶省定重点贫困村和脱贫任务较重的村庄。对全县未脱贫的38个省定重点贫困村逐村摸底调查，形成《武城县省定重点贫困村“五通十有”缺项情况统计表》，制定下发《2017年全县扶贫开发任务分解表》，将2017年全县扶贫开发工作任务细化到43个行业部门，扶贫责任进一步压实。

【产业脱贫】 2017年，投入各级扶贫资金1901万元，实施产业项目31个，涉及光伏发电、种养殖、手工加工、旅游等4大类，带动贫困人口1万余人。成立由县委副书记任组长，挂职副书记、分管副县长任副组长，17个部门主要负责人为成员的扶贫项目评审委员会，开展项目评审论证，组织全县项目建设推进现场会，定期对项目建设情况进行督导检查，确保项目早建成，贫困群众早受益。实施100兆瓦光伏扶贫项目，探索光伏收益分配“所有权、收益权、经营权”三权分置，每年分红1050万元，连续20年收益覆盖全县现有贫困户。

【统筹规划】 整合涉农资金4695万元，为全县10011名贫困人口购买特惠保险，完成建档立卡贫困户危房改造184户，贫困群众“三保障”问题得到基本解决。健全完善贫困学生资助体系。实施“孝善养老”工作，为全县5915名老年贫困人口发放孝善养老费709.8万元。

2017年5月16日，调研扶贫产业项目　　（摄影　伏胜旺）

实施重点村摘帽工程，全县贫困村“五通十有”基本达到省定标准。安排38家企业与重点贫困村对接帮扶。强化东西协作扶贫，争取招远市专项扶贫资金200万，签署《武城县与招远市扶贫协作协议书》，13个行业部门、4个重点镇与招远市对口部门单位建立结对关系。安排818万元财政资金用于金融扶贫，与圆融村镇银行、农商银行和邮政储蓄银行合作，全年新增扶贫贷款3249.29万元。

【措施规范】 出台《脱贫攻坚任务较重的镇（街、区）考核实施意见》《脱贫攻坚任务较轻的镇（街、区）考核实施意见》和《扶贫开发领导小组成员单位脱贫攻坚考核实施意见》，开展集中督查和专项督查，先后抽调169人组成34个督查组，深入9个镇街区、1800个农户开展督查，对督查发现的问题，直接反馈给镇街区主要负责人，督促迅速整改落实。组织第三方评估机构对贫困村退出、贫困户危房改造、扶贫项目资金使用等情况进行专项评估、审计。

【脱贫宣传】 2017年，在市级以上媒体刊播扶贫稿件184篇。其中，《小辣椒撑起脱贫大产业》被农民日报刊发，《全程精准实现长效脱贫》被新华社《要情动态》刊发，《依托“四动”育“三金”农民》被省扶贫办出版的《山东脱贫攻坚实践篇》一书收录刊发。

（伏胜旺）

机关事务管理

【节能管理】 6月，开展交流培训，按照全省要求完成能源资源消耗统计新旧系统对接，完成武城县2015及2016年能源资源消耗统计新系统导入汇总工作。8月，通过对全县重点用能单位的统计，对89家机关事业单位数据各项用能指标及折标系数重新计算，梳理出3家单位综合能耗超过500吨标准煤，纳入德州市重点用能单位名录库管理。开展国家、省、市关于开展节约型公共机构示范单位创建活动，2家单位被列为全市节约型公共机构创建示范单位。

【公车管理】 推进车改后续工作，细化管理办法，坚持执法车辆严格配备到一线执法岗位，加强运行监督。3月，下发《关于开展“规范公务用车管理”治理整顿工作的通知》，完成对全县89个机关事业单位335辆车的使用管理自查工作。配合市局完成全市“规范公务用车管理”专项治理整顿工作。6月，按照省、市有关规定，完成机要通信与应急车辆、行政执法车辆和接待调研车等103辆车的标识化工作，完成率97%，主动接受社会监督，规范公务用车的使用和管理。11月，印发中共中央办公厅、国务院办公厅《党政机关公务用车管理办法》。12月，完成公务用车平台建设基本数据统计表。

2017年7月，对公务车辆喷涂“公务”标识
（供稿　县机关事务管理局）

【办公用房管理】 6月，根据各单位换届情况，更新完善2017年办公用房台账，要求有变动的单位及时上报变更。12月，印发中共中央办公厅、国务院办公厅《党政机关办公用房管理办法》，县委办、县政府办联合下发《关于进一步做好办公用房清理整改工作的通知》，要求全县机关事业单位上报办公用房使用图纸、数据，并签订承诺书。对全县部分镇街、部门办公用房进行3次抽查，下发《办公用房清理整改情况反馈单》，主要负责人签字，落实具体责任人。12月，下发关于对全县办公用房清理整改工作检查情况的通报。

（焦乐乐）

史志编纂

【史志规划】 5月，县政府办公室印发《武城县地方史志事业发展规划纲要（2017—2020年）》，规划指出：到2018年，完成第二轮修志；实现年鉴编纂优质化，一年一鉴固定化；提升史志信息化水平，建成特色方志馆和网上方志馆；加强对社会地情研究的指导与服务，全县基本形成修志编鉴、开发研究、质量保障、传播利用、工作保障“五位一体”的史志事业发展综合体系。

【县志编修】 10月，《武城县志（1986—2013年）》评审稿完成，共28编，100万字。11月24日，召开志稿评审会，省政府办公厅党组成员、省史志办主任刘爱军，省史志办副主任李刚，副市长商怀君出席，省、市修志专家30余人分别对评审稿进行点评。评

2017年11月24日，《武城县志》评审会召开（供稿　县党史史志办）

审会结束后，研究梳理评审意见，对志稿进行最终修订完善。截至年底，完成修订稿10余编。

【年鉴编修】 4月，《武城年鉴（2016）》获省政府办公厅颁发的“山东省优秀史志成果奖”。9月，《武城年鉴（2017）》出版发行。沿用2016卷封面设计，仅更换背景颜色，增加背景花纹，体现延续性、品牌化。正文每个栏目前设置开篇彩页，背景为弦歌湖公园，展现地域风采。使用视频二维码作为文本内容的有效补充，将武城县宣传片、产城融合推进就地城镇化、“两学一做”学习教育、家事审判、“信息化＋未检”平台等5个专题视频纳入正文之中，发挥地方综合年鉴记录和传播县情的效能。随书出版《武城县情概览（2017）》，简要记述2016年全县自然、经济、社会等方面发展的基本情况，为社会各界人士提供简明实用的县情资料口袋书。

【县情服务】 4月，开通“武城党史史志”微信公众号，向社会宣传武城特产、风景名胜、非物质文化遗产等县情信息。与福建省厦门市、湖北省赤壁市、威海市、东营市、乐陵市、宁津县等省内外地区开展史志成果交流，丰富馆藏资源。为县委宣传部、信访局、公安局、财政局、团县委等县内单位提供县情资料查阅服务。为安徽省历史学者、河北大学学生、聊城石油公司退休职工等县外人士提供县情资料查阅服务。

（石继凯）

中国人民政治协商会议武城县委员会

【重要会议】 中国人民政治协商会议第十届武城县委员会第一次会议 会议于1月14日至1月17日在武城宾馆举行。会议审议通过九届县政协常委会工作报告，九届县政协常委会提案工作情况报告。委员列席县十七届人大一次会议，听取并讨论县政府工作报告及其他报告。会议选举产生十届县政协主席、副主席、秘书长和常务委员会委员。

县政协十届一次主席会议 会议于3月3日召开。县政协主席、副主席及党组领导出席会议。会议讨论审议县政协2017年工作要点（征求意见稿）；审议通过关于召开县政协十届一次常委会议的决定及有关事项。

县政协党建专题会议 3月10日，县政协召开党建专题会议，听取党建工作汇报，安排部署全年党建工作。

县政协十届一次常委会议 3月17日，县政协召开十届一次常委会议。审议通过县《政协十届一次常委会议日程（草案）》；传达全国政协十二届五次会议精神；传达省政协十一届五次会议精神；宣读《政协武城县委员会2017年工作要点（草案）》；分组讨论审议《政协武城县委员会2017年工作要点（草案）》；审议通过《政协武城县委员会2017年工作要点（草案）》。

产业转型升级专题专题座谈会 3月24日，县政协产业转型升级专题专题座谈会召开，经济界委员开展产业转型升级专题视察活动。

十届县政协委员培训班　4月7日举办十届县政协委员培训班。邀请省委党校科社部副主任，硕士研究生导师，山东省政府研究室特邀研究员王秋波为全县政协委员授课。

视察法院家事审判方式改革座谈会　5月10日，县政协组织部分政协委员对法院家事审判方式及工作机制改革工作进行视察，并召开座谈会。

县政协十届三次主席会议　会议于5月22日召开。传达学习全市基层政协工作现场精神、全市政协反映社情民意信息工作会议精神和全市政协文史工作会议精神，审议讨论《关于加强基层政协组织建设的实施意见》《关于开展委员学习培训工作的计划》《关于加强政协委员履职管理的实施办法》等文件，对下一步具体工作做出安排部署。

“培育新型农业规模种植主体”专题议政会　6月14日，县政协召开“培育新型农业规模种植主体”议政会议。

县政协十届二次常委会议　6月29日，县政协召开十届二次常委会议，围绕教育全面改薄和解决大班额工作进行专题视察和建言。

县政协镇街政协委员联络室建设现场观摩会　8月10日县政协召开镇街政协委员联络室建设现场观摩会。

县政协召开十届三次常委会议　9月28日，县政协召开十届三次常委会议。审议通过县《政协十届三次常委会议日程（草案）》；审议通过《政协第十届武城县委员会常务委员会关于机构设置的决定（草案）》；审议通过《政协第十届武城县委员会各专门委员会组成人员名单（草案）》等。

县政协召开十届四次常委会议　11月2日，县政协召开十届四次常委会议。围绕“推进新型城镇化建设”主题进行协商议政。

【服务发展】　围绕中心工作协商议政。先后在工业领域开展“推进产业转型升级”，农业领域开展“培育新型农业规模种植主体”，教育领域开展“推进教育全面改薄、解决大班额问题”等专题协商活动，提出各类建议70余条。紧贴民生工作建言献策。围绕城市管理、教育发展等工作情况开展专题调研视察建言献策。提出意见建议60余条，形成调研报告5篇。其中《关于我县住宅小区物业管理情况的调研报告》得到县委主要领导同志批示，物业管理提升工作被列入了全县2018年强力推进的重点工作之一。融入一线工作积极作为。在县委部署的全面深化改革、“棚户区”改造、产业发展、招商引资、生态环保及“小散乱污”企业整治等项重点工作中，县政协自觉参与、主动作为、发挥作用。

【履职尽责】　下发《关于开展“政协委员在身边”活动的通知》，为委员履职尽责搭建一个广阔平台。2017年，驻各镇街区委员和县直界别委员先后举办农业致富培训班3场，开展医疗义诊活动4次，现场接受咨询500余人，义诊400余人，免费发放各类药品价值5000余元。

探索提案工作创新，提升提案监督的“精准度”。十届一次全会期间收到提案162件、立案150件，闭会期间提案立案21件，闭会期间提案提交实现零的突破。截至2017年11月底，收到提案答复171件，办复率100%，满意度95.9%。抓实社情民意收集工作，畅通基层民意的“信息流”。2017年，收集社情民意信息50余篇，上报市政协40篇，被省政协采用1篇，内容涉及医疗服务、扶贫救助、社会保障、依法行政等社会各界比较关注的问题。完善民主监督方式。先后选派6名委员参与涉及广、影响大的案件庭审，推进“阳光司法”。择优推荐5名政协委员担任县级公立医院外部理事，助推县级公立医院法人治理结构建设工作。择优推荐18名政协委员担任义务河长，深度参与全县水系治理，为武城水系安全建设尽心出力。

做好文史资料编撰工作，结出文史工作的“新硕果”。先后抢救整理社会各界人士文史稿件82篇，图片资料200余帧，完成《武城文史》第十四辑的编辑工作。全面启动《武城县政协志》续编工作。继续开展《县城搬迁与建设》资料编辑整理工作，取得阶段性成果。

【自身建设】 先后举办2次政协委员业务培训班，召开专题会议5次，开展视察调研活动20余次，学习业务、交流体会、锤炼能力。先后组织7次赴外地区和兄弟县市考察，学习经验、开阔眼界。各界别小组、镇街区政协委员联络室自行组织交流学习150余次，委员的业务水平和履职能力得到普遍提升。承接上级政协到武开展大运河德州段保护传承和利用、特色小镇建设等调研活动7次，组织驻武市政协委员赴乐陵开展跨区域视察及赴外调研、开展县内活动等。

按照市委《关于进一步加强全市基层政协工作的意见》，健全县政协机关“3室6委”机构设置，完善建立5个界别小组的活动场所。在县经济开发区增设政协委员联络室，填补基层政协机构设置的空白。制定出台《关于加强基层政协组织建设的实施意见》《关于加强委员履职管理的实施办法》，将委员的日常履职活动予以“量化”，提出刚性要求，健全委员档案，强化履职考核。先后在各类媒体刊发稿件130余篇。其中，《武城县政协鼓励引导委员发挥优势服务发展服务群众 “委员在身边”树政协新形象》被省政协《联合日报》头版头条刊发，《“零距离”让委员履职更接地气 武城县政协委员网格化联系服务群众做百姓贴心人》被《联合日报》二版头条刊发。

（张　斌）

中国共产党武城县纪律检查委员会

【重要会议】 中共武城县纪委十三届一次全体会议　1月14日，在武城宾馆召开。会议选举产生中共武城县十三届纪律检查委员会书记、副书记、常务委员会委员，并报中国共产党武城县第十三届委员会第一次全体会议批准。

中共武城县纪委十三届二次全体会议　2月27日，在武城宾馆召开。出席全会的县纪委委员24人，列席217人。县委书记张磊出席全会并作重要讲话。县委常委，县人大常委会、县政府、县政协及相关单位领导出席会议，有关方面负责同志参加会议。县纪委常委会主持会议。全会传达学习十八届中央纪委七次全会、省纪委十届八次全会、市纪委十四届八次全会精神，总结2016年工作，部署2017年全

2017年2月27日，中共武城县纪委十三届二次全体会议第一次大会暨全县警示教育大会召开 （供稿 县纪委）

县党风廉政建设和反腐败工作任务。审议通过县委常委、县纪委书记乔咏梅代表县纪委常委会所作的工作报告。

中共武城县纪委十三届三次全体会议 11月25日，在武城宾馆召开。出席全会的县纪委委员24人，列席61人。会议由县纪委常委会主持。县委常委、县纪委书记乔咏梅作讲话。全会深入学习党的十九大和省纪委十一届二次全会、市纪委十五届二次全会、县委十三届二次全会精神，对全县纪检监察机关深入学习贯彻党的十九大精神和当前工作作出部署。

【"两个责任"落实】 到河南省濮阳县学习落实主体责任经验，细化实化工作举措，夯实全面从严治党责任。对落实全面从严治党主体责任实行清单管理，督促各级各部门单位建立个性责任清单，层层签订责任书，逐级压实责任。印发《党风廉政建设主体责任谈话制度》，县领导分别与分管部门和镇街开发区主要负责人进行主体责任谈话。县委主要负责领导与各镇街区党（工）委书记，县委、县政府领导班子成员与分管部门单位党组织书记，县纪委书记与镇街区纪（工）委书记，分别签订落实主体责任和监督责任责任书。到镇街区调研和召开纪检监察系统务虚会，听取镇街区党委、党工委和纪委、纪工委书记履责情况汇报，协助县委对落实中央八项规定精神和全面从严治党主体责任情况进行督查，督促责任落实。严格落实问责条例和责任追究办法，坚持"一案四查"，全县实施党内问责42起，问责党员干部63名，通报曝光30起。

【纠正"四风"】 突出问题导向，深化"整风肃纪，抓早抓小"活动，以"两问四答"为标尺，督促各级各部门对照形式主义和官僚主义"十种表现"、对照具体工作、对照"头雁效应"、对照"三种行为"、对照重点难点深入开展"查摆改"活动。全县142个党组织自行开展明察暗访6982次，发现问题505个，处理701人。围绕不作为、慢作为、乱作为、"边缘黑"和"利益输送、以权谋私、滥用自由裁量权"等问题开展专项治理，深入挖掘问题线索，共发现问题线索68条，问责干部61人。以省委巡视"回头看"反馈整改为契机，对违规公款吃喝、违规发放津补贴、违规使用公车等问题加大治理力度。查处违反中央八项规定精神问题42起70人，给与党政纪处分30人，通报曝光23起38人。

【执纪审查】 充分运用监督执纪"四种形态"，反腐败斗争压倒性态势进一步巩固。全县纪检监察机关处置问题线索535件，立案258件，结案231起，给予党政纪处分228人。拓宽信访举报渠道，在受理群众来信来访的同时，加强网络举报建设工作，共受理初信初访274件次，同比下降8.7%。抓早抓小，动辄则咎，全县共运用“四种形态”处理508人次，其中第一种形态处置278人次，占54.7%；第二种形态处置189人次，占37.2%；第三种形态处置23人次，占4.5%；第四种形态处置18人次，占3.5%。提升审查质效，严格执行监督执纪工作规则，健全线索处置、谈话函询、执纪审查、执纪审理、涉案款物等全流程工作规范，开展案件质量等级评审，执纪审查更加规范。守牢安全底线，开展审查安全自查自纠、检查和“回头看”，对“走读式”谈话室全部进行规范化改造，细化安全责任清单，确保执纪审查安全。

【重点领域监督】 快查严查环保领域失职失责问题。对环保领域履职不到位、不作为、慢作为、乱作为，瞒报漏报、弄虚作假等失职失责问题，作为直查快办重点，先后对40起环保领域问题进行责任追究，组织处理13人，党政纪处分38人。盯紧扶贫领域违纪问题。把加强扶贫领域监督执纪问责作为工作重点，助力全县脱贫攻坚，开展扶贫领域专项监督执纪问责行动。对弄虚作假、贪污挪用、截留私分、虚报冒领等行为，查处一批，通报一批，为全县打赢脱贫攻坚战保驾护航。查处涉及扶贫领域违纪问题39起，党政纪处分41人，问责18人，通报典型问题19起。深挖细查基层“微腐败”。制定开展农村基层“微腐败”专项整治实施方案，重点围绕村级五项突出问题开展专项整治。共查处农村“微腐败”案件121件，处理144人，党政纪处分108人，对43起典型问题进行通报曝光。

【深化国家监察体制改革】 作为深化国家监察体制改革试点工作示范县，按照中央和省委确定的时间表、路线图，扎实推进，做到谋划推进在先、人员转隶在先、综合培训在先、思想融合在先、办公场所筹建在先。12月27日，完成人员转隶，共划转编制14名，转隶人员7名。

【巡察监督】 成立县委巡察工作机构。把握政治巡察定位，重点围绕党的领导弱化、党的建设缺失、全面从严治党“两个责任”落实不力及违反中央八项规定精神和“四风”问题等方面，分两轮对12个单位进行巡察，共发现问题186个，移交问题线索31个。配合市委第四巡察组，对全县9个镇街区和5个县直部门开展扶贫领域专项巡察。

【派驻监督】 重新调整派驻机构监督单位，把全县重点工作分为5个领域，每个派驻机构各监督一个领域，各纪工委建立单位基本情况、年度重点工作、季度专项工作三项监督台账，根据监督情况，对63人次进行提醒谈话。

【教育监督】 对9个镇街区和28个县直部门单位开展主体责任检查。对181名领导干部进行任前廉政谈话。开展“清风武城”教育行动，召开全县警示教育大会，对各级领导干部进行集中教育，60名重点单位的负责人到市廉政教育中心接受廉政教育。举办“清风武城”书画展，启动“廉洁家风伴成长”活动。县廉政教育中心，分87批次对科级以下干部、农村基层干部进行教育。

2017年7月14日，"清风武城"书画展开幕（供稿　县纪委）

【自身建设】 在全市率先印发《自身建设意见》。在全市干部队伍自身建设会上，武城县作题为《着力开启"三盏灯"，打造过硬执纪铁军》的经验发言。建立完善周五学习、干部培训、跟班锻炼、协作办案制度。争取选派9名执纪一线人员参加中央纪委业务培训。25人次参加省市纪委培训。逐级签订落实纪检监察干部管理主体责任和监督责任责任书，建立"红黄蓝"分级预警制度，制定纪检监察干部"八小时之外"行为规范，发放纪检监察干部作风监督卡。2017年，县纪委被德州市纪委监委授予特别贡献奖，全市纪检监察系统目标考核先进单位。被县委授予综合考评三等功。

（付　波）

人民团体

Mass organizations

武城县总工会

【典型选树】“五一”劳动节前在全县评选表彰50名劳动模范，对企业一线职工劳模同时授予“武城最美职工”称号。另有2名同志获省富民兴鲁劳动奖章、5名同志获市“五一劳动奖章”、7个单位和集体获市“五一劳动奖状”和工人先锋号荣誉称号。

2017年4月26日，武城县庆祝“五一”国际劳动节暨劳动模范表彰大会召开（摄影　祁春梅）

【建章立制】修订《武城县总工会职工素质建设工程五年规划》，制定《武城县劳模评选管理办法（试行）》，草拟《武城县技术创新成果奖励方案》，使各项工作有章可循。5月，推动“武城工会在线”微信公众号上线，开辟新的宣传阵地；举办庆“三八”女职工书画展、“五一”职工羽毛球比赛等活动，组织代表队参加德州市第三届“九衢泉杯”职工男子篮球联赛，荣获县市区、产业组比赛亚军；继续深入开展职工书屋创建活动，选树广电网络有限公司、山东凯地兰纺织有限公司为2017年县级职工书屋示范点，推荐德州玲珑轮胎有限公司申报“全国职工书屋”示范点。

【技术创新竞赛】在常兴集团举办全县第一届电机行业职工技能比赛，选取电机行业中的装配钳工作为比赛工种，来自全县19家企业的56名一线技术工人参加比赛，共产生一二三等奖18名。联合县卫计局举办全县卫生应急技能竞赛，联合县统计局举办全县首届统计技能大赛。12月，联合新能源空调产业办、中央空调产业协会开展“贝州工匠”评选活动，表彰郝风利等11名技能型人才。开展全县职工技术创新成果征集活动，征集职工科技创新项目20余项，合理化建议130余条。全面加强职工技能培训工作。针对下岗失业人员、困难职工（农民工）、困难家庭高校毕业生等困难群体举办月嫂、育婴师、保健按摩等技能培训班，共举办技能培训班3期，培训职工230余人，已有180余人通过技能培训实现就业。

【维护职工合法权益】下发《关于下达2017年工资集体协商和厂务公开民主管理任务指标的通知》，重新修订《全县工会工作考核细则》。

工资集体协商工作继续提质增效，在全县铺开工资集体协商工作，全年签订工资集体协商合同192份，区域性工资集体协商合同3份，行业性工资集体协商合同5份。创新互通协商机制，挖掘山东凯地兰纺织有限公司“咖啡屋”里开展沟通协商工作做法并在全县企业推广，积极推进企业工会与行政沟通协商机制建设。组织律师团成员先后深入中椒辣业有限公司、常兴集团等开展“普法进企”宣讲活动，免费接受职工法律咨询160余人次。全年筹集救助金30余万元，救助困难职工51户。筹集资金7万余元，对户外作业一线职工（农民工）相继开展“夏送清凉”“冬送温暖、情暖人心”活动。

【自身建设】 加强基层工会组织建设，推进“党工共建”工作机制，开展“农民工入会集中行动”，建立起实体型企业和工会的基础数据信息库。加强“会员服务基地”建设，成立12个服务网点；扩大“工会会员服务卡”覆盖面，发放“工会会员服务卡”2300余张；开展模范职工之家创建活动，拨付经费20余万元对县交通局、县广电网络、山东凯地兰纺织有限公司等企事业单位文体活动设施、职工书屋建设等方面进行扶持。

（祁春梅）

中国共产主义青年团武城县委员会

【青少年思想引领活动】 2月下旬，联合县委宣传部、县总工会、县广播电视台在全县开展“践行社会主义核心价值观　争做‘武城最美青年’”评选活动，对引领青少年向上向善树立榜样示范。3月14日，组织召开“学习总书记讲话　做合格共青团员”教育实践工作推进会，下发《共青团武城县委关于推进“学习总书记讲话　做合格共青团员”教育实践的实施方案》。会后，各级团组织围绕学习教育、组织生活和实践活动三个方面开展活动，增强了凝聚力和号召力。6月，组织开展“身边好人”随手拍活动，鼓励大家主动挖掘身边好人好事，记录身边感动，营造“诚信友善”社会氛围。组织“红心永向党，喜迎十九大”主题演讲比赛，经过初赛、复赛，有12名选手在10月11日进

2017年4月27日，纪念五四运动98周年暨“武城最美青年”表彰大会召开
（供稿　团县委）

行决赛。

【团组织活动】 4月1日，组织青年志愿者到县革命烈士陵园开展清明祭扫活动，缅怀革命先烈，弘扬爱国精神。活动后，向市民发放“清明文明祭扫，推动移风易俗”倡议书，号召广大市民摒弃祭扫陋习，采用鲜花祭扫、网络祭扫、社区公祭等现代绿色祭扫方式，推动绿色文明祭扫新风尚。4月27日，召开纪念五四运动98周年暨“武城最美青年”表彰大会，隆重表彰武城县“最美青年”和共青团系统一大批先进典型，为青年志愿服务队进行授旗。7月，制定下发《共青团武城县委关于进行全县共青团组织集中换届的实施方案》，在各镇街、县直部门、农村、社区、学校、企业等单位及新兴团体，建立健全团组织，配齐班子，同步进行团员摸底登记工作。7月26日，共青团武城县第十八次代表大会召开，元艳青当选为书记，选举产生团县委委员30人，候补委员13人，常委7人。

2017年5月13日，开展创建省级文明城市志愿活动（供稿 团县委）

【志愿服务】 3月，为推进精神文明城市建设，在全县招募青年志愿者300余人，全部登记造册，统一服饰。8月，举行武城县创建省级文明城市志愿服务活动集中行动启动仪式。在漳南社区和县文化中心建立青年志愿服务站，开展助老助残、关爱留守儿童、义务劳动、文明劝导、义诊等志愿服务活动700余人次；开展“金晖助老”志愿服务活动，组织志愿者们逐家逐户走访贫困老人，将棉衣、面、油、挂历等生活用品送到贫困老人手中。

【团员活动阵地建设】 5月，制定下发《关于严格落实团员活动日制度暨深入推进“学习总书记讲话，做合格共青团员”教育实践活动实施方案》。将每月的最后一个星期五作为团员固定活动日，同时鼓励基层团委或团（总）支部根据需要灵活确定时间，开展经常性团员活动。此项工作被列为全市共青团先进工作经验并推广。新建“青年之家”9个，捐集图书3000余册；督导各中学建设团员活动阵地5个，各机关单位建设团员活动室12个，依托阵地率先开展“学习总书记讲话，做合格共青团员”教育实践活动，取得了突出成效。8月14日，全市共青团工作会议在武城县召开，武城县团员活动日工作和团员活动阵地建设工作被列为全市亮点工作。

【招商引资】 团县委作为新能源空调产业办第二牵头单位，与县发改局联合，主动带队外出或督导成员单位外出，赴北京、上海、河北、青岛等地招商4次，参加“中国制冷学会”“中国制冷展”“山东省制冷空调暖通学术交流大会”招商交流会3次，对接企业31家，邀请山东大学研究生进行专题调研，组织常兴集团等7位企业家走进德州学院开展对接活动1次，组织德州学院科研处处长王明友和机电工程学院博士团一行四人到鲁权屯镇就精准合作进行深入对接，邀请中国海外集团、光大百城基金、大唐能源等外商来武考察洽谈5次，达成初步合作意向1个。

【少先队工作】 六一期间，全县中小学少先队以不同形式普遍组织开展“喜迎十九大，我向习爷爷说句心里话”系列主题活动。掀起“学习十九大精神·争做新时代好队员”热潮。广泛组织开展“小手拉大手·共筑碧水蓝天”“小手拉大手·共守文明交通”“小手拉大手·共守文明新风”等主题活动，在全市“国学达人”挑战赛中，武城县1名同学获得一等奖，1名同学获得二等奖，2名同学获得三等奖。全县少先队普遍组织开展创建“动感中队”活动，其中武城县实验小学“雏鹰中队”被命名为全国优秀动感中队。

【青少年维权】 联合县教育局、县法检两院开展“法律进课堂”活动4次，组织贫困儿童走进大学60余人次；与县检察院联合创建“未成年人权益保护信息平台”，主动承担社会信息员的招募与管理工作，收集各类信息900余条，为平台顺利运行打下坚实的基础；在年初社会大救助之爱心助学“暖阳行动”中，联合县民政局、县教育局共同救助410名贫困家庭中小学生，切实帮助他们解决入学难题。8月，开展社会大救助之爱心助学“圆梦行动”，救助贫困大学生42人，发放助学金15.3万元。帮助5名高考新生成功申请到团省委“国酒茅台”助学金，帮助3名高考新生成功申请到团市委“圆梦行动”助学金。9月，通过网络信息平台发布贫困学生信息，引起社会广泛关注，爱心人士与贫困学生开展结对帮扶20余对。10月16日，赴招远市与招远团市委进行扶贫对接，争取招远团市委2万元贫困学生助学金。

【青年就业创业】 与凯地兰公司、电商创业园、清华培训学校等深入对接，助力青年就业创业。在第五届“大学生暑期实习岗”活动中，为20余名大学生提供实习岗位。与县金融办联合开展“团银合力·助力青年创业”活动，免费进行金融知识培训2场。联合县金融办、县人社局、县人行等单位成立青年创业导师团，集中解决创业青年资金短缺、思路不宽、信心不足等发展难题。推介武城县龙鸿家禽养殖专业合作社经理田瑞东和嘉泽园林工程有限公司理事长孔凡伟参加大众网《青·开讲》栏目录制，为青年创业发展提供展示平台。

（刘　东）

武城县妇女联合会

【思想引领工作】 深化“巾帼建新功·共筑中国梦”“巾帼心向党·扬帆新征程”“党在我心中”宣讲等群众性主题宣传教育活动，新媒体平台阅读2000余人次。开展新一轮新农村新生活新女性培训，在全县开展40余场培训，培训妇女人数3000余人。

【基层组织建设】 扎实开展“会改联”工作，全县189个农村社区（村）和6个城市居委会召开村（社区）妇女第一次代表大会，推选出新一届妇联班子。全县195个社区（村、居）全部完成改建工作，选举妇联主席195名，兼职副主席199名，产生执委2032名。加强基层妇女阵地建设，争取上级扶持资金1万元，创建四女寺镇礼义庄社区礼东村市级妇女儿童家园。组织妇联干部参加全市基层妇女干部培训班、十九大学习暨艾滋病防治培训，组织县镇两级妇联干部举办十九大培训，提升各级妇联干部力量水平和工作能力。

【维护妇女儿童权益】 制定武城县妇女发展“十三五”规划和儿童发展“十三五”规划，根据两个“规划”目标，逐项分解任务，形成部门合力推动的良好工作局面。救助农村贫困“两癌”患病妇女，分别在4月和9月完成2017年“两癌”贫困患病妇女录入工作，统计录入贫困“两癌”妇女35名，为43名“两癌”患病妇女发放救助金42万元。探索“四点半学校”服务新模式。加强33处“四点半学校”建设和管理服务，创建市级示范点2处，争取各级扶持资金9.18万元。实施“建设法治中国、巾帼在行动”项目，带领各级妇联紧抓重要节点，开展反家暴普法宣传30余次，发放宣传资料2000余份。“三八维权周”期间，组织200余名妇女干部、群众参观家事审判法制教育基地。5月中旬，开展“巾帼维权志愿者进社区、进家庭、到身边”知识讲座，为李家户、郝王庄两个镇120名妇联干部及群众普及《反家庭暴力法》等相关法律。创新“三色”基层反家暴维权服务模式，综合利用疏导、调解、反家暴告诫、人身安全保护、治安处罚、庇护的多种维权手段，有针对性的开展反家庭暴力工作。10月30日，作为市人大反家暴执法检查唯一一个县级视察点。

【妇女创业就业】 创建省级大姐工坊3处，市级妇女居家灵活就业示范点2处，县级妇女居家灵活就业示范点10处，利用阳光大姐家政服务培训基地，以养老护老和育婴项目为培训重点，培训下岗女工及农村妇女400余人，安置32人在家政行业就业。开展巾帼送暖活动，各级爱心力量为170名贫困妇女捐献衣物1000余件、米面油100多份，救助资金达2万余元。动员企业帮扶，组织民福新材料科技有限公司、开源畜牧养殖有限公司购买郝王庄镇滞销菜5万余斤为建档立卡贫困户和60岁以上老人家庭赠送蔬菜。加大妇女创业就业培训力度。4月，组织8名新型女农民参加市妇联、市农业局举办的为期3天的全市新型职业女农民培训班。6月，组织武城镇肖邢王庄村1名妇女干部参加省妇联举办的为期5天的山东省巾帼乡村旅游带头人培训班。10月，组织四女寺镇省派第一书记帮包村20名女致富带头人参加省妇联、省扶贫办在山东农业大学联合举办的为期7天省派第三轮第一书记帮包村女致富带头人培训班。12月，为民福新材料科技有限公司争取省级巾帼创业贴息3.62万元。

【家庭文明创建活动】 3月7日，邀请婚姻家庭专家瞿泺仪到县为广大干部职工开展“让千万家庭更幸福”为主题的幸福家庭讲座，

2017年3月7日，举办幸福家庭主题讲座　（摄影　王彩红）

全县200余人参加讲座。6月1日，举办庆“六一”家庭教育公益讲座，有400名学生家长参与讲座。在全县开展家庭教育课题申报工作，收到课题9篇。常态化推进争创“最美家庭”、五好文明家庭创建等活动。罗华三等5户家庭荣获全市“最美家庭”称号。制定《2017年争创“最美家庭”实施方案》，在全县评选“最美孝德家庭”、农村“移风易俗”等六类最美家庭。7月26日，四女寺镇李庄村廖邦艳荣获“山东省十佳兵妈妈”称号，这是德州市唯一入选的一人。开展廉洁教育进家庭活动，通过发放家庭助廉倡议书，在全县下发《关于在全县开展优秀家风家规家训、现代家书家信征集活动》，征集优秀家风家训120余篇，将其中78篇整编成册。11月30日，举办“武城县好家风、好家训暨十九大精神宣讲”活动，全县各级妇联干部及家庭代表100余人参加活动，县纪委、县委宣传部、县妇联相关领导为9户党员干部家庭代表赠送廉政读物，邀请荣获市级以上的3户家庭代表最美家庭代表、党员干部家庭结合自身事迹为大家分享好家风、好家训故事，同时邀请党校副校长程显营为广大妇女干部做十九大精神的宣讲。宣讲结束后，召开党的十九大精神暨廉政文化进家庭座谈会，广大党员干部家庭代表就党的十九大精神和廉政文化谈体会、谈想法。

（王彩红）

武城县工商业联合会

【政治建会】 3月，武城总商会济南商会成立。6月，县总商会开通以“发布工作动态、搭建交流平台，服务会员企业、展现武商风采”为主题的微信公众号，及时传达中央、省、市相关会议及文件精神，扩大商会活动的影响力，宣传优秀非公经济人士事迹，推送信息上百条，点击量累计2万人次。11月，邀请市委统战部副部长，市工商联党组书记、常务副主席赵金刚为工商联执委宣讲党的十九大精神，在全市工商联系统率先开展“十九大精神进商会、进基层”活动。武城县15个异地商会也组织开展“学习十九大,决胜新时代”党员活动日、“庆七一、感党恩”学习座谈会、“两学一做”学习教育培训等主题活动，以党建促发展，实现商会社会效益与经济效益的双赢。7月，北京武城企业商会成立。

2017 年 3 月 11 日，武城总商会济南商会揭牌（摄影　陶书强）

【团结立会】　推选优秀企业家张延青参加全市“企业家精神进高校”报告会。推送执委闫丽敏、刘军胜参加“爱国爱党爱会，中国梦里有我”为主题诗歌诵读会。联络多家会员企业到贫困户家中，为 80 多户贫困户送去价值 3 万多元的慰问品。6 月，川渝商会为李家户文联小学捐建一所爱心书屋。7 月，组织 15 家异地商会、鲁权屯镇商会、爱心联盟为武城县白血病患者捐款 13 万元。川渝商会、新疆商会、甘肃分会一年来通过爱心联盟捐赠善款 10 万余元，开展爱心助学活动。组织会员企业在中秋节和春节前期开展“向贫困人员献爱心”为主题的扶贫慰问活动和“暖冬祥年”行动。

【服务兴会】　9 月，邀请全国工商联原副主席庄聪生为工商联执委讲授《正确市场八大变化，推动民营经济转型升级》，列入“贝州大讲堂”。11 月，联系京师律师事务所律师在鲁权屯镇商会举办法律知识讲座，对合同签订、履行过程中的法律风险防范问题进行讲解。11 月，请市互联网 + 商会副会长李梦华就非公经济人士如何认识“互联网 +”模式、如何融入智慧社会建设进行培训。10 月，组织三位企业家副主席到浙江大学参加学习。以社情民意的形式积极反映非公企业的诉求，《高度重视“散乱污”企业引起的社会稳定隐患》等 3 篇三篇被省政协采用。4 月与天津南开区工商联缔结为友好商会，9 月到深圳山东省商会；12 月到浙江山东省商会对接学习，和多个商会建立长期联系，促进了武城县与多地非公经济互通有无、携手发展。

【改革强会】　召开工商联八届二次执委会，增补工商联副主席 2 人，民间商会副会长 1 人，免去执委 2 名。至年底，有工商联执委 126 人。制定《关于实行执委星级化管理的实施意见》，加强工商联执委的自身建设。出台《武城县工商业联合会（总商会）商会工作规范》《武城县工商业联合会(总商会)商会财务管理制度》，为商会的内部治理和财务管理提供依据和有力的制度保障。

（王琮琮）

法　治

Rule by Law

政法委及综治

【矛盾纠纷多元化解】 做好重大决策社会稳定风险评估工作。加强矛盾纠纷源头治理，树立稳评刚性门槛，全年共对武城德百城市综合体等35个项目进行稳评，实现应评尽评。健全调解组织，全县在已有的交通事故、医疗纠纷、婚姻家庭、消费纠纷、环境保护、食品药品安全6个调解组织基础上，由县综治办组织，县司法局牵头，国土、人社、教育、住建、金融相关单位具体负责，建成土地权属、劳动社保、校园周边、房产物业及建筑领域、金融领域相关调委会。加强“121”联动联调机制运用，“121”联动联调累计调处工伤事故、轻微伤害、婚姻纠纷等各类矛盾纠纷101起，调解成功率、协议履行率100%。开展纠纷大排查大调处百日专项行动，期间走访重点人员1325人，排查矛盾纠纷152件。全年排查矛盾纠纷295件，化解293件，化解率99.32%。推进排查安全隐患防范四类风险工作，全县共排查出各类纠纷隐患135件，其中暴力恐怖事件、群体性事件、个人极端事件、安全事故等四类风险隐患累计60件。

【社会治安综合治理】 2017年，全县破获刑事案件780起，打掉犯罪团伙8个，抓获犯罪嫌疑人271人，查处治安违法人数1362人。推进优化金融秩序行动，对金融类违法犯罪立案4起，刑拘7人，逮捕3人，移送审查起诉4人，收回不良贷款3084.54万元。加大大车进城整治力度，实行大型车辆限时、限路线进城，办理进城车辆通行证9300余辆次，处理违规运输车辆146辆次。做好易肇事肇祸精神障碍患者救助工作，成立由各镇街政府主要负责人，卫计、综治、民政、公安等8个相关部门分管负责人为成员的易肇事肇祸精神障碍患者安全隐患排查管控领导小组。落实“以奖代补”政策，落实“以奖代补”精神障碍患者30人，发放监护资金4.92万元。深化平安创建活动，深入开展“三无”“五无”主题创建活动和平安单位创建活动，将这一活动任务列入目标责任书，作为硬性指标纳入年终考核，全年无命案镇街覆盖率88.9%，无刑事案件村居85.8%，各基层单位内部安全防范进一步强化。

2017年4月1日，全县政法暨信访维稳工作会议召开（摄影　朱艳娥）

【基层基础建设】 三级综治中心标准化建设逐步推进，打造标准化、规范化县级平台。县级综治中心投入使用，位于城区文化街以南、青年路西侧，总建筑面积1097.29平方米。县综治中心借力城乡网格化服务管理工作，先期14名工作人员到位，工作有序开展。推动镇级综治中心规范化建设。全县9个镇街区全部设立镇级综治中心，按照国家标准进一步规范场所，统一门牌、标识，达到标准化要求。推动村级综治中心建设，各镇街区均以农村社区委员会为基础建成村级综治中心393个，覆盖率100%。完成规范化建设365个，规范化建设覆盖率达到92.88%，补齐三级平台短板。

【治安防控体系建设】 建设企业环保监控治污工程和高空瞭望监控工程，作为“雪亮工程”建设重要组成部分，为平安武城建设提供支撑和保障。在鲁权屯镇开展试点，安装30路高空瞭望摄像头，其中7路与县“天网”平台联网对接成功。投资600余万元，安装环保监控1054家，安装监控摄像头2733个，上线视频监控探头2012个。通过监控侦查，立案查处3起严重污染环境违法案件，对70家企业环保问题进行监督整改。在网吧、KTV、快递物流业等重点场所安装监控，同时加强对“天网”工程的维护，确保最低98%在线率，织密治安防控网。推进“人防”建设，健全完善“一村一警务助理”工作机制，以“村村通”视频监控建设为契机，依托党员活动室，构建社区警务站，社区警务站配有警务助理1名，由各村综治主任兼任，主要承担人口管理、信息采集、巡逻防范、矛盾纠纷化解、安全防范宣传等职能，全年收集综治维稳类信息102个。

【执法司法公信力建设】 7月，组织法院、检察院、公安局召开2017年案件评查工作动员部署会议，下发《武城县关于开展2017年案件评查工作的通知》，对评查范围、评查内容、评查方法、时间步骤等工作任务提出具体要求，交叉评查73件。开展涉法涉诉信访积案化解专项活动，化解涉法涉诉信访积案8件。开展国家司法救助工作，全年共救助5人，发放司法救助金3.5万元。

【创新亮点工作】 建立“1+2+X+N”大维稳工作机制。建立村务管理、劳动社保、涉法涉诉、军队退役人员安置和权益保障、应急处置等21个专项工作体系，23件疑难信访案件纳入该机制，化解其中16件。家事审判改革和未检平台建设不断深化，打造家事审判改革和未成年保护的“武城经验”。全县村（社区）法律顾问实现全覆盖，全年提供法律服务295件，调解纠纷71起，参与化解信访案件10起。

【教育培训】 开展“业务部门学业务”活动，积极参加中央政法干部培训班、全省涉法涉诉信访信息综合分析平台应用培训班、全市政法系统调研信息宣传培训班。8月23日全市政法系统信息调研宣传工作现场会、11月23日全市综治工作培训会议在武城召开。将政法综治干部培训内容列入县委党校培训计划，11月22日至24日，组织举办全县政法综治干部培训班。。

（朱艳娥）

法治政府建设

【规范性文件管理】 制定出台7件县政府规范性文件，均明确标注有效期，落实有效期制度。新制发的规范性文件均经过合法性审查和公开征求意见，统一编号、统一登记，统一公开发布，落实“三统一”制度。向市政府、县人大常委会报送备案的7件县政府规范性文件，报备率、及时率、规范率100%，将文件全部录入山东省规章规范性文件电子监督平台。实施现行规范性文件的全面清理工作，印发《武城县规范性文件清理工作方案》。经清理，确认继续有效37件，待修订9件，废止22件，失效6件，清理结果通过政府网站公开发布。

【执法监督】 出台《武城县推进行政执法公示制度执法全过程记录制度重大执法决定法制审核制度实施方案》，对行政执法各环节进行同步记录，实现全过程留痕。加大信息公开力度，提高行政执法的公开透明度。对重大行政执法决定未经法制审核或者审核未通过的，不得作出决定，实现执法监督关口前移。严格行政执法人员资格认证和证件管理制度，加强行政执法人员岗位培训，将专业知识考试和公共法律知识考试作为行政执法证件审验和新申领的前置环节，从严把关，全年共培训行政执法人员400余人。及时清理不在执法岗位人员执法资格并将执法证件及时按规定处理。

【行政复议应诉】 全年收到行政复议申请25件，其中受理行政复议案件24起，全部审结，综合纠错率50%。推进行政诉讼规范化建设，制定《关于改进和加强行政应诉工作的通知》，进一步落实《关于全面推行行政机关负责人行政诉讼出庭应诉和行政机关执行法院生效裁判的意见》，完善行政应诉工作运行机制。全年办理行政应诉案件27件，行政机关负责人出庭应诉率100%。

2017年5月3日，举办行政执法人员培训会 （摄影 金殿伟）

【重大行政决策】 出台《武城县重大行政决策程序实施办法》，明确重大行政决策事项清单。出台《武城县重大行政决策合法性审查办法》，将重大行政决策事项全部纳入合法性审查范围，未经合法性审查的，政府常务会议不予讨论。

【法律顾问】 县政府部门和各镇政府普遍建立法律顾问制度，聘请法律顾问，将法律顾问制度延伸至社区（村），实现一社区（村）一顾问。健全政府法律顾问日常管理、工作经费使用、考核评价等制度。全年政府法律顾问提供法律服务16次，参与重大决策合法性论证4次，出具法律意见书32份，代理县政府行政诉讼案件2件。

（全殿伟）

公　安

【打击违法犯罪】 2017年，全县刑事发案627起，同比下降4.7%，破案699起，打掉犯罪团伙8个，抓获犯罪嫌疑人271人，逮捕123人，受理治安案件1394起，查处治安违法人数1371人。年内告破重大案件6起。侦办食品药品环境违法犯罪案件23起，抓获违法犯罪嫌疑人37人。其中，刑事拘留18人，逮捕13人，治安拘留19人，查获假冒伪劣食品、药品2000余件，涉案总价值500余万元。“4.28”网赌专案组抓获犯罪嫌疑人24人。其中，逮捕9人，取保候审7人，冻结涉案资金3000余万元，查获房产价值8000余万元。

2017年9月9日，央视《今日说法》栏目报道县公安局破获一起生产、销售有毒有害食品案件　　（供稿　县公安局）

【公共安全监管】 2017年，排查闲置院落、厂房等重点部位1.2万余处次，签订责任书642份，发现安全隐患172处，现场立即整改131处，下达整改通知书41份。办理案件12起，行政拘留12人，刑事拘留2人，查获非法储存各类组合烟花、开天雷110余万个，鞭炮9200万余头。联合邮政、交通部门对全县寄递物流企业开展检查150余次，查处寄递物流企业43家，查处非法寄运案件72起。联合各相关行业部门，相继开展夏季、冬春、商市场、电气火灾、高层建筑以及十九大安保等30余个专项行动，排查单位8591家，发现火灾隐患16386处，下发责令改正通知书7675份，临时查封50家，责令“三停”23家。开展彩钢板建筑专项治理，拆除或更换可燃彩钢板面积约26.8万平方米。开展严打渣土车违法和货车超限超载专项行动、四轮低速电动车规范整治行动、涉及环境污染交通违法行为专项整治行动、“大快严”专项行动等，加大交通违法整治力度，检查各类车辆13万余辆，查处各类交通违法行为2.6万余起，受理各类交通事故817起。

【社会维稳】 9月28日，德上高速武城公安检查站正式启动，检查车辆4.3万余辆，人员11万余人，查获违法犯罪嫌疑人33人。其中，抓获上网逃犯4人，刑事拘留4人，取保候审3人，治安拘留10人（吸毒人员1人），行政罚款12人。

【基层基础工作】 筹资7000余万元，推进基层基础三年攻坚战。改建完毕新城、旧城、四女寺派出所，新建成大屯水库派出所，对老城、郝王庄、李家户三个派出所重新选址按同一图纸新建，分别占地6000平方米；鲁权屯派出所迁址地税所，原鲁权屯派出所置换给第二消防站；德上高速武城公安检查站建成投入使用。建设高空瞭望视频监控30处，接入“天网”平台7处；企业环保监控治污工程共安装监控2718个，安装监控企业1058家。开发“互联网+社区警务”信息平台，推进“一标三实”基础信息采集，采集信息70万余条。建设农村“技防示范村”，开展“村村响”工程，抢占宣传阵地。完成“千警下所”，在农村推行“一村一警务助理”，使派出所警力达到总警力的45%。

【交通安全管理】 秩序管理　开展“渣土车治理”“超载超限治理”“校车专项治理”和“文明城市创建”及“三个不发生”创建等专项行动。治理超载行动期间，与交通局开展联合执法20余场次，检查各类大型货车1500余辆，查处超载违法行为85起。文明城市和卫生城市创建设期间，出动警力800余人次，警车400余辆次，在城区集中治理乱停乱放行为。“三个不发生”创建期间，检查各类机动车5万余辆，查处各类交通违法行为1万余起。

事故预防　开展源头隐患“清零”行动，检查企业安全生产情况90余场次，整改各类重点车辆安全隐患问题310件次，约谈重点企业负责人43人，整改涉及学校、校车安全隐患172处，严控“人、车、企业”的源头性风险；以省道、农村道路和校车运行线路为重点，对路口渠化、减速、让行等标志不齐全、不清晰、中央隔离护栏开口不合理以及路口遮挡视线等600余处安全隐患进行整改；适时开展严重交通违法专项整治行动，严厉打击超员、超速、酒驾、醉驾、涉牌涉证等严重违法行为。

事故处理　坚持24小时值班备勤制度，出警人员不少于3人，全部佩戴执法记录仪，确保接处警流程规范；强化事故矛盾纠纷“四位一体”人民调解工作机制，全年共调解案件110余起，成功率达到93.5%以上，事故处理工作全年无一起信访、上访事件发生。

车管服务　全年共完成机动车注册登记3834辆，转移3684辆，办理注销登记25056辆，检验上线车辆9294辆，其他机动车业务7800余件。完成驾驶人考核3536名，补证换证7253本，转入328名，注销驾驶证92本，办理满分学习136人。

交通宣传教育　对重点企业、重点驾驶人精准推送提示警示信息，定期开展针对性的约谈教育活动。开展“五进”宣传尤其是进校园宣传活动，依托从学校到家庭的方式，传播文明交通理念。依托农村“两站”“两员”建设的成效，对农村驾驶人开展针对性防范、预警，实现农村地区“动态管理、实时预警、跟踪考核、有效监督”，真正把触角延伸到农村；利用新闻媒体、网络平台宣传教育作用，做好“武城交警”微信公众号，增强交通安全宣传的针对性、时效性。

2017 年 6 月 24 日，开展“齐鲁百店万人”演练
（供稿 县公安消防大队）

【消防】 防控火灾 落实消防安全责任制。县政府组织召开全县消防工作会议，签订责任书；调整消委会成员名单，消委会实体化运行；制定协同发展考核细则，将消防工作纳入考核内容。组织开展夏季、冬春、商（市）场、电气火灾、高层建筑以及十九大安保等 30 多个专项行动，消除一大批火灾隐患。加强公共基础消防设施建设。县政府于 4 月 1 日和 7 月 21 日两次召开常务会，研究通过第二消防站、市政消火栓建设等议题，确定第二消防站选址。2017 年，全县新建市政消火栓 63 具，接处警 359 次，出动官兵 4364 人次，出动车辆 825 辆次，抢救被困人员 21 人，疏散被困人员 50 人，保护财物价值 8830 万元。

基础建设 通过成立安全管理小组、完善安全管理制度、开展隐患排查、安全形势分析、签订责任状等形式，开展“七查七防”，确保部队安全稳定。大队被省公安消防总队评为安全工作先进大队。推进部队正规化建设。对岗哨门禁系统、营区外观标识、内务设置等硬件设施进行更换；对“七本一表一册”等软件进行规范。开展实战化练兵。制定奖惩制度，每月开展体能考核；在新队员招收时，将体能测试作为前置条件，从源头提高专职消防员体能素质；中队组织开展 12 项应用操法和 3 项整建制中队实战操法训练；开展重点单位熟悉演练 185 次，组织“齐鲁百店万人”大演练 1 次，修订预案 90 份；熟悉高层建筑 17 家，建立“一楼一档”17 份；熟悉地下建筑 7 家，并对灭火预案全部进行修订。

后勤保障 县政府给予 496.13 万元经费支持。按照 6.18 万元 / 人的标准划拨专职消防员和驻所协管员专项经费，确保“五险一金”正常缴纳，落实每人每月 600 元的消防员高危补助。建成 365 消防服务中心，方便群众办理业务。

消防宣传 开展“社区消防安全使者”“119 消防奖”“全民消防我代言”等评选活动，评选结果在“119 消防宣传月”启动仪式以及媒体上公布，通过宣传栏、户外视频电视、电视台、微博、微信进行宣传。联合县教育局开展示范课件征集、消防作文、绘画竞赛、消防宣传“进军训”等活动。联合各镇街区以及科协、司法、安监、交通等部门开展宣传教育活动。全年印制宣传资料近万份，组织培训和演练50余次，开放消防站20余次，接待参观群众7000余人。官方微信发布信息3000余条。户外视频、LED显示屏播放公益广告和警示标语5000余条。

【重要案例】“3.17”故意杀人案 3月17日17时许，郝王庄镇好运来超市蛋糕房老板陈某涛（男，35岁，郝王庄镇双庙李庄村人）被超市猪肉摊老板高某虎拿菜刀砍伤。陈某涛经抢救无效死亡。接到报警后，办案民警迅速出动，并立即展开案件侦办工作，对高某虎上网追逃，兵分多路迅速开展工作。期间，印制悬赏通报，在周边乡镇、车站、人口聚集点、村庄张贴。同时，先后出动民警40余人次，进行走访排查。5月7日10时许，犯罪嫌疑人高某虎迫于警方追逃压力，在家人的陪同下到郝王庄派出所投案自首。

特大网络诈骗案 5月8日15时20分许，县公安局接群众报案称：2017年1月1日至7日之间，其被网上一名陌生人以卖车壳预交定金、交全款为由诈骗7300元钱。接到报案后，刑警大队反诈中队民警查询涉案银行账号，发现疑似受害人达上百人。专案组民警随后开展工作，分组行动。成功锁定犯罪嫌疑人位于海口市美兰区夏威夷花苑2号楼某室。蹲守两天两夜后，摸清犯罪嫌疑人的活动规律。于6月23日15时许，在当地警方的协助下开始抓捕行动。6月23日，在海口市美兰区抓获涉嫌诈骗犯罪嫌疑人陈某安（男，38岁，福建省安溪县人）、郑某蓉（女，31岁，福建省安溪县人）。

“3.28”恶性抢劫案 3月28日20时54分许，县110接警台接群众报警称：其在城区北方街浩天家园小区西一烧烤店门前包被抢，内有现金1万余元。接警后，合成作战中心立即指令特巡警大队、情报大队出警，发现有一辆白色吉利汽车有重大作案嫌疑，遂通报出警单位对该车进行查堵，同时，指令鲁权屯、四女寺派出所立即上路堵截。22时14分许，参与堵截的特巡警大队民警在北方街与历亭路交叉口北翰林院附近发现嫌疑车辆，迅速驾车将其逼停，当场将嫌疑人魏某抓获，查获被抢现金1万余元。魏某被依法刑事拘留。

（宋立衡 霍 达 陈显生 杜 鹏）

检 察

【概况】 2017年，县检察院综合考核位居全市第1名，获“第五届全国文明单位”“全省四德工程示范点”“全省‘六型’建设示范院”“全省检察文化示范院”“全市先进基层检察院”等称号，被市院、县委、县政府授予“集体三等功”。全国未成年人保护多部门联动机制与网络平台建设研讨现场会在武城县召开。全国各地先后有80余个单位到武参观学习。

【服务大局】 依法打击涉黑涉恶、涉霸涉痞、涉枪涉爆、“黄赌毒”、多发性侵财犯罪、涉众型经济犯罪和电信网络诈骗等犯罪活动，共批准逮捕各类犯罪62件75人，提起公诉116件158人。办理的黄某某、王某某诈骗一案被评

2017 年 5 月 5 日，全国未成年人保护多部门联动机制与网络平台建设研讨现场会召开　　（摄影　王玉晶）

为“全省优秀参与社会治理案件”。依法对没有逮捕必要、犯罪情节轻微、证据不足的 27 人，作出不批捕、不起诉决定。撰写《民营企业家最易触犯的十类罪名》下发至辖区企业，从源头上减少“不知法”犯罪的发生。

【职务犯罪预防检察】 全年共查办职务犯罪 13 件 16 人。其中，贪污贿赂案件 8 件 11 人，渎职案件 5 件 5 人，大案 11 件 12 人，科级干部 5 人，为国家挽回经济损失 550 余万元。立案侦查医疗卫生、工程建设、工商监管、套取国家专项资金等领域贪污犯罪 5 人，行受贿犯罪 5 人，渎职犯罪 5 人。其中，查办政府招投标领域职务犯罪案件 4 件 4 人，移交公安机关立案串投标 2 件 10 人。深化职务犯罪预防，实行案例剖析、检察建议“双推进”，对 3 件典型案件开展案后预防，检察官联系扶贫领域重大项目 1 件，开展预防宣传和咨询活动 6 场次，受理行贿犯罪档案查询 3298 次，维护社会诚信体系建设。开展“预防职务犯罪邮路”活动，发放检察业务宣传材料 3 万余份，宣传法律知识。完成警示教育基地升级改造，组织警示教育 40 场次，受教育人数 2000 余人。

【刑事检察】 全年监督刑事立案 5 件 6 人，撤案 4 件 4 人，追捕追诉 18 人，提出刑事抗诉 7 件。办理的王某某、苏某立案监督案被评为“全省立案监督精品案件”。监督公安机关立案的王某某涉嫌销售假药、非法经营案被评为“全省我最满意案件”。依法对刑罚执行情况全程监督，审查刑事强制措施执行、刑罚交付和变更执行、社区矫正、财产刑执行等案件 92 件，监督纠正违法情形 29 件。

【民事行政检察】 构建民事行政诉讼监督、行政违法监督、支持起诉、公益诉讼协调发展的多元化格局，办理行政执法监督案件 10 件，民事执行监督案件 4 件，审判活动监督案件 4 件，行政公益诉讼案件 1 件。针对德州某房地产开发有限公司未按规划建设，擅自改变容积率违法行为，及时向相关部门提出检察建议，督促其履职，为国家挽回经济损失 450 余万元。

【控告申诉检察】 做好涉检信访人员的稳控工作，受理各种来信来访 93 件 116 人，均依法妥善处理，未发生到省进京涉检非访案件。检察长接访 24 次；开展下访巡访 12 次；开展司法救助 13 人次，发放国家司法救助金 12.6 万元；开展举报宣传和民生热线宣传活动 5 次，发放宣传材料 5000 余份，接受法律咨询 100 余人次。开展“派驻第一书记”精准扶贫活动，走访慰问贫困人员、抗战老兵56人次。深化派驻检察室建设，打造老百姓“家门口的检察院”，传播法治理念，监督纠正执法司法不公案件13件，办理轻刑案件10件，化解矛盾纠纷7起，促进基层治理法治化。

【信息化建设】 研发应用37款实用性系统软件，推动信息化建设与检察工作深度融合。加强与检察业务深度融合，建成侦查指挥中心、侦查信息查询中心，全程同步录音录像中心，购置便携式一体化侦查箱、计算机硬盘及手机数据恢复设备等现代化信息设备，为司法办案提供技术支撑。加强与队伍管理深度融合，自主研发后勤保障平台，设置会议通知、派车、请假、公出、年休等9大模块，建立起环环相扣的信息化管理流程，打造上下级之间、各科室之间的信息“高速路”。建成远程视频督察平台，对办案工作区、为民服务大厅、检察室大厅、车辆GPS定位、廉政风险防控、智能考勤、机关安全监督进行有效整合，全程同步监控，提高综合保障和管理效能。加强与检务公开深度融合，依托门户网站、“两微一端”新媒体等研发创建司法便民服务和检务公开平台。自主研发武城检察掌上APP，打造实体、网上、掌上“一体化、一站式、一键通”三位一体的民生检察服务平台，公开程序性信息477条，发布微信、微博723条，畅通检务公开渠道，为群众提供高效便捷的司法服务。

【规范化建设】 坚持问题导向，开展“案件质量评查”5次，评查案件180件，对发现问题及时整改。强化统一业务应用系统，加强对办案活动的全程、实时、动态监管。借助信息化手段，实行网上预约，全年接待律师阅卷55人次，刻录电子卷宗光盘47张。建立健全重大案件和重要部署报告制度，邀请人大代表、政协委员视察检察工作，参与重要检务活动260余人次。全面梳理代表、委员意见建议，认真研究整改。通过走访、座谈、发送微信、发放征求意见函等方式，邀请参加检察开放日、旁听评议公诉人出庭等活动，推送检务信息、通报工作等途径，让检察走进群众，让群众了解检察。加强为民服务大厅建设，提供控告举报申诉、案件信息查询、律师接待等“一厅式、一站式、一键式”服务，公开重要案件信息70条，法律文书131份。

【创新工作】 在全国首创“信息化+未检”工作平台，构筑未成年人保护一体化大格局。5月5日，全国未成年人保护多部门联动机制与网络平台建设研讨现场会在武城召开。中央政法委、最高人民法院、最高人民检察院等10余家中央机关，20余名全国知名专家、联合国和国际儿童救助组织代表及11省市检察机关实务部门人员和新华社、检察日报、法制日报等中央媒体记者120余人出席会议。检察日报头版、法制日报内参、央广网等30余家媒体予以专题报道。县检察院被最高人民检察院确定为第一个全国未成年人检察工作创新实践基地，被中国刑事诉讼法学研究会确定为中国少年司法专业委员会研究基地。全国各地80余家兄弟单位1500百余人到武参观学习，该平台在全市推广应用，同时研发了法治进校园服务平台，构建“讲、学、护”三位一体的法治进校园新模式。同时深化未成年人犯罪预防，启动“互联网+法治进校园”宣讲活动，举办法治讲座46场。开展“防治校园欺凌，护航未成年人成长”检察开放日活动，通过组织法治夏令营、开展心理咨询、举行新闻发布会、展播未检题材微电影等形式，引导未成年人加强自我保护，自觉远离犯罪，并积极筹建省院青少年法治教育基地。11月16日，出席全国未检工作会议并作典型发言。“监督撤销虚假诉讼，维护受害留守女童民事权益”案例入选全国检察机关2017年未检工作十大典型案例。推进司法体制、监察体制改革，开展检察人员分类管理改革，择优遴选19名业务水平高、办案经验丰富的检察官为员额检察官。

【队伍建设】 组织政治理论学习32次，与干警开展各类谈话160余人次。就贯彻上级部署、基础建设、重大疑难案件等重大问题召开党组会议26次、检委会10次。立足专业化、职业化要求，组织各类培训80余期，培训人员1200余人次。采取理论研讨、法律讲座、案件讲评、公诉论辩赛等形式，开展岗位练兵活动45期。以争创全国文明单位为目标，打造文化长廊，建设院史荣誉室、党建宣教室、贝州检察文苑等文化设施，开展英模大讲堂、法治沙龙等活动。推出“身边的感动”31期，话身边人、书感人事，充分发挥身边典型的示范引领作用。11月17日，被中央文明委评为“第五届全国文明单位”，是全市唯一一家县级全国文明单位。

（王　瑞）

法　院

【概况】 2017年，县人民法院共受理各类案件4442件，结案4471件，分别与去年同比上升17.17%、17.16%，服判息诉率96.23%。先后被评为全国青少年普法教育活动先进单位、“全国敬老文明号”、山东省老年人公益维权服务示范站、德州市妇女儿童工作先进集体、德州市青少年维权岗、首批德州市青少年教育基地。

【刑事审判】 刑事收案137件，结案151件。其中，审结危险驾驶、交通肇事、诈骗、食药品安全等案件21件21人，保障群众生命财产安全；审结贪污贿赂、玩忽职守等职务犯罪14件15人，保持反腐高压态势；判决拒不支付劳动报酬2案2人，维护农民工合法权益；贯彻“宽严相济”的刑事政策，对犯罪情节轻微的108人适用拘役、缓刑等非监禁刑。

【民商事审判】 受理民商事案件2425件，审结2433件。其中，审结离婚、赡养等家事案件445件，保护妇女、儿童及老年人合法权益；审理买卖、运输等合同纠纷382件，维护公平竞争的市场环境；化解涉企纠纷，慎用查封、冻结等保全措施，助推企业健康发展；对弱势群体减免缓诉讼费12.2万元，保障困难群众依法维权。在全县优化金融环境工作中，发挥审执职能，组建专门团队，清收现金约1000万元，查封房产、土地等涉及金额达到3000余万元，净化金融市场环境。

【行政审判】 审结行政诉讼案件32件，审查非诉执行行政案件47件。针对农民工欠薪等

2017年11月21日，对甲马营镇一起460亩耕地使用权纠纷案予以强制执行　（摄影　陈聪）

涉薪非诉执行案件，建立“三谈”“四查”“五项保障”的“三四五”工作机制。完善司法与行政良性互动机制，推进行政负责人出庭制度落实，针对发现的问题提出司法建议，促进规范执法，推进法治建设。

【审判执行】 执行收案1480件，结案1481件，结案标的5.6亿元，完成“基本解决执行难”任务目标。县委办公室、县政府办公室印发《关于支持人民法院基本解决执行难问题的通知》，将35个职能部门纳入统一管理体系，对失信被执行人在任职资格、评先评优等方面进行全面限制；县人大常委会作出《关于进一步加强法院执行工作的决议》，支持解决执行难；协助县委组织部查询党代表、人大代表、政协委员候选人情况356人；利用“点对点”“总对总”查控网络进行全面查控，与公安局、交警队联动，协助查找被执行人76人，车辆36辆；加强失信曝光力度，发布失信个人1827人，失信单位167个，全部向联动部门进行推送；开展集中执行“黎明行动”“打击恶意逃废银行债务”专项行动34次，批准拘留、拘传200余人，扣押车辆17辆；加大执行标的网络拍卖力度，全年拍卖68次，成交总额572万元；主动接受当事人和社会各界监督，召开新闻发布会、开展执行直播，全方位多角度公开。11月21日，对甲马营镇一起460亩耕地使用权纠纷案予以强制执行，确保顺利耕种。

【信访】 成立信访工作领导小组，建立“由信访工作领导小组统一领导、一把手负总责、分管副院长和业务庭庭长具体负责、立案庭协调、全院各部门整体联动”的工作格局。工作中，立、审、执各部门，密切配合，分工协作，彻查案件中的不稳定因素，对有信访苗头的案件做好登记，并制定切实可行的措施进行防控。严格按照“四位一体”接访制度，安排好带班领导和值班干警，杜绝空岗空位，对来信来访实行登记和答复制度，落实初访负责制，有效化解矛盾纠纷。

【人民陪审员制度】 全县有人民陪审员34名，人民陪审员行业分布广泛，年龄结构呈梯次，专业类别较为合理。每年安排不少于两次的集中培训。通过专业法官授课、庭长座谈等形式，为人民陪审员培训基础知识。不定期组织人民陪审员观摩庭审，学习法官的庭审驾驭技巧、发问规则、仪表规范等，为人民陪审员订阅报纸，推介微博、微信公众号、法院动态等。探索适用机制，将其工作范围拓展至保全送达、诉前调解等审判执行各个环节，充分发挥其职能优势。2017年，为陪审员订阅《人民法院报》《山东法制报》各一份，推介法院信息 235 条，参审案件 440 件，案件陪审率 100%。建立良性考核退出机制，将参与培训、参审数量、参审质量、庭审礼仪等纳入考核范围，全面直观呈现人民陪审员工作业绩定量情况。

【人民法庭】 2017 年，有派出法庭 3 个，分别是鲁权屯镇法庭、老城镇法庭、武城镇法庭。建成全国首批规范性法庭老城法庭，该法庭占地 1600 余平方米，以法庭为依托，建成占地 600 余平方米的全国首个未成年法治教育与家事相结合的武城县少年法治教育基地，集未成年教育、家风、家事为一体、“学校、家庭、社会”相融合，立足未成年人健康成长及家事审判方式改革，整合社会法治教育资源，发挥“预防、教育、引导、启迪”功能，推进法治文化与法治实践相结合，向社会免费开放。2017 年接纳师生及家长 2000 余人、百余家外地法院前来参观调研。

【队伍建设】 完成 29 名员额法官选任，强化院庭长办案，全年承办案件 3100 件。邀请国内知名专家进行专题讲座，干警完成相互讲学 23 次。逐级签订党风廉政建设责任状，明确主体责任和监督责任，述职述廉制度化常态化。制定责任清单，庭审全程录音录像，加大庭审观摩力度，实现全方位监督。参观廉政教育基地，开展“清风武城天平行”演讲比赛，重温入党誓词、法官宣誓等活动，推动纪律作风建设向纵深发展。

【司法公开】 利用微信、微博等新媒体发布信息 1200 余条，互联网公布裁判文书 2478 份；将人民陪审员工作范围拓展至保全送达、诉前调解等审判执行各个环节，一审案件陪审率 100%。坚持主动向人大及其常委会报告工作，开展人大代表、政协委员联络工作，邀请观摩、座谈，征求意见建议。走访企业、走进学校、镇街社区 40 余次，“3.15”消费者权益日、“12.4”国家宪法日等特定日专题宣传 4 次。

【创新改革】 作为山东省家事审判方式及工作机制改革试点法院，创建制度机制，转变审判理念，调整审判方式及庭审程序，建立专业审判团队和“七员”司法辅助团队，设立驻民政局家事指导中心，与南京师范大学法学院、山东大学法学院、山东大学哲学与社会发展学院、华东政法大学法律学院建立战略合作，打造“党委领导、政府支持、法院主导、社会参与、专业介入”的武城模式。改革以来，家事案件同比减少 22.3%，离婚案件和好率为 30%，家暴案件成功处置率为

2017 年 4 月 7 日，全省法院家事审判改革推进会召开
（摄影　冯娜）

100%，诉讼离婚和民政登记离婚的数量同比下降30%和35%，近500个家庭和好回归。家事审判方式改革和家事诉讼立法全国性研讨会、全省法院家事审判改革推进会在武城召开，在全国部分法院家事审判改革推进会、第二十四次全省法院工作会议上作典型发言，最高法院专委杜万华、全国妇联权益部部长高莎薇到武城专门调研。在央视十九大特别节目《法治中国说》第一季大法官说“拯救婚姻的家事审判”中，受邀走进央视，介绍家事审判改革模式。

（谷晓彬）

司法行政

【普法依法治理】 贯彻实施武城县“七五”普法规划和依法治县规划(2016—2020年)，以“法律六进”活动为载体，加强党员领导干部这个“关键少数”和青少年这个“关键群体”的普法教育。联合组织部、宣传部、党校、法制办、人社局等单位，召开党员领导干部和国家工作人员学法用法工作座谈会。对32名新任科局“一把手”开展任前法律考试。对5个单位的行政执法人员开展法治教育。在经济升级转型、环境保护、棚户区改造等重点领域，印制法律法规汇编2500套，免费为相关部门单位发放。组织全县党员领导干部参加网上普法考试，连续3年参考率、合格率100%。开展各类形式的“法律进学校”活动10余次，发放宣传资料1.8万余份。建立青少年法律维权站27个，强化学校、家庭、社会“三位一体”的青少年法治教育格局。在德百综合体项目、鲁权屯镇商会、中椒英潮公司、古贝春集团等重点企业开展集中法律宣传活动9次，法律讲座3次。组织基层法律顾问开展畜禽养殖、禁止焚烧秸秆、防治大气污染等专项法律宣传活动30余次。深入蒋官屯、沙东村棚改一线开展法治宣传，发放宣传资料1600份，现场解答群众法律咨询60余人次，依法化解拆迁纠纷20余次。创建包括以案释法制度、普法责任清单制度、普法讲师团制度、普法领导小组联席会议制度、普法工作例会制度、普法信息报送制度、督查考核制度在内的“2+6+2”落实普法责任制的制度体系，完成县乡两级普法责任体系构建，11月，全市普法依法治理现场会议在武城县召开。在“12.4”国家宪法日，

武城县法治文化广场　　（摄影　隋实瑜）

全县60余个执法、司法单位集中开展法治宣传活动，县法院、县地税局、县消防大队先后建设青少年家事法治教育基地、法德共进展厅、消防法治文化广场等宣传阵地。全年全县各级各部门共开展法治宣传活动160余次，法制讲座98场，开展法治文艺演出8场次，发放宣传资料6万余份。坚持将法制教育与德治教育紧密结合，完善法制宣传教育设施，投资20余万元，在贵都广场建设县级法治文化广场。全县各镇街区建成镇级法治文化街道9条，法治文化广场9个，村（社区）普法宣传栏285个。加强普法网络集群建设，开设以两微平台为引领，今日头条、天天快报、网易新闻、澎湃问政四大客户端为基础的“武城司法”网上宣传矩阵，全年共发布普法信息150余条，点击量30余万次。深化民主法治创建，推进部门、行业依法治理，1个社区和1个法治教育基地被评为省级民主法治示范村和省级法治教育示范基地。

【法律服务】 加强对法律服务从业人员的监督管理，严肃政治纪律和工作纪律，规范执业行为。组织引导律师、基层法律服务工作者参与蒋官屯二期、沙东村棚户区改造，畜禽养殖污染治理专项行动，重点企业经济纠纷，涉法涉诉信访等工作。全县律师、基层法律服务工作者为各级政府、机关单位提供法律意见20份，参与信访案件化解26件，解答群众法律咨询3000余人次。推进公证业务改革发展，与齐鲁公证处签署战略合作协议，提升规范化建设水平。参与家事审判改革试点，在基层法庭建立“诉调对接工作室”，探索矛盾纠纷多元化解机制。参与政府采购招投标监督。年内办理民事类公证160件，经济类公证95件，涉外公证82件，参与政府采购招投标现场监督百余场次。加强基层法律服务工作。在基层法律服务工作者队伍中开展“爱岗、敬业、为民”主题教育实践活动，开展集中培训4次，撰写学习心得18份，对全县基层法律服务所进行抽查，提升基层法律服务质量。全县5个法律服务所，17名法律服务工作者全部通过了市司法局组织的年检注册和执业考试。加强县级实体平台建设。整合法律服务、法律援助等资源，采取综合性、一站式服务模式，升级建设高标准的公共法律服务中心，满足群众多样化法律需求。依托乡镇（街道）司法所建设8个镇级公共法律服务站，通过实施司法所和基层法律服务所“两所共建”模式，为群众提供综合性法律服务。推进村（社区）司法行政工作室建设。在全县195个社区全部建成司法行政工作室，结合“一村（社区）一法律顾问”工作，定期开展矛盾纠纷排查调处、普法宣传教育、法律咨询等法律服务。运用信息化手段助力公共法律服务体系建设。7月，与广电网络合作，启动建设“智慧法务”服务平台。整合全县律师、公证、法律援助、司法鉴定、人民调解等法律服务机构的业务资源，通过“有线电视+互联网+法律服务”的形态，实现了群众在收看有线电视的同时即可找律师、办公证、求法援、寻鉴定，打造了“有线电视、手机、互联网”三位一体的一站式网上公共法律服务平台，实现群众办理法律服务事项“只跑一次腿”。“一村（社区）一法律顾问”工作重实效，以县委、县政府“两办”名义下发《关于开展一村（社区）一法律顾问工作的实施意见》，组织相关人员前往临淄、博山等地学习考察，在此基础上，7月，在老城镇开展试点工作。8月14日，召开全县一村（社区）一法律顾问工作启动会议。

会后，各镇街迅速召开工作推进会议，8月22日，全县8个镇街的195个社区实现法律顾问全覆盖。加强管理，规范行为。制定定期服务、信息公开、每月例会、督导检查、教育培训等工作制度。为提升服务水平，聘请山东天衢律师事务所8名律师担任2个乡镇33个社区的法律顾问。9月15日，在升平广场举行了“一村（社区）一法律顾问”工作集中宣传活动启动仪式，各律师事务所、法律服务所开展法治宣传活动。全县村（社区）法律顾问实现了100%全覆盖，驻村（社区）法律顾问提供法律服务295件，调解纠纷71起，接受咨询542人次，参与化解信访案件10起。

【法律援助工作】 办理216户群众信访、农民工讨薪、分离30年的夫妻重圆等案件。县法律援助中心受理案件648件，办结409件，接待困难群众来访1500余人次，避免或挽回经济损失318.5万元。

【特殊人群管控】 加强社区服刑人员管控，实行24小时定位管理。围绕社区矫正执法规范化建设，开展“提高监管质量，规范矫正工作”主题活动，督促落实各项制度措施。推广“五结合”教育管理模式，实施文化育人工程。全县在矫社区服刑人员193人，无一人脱管漏管。提升社区矫正工作规范化水平，加强定位手机配备和监督检查，配备人脸识别和指纹考勤系统，严防脱管漏管。健全完善分段评估、分类管理、分级处遇制度机制，实现评估科学化、管理动态化、处遇人性化。实施政府主导、社会参与、家庭扶持的“三位一体”帮扶机制，促进“两类人员”顺利回归社会。与县公安局联合召开刑释解教人员管控会议，安排部署专项行动，深化教育管理。重视发挥人民调解作为预防社会稳定“第一道防线”的作用，开展矛盾排查化解工作，全年各人民调解组织调解案件843起，调处成功率100%。

（隋实瑜）

军　事

Military

人民武装部

【征兵工作】 联合县委、县政府、县人社局出台《做好2017年高校学生参军入伍工作的意见》，明确在武城县入伍的高校学生服役期间和退役后可享受定向招聘和优先录用、优先晋升等相关优惠政策。在春节期间采取张贴标语、悬挂条幅、走访慰问等方式宣传入伍政策。组织基层武装部长开展网上兵役登记、应征报名业务培训。5月，利用民兵整组点验时向民兵编组单位发放传单、宣传册3600余份。6月，高考和学生返校期间在武城二中设立两个咨询点，发放宣传页，向学生及家长现场解读大学生参军入伍的各项优惠政策，现场登记报名48人。协调教育部门提供2013—2017年全县参加高考的男青年名单，依据征兵标准区分下发到乡镇，基层武装部联系各村委会、民兵连进村入户，一对一宣传大学生征兵政策，建立人员谈话档案，从家庭状况、个人意愿等方面入手筛选有入伍意向的青年作为提高大学生兵员数量的突破口。针对2017年征集政策的调整变化，组织全县征兵工作业务集训。7月，以乡镇（街道）为单位，对应征青年进行目测初检。定兵会结束后，组织预定新兵开展役前教育训练。经一周教育训练，因身体和思想原因调换预定新兵3人。新兵入伍后，坚持跟踪问效，与接兵部队和接兵干部保持顺畅的沟通。9月下旬，派出三个回访组，到部队开展座谈会、个别交流和转交家书等活动，圆满完成2017年新兵征集任务。

【战备训练】 结合分区年度军事训练计划安排，制定全年机关军事训练计划，每天下午体能训练1小时，周二和周四集中组织，每半月组织一次考核，经常性组织人武部干部职工进行适应性训练。

【正规化建设】 军分区决定，武城县担当基层武装部正规化建设试点任务。先期投资经费20余万元，李家户镇、四女寺镇、广运街道武装部为建设示范点。后期投入90余万元对其他镇进行全面建设。8个镇（街）武装部硬件实现“三室一库”标准化，软件达到“制度上墙、资料完善、管理规范”标准。

【库室建设】 投入40万元对文印室、保密室、档案室和应急器材库、战备器材库、森林防火器材库、防汛器材库进行升级，改变办公环境陈旧、应急器材紧缺的状况。

（张凡亭）

人民防空

【指挥体系】 完善抢险、救护、消防、治安等10支人防应急专业队伍，定期组织人防专业队伍和重要经济目标进行训练演练。升级改造移动指挥系统和自动化专网，人防北斗导航定位系统建设完成并通过验收，新增防空警报器2台。完成“8.15”防空警报试鸣任务。参与政府应急管理工作，承担政府赋予的防灾救灾职能，利用人防资源应对和处置突发事件、抢险救灾和应急救援服务。完善城区16个住宅小区和4个农村社区人防应急疏散体系。

【工程建设】 将人防工程建设规划纳入城市建设总体规划，促进地上建设与地下建设同步发展，运用市场综合手段调节各主体关系，采取人防工程产权市场化交易、人防战备资源社会化运营等形式，确保项目合理稳定回报。完善城市功能，提高城市的整体抗毁能力。组织执法人员定期对已建人防工程开展安全生产检查，保障人防工程“平战结合”作用。

【宣传教育】 以“五进”（进机关、进社区、进学校、进企业、进网络）活动为基础，全民分结构、分类别开展宣传教育。结合人防宣传计划、“3.25中小学安全教育日”“8.15”防空警报试鸣等活动，到育才中学、武城二中、美林花园、升平广场等场所开展宣传教育活动，接受教育人数1万余人，发放宣传册9000余本，利用短信平台发放人防知识、安全生产知识信息6500余条。

2017年5月22日，举办人防知识讲座　　　　（摄影　沙桂杰）

【企业帮扶】 引导企业转型升级，对外合作。新明公司新上隧道洞室防护门项目，通过中国铁道科学研究院论证，在北京、余姚完成试装，验收成功。协助德武人防设备公司申请新增防化设备生产项目资质，帮助其他人防防护设备定点生产企业对产品质量和企业资质进行年检。为企业搭建平台。邀请多个兄弟人防部门到武城考察人防防护设备定点生产企业，推介武城人防企业产品外销备案。

（沙桂杰）

农业　水利

Agriculture Hydraulic Engineering

农　业

【粮食生产】 2017年，全县粮食生产实现"十五连丰"。全县小麦收获面积63.35万亩，总产量35.5万吨；小麦绿色高产高效创建十万亩核心示范区亩均产量616.5千克，带动全县平均亩产560千克左右，亩增9千克，增幅1.6%左右。玉米收获面积61万亩，亩产620千克，总产量37.8万吨。落实农业支持保护制度，打造完成30万亩高标准粮食生产大方田。

【农业产业体系】 辣椒产业：中椒英潮辣业发展有限公司开展辣椒新品种研发、标准化种植等工作，入选德州市首批"放心菜园"。总投资约1.2亿元，改造车间6000平方米，新上数字智能自动化鲜椒酱加工生产线5条，英潮鲜椒酱年产值将突破2亿元。英潮公司建立综合门户网站，通过"互联网＋外卖"销售模式，建设完成鲜椒酱外卖终端店10万家。白酒产业：古贝春集团完成小麦、玉米两个绿色原料基地30万亩认证工作，新增认证面积3万亩。面粉产业：丹顶鹤面粉有限公司引进、种植优质强筋小麦3万亩。全年，为企业认证"绿色食品"产品5个，认证基地面积8万亩。截至年底，全县有农业驰名商标3个，著名商标7个，知名商标2个，地理标志证明商标3个。

【农业经营体系】 2017年，全县有农业产业化龙头企业127家。其中，国家级1家，省级3家，市级10家。各类合作社、家庭农场等农业新型经营主体1100余家，形成"产业园区＋龙头企业＋合作社＋标准化基地＋农户"闭环式农业经营体系。培育现代农业新型经营业态，发展英潮辣业、古贝春酒业、东顺斋食品等"互联网＋现代农业"营销模式。培育金水湾、华盛绿能光伏产业园等休闲观光农业产业，发展吕庄子、西店等美丽乡村产业。培育农业社会化服务体系，形成集土地流转、土地托管、统防统治、粮食烘干、仓储、物流及加工于一体的社会化服务产业。依托志远粮棉种植专业合作社在全县推广"托管"和"半托管"土地2.3万亩，服务模式被《人民日报》《农民日报》等媒体报道。全县25家合作组织购置仓储烘干设备120台（套），日烘干能力8000吨。培育新型职业农民，邀请专家对各

2017年9月11日，武城县农业扶贫培训班开班（供稿　县农林局）

类职业农民进行技能培训，建立和完善新型职业农民资格认定制度。加快实施人才强县战略，做好省市级乡村之星和贝州乡村之星推荐、评选工作。全年，邀请专家授课120人次，培训2万人次，培育新型职业农民1220人，取得资质认证的200人。全县共有省级乡村之星2人，市级乡村之星7人，贝州乡村之星12人。

【农业环境安全】 坚持绿色兴农，实现秸秆综合利用肥料化、饲料化、基料化、能源化、原料化“五化”并进，秸秆综合利用率96.75%。开展“一节水、两减量、一回收”(节约农业用水，减少化肥、农药使用量，建立镇村农业投入品包装及生产废弃物回收体系)行动，化肥、农药、农膜使用量连续三年实现负增长。推广运用小麦、玉米深松免耕等技术60万亩，每年可减少用水7200万吨左右。推广水肥一体化面积1.4万亩。李家户镇入选山东省生态循环农业示范区，英潮公司基地被评为山东省生态循环农业示范基地和省级标准化生产基地。

【农产品质量安全】 坚持质量兴农，实施品牌战略，推进省级农产品质量安全县创建工作，强化农产品质量安全责任、管控、检测、追溯“四大体系”建设。打造京津冀及周边城市放心农场，培育“放心农场”3家，现代农业示范园区6家。认证“三品一标”农产品71个，其中种植业认证品种40个，认证基地面积57.7万亩，占全县食用农产品产地的83.3%。

【强农惠农政策】 争取上级农业支持保护补贴、棉花目标价格改革补贴、产粮大县奖励资金、农业保险省级保费补贴资金、耕地质量提升和生态循环农业项目资金、食用菌产业项目资金、小麦条锈病等病虫害防治资金、玉米“一防双减”补助资金等各类项目补贴资金1.28亿元。

（李洪振）

林　业

【义务植树】 “植树节”期间，全县200余名干部职工参加植树活动，植树5000余株。

【项目争取】 加强林业项目资金争取工作，共争取省派“第一书记”帮包村绿化、造林补贴、生态效益补偿、林业改革发展等资金466万余元。12月，赴烟台市开展林业扶贫协作交流对接活动，与招远市林业局达成扶贫协作协议。

【湿地及野生动物保护】 加强湿地保护宣传教育和培训，结合世界湿地日、爱鸟周和保护野生动物宣传月等开展宣传教育活动，提高公众湿地保护意识，加快湿地项目进程。开展野生动物保护救助工作，组织救助大麻鳽、丘鹬各1只。

【森林保护】 强化林业行政执法工作，推进依法治林、依法护林、依法办案。加强木材采伐、检疫运输与经营加工管理，严格林木采伐审批制度，完善审批手续，实行森林采伐限额管理，确保资源总量稳定。落实森林防火各项措施，保障全县森林资源和人民生命财产安全。加强征占用林地管理，保护林地资源。加强森林公安队伍建设，强化对全县林业执法人员的培训和管理，严厉打击滥伐盗伐林木、违法运输和经营加工木材、乱捕乱猎野生动物等各类涉林违法犯罪行为， 保障林农合法权益。

【绿化建设】 实施德上高速公路绿化和鲁冀边界防护林建设，对国道105线、省道254线、省道318线等干线公路及六五河等水系进行补植绿化，实施村镇绿化及农田林网建设，全县累计完成造林1.3万亩，新建补植农田林网2万亩，户王庄村和吕庄子村被评为省级森林村居。

德上高速武城镇段绿化 （供稿 县农林局）

【经济林和花卉苗木】 发展林业产业，建设德上高速公路南段桑葚产业带，实现李家户镇、甲马营镇对德上高速公路两侧绿化用地全部流转，大户承包集中管理，种植桑葚树4600余亩。李家户镇西店村结合特色乡村旅游和扶贫开发，集中流转土地，种植西府海棠200亩，龙峰桃200亩、三红梨100亩及林下中草药150亩。实现李家户镇千亩核桃园、吕庄子银杏园、郝王庄罗庄经济林示范园等提档升级，建设嘉泽园林、绿鑫苗木、盛景绿化苗木、瑞和园苗木、御园苗木等苗木基地3200余亩。

【病虫害防治】 制定《2017年武城县重大林业有害生物防控实施方案》，做好美国白蛾、春尺蠖等林业有害生物越冬基数调查及成虫、幼虫监测工作。5月中旬，对槐尺蠖、美国白蛾、杨小舟蛾等进行人工药物防治，累计防治面积1.2万亩。9月，对武城镇东沙河片林、德商路、临武路、陈公堤、运河大堤、减河等主要干线公路与河流两侧林带采用飞机喷药防治，飞防药剂采用25%甲维·灭幼脲，飞防面积2.5万亩。

（李新波）

畜牧业

【养殖场区】 全县有规模养殖场72家和养殖专业户813户。生猪存栏量5.8万头，家禽存栏量140余万羽，牛存栏量1万余头。

【畜牧项目】 制订《武城县现代畜牧业发展“十三五”规划》，印发《关于加快发展现代畜牧业的意见》，明确“稳猪鸡、增草畜、强特色”发展方向，推动畜牧业供给侧结构性改革。新增、提升市级标准化畜禽养殖示范场20处。荣鸿家庭农场被评为省级标准化示范场。落实强牧惠农项目，实施100万元基础母牛扩群项目和112万元“粮改饲”项目2个。为21户养殖场（户）发放贴息贷款1006万元。推进基层农技推广项目，举办生猪、蛋鸡养殖技术等培训班7期，培训畜牧兽医技术人员、养殖场户500余人次。启动畜牧养殖业政策性保险，有全年参保奶牛养殖户3户、生猪养殖户17户，覆盖奶牛700余头、生猪2万余头。推广“智慧养殖”，武城县梦雪蛋鸡场和老城镇沙庄蛋鸡场采用智能化养殖设备，喂水投料、温湿控制、拾蛋清粪实现自动化。发展四女寺镇吕庄子村休闲观光养殖基地，推进“循环养殖”模式，发展蚯蚓养殖30余亩。推进“龙头企业带动养殖”模式，武城县正兴食品有限公司发展合同鸭养殖户200多户，被评为省级农业龙头企业。

【畜禽污染防治】 细化三区划分方案，制定《武城县镇街、开发区畜禽养殖三区划分指导意见》《关于细化全县畜禽养殖三区方案的通知》。推进禁养区内养殖场户关搬工作，依法落实关搬政策、范围、时限及标准，在街区、环保、畜牧部门抽调业务骨干24名，成立工作组8个，督促关搬。截至年底，禁养区内62家养殖场户全部完成关搬。举办粪污治理培训班10次，培训人员1500名，印发技术明白纸2000余份。至9月，全县885家养殖场（户）投入资金2000多万元，建设粪污处理池13万余立方米，全部完成治污设施建设，建成率100%。对养殖场户进行拉网式普查2次，建立控制养殖污染长效机制。落实病死畜禽无害化处理制度，600余家养殖场与无害化处理企业签订处理协议，处理各类病死畜禽78吨，发放养殖环节病死猪无害化处理补助经费26.83万元。

2017年8月29日，验收治污设施

（供稿　县畜牧兽医水产局）

【重大动物疫病防控】 全县有乡村兽医从业人员43名。各镇街、开发区签订《重大动物疫病防控工作任务目标责任书》，集中业务培训村级防疫员510名。春、秋两季，畜禽强制免疫覆盖率90%以上。春季防疫，武城县被市畜牧兽医局确定为全市唯一免检县。春节前后，对辖区内130份样品进行H7N9禽流感进行疫情监测，未发现H7N9禽流感病毒。

【畜产品质量监管】 强化动物卫生监督执法，做好产地检疫和屠宰检疫，严防不合格产品流入市场。对已核发《动物防疫条件合格证》开展集中审验。对全县规模养殖场全部实施风险评估，分级管理。2017年，进行“瘦肉精”定牲快检 1000 余份次，配合上级部门对各类畜产品进行抽检 2786 余批次，开具动物及动物产品检疫合格证明 2610 份，查处逃检案件 6 起，经营假劣兽药案[illegible]起，涉嫌私屠滥宰的肉品经营户 7 家，通过无公害产品认证企业 3 家，武城县昌博家庭农场入选全市首批“放心农场”。

（岳王军）

水产养殖

【水产项目】 全县水塘养殖面积 1[illegible]5 公顷，水产品预计总产量 427 吨，渔业经济总产值 533 万元。10 月，实施增殖放流净化水质项目，放流主要鱼种有鲢鱼、鳙鱼，规格体长≥200 毫米，总计 3067 千克。实施渔业技术推广补助项目，安装微孔增氧设备养殖示范户 4 户。郝王庄镇萱草社区莲藕套养小龙虾模式，带动周边养殖户 10 余户，养殖效益每亩 2000 元左右，推广面积近百亩。

萱草莲藕种植专业合作社莲藕套养小龙虾

（供稿　县畜牧兽医水产局）

【水产品质量安全】 全年配合上级部门对各类水产品进行抽检 420 余批次。“国庆节”“中秋节”期间，开展水产品专项抽检，保障“双节”期间水产品质量。

【休闲渔业】 全县有金水湾生态园、武城县绿洲垂钓园、邦和生态园等休闲垂钓渔场 10 余处，按照现代园林景观水面设计，集渔业生产、垂钓、采摘园、餐饮、住宿、娱乐、休闲观光于一体，硬件建设上有水上楼台、亭阁、人工浮桥、长廊、拱桥、垂钓平台、游钓船、戏水船等。

【渔政管理】 为保护自然水域水生生物资源，组织渔政执法人员不定期对自然水域进行检查，对非法捕捞进行网具没收，对非法捕捞人员进行教育。全年出动执法 30 余次、100 余人次，办结非法电鱼案件 1 起。

（岳王军）

蔬菜生产

【蔬菜种植】 蔬菜生产区域主要集中于老城镇、武城镇、李家户镇、四女寺镇、鲁权屯镇、郝王庄镇等重点蔬菜生产乡镇。截至年末，全县有“三品一标”认证总数33个，蔬菜基地34处，蔬菜专业种植合作社17处，蔬菜面积13万亩。其中，设施蔬菜2万亩，日光温室0.7万亩，小拱棚1.22亩；露地面积9.12万亩（含辣椒），年蔬菜产量30万吨，产值10.63亿元。

蔬菜大棚　　（供稿　县蔬菜局）

【辣椒种植】 全县辣椒种植主要分布在老城镇、郝王庄镇、李家户镇、武城镇等乡镇，标准化辣椒面积5.2万亩，每亩产鲜辣椒3吨，总产量达15万吨。

（石　健）

农机管理

【农机购置补贴】 全县争取农机购置补贴资金2714.85万元，同比2016年补贴资金总量增长80%。其中，办理“国二”柴油机农业机械补贴331台，受益农户和生产经营组织329户，补贴额905.51万元。办理“国三”柴油机农业机械及其他机具补贴495台，受益农户和生产经营组织397户，补贴额1809.05万元，其中报废机具资金82.95万元。

【农机安全监理】 变型拖拉机专项整治，与本地交通部门联合执法3次，日常执法21次，出动人员112人次，检查拖拉机730台次，排查隐患68起，纠正违章行为68人次，查处收缴外地违规号牌1套，违规驾驶证1个，外地无牌变型拖拉机2台。协助外省交通部门核查、核实造假农机驾驶证10个，农机行驶证1个。农机安全宣传，开展“农机安全生产事故警示教育月”活动和“农机安全生产月”活动，在“三夏”“三秋”等农机作业前、高峰期和事故多发期进行专项安全培训活动4场，现场培训农机手、农机户590余人，发放安全资料3600余份。3月，注册“武城农机监理”微信公众号，发送农机安全生产微信72条，转发8万余人次。落实农机安全免费监理政策，免费办理拖拉机注册登记774台，年度检验185台，换发、补发证件128人，发放农机驾驶证315本。执行行政事业性收费等惠农政策全年为农机手节省费用18.79万元。

【农机具推广】 全县争取土地深松作业补贴专项资金205万元，较2016年增长45万元，确定作业主体110名，作业机具四驱150马力以上拖拉机50台。全年争取农机化推广项目补贴资金共计45万元。其中，玉米生产全程机械化项目补贴资金30万元，农机合作社生产项目资金15万元。全年引导农机合作社购置植保无人机13架，自走式高杆喷雾机15台。引导合作社及种粮大户购置粮食烘干机械84台，日烘干能力5000吨。引进玉米籽粒收获机械5台。在甲马营镇、武城镇选取实施区域2个，建立3500亩示范基地，玉米生产全程机械化。全年召开各种农机新技术大型推广培训会和现场观摩会10余次，培训人员400余人次。兴家农机合作社社长耿兆江被评为全国农业劳动模范。

【农机产业培植】 依托山东丰神公司立式割台国家专利技术，与中国一拖、中联重科达成初步合作。整合山东芳华农业发展有限公司圆形青贮打捆包膜一体机专利技术，寻求中国兵器工业集团外部资本注入。推动大力公司和春明公司与内蒙古、新疆等地企业开展合作，推进打瓜葫芦收获机等适销农业机械产品研发和推广。全年帮助企业协调环评、安评手续10余次，解决企业实际问题9个，组织企业外出观摩、参加产业论坛和农机博览会6次，协助企业申请专利5项，帮助企业争取到科研项目3个，资金350万元。获得省科技型中小企业称号农机企业2家，获得市企业技术中心称号企业1家。

【农机专业合作社】 年内新增农机合作社4家，累计109家，其中全国示范农机合作社1家，市级示范农机合作社4家。合作社建有会计和审计制度，定期向社员大会公布。引导合作社与农户签订包括耕、种、管、收“一条龙”订单作业模式。

（张小凤）

农业综合开发

【土地治理项目】 完成2016年度老城镇0.9万亩农业综合开发高标准农田建设项目和老城镇0.3万亩农业综合开发高标准农田建设项目，总投资1377万元。其中，中央投资982万元，省投资354万元，市配套41万元。开挖疏浚沟渠22.66千米，修建排灌站4座，新建桥涵

2017年3月，实施2016年度农发项目桥涵建设工程（摄影　郑乃博）

建筑物103座，埋设地下节水管道43.64千米，架设农电线路40.48千米，新修田间生产路30.37千米，建成农田林网0.06万亩。其中扶贫项目区涉及省级贫困村30个，扶贫资金573万元。2017年10月，老城镇1.2万亩（主项目区治理面积0.7万亩，扶贫项目区治理面积0.5万亩）高标准农田建设项目开工，总投资1387万元。其中，中央财政资金990万元，省财政资金357万元，市财政资金40万元。水利措施投资831.21万元，占总投资59.93%；田间道路投资496.1万元，占总投资35.77%；林业措施投资5.09万元，占总投资0.37%；其他工作及措施投资54.6万元，占总投资3.94%。井配套泵122眼，新建桥涵97座，埋设地下节水管道34.4千米，架设农电线路19.6千米，80千伏安杆式变压器11台，改造升级4米硬化路8525米，砂石路1085米；建成农田林网，植被5000株。截至年底，完成全部工程量50%。

【产业化项目】 完成2017年产业化发展财政补助项目1个：德州市武城县年产120吨蔬菜种植新建项目。项目建设单位为武城县绿发林果种植专业合作社。完成总投资141万元，其中中央财政资金50万元，省财政资金18万元，市级配套资金2万元，企业自筹资金71万元。新建砖混结构温室大棚4栋，建筑总面积6080平方米；购置燃气锅炉1台，材料采购及产品运输车1台，采购优质黄瓜良种、番茄良种。完成产业化集群发展试点项目1个：德州市武城县辣椒产业集群发展试点项目，项目建设单位为中椒英潮辣业发展有限公司。完成总投资1425万元，其中中央财政资金400万元，省财政资金144万元，市级配套资金16万元，企业自筹资金865万元。建设年加工1万吨鲜辣椒生产车间，建筑面积1200平方米，购置辣椒加工设备93台（套），购置检验、检测设备13台（套）。

【申报立项2018年度项目】 截至2017年底，全县2018年度农业综合开发共立项土地治理项目1个：武城县老城镇1.1万亩高标准农田建设项目。项目总投资1260万元。申报立项工作已完成，计划2018年2月开工。全县2018年度农业综合开发共立项产业化项目1个：年储1000吨蔬菜冷藏库新建项目。建设单位为武城县博新果蔬种植专业合作社，项目总投资141万元，按照“先建后补”方式实施，预计2018年7月底完成项目任务及市级复验。

【节水灌溉】 对项目区现有机井水源进行配套，灌溉保证率达75%，排水工程设计标准达三年一遇，防洪工程设计标准达十年一遇。设计输水方式为管道输水，管道采用PVC管，与渠道输水灌溉相比管灌可省水30%左右。

【开发效益】 2016年度老城镇0.9万亩高标准农田建设项目，建设高标准农田0.9万亩，比开发前亩增粮食110千克，年农民纯收入增加总额195.3万元。2016年度老城镇0.3万亩高标准农田建设项目，建设高标准农田0.3万亩，比开发前亩增粮食110千克，年农民纯收入增加总额90.4万元。2017年度年产120吨蔬菜种植新建项目，实现年新增总产值48万元，年直接受益农户15户，受益农民年纯收入增加总额3万元，年新增就业人数9人。2017年度辣椒产业集群发展试点项目，实现年新增总产值13450万元，新增增加值13316.2万元，新增利税537.39万元；直接受益农户1000户，受益农民年纯收入增加总额162万元。

【管理创新】 第三方机构提前介入监管，项目招标引入第三方机构提前介入，将中介审计和审计监督相结合，对施工过程实行"数量和质量双把关"，对隐蔽工程、关键节点掌握"第一手数据"，为竣工验收提供真实数据。实现"互联网+"远程监控，在每处项目施工现场安装移动监控设备，通过手机和电脑，对施工现场关键节点、隐蔽工程进行实时监控，利用微信交流平台进行即时反馈和指导。

（隋光辉）

水　利

【防汛抗旱】 2017年汛期到来前，对主要河道、水库等水利工程落实行政责任人和技术责任人，细化防汛责任。修订完善漳卫河防洪预案、内河防汛排涝预案等专项预案。组织专人对全县水利工程状况、防汛预案、防汛物料准备、抢险队伍落实、水利工程蓄水等进行全面检查，保证涉水工程安全度汛。全年累计调引黄河水4020万立方米左右，卫运河水1.3亿立方米左右。

【水利工程】 农田水利项目，投资2900万元，修建提水泵站15座，铺设玻璃钢管道19.31千米，PVC管道189.81千米，建成高效节水灌溉面积2.86万亩，甲马营镇受益村庄17个。城乡居民饮水安全管线配套工程，投资1593.54万元，新建第二根大屯水库到自来水厂输水管道，管道全长11.6千米，采用球墨铸铁管材，配套建设大屯水库出库泵站管理设施。部分贫困村村内管网老化改造工程，投资60万元，对四女寺镇3个村进行村内管网改造。移民后期扶持项目，投资1133.92万元，完善郝王庄镇5个村庄基础设施。

【实施河长制】 成立河长制工作领导小组，设立河长制办公室。4月，编制《武城县全面实行河长制实施方案》，排查梳理县级河道14条、水库1座、镇级河道41条、村级河道292条，建立河湖名录，分段分级设立县级河长8名（含总河长)、镇级河长91名、村级河长339名、河管员460名，建立县、镇、村三级河长组织体系。出台《河长制县级会议制度》《河长制工作县级督查督办制度》，完善河长制工作落实机制。对14条县级河道开展现场调查摸排，编制“一河一策”整治方案。推进“清河行动”，对沿河违法建筑、排污口等进行清理，在河湖岸边设置河长公示牌398块。

【水资源管理】 全县用水总量10504万立方米，万元工业增加值用水量3.73立方米，农田灌溉水有效利用系数0.6307。核准涉水项目3个，换发取水许可证15个，新增许可水量187.24万立方米，均为地表水。封存浅井197眼，深井46眼。建立健全取水计量监管体系，累计征收水资源费263.94万元，比去年同期提高63.31%。制定《武城县入河排污口监督管理办法》《武城县入河排污口综治整治工作方案》，加强入河排污口监督管理和水质水量监测，排查发现县内入河排污口47个，依法封堵非法入河排污口46个。规范利民污水处理厂排水口设置，控制入河排污总量。开展水资源费改税工作，核实确认用水户信息。

【水政执法】 利用“世界水日”“中国水周”等节日，开展法制宣传活动，悬挂宣传横幅5幅。设立水法规宣传站点，制作宣传展板2个，发放宣传材料2000份。向全县重点用水户发送水法规手机短信80条，对10家重点取水企业送法上门。每周对县内主要河道进行巡查，遏制水事违法案件发生。实施执法人员持证上岗制度，新增行政执法人员13名。

（陈洪涛）

工 业

Industry

工业综述

【概况】 2017年，全县工业经济运行保持稳中有增发展态势。全县333家规模以上工业企业工业增加值同比增长7.6%；实现主营业务收入993.8亿元，同比增长11.5%；实现利税67.3亿元，同比增长12.8%；实现利润56.1亿元，同比增长12.3%。

【传统动能提升】 实施“三个一百”及“三航”工程。2017年，“三个一百”工程有古贝春、玲珑轮胎、水星天元等企业22家，实现主营业务收入66.51亿元，同比增长26%，税金23.24亿元，同比增长25%。为玲珑轮胎、水星博汇等企业解决问题16个。组织全县重点企业参加“加快军民融合发展，促进新旧动能转换”专项行动、军民融合政策宣讲、企业品牌培育试点企业培训、省级企业技术中心申报培训、“学习贯彻落实省党代会精神，推进新旧动能转换”专题培训班等活动。

【汽车及汽车零部件产业】 有企业160家（汽车及零部件企业104家，电动车企业56家），全县纳税前120名企业中有汽车及零部件企业27家，27家汽车及零部件企业2017年销售收入145亿元，纳税额12826万元。占前120家企业税收总量的37.8%，成为全县经济的主导力量和重要财源支柱产业。

洛克公司（日新公司）与山东大学就高性能陶瓷刀具生产项目签订合作协议；金海科、威柯瑞与北京交通大学机械与电子控制工程学院就工作成果转化实验室、产学研基地达成合作意向；鲁星、恒和车业整合与德州富路集团合作，注册成立合越车业有限公司，新上年产15万辆正三轮电动摩托车项目，规划建设研发中心和检测中心。

开展5家“双十加一”企业培育。龙祥公司桥梁支座项目新上自动化智能设备，安装87%；汽车外饰件项目环保治理设施全部改造，达到环保要求。玲珑轮胎公司新上高性能半钢子午线轮胎制造设备94台套。鑫成钢铁公司开展技术改造，将煤气发生炉更换为天然气加热炉，达到环保要求。

【农副产品深加工产业】 该产业主要包括食品加工及棉纺织企业，工商注册工业企业224家，其中规模以上企业84家，占全部规上企业的25.2%。有省级企业技术中心3家，市级企业技术中心2家。

组织英潮公司与四川省川菜调料商会签订战略合作协议。英潮食品公司与四川金宫川派味业食品有限公司，山东多元户户食品有限公司与成都帮购农副产品有限公司，山东辣贝尔天然食品有限公司与成都九恒商贸有限公司，武城县老食堂川菜调味品有限公司与四川新希望调味品有限公司分别进行签约。在高海村北、齐馆村南为丹顶鹤面粉有限公司建设1万亩优质粮基地1处，推广优质麦品种1—2个。帮助企业认证小麦绿色原料，认证面积8万亩，认证丹顶鹤甲级特精粉、高筋雪花粉、无添加剂粉、鲜切面粉、富强粉5个绿色食品，共计3.15万吨。

在李家户镇西店村成立山东理工大学特色种植技术转移中心。中心以山东理工大学与武城县全面战略合作关系为基础，与潍坊市临朐县山旺镇林果科学研究所、潍坊市岛本微生物技术研究所、河北省安国市坤源中药材销售有限公司共同组建。

【玻璃钢新材料产业】 该产业工商注册工业企业1006家，其中规模以上企业125家，占全部规模以上企业37.5%。有省级企业技术中心4家，市级企业技术中心4家。

组织20余家企业参加全国玻璃纤维及复合材料大会和第十二届先进材料制品、原材料、工装及工程应用展览会、全国碳纤维产业发展大会等产业领域会议。新明公司争取到德州市德融风险缓释管理有限公司1000万元过桥资金，通过武城某公司拆借资金130万元，满足资金需求。

【新能源空调产业】 产品涵盖中央空调主机、风机、风管、盘管、电动机、控制机构、新风净化系统等七大系列180余个品种。玻璃钢新材料产业主要生产经营玻璃钢模压水箱、玻璃钢缠绕管道、复合材料人防防护设备等。获得中央空调主机等工业产品生产许可证企业9家（2017年新增2家），获得二级机电安装资质企业3家（2017年新增1家），获得三级机电安装资质企业14家（2017年新增2家），通过CCCF认证企业33家（2017年新增12家），其中防火阀门企业17家（2017年新增5家）。组织企业300余人次赴沈阳鼓风机集团股份公司、中国通用机械工业协会风机分会学习考察，赴上海参加第二十八届国际制冷展，到德州学院开展对接洽谈，参加山东省制冷空调暖通学术交流大会、中国制冷学会学术年会等活动。

【技术改造】 2017年，转型升级重点项目58个，总投资110.16亿元，完成投资80亿元。开工项目50个，竣工项目26个，开工率86%。列入市重点工业项目12个，总投资35.83亿元，年度计划投资23.16亿元，开工率100%，竣工项目8个，完成投资22.42亿元。列为省导向计划项目6个，计划总投资8亿元。

【两化融合】 2017年，申报艾科空调中央空调配件工业电商示范项目成为2017年度制造业和互联网融合发展示范项目。组织10家“三个一百”工程企业参加省两化融合深度行——德州站暨产业互联网助力企业信息化转型活动；申报古贝春集团作为2017年两化融合管理体系贯标试点；组织核实上报20家“三个一百”工程企业参与“两化融合”整体性评估工作。

【节能降耗】 2017年，组织相关部门编制节能降耗自查报告。组织育才实验学校申报实施2017年度山东省太阳能集热系统财政补贴项目，产生热水能力40吨/天，集热面积487.76平方米，已通过市经信委现场验收。奥博环保成为省节能环保产业发展联盟会员单位，总经理张延青成为山东省节能环保产业发展联盟专家。

（隋　源）

电　力

【概况】 2017年，全县有供电所8个，农电工186人，负责县域内供用电管理及线路的运行、维护、检修。有220千伏变电站2座容量540兆伏安，110千伏变电站6座容量389兆伏安，35千伏变电站8座容量110.75兆伏安。35千伏及以上输电线路33条，总长327.9千米；10千伏线路93条（专线3条），总长1259.4千米。公用配变2015台，容量426.89兆伏安，用户16.7万户，户均容量2.45千伏安。形成以220千伏变电站为龙头，110千伏变电站为骨干，35千伏变电站为支撑的电网体系。

【电网建设】 开展电网规划，完成“十三五”规划滚动修编。建成、投运武城县第二座220千伏智能化变电站建德站，配出110千伏白庄线、建新线、建石线。增容220千伏武城站，投运35千伏武开Ⅰ、Ⅱ线和武李Ⅰ、Ⅱ线。2016—2017年，新建220千伏、110千伏智能化变电站各1座，变电容量增长72%，投运输电线路8条。实施机井通电和中心村网改工程，新增或增容配变1100台231兆伏安，新建10千伏线路167千米、0.4千伏线路1200千米。公用配变增至1985台，户均容量升至2.45千伏安，配电线路联络率83%，绝缘化率74%。

2017年3月10日，220千伏建德站35千伏配出工程建设现场
（摄影　郑智慧）

【供电管理】 春检完成甲马营镇、李家户镇等7个供电所36条线路检修，消缺642处。秋检主要完成输电任务9项、变电任务6项，架设8条配电联络线路。全年，输电专业更换老旧设备86处，“三跨”治理线路10条，防污闪治理线路17条。变电专业更换老旧设备32处，精益化治理变电站2座，综自改造变电站1座，通信设备治理变电站14座。配电专业治理老旧线路16条、公用配变台区417个，整改用户设备隐患752处，清理树障1万余棵。调控专业完成7条输电、2条配电线路启动送电，校验4座变电站继电保护装置，执行调度指令票565份，执行率100%。配电线路故障同比降低51.6%，配网故障停运率1.04次/百公里·年。

【供电服务】 业扩平均时长同比缩短15%，新增业扩容量逆势增长 12.3%。接管老旧小区、棚户区等低压用户 1.27 万户，营业户数由 2015 年初 12.8 万户增至 16.7 万户。老旧计量箱更换 3.82 万户、整改 2.66 万户，完成全县 79% 老旧低压计量箱改造。低压线上缴费应用率 49.4%，企业线上交费率 31.2%。2017 年，同期线损高损台区治理率、短期市场分析预测及有序用电达标率等 20 项营销对标指标全部保持 A1 段，连续两年列全省第一名。供电服务，助力“光伏扶贫”，并网分布式光伏 543 户、8760 千伏安，分别是 2016 年的 3.7 倍、1.5 倍，全市第一家发放标杆电价和山东省补贴。支持“电能替代”，完成 16 所小学“电采暖”改造，建成公交充电站 3 座。推行“五个一”标准化抢修，抢修工单数量同比下降 42%，平均处理时长同比降低 35%。

（郑智慧）

2017年武城县用电统计表

表3

月份（累计）	全社会用电量			农、林、牧、渔业				工业				第三产业				公共事业				城乡居民生活			
	电量（万千瓦时）	去年同期（万千瓦时）	比去年同期（±%）	电量（万千瓦时）	去年同期（万千瓦时）	比去年同期（±%）	占全社会用电量比重（%）	电量（万千瓦时）	去年同期（万千瓦时）	比去年同期（±%）	占全社会用电量比重（%）	电量（万千瓦时）	去年同期（万千瓦时）	比去年同期（±%）	占全社会用电量比重（%）	电量（万千瓦时）	去年同期（万千瓦时）	比去年同期（±%）	占全社会用电量比重（%）	电量（万千瓦时）	去年同期（万千瓦时）	比去年同期（±%）	占全社会用电量比重（%）
1月	5803	5266	10.2	111	147	-24.28	2.11	3413	2874	18.74	58.81	606	614	-1.24	10.44	210	187	12.42	3.62	1436	1459	-1.61	0.25
2月	10991	9691	13.41	201	263	-23.5	2.07	6068	5089	19.23	55.21	1216	1183	2.74	11.06	414	366	13.07	3.77	3059	2825	8.29	0.28
3月	16127	15057	7.1	356	352	1.2	2.36	9014	8303	8.56	55.89	1743	1683	3.58	10.81	591	517	14.3	3.66	4409	4263	3.42	0.27
4月	22650	22049	2.73	805	801	0.47	3.65	13099	13009	0.69	57.83	2296	2129	7.86	10.14	756	658	14.81	3.34	5707	5527	3.26	0.25
5月	27950	29409	-4.96	1066	1343	-20.6	3.62	16388	18300	-10.45	58.63	2793	2468	13.16	9.99	881	761	15.74	3.15	6848	6598	3.79	0.25
6月	33346	36544	-8.75	1419	1715	-17.27	3.88	19634	23426	-16.19	58.88	3224	2851	13.09	9.67	979	868	12.73	2.94	8091	7701	5.07	0.24
7月	38944	43878	-11.25	1849	2214	-16.49	4.21	22764	28302	-19.57	58.45	3716	3295	12.77	9.54	1108	999	10.91	2.85	9543	9065	5.28	0.25
8月	45678	51399	-11.13	1998	2381	-16.09	3.89	26298	32954	-20.2	57.57	4329	3856	12.27	9.48	1264	1160	8.98	2.77	11861	11060	7.24	0.26
9月	52101	59036	-11.75	2251	2500	-9.93	3.81	29727	37993	-21.76	57.06	4909	4382	12.03	9.42	1413	1314	7.58	2.71	13897	12867	8.01	0.27
10月	57675	64900	-11.13	2369	2695	-12.12	3.65	33383	41829	-20.19	57.88	5379	4877	10.28	9.33	1527	1439	6.06	2.65	15116	14101	7.2	0.26
11月	63505	72522	-12.43	2566	2961	-13.34	3.54	37246	47443	-21.49	58.65	5786	5285	9.48	9.11	1631	1553	5.04	2.57	16367	15321	6.83	0.26
12月	69692	79900	-12.78	2670	3079	-13.26	3.34	41353	52699	-21.53	59.34	6296	5777	8.98	9.03	1791	1722	3.97	2.57	17687	16673	6.08	0.25

民营经济

【融资服务】 2017年，搭建银企交流平台，为企业争取融资支持。由民营经济发展局联合县金融办，协调德州银行、农商银行调查武城县小微企业无还本续贷业务，并累计办理借新还旧109户，201笔；展期38户，51笔；再融资40户，64笔。与圆融银行对接，推出小微企业“绿色成长贷”业务，对优质小微企业环保整改所需资金提供必要贷款支持。截至2017年底，圆融村镇银行已和民福棉业公司、凯地兰纺织公司等24家企业达成合作意向，为3家民营企业累计办理贷款达330万。

【人才培训】 全方位开展对企业经营者、中层管理人员以及技术工人的人才培训，按需求、分批次组织企业参加多次培训活动。3月14日，组织奥博环保公司到济南参加“2017年山东省中小微企业巡回大讲堂启动仪式暨经济形势分析与企业发展战略培训班”。3月29日—4月1日，组织山东民福新材料科技有限公司、山东晨光橡塑工程有限公司、山东同创复合材料有限公司3家企业负责人到青岛红岭集团考察学习C2M商业模式、智能制造等方面的经验。4月18日，组织德州东帝光电科技有限公司、山东新奥宇车业有限公司、山东欧森管道科技有限公司等15家企业赴德州参加“德州市实施中小企业管理能力提升工程启动仪式暨股权设计与公司治理培训班”。4月28—29日，组织德州常兴集团、山东华能集团公司、德州大丰水箱制品公司和德州贝泰制冷设备公司等企业负责人参加“2016—2017年度德州市中小企业经营管理领军人才高级研修班”。6月1日，组织山东民福新材料科技有限公司、山东神龙毯业有限公司、同创复合材料有限公司、中威空调设备有限公司等12家企业负责人参加德州市政府举办的“东盟十国商机与投资政策”培训班。11月10日，组织晨光橡塑工程有限公司、德兴车业等12家汽车零部件制造企业参加“2017年第四期典型引路——标杆企业考察学习活动”，学习山东九鼎控股集团有限公司汽配电子商务平台运营模式。11月17日，组织50家企业负责人参加“企业家素质提升工程”中小企业加强环境保护和安全生产管理培训班。12月27—28日，组织华能玻璃钢集团有限公司、鼎昌复合材料有限公司等13家企业负责人参加“企业家大讲堂”暨清大卓越领导力总裁研修班等21次重大培训、学习、参观活动，培训人数达513人。

【创新驱动发展】 山东龙祥新材料科技有限公司申报为“山东省第一批创新转型升级优胜企业”。同创复合材料入选“2017年山东特色产业镇创新发展龙头企业”。奥博公司被列入“山东省四新计划”的“新技术、新材料”。大运河科技创业示范基地和华盛绿能生态园创业创新示范基地被认定为“2017年小型微型企业创业创新示范基地”。山东鼎昌复合材料有限公司的“鼎昌复合材料实验基地”和山东史蒂夫医疗科技有限公司的“医疗器械研发中心”被认定为“2017年第一批德州市市级一企一技术研发中心”。民福新材料科技有限公司、德州延辉机械设备有限公司、凯地兰纺织有限公司、顺达空调设备有限公司等4家企业被认定为“2017年第一批市级‘一企一技术’创新企业”。

【专项活动】 10月25—27日，省中小企业局、省中小企业管理咨询协会、德州市中小企业局、武城县民营经济发展局联合举办省中小企业一企一策专家会诊德州行武城专场活动。与会专家对企业提出的问题进行讲解，对常兴集团、欧莱瑞纳、顺达空调、中椒英潮、卓奥玻璃钢、威克瑞等企业进行一企一策会诊。专家组到企业进行实地考察、与企业管理层进行交流，对问题进行问诊剖析，给出初步解决思路与方案。4家企业与专家达成意向性合作协议。

（王艳娜）

重点企业简介

【古贝春集团有限公司】 1952年成立，位于县城古贝春大街西首，占地面积1500亩，有10万平方米现代化大型酿酒车间、鲁西北酒仙山、地下储酒库，年生产勾储优质白酒能力10万吨，是一家集产、学、研为一体的全国纯粮食酒重点生产厂家。企业先后被授予全国五一劳动奖状、中国白酒工业百强企业、全国守合同重信用企业、全国质量效益型先进企业、全国低度浓香型白酒著名企业、全国青年文明号、全国工业旅游示范点等荣誉称号，成为长江以北最大五粮浓香型白酒生产基地。

白酒生产已形成浓香、酱香、兼香齐全，古贝春、古贝元、国蕴三大主导品牌，高、中、低档兼备的产品格局。古贝春及国蕴商标系中国驰名商标，古贝春牌被认定为中华老字号、中国白酒十大著名品牌，古贝春酒被商务部公示为第六届中国名酒。低、高度古贝春酒在全国浓香型白酒质量普查鉴评中分获第一名、第二名，古贝春百年老窖产品获“联合国千年金奖”，酱香型古贝元酒在第29届布鲁塞尔世界优质酒类评选大奖赛上获金、银奖，在全国首届食品博览会上获金牌奖，国蕴产品获“联合国千年优秀奖”“中国白酒创新技术典范产品”等荣誉。

公司有由国家级评酒委员、国家级酿酒师、省突出贡献专家、省首席技师、评酒师等近百人组成的科研团队，中级以上职称及本科以上学历人员500余名。公司先后通过ISO9001质量管理、ISO14001环境管理、HACCP食品安全管理、OHSAS18001职业健康安全管理等八大管理体系认证，采用气质联用及液相色谱分析技术和现代自动化微机勾兑技术确保产品质量稳步提升。

【山东水星博惠汽车部件集团股份有限公司】 位于县工业园，占地200亩，建筑面积8万余平方米，员工1100人。以生产汽车装配用橡胶（橡塑）密封件、塑料件、复合材料内装饰件以及玻璃升降器等产品为主，主营业务涵盖机动车整车非金属类零部件及部分电子类产品的生产经营。主要生产装备有橡胶挤出流水线、密炼机、硫化机、塑料注射机、数控机床等400余台套，橡胶（橡塑）制品年生产能力15000余吨。公司通过ISO/TS16949：2002质量管理体系认证和国家“CCC”产品质量强制性认证。

公司研发服务中心为市级“汽车零部件公共服务平台”，可根据客户的要求，运用三维软件与工程项目对接，同步模块设计、同步开发，可根据工程提供的相关图纸及配合尺寸，设计开发满足需求的各种密封、减震和装饰类产品。

公司产品主要供给一汽集团、东风集团、北京现代、北汽福田、郑州宇通、沈阳金杯、中国重汽、天津一汽等40多家汽车制造厂。与一汽解放、北汽福田先后建立战略合作伙伴关系，是东风、宇通、金杯等多家汽车制造厂商的“质量服务”先进企业，被中国汽车工业协会授予“中国汽车零部件创新企业”称号。

【中椒英潮辣业发展有限公司】 2000年9月注册成立，注册资金7000万元，位于中国武城辣椒城，占地320亩，拥有土地权益340亩，厂房办公面积112045.6平方米，总资产10.5亿元，年出口创汇1000万美元。。

公司有老城辣椒原料加工厂、辣椒城两个片区，占地340亩，拥有加工车间36000平方米，仓储间56840平方米。企业是行业内集辣椒收购、加工、储藏、销售为一体，规模最大的辣椒企业，主营干辣椒、速冻辣椒、辣椒粉、辣椒精、辣椒酱、辣椒天然红色素等辣椒产品。有辣椒加工设备80多台（套），年加工速冻辣椒4000吨的冻干保鲜库1栋；年产4万吨辣椒初级制品（粉、碎、圈）生产线6条；有全国最先进的微波杀菌生产设备、进口蒸汽杀菌生产线、杀菌指数低于国家标准；年产3万吨辣椒酱生产线6条；年产1500吨天然色素生产线1条。有商标专利70多项。顺利通过ISO9001-2000质量管理体系认证，HACCP食品安全管理体系认证。

连年被山东省金融单位评为AA+信用企业，是德州市出口创汇先进企业、德州市高新技术企业、德州市守合同重信用企业、德州市辣椒加工工程技术研究中心、德州市企业技术中心、山东省高新技术企业、省级扶贫龙头企业、全省农产品加工示范企业、国家级农业产业化重点龙头企业、国家少数民族用品定点生产企业，是韩国在中国最大的韩式风味酱制品生产基地。

【德州玲珑轮胎有限公司】 由山东玲珑轮胎股份有限公司投资兴建，位于武城经济开发区德商路东西两侧，占地面积2400亩。

公司自主研发的主导产品乘用轻卡子午线轮胎、全钢载重子午线轮胎、高性能轿车子午线轮胎及特种轮胎等十大系列3000多个规格品种，通过CCC、DOT、ECE、GCC、INMETRO、LATU等认证，质量管理体系通过ISO9001、TS16949认证，环境管理及职业健康安全体系分别通过ISO14001认证和GB/T28001认证。主要产品具备年产3000万套生产能力。公司销售网络覆盖全国各地，远销180多个国家和地区。

【山东龙祥新材料科技有限公司】 1988年成立，位于县经济开发区，占地面积20万平方米，有南、北两个厂区，注册资金1亿元，资产总额6亿元，员工800余人。

公司主要从事桥梁支座（双曲面、球型、盆式、板式）、桥梁预埋件、防撞梁挡块、桥梁伸缩装置（含建筑用伸缩缝）、橡塑止水带、盾构管片密封垫、高分子防水卷材、塑钢缠绕管道（含桥梁塑料排水管）、橡塑密封条（动车组、汽车、地铁安全门屏蔽门、人防密闭门）、中央空调及末端产品、声屏障、钢铝复合通电轨、三轨绝缘支座（含防护罩）、F-in 型风管内插式定风量阀、R-in 型设定式定风量阀、VAF 型变风量调节阀、动态流量平衡阀、轻质防护密闭门的生产、销售和安装。

公司为省级优秀企业。山东省橡胶行业协会会员单位、省级高新技术企业、山东省青年文明号企业，建有省级企业技术中心。2007年，公司工程类7类产品一次性获国家实用新型专利7项。2012年，可探测后压浆调高盆式橡胶支座产品申请国家发明专利，铁路伸缩装置产品获得国家实用新型专利。公司是国内通过中铁铁路产品认证中心 CRCC 认证最多的企业。公司和公司产品被评为“山东省著名商标”，公司检测中心2007年获得中国石油和化学工业协会颁发的质量检验机构定级A级证书。

【山东奥博环保科技有限公司】 2007年成立，位于县经济开发区，注册资金5008万元，总资产2亿元。主导产品有除尘过滤材料、过滤袋、袋笼、空气过滤器、除尘设备等共计除尘和过滤两大系列几十个品种，广泛应用于垃圾焚烧、钢铁冶金、燃煤电厂、空气净化等行业领域，产品畅销华东、华北、西北等地区。

公司通过 ISO9001 质量管理体系和 ISO14001 环境体系认证，有14项具有自主知识产权的专利技术，其中发明专利4项。主持（参与）5项标准起草。与东北大学国家滤料检测中心、东华大学、济南大学、山东理工大学等高校院所建立长期稳定的合作关系，并成立硕博生实习基地。拥有4个省级服务平台：山东省袋式除尘工程技术研究中心、山东省企业技术中心、山东省中小企业公共服务平台、山东省博士后创新实践基地。

公司是山东省认定高新技术企业，中国过滤与分离协会理事单位、中国环境保护产业协会理事单位、中国环保行业骨干企业、山东省纺织行业安全生产先进企业、山东省环保绿色生态企业。产品获得山东省科技进步一等奖，山东省技术市场协会金桥奖、德州市科学技术进步二等奖。

【山东武城德源纺织有限公司】 2007年成立，位于县经济开发区，是一家集纺织、服装于一体的企业。有纱锭3.5万枚，精梳机8套，全自动络筒机4台，剑杆织机200台，经编机2台。生产以纯棉、莫代尔、竹纤维、粘胶、氨纶为主要原料的21—40支为主的各种纱线。坯布产品以弹力服装面料为主，主要有牛仔、府绸、纱卡、贡缎等。经编类有网眼布、起绒布等。

公司通过 ISO9002 国际质量体系认证，多年被评为市级农业产业化重点龙头企业。2008年8月，中央财政支持项目——中国棉花价格指数信息采集网络山东采集站在公司落户。

公司与香港国际之星制衣有限公司合资成立山东德州金象国际制衣有限公司，总投资1300余万元，有裁剪、缝纫、整烫、包装为一体的流水线四条，具备独立打板、单裁能力，分别生产童装、风衣、衬衣、休闲装、西裤、裙子、各式男女式睡衣套及宠物装等，年生产能力200万套。公司设备95%以上为日本重机设备，平缝机全部为自动切线电脑平缝机，引进美国格柏 cad 系统、mpw-196 电脑开袋机、meb-3200 圆头锁眼机以及电脑打结机、打鼻机等。产品远销美国、日本、韩国、加拿大、法国、荷兰等国家和地区。

【山东神龙毯业有限公司】 1958 年成立，20 世纪 90 年代末成为全国品种最全、品牌最高、规模最大的手工地毯生产企业。公司总资产 3.5 亿元，占地 161 亩，专业技术人员 180 人，员工 360 名，年产手工新工艺地毯 150 万平方米。

公司“中国手工新工艺毯”获得国家发明专利。有德国、英国、比利时地毯织机及后整生产线 12 条。公司系全国唯一“中国民族毯业城—武城”核心企业，全国地毯业首批“中国名牌”企业，首批“产品质量国家免检”企业，全国行业首位“中国民族用品定点生产企业”，国家级技术服务平台，国家级技能大师工作站，全国工艺美术行业突出贡献单位。公司是皇宫—奥比松地毯国家标准的制订企业，是全国地毯行业助理设计师、设计师、高级设计师标准的制订企业。公司有国家级工艺美术大师 1 名，中国民族工艺美术大师 1 名，山东省工艺美术名人 1 名，山东省技能大师 3 名，高级设计师 10 名。

商贸流通

Commerce Circulation

商　贸

【概况】 2017年，全县外贸进出口完成67842万元，比上年增长288.7%。其中，出口47998万元，同比增长193.4%；进口19844万元，同比增长1712.2%。社会消费品零售总额96.58亿元，同比增长10.1%。好运来购物有限公司新建2500余平方米物流配送中心，被列入市级物流标准化试点企业。5月26日至28日，第二届中国（德州）对接京津冀优质农产品博览会召开，古贝春集团有限公司、中椒英潮辣业发展有限公司、德州盛彬食品有限公司等14家农副产品企业参加。

【对外贸易】 按照《关于贯彻德政办发〔2016〕1号文件进一步促进外经贸发展的意见》，落实外经贸发展扶持资金136万元。帮助中椒英潮辣业发展有限公司、山东史蒂夫医疗科技有限公司、山东凯地兰纺织有限公司等企业申请中小企业国际市场开拓资金50余万元。新增韩亚商贸服务有限公司、山东天池伟达电力设备有限公司、高源纺织有限公司等备案企业24家，有进出口贸易实绩的企业达到24家，产品主要包括轮胎、地毯、中央空调配件等，主要面向东南亚、日韩、欧美等国家和地区。进出口贸易前3名的企业为德州玲珑轮胎有限公司（58050万元）、山东凯地兰纺织有限公司（3551万元）、德州金登汽车配件有限公司（940万元）。

【电子商务】 3月，山东凯地兰跨境电子商务产业园投入运营，陆续入驻电商企业6家，涉及体育器材、家具、地毯等产品。省商务厅聘请电子商务专家在武城先后举办电商培训班4期，培训学员80人。中椒英潮、古贝春集团公司网上销售品牌影响力日益增强，获得省级“互联网+品牌”扶持资金40万元。

【散煤治理】 2017年，计划推广清洁型煤4万吨，环保炉具3640台。清洁型煤每吨补贴300元，环保炉具每台补贴400元，市、县财政按照1∶1比例承担。6月，招标确定清洁型煤、环保炉具供应企业。7月，开始预收煤款，边预收煤款边入户配送。9月，完成清洁型煤入户配送任务。推广工作中，成立由商务、公安、工商等部门组成的稽查队，各镇街区成立检查队，发挥村级网格员作用，在全县设立17个检查站。开展联合执法600余次，取缔非法经营点5处，封存散煤900余吨，其中劣质散煤300余吨。截至年底，全县清洁型煤配送入户48265.41吨，安装环保炉具3920台。

【成品油监管】 加油站旅游厕所全部建设完成，3月，通过省商务厅、第三方机构联合验收，获省财政奖励资金12.69万元。出动执法人员120余人次，对全县加油站油品升级和高速、国省道沿线加油站车用尿素普及进行检查督导。6月，国Ⅳ标准普通柴油和车用尿素全部普及到位。9月，各加油站全部升级为国Ⅵ标准汽柴油。开展非法加油站专项治理，商务、工商、安监、公安等部门联合执法，根据违法违规不同情节，对非法加油站（点）采取断电、油罐注水、收缴违法设备、移交公安部门等措施。全年关停非法加油站 8 个、加油点 32 处，移交公安机关处理 5 人次。截至年底，完成双层罐或防渗池改造加油站 40 家。

（孙洪桥）

供销社贸易

【为农服务中心建设】 编制《武城县供销社2017—2020 年为农服务中心建设规划》，规划建设为农服务中心 14 处，已建成志远为农服务中心、泰华为农服务中心、为民综合服务中心、刘寨为农服务中心、李家户镇为农服务中心及农丰为农服务中心 6 处，总占地 172 亩，投资 5184 万元。6 处为农服务中心均为粮食烘干收储型，有粮食周转库（仓）11 个，仓储能力 17 万吨；粮食烘干塔（机）49 台套，日烘干能力 3000 余吨；配备植保飞机 11 架、智能配肥机 2 台、大型农机具 239 台套、大型水肥一体化设备 4 套。对接农村党支部领办、创办土地股份合作社，为土地股份合作社提供产前、产中、产后配套保障服务。

【土地托管服务】 依托为农服务中心对服务区域内土地进行“保姆式”（全托管）、“菜单式”（半托管）托管服务，围绕良种推广、代耕代种、智能施肥、统一浇水、统一收获、加工销售等环节以合同形式约定服务内容，向农民收取一定的服务费用，在不改变农民土地承包权、收益权和国家惠民政策享有权的前提下，通过实施推平陇背、宽幅精播、多层施肥等措施完成农民委托的各项服务。开展水肥一体化服务，与甲马营镇后曹店村、北王庄村及武城镇东小屯村村两委达成 3500 亩的土地托管协议，实施水肥一体化服务。全年完成智能配肥 1 万余亩、飞机防控作业服务 7.35 万亩，实施托管服务面积 10 万亩（全托管 1.5 万亩）。

（赵金辉）

2017 年 3 月，志远合作社利用高杆喷雾机对麦田进行统防统治作业 （摄影 牛文忠）

粮食储备流通

【粮食收购】 2017年，全县完成粮食购销量48.57万吨，其中收购小麦12.15万吨。在夏粮收购工作中，腾空仓容7万吨。其中，国有粮食企业可用空仓5万吨，非国有可用空仓2万吨。国有粮食企业筹备汽车衡16台、台秤35台、容重器10台、水分仪36台，准备麻袋5000条、篷布200块。收储企业根据实际情况增设收购网点，方便群众就近售粮。推进农民售粮一卡通工作，简化工作流程。减少结算环节，确保售粮群众售完粮即拿到款，收储企业保证农民随到随收，不压级压价、不克扣斤两、不拒收、不限收、不代扣任何费用、不打白条。

【市场监管】 在《粮食流通管理条例》颁布十三周年、世界粮食日等节点开展集中宣传活动，到各镇街驻地和30余个村进行宣传，印制《粮食流通管理条例》、粮油安全和节粮知识等宣传资料，发放、张贴宣传单4000余份。粮食收购许可事项入驻县社会事务服务中心，全面实行网上办理，全县办理粮食收购许可证的企业有102家。出动190余人次对粮食企业进行监督检查，开展行政处罚和行政许可双公示工作，对已挂牌的26家放心粮油店进行经常性检查，培育放心粮油旗舰店3家。

【应急体系建设】 3月，县粮食应急体系建设项目配送中心新建仓房工程开工。县粮食局在县粮食收储管理中心蔡村收储站新建仓房6000吨，面积1200平方米，完善消防、配电、排水等功能，年底主体完工。

【主食产业化】 推进主食产业化项目，以盛彬食品有限公司为实施主体，争取上级补助100万元，公司自筹100万元，建设车间1300平方米，新上日产5万个馒头的生产线，建设冷库、化验室，购置货运车，3月20日投入使用。

（梁光华）

烟草专卖

【卷烟销售】 2017年，全县销售卷烟9226.52箱，同比减少109.83箱，下降1.18%；实现销售收入17655万元，同比减少1820万元，下降9.35%；人均条数6.13条，同比下降0.08条；实现单箱值21551元，同比减少2849元。对全县500户卷烟零售户实施星级评定管理。聘请省内外营销专家，免费集中培训零售户1000余人次，为60余户优选零售户免费安装卷烟柜台，为300余零售户发放壁挂式“利群”展示柜。

【专卖管理】 推进“齐鲁之盾”（2017年）专项行动，联合公安、工商等部门开展市场检查和重点整治。开展专卖执法案卷清理与合同评查，推进法律风险防控体系建设。落实县政府便民服务要求，实行“窗口式”办理、“一厅式”办公，实现“一站式”审批、“一条龙”服务，对于偏远区域和老弱病残等特殊群体实行上门服务，方便群众办理证件。全年，查获各类涉烟违法案件73起，查获卷烟99.21万支，案值31.07万元，刑事拘留5人，逮捕2人。

（徐敬波）

盐产品经营

【食盐销售】 2017年，县盐业公司销售食盐4435吨，其中小包装盐950吨，全年销售收入为609万元。

【市场管理】 开展入口食盐全面升级换代工作，加大弱碱盐、进口澳盐、低钠盐、海水盐等高档盐的销售及高血压病人专用低钠盐的推广力度。推广餐饮专用盐，加大配送力度，确保小包装食盐多元发展。提前供应、储备辣椒市场食品加工用盐，进入辣椒收购旺季后，对辣椒市场进行24小时管理与服务，完成全年日晒盐计划。加强边界宣传，在四女寺镇四女寺村等56个自然村开展入户宣传，使村民认识到食用合格盐的重要性，了解高档食盐对人体的益处，自觉抵制私盐。联合县公安局、食药局先后五次在城区、城乡接合部对超市和集贸市场进行检查，加强对农村边界地区食盐零售点的检查，摸排假冒盐销售线索。重点检查食品加工户，对盐产品购进、使用情况进行备案登记，发现相关手续不全的立即停止供应。开展工业用盐检查，查阅、核实购盐凭证和实际使用情况，防止工业盐转销进入食盐市场。全年查处各类涉盐违法案件29起，罚款1万元。至年底，武城未发现有外部盐销售。

（许　文）

医药经营

【药品经销】 2017年，药品购进1041万元，较2016年的1650万元下降63%；药品配送销售1122万元，较2016年的1800万元下降62.3%。

【质量管理】 县医药公司严格按法律、法规的要求从事经营活动，实施多次内审和管理审评，健全自我完善机制，确保质量管理体系有效运行及改进，全年未发生质量安全事故。

（宋国强）

城建　环保

Urban Construction Environmental Protection

城乡规划

【规划编制】《武城县城市总体规划（2011—2030年）》实施评估及修编，形成实施评估报告。10月14日，《武城县县城总体规划纲要（2017—2030年）》通过专家评审，对规划成果进行完善。编制完成鲁权屯镇与四女寺镇总体规划初步成果、县域乡村建设规划初步成果和城区管线综合规划（包括道路竖向、给水、污水、排水防涝及海绵城市、综合管廊等6个专项规划）。编制完成城市规划区外绿化规划、城市防洪排涝专项规划、城区水系专项规划、加油加气站专项规划、绿地系统专项规划、地下空间利用专项规划、武城县消防专项规划等7项专项规划。

【规划设计】 完成古贝春大街（西环路至德上高速出口）绿化工程规划设计、宏海路道路绿化工程规划设计、北方街（西环路—省道254线）道路改造提升、西环路道路改造提升、公园路及兴武路道路改造提升等6条道路提升改造规划设计。完成利城河和姜庄沟黑臭水体综合治理工程施工图设计、六六河景观提升工程规划设计以及文昌湖公园景观规划设计及施工图设计等4个建设项目规划设计。完成“棚改”项目西片区和沙东片区规划方案及建筑施工图设计、西南片区和中东片区规划方案编制与部分施工图纸设计。完成利城金岸南沿街项目和果里社区、梁庄社区、龙禧家园大门以及社区服务中心规划方案及施工图设计。8月，对县文体中心项目进行整体设计。开展职业中专改建以及城区教育消除“大班额”和各镇学校“全面改薄”等项目规划方案及施工图设计工作。

【规划管理】 全年审批办理“建设项目选址意见书”16件，“建设用地规划许可证”40件，“建设工程规划许可证”72件，“乡村建设规划许可证”7份，发放规划竣工验收合格证47份。

【规划服务】 完成古贝春大街排水管网施工放线，古贝春西大街、西环路、宏海路、北方街道路提升改造以及县文体中心项目，德百东地块，利城河姜庄沟黑臭水体治理等30余个建设项目迁占、定点放线及现场勘查任务，参与联合放线14次。

（温　薛）

住房和城乡建设

【棚户区改造】 全县完成西片区、沙东片区、西南片区、中东片区等4个片区2563户拆迁。其中，西片区974户，沙东片区580户，西南片区371户，中东片区638户。10月19日，西片区开工建设。12月3日，沙东片区开工建设。西南片区和中东片区完成地勘。

【村镇建设】 全县农村危房改造150户，验收工作全部完成，补助资金拨付完毕。2017年完成农村改厕38458户，累计完成48487户，占任务数的101.2%。9月，武城镇省级辣椒特色小镇通过山东省住房和城乡建设厅批复。11月，四女寺镇通过市级特色小镇评审。截至年底，全县有鲁权屯镇、武城镇、四女寺镇3个特色镇街。

【“气代煤”工作】 8月，全县确定7个镇街、17个农村社区型村庄作为2017年度改造区域，建立“气代煤”住户台账并组织招投标。燃气企业对到户管道进行前期施工，至9月底，所有配套主管网全部铺设到位，炉具安装基本完成。10月，组成联合验收组，“逐村逐户”进行质量验收，建立台账户数4925户。

【污水扬尘治理】 9月，县政府建设第二污水处理厂，设计一、二期污水处理能力各3万吨。镇驻地和农村社区部分污水处理设施完成管网建设及调试运行，实现正常运行和达标排放。全县城区21个在建施工现场扬尘污染防治在多级环保督查中全部达标。

【城区供热】 8月，对各住宅小区供热进行二级管网改造。

（刘　磊）

房产管理

【房产服务】 开展“绿色通道”服务，对重大项目建设、招商引资项目进行快速办理。在审批中心窗口公示服务指南，上门服务20余起。全年办理二手房交易247笔，实现各项业务零差错。

【住房保障】 加强分配管理，坚持保障性住房实物分配和租赁补贴发放“全过程公开，全社会公示”制度。邀请相关部门和群众代表对保障房分配进行监督，确保分配公开透明。接受审计机关对廉租住房租赁补贴资金审计，确保专款专用。对配租对象实行动态管理，每年对配租对象进行审核。实行不定期上门巡查制度，核对居住人员身份和居住情况，防止转租和空置廉租住房。全年廉租住房分配到户73套。

【物业管理与服务】 加强对物业服务企业监管，建立物业服务企业信用平台，建立健全档案管理制度，完善物业服务企业不良行为记录公示制度和监督考评机制，严禁不达标企业进入物业小区从业。参与“全县创建省级文明城市”和“全县省级卫生城市迎复审”活动，各物管小区通过验收检查。全年接受各物业小区12345市民热线300余件，及时协调处理环境卫生、车辆停放、乱搭乱建、电梯使用维修等问题。

【房产市场监管】 执行商品房预售许可制度，

审查审批商品房预售许可，杜绝一房多售、假退房真转让等违规行为，确保商品房依法依规销售。执行预售资金监管制度，房管部门与银行和开发企业共同签订预售资金三方监管协议，预售资金纳入监管账户，将预售资金缴存和使用情况记入房地产开发企业诚信档案，确保开发企业将预售资金用于商品房项目建设。全县未出现房地产开发企业挪用资金和“烂尾楼”现象。加强房地产相关法律法规和开发项目信息披露，提醒消费者不购买手续不齐全房屋。全年对全县房地产开发企业检查12次，开展预售商品房项目清理整顿活动，检查预售商品房项目7个，召开房地产开发企业座谈会议3次，进入房地产开发项目现场12次，下发限期整改通知1份，纠正违规行为3项。

（闫 鹏）

住房公积金管理

【公积金征缴】 开展住房公积金宣传月活动，通过电视台、电子屏、悬挂住房公积金标语等向群众讲解公积金政策。对有条件的企业依法催建、催缴。新增缴存单位44个，同比增长25.71%；新增缴存人数2077人，同比增长134.42%。其中，县中医院119人实现缴存，安置退役士兵近800人实现缴存，基本实现全县行政事业单位全覆盖。

【公积金归集】 4月，最新缴存基数区间为最高不超过15686元，最低不低于1470元。12月，县财政供养人员缴存比例由8%调整为9%。当年归集额10098万元，同比增长20.13%，累计归集住房公积金总额36935万元。

【公积金贷款】 严防贷款风险，采用担保公司抵押反担保，协调放款银行开通提醒短信业务，扣款首次成功率提高，贷款回收保持零逾期。简化贷款流程，废除申请表单位盖章环节，启用新式贷款申请表，允许贷款职工自选贷款银行。与市房管中心实现联网。自5月22日起，取消德州市行政区域外房产证明；取消职工个人收入证明，以公积金缴存基数确定其个人收入。自8月20日起，提高首套房首付比例至30%，提高二套房首付比例至40%；对两次以上使用住房公积金贷款的缴存职工不再发放贷款。全年全县住房公积金贷款232笔，累计1184笔；贷款额5442万元，累计23026万元；贷款回收额2908万元，累计8334万元。

【公积金提取】 严格审批流程，执行双人审批提取制度，即一笔提取业务必须由两名业务人员审批办理，杜绝人为风险。简化提交要件，对于销户类提取，在封存备注中已注明原因的，提取时不再提交退休证、死亡证明、解除劳动关系证明等材料。住房公积金异地接续平台正式上线，公积金转入、转出不再需要往返办理。自4月12日起，对购买第二套（不含）以上住房的，不再允许提取；对购房所在地在德州市行政区域外的，不再允许父母、子女之间互相提取；购房提取、偿还商业及公积金贷款提取须查询工作地、户口地、购房地三地房屋权属证明；取消重大疾病提取、住房门窗节能改造提取、享受城镇居民最低生活保障金提取业务。自5月22日起，对提取所需房屋权属证明，凡属德州市行政区域以外的不再要求提供。自8月20日起，针对购房提取，全面取消父母、子女之间互相提取。全年全县住房公积金提取2645笔，同比增长12.70%，累计8982笔；提取额4100万元，同比增长46.06%，累计9297万元。

【公积金监管】 开展规范缴存单位信息专项活动，对所有缴存单位进行梳理归类，核对职工信息，依规注销或合并职工账户，完善补录部分职工账户信息。对受托银行进行评价打分，成绩与拨付贷款手续费挂钩。打击缴存单位、缴存职工失信行为。保障职工权益，按1.5%年利率为职工个人账户资金计息313万元。全年实现增值收益216万元。

（王　凯）

城市管理

【市容市貌】 开展市容市貌集中整治活动，拆除陈旧破损广告牌匾和路灯牌匾。清理沿街门店门窗字画4000余处，规范流动摊点500余个，纠正乱停乱放车辆2000余辆；取缔废品收购站（点）14家；规范设置便民摊点6处；与沿街门店、单位签订“门前五包”责任书近4000份。对管理区域人员定岗、定员、定责，打破常规执法作息时间，错时上下班，做到无缝隙、全覆盖管理。在省级卫生县城复审、省级文明城市创建工作中，完成涉及城市方面硬件设施整改任务100项，新置更换街道、游园健康宣传栏及公益宣传栏102块。

【园林绿化】 实施“城市绿荫工程”，补植行道树柳树、国槐、法桐、白蜡共1000余株，种植乔灌木3万余株，地被小灌木14万余株。在综合体原建德山种植白蜡、法桐树苗2万余株。在升平广场及青龙河铺种草皮4000平方米，种植玉兰、紫薇100余株，各种月季1万余株，景观松5棵。古贝春大街绿化工程种植景松、栾树等苗木1.3万余株，种植草坪、黄杨等3万余平方米，铺设浇灌系统4500米。赵庄沟黑臭水体综合治理工程种植白蜡、黑松、红叶李等4.2万余株，草坪8万余平方米，丰花月季、黄刺玫等灌木2万余平方米，睡莲、黄菖蒲等水生植物1.2万平方米。治理裸露土地及综合体绿化面积26万平方米，完成滨河大道、西环路等多处空闲地段和绿化带修剪杂草50余万平方米。对易发病虫害苗木喷洒药剂100余吨。

【市政工程】 完成赵庄沟黑臭水体治理工程、古贝春大街排水管网工程、运河文化综合体公厕建设工程、城区道路挖补工程、北方街青龙河桥改建等15项工程建设。完成城区内约13800平方米破损路面挖补修复工程。对城区振华街、漳南街、运河路、公园路等部分路段破损人行道进行修复，硬化面积3600平方米。

水兴路（文化街—古贝春大街）升级改造，全长约1600米，宽16米。完成城区道路32184米标线施划工程。完成城区部分路口提升工程，施划标线3169.5平方米，安装及调整护栏551.2米。在振华街、文化街、兴隆街、向阳路、历亭路、三八路等人行道冷漆停车位施划7749平方米。对向阳路、青年路、文化街、三八路、顺河街部分路段清淤管道3760米，更换雨水篦子60个。在公园路（北方街—广运街）东侧铺设雨污分流管道，污水管道560米，雨水管道360米。在少年路西侧广运街北侧铺设污水管道500米。取缔地嵌式生活垃圾箱，更换移动式垃圾压缩设备9处。城区零星维修工程，完成城区管网清淤2850米，人行道塌陷、破损修复11千米，更换破损、丢失检查井盖50个、雨水篦子44个。受理道路挖掘审批34件。

2017年12月，对市政工程进行现场检查
（供稿　县城市管理行政执法局）

【城乡环卫】 定期考核评比、专项重点检查、日常随机抽查、暗访复查多措并举，组织城乡环卫一体化检查8次。在下半年全市城乡环卫一体化电话满意调查工作中，列全市第4名。

【道路扬尘治理】 严控焚烧树枝、树叶和垃圾。出动机扫车、洒水车各6辆，城区18条主要街道实现机扫，15条道路实现经常性洒水，抑制扬尘。根据重污染天气预警，增加城区重点路段、重要节点洒水频次，由每天2次增加到5次。9个镇街、开发区全部配备湿式机扫车。

【露天烧烤治理】 2月，县政府重新对露天烧烤禁烤区域进行划定并发布通告，建立工作台账，发放法律法规宣传品。取缔城区露天烧烤，城区90家露天烧烤店铺全部安装油烟净化设备，并入室经营。

【宣传教育】 3月，开展以城管工作“进机关、进企业、进学校、进商场、进小区、进网络”为主要内容的宣传月活动，发放宣传品10000余份，《城管知识宣传册》4000余本。

【数字化城管建设】 10月，数字化城市管理系统建设并投入试运行，将城区及开发区共25平方千米区域及部分街道延长线纳入数字化城市管理信息系统。划分责任区5个，单元网格5524个，普查城市部件49223个，兴趣点4275个。根据管理面积，组建座席人员队伍5名，采集人员队伍6名，由数字化城市管理监督中心统一管理。截至年底，系统受理案件3631件，有效立案数3283件，专业部门处置数2603件，处置率97.2%，结案率99.5%，按期结案率98.3%，一次完成率90.9%。

（于志强）

环境保护

【大气污染防治】 2017年，全县空气质量持续改善，主要污染物PM2.5、PM10、SO2、NO2平均浓度分别为72、126、31、36（微克/立方米），较2016年同比改善19.1%、17.1%、11.4%、10%。全县空气优质天数240天，同比增加58天。制定《武城县大气污染防治实施方案（2016—2017）》《武城县〈京津冀及周边城区2017年大气污染防治工作方案〉实施细则》等文件。制定重污染天气应急减排项目清单，完成全县重污染天气应急预案修订，完成重污染天气应急方案备案企业500余家。全县4台10蒸吨以上燃煤锅炉全部完成超低排放改造，207台10蒸吨以下燃煤锅炉通过煤改气、煤改电等方式完成淘汰替代。16家建筑工地、拆迁工地全部落实“六个百分之百”。完成防尘抑尘措施砖瓦窑厂3家。7家商混企业、2家料场全部通过市大气办联合验收，并实现常态化监管。推广清洁型煤4万吨，推广环保炉具3146台。全县54家重点企业全部安装废气治理设施，通过上级验收销号。45家加油站二级油气回收设施通过联合验收，城区13家加油站全部完成三级油气回收治理工作。全县120家油烟治理餐饮单位全部安装油烟治理设施。

【水污染防治】 出境断面刘茂庄桥河流水质COD（化学需氧量）、氨氮监测平均值分别为25.5、0.26（毫克/升）；境内水体水质COD、氨氮分别改善5.6%、11.2%。集中式饮用水水源地水质达标率100%。落实“河长制”，制定《武城县全面实行河长制实施方案》，建立县镇村三级组织体系。改造加油站地下油罐40家。制定《关于关搬禁养区养殖场户的工作方案》，开展畜禽养殖污染防治工作，禁养区内所有养殖场户全部关闭搬迁，全县849家畜禽养殖场户建成治污设施。

【固体废物管理】 全年办理危险废物转移申请15件，开展危险废物专项执法行动4次，现场检查危险废物产生企业7家，规范危险废物管理档案。开展进口固体废物加工利用企业专项整治。开展土壤污染重点行业企业空间位置遥感核实和工业遗留疑似污染地块调查工作。

2017年8月，到企业开展环保检查　　　　（供稿　县环保局）

【环境执法监管】 全年出动执法人员2万余人次，检查污染源5100余家次，查处信访案件584件，罚款2000余万元。开展砖瓦行业专项行动、喷涂行业专项整治，依法取缔砖瓦厂12家，限期整治3家，拆除非法喷漆房50余间，侦办污染环境案件12起，行政拘留14人。整治“散乱污”企业1444家。其中，取缔900家，整改提升544家。安装污染物在线监测监控系统重点企业4家，实现省市县三级联网，可24小时在线监测企业排污达标情况。全县1045家企业安装完成视频监控，811家企业联网上线，对上线企业实现24小时不间断视频监控。

【建设项目服务】 2017年，审批新建设项目169个，整改提升并完善环评手续876个，核发排污许可证3家。全年获得上级专项资金2000万元。

【环保宣传教育】 开展“六五”世界环境日等大型环保宣传活动3次，发放宣传品和环保购物袋1000余套。开展环保宣传月活动，通过悬挂条幅、刷写墙体标语、农村广播等形式，加大“散乱污”企业整治、秸秆禁烧等宣传。在县电视台开辟“生态环保集中攻坚”专栏，定期播报环保工作进展，曝光环境违法行为。做好政务微博、微信管理工作，解答群众提出的各类环境问题和投诉。

（纪洪磊）

交通 邮政 通信

Transportation Postal Service Communication

交通运输

【概况】 2017年，武城县公路通车里程1947千米，万人均占有51.23千米。全年完成客运量562.5万人次，客运周转量36693万人千米；完成货运量830万吨千米，货运周转量46903万吨千米。年底运输车辆数3336辆。

【城区路桥建设】 2017年，完成城区水兴路改造工程。该路段长1.6千米、宽16米，5月底开工建设，6月4日完成水泥稳定碎石摊铺，9月13日，路面沥青混凝土摊铺完成。

【农村公路建设】 2017年，在武城县第三批村级公路网化工程中，计划新改建村级公路100千米，到年底建设里程达到190千米，完成年度任务量的1.8倍，其中省定贫困社区村庄38个，建设扶贫公路54千米。在县乡道路改造工程中，建设德甲路、代孔路11.6千米，其中代孔路南段3.2千米竣工通车。实施县乡道路安全生命防护工程，全县5条县道、8条乡道、里程153.5千米的安全隐患路段，在8月中旬完成治理，通过市交通运输局验收组的检查验收。

【道路维护】 实施宏海路道路绿化提升改造工程，项目投资7200万元。7月4日开始施工，到年底两侧排水沟完成12千米；弃土外运5万平方米，客土回填18.92万平方米；采取生物改碱技术，投放液体土壤改良材料52吨，完成边沟整理，种植国槐、白蜡、千头椿、紫叶李、碧桃等乔灌木2.6万株。在城区南外环绿化工程中，绿化面积8.04万平方米，种植法桐5170株、白蜡1.825万株。果里社区北侧绿化工程，育苗面积5.15万平方米，种植国槐1.1万株、白蜡2010株、法桐700株。制定《武城县四好农村公路建设考核评分细则》，根据“谁建设、谁受益、谁养护”和“属地管理”原则，落实镇街部门责任，加强动态管理。武城县鼎元公路养护工程有限公司将5条县道、3条镇街干线路纳入常态化管护之中，开展管理养护服务，完成城区街道挖补1.2万平方米。

2017年9月，扶贫公路施工　　（摄影　王佩山）

【施工设备】 德州鼎泰路桥工程有限公司投资1200万元，购置法国法亚集团玛连尼 MAC360 型沥青拌和设备，3 月份进场，9 月上旬投入生产。投资 13 万元，安装无组织扬尘自动监测系统和武城县建筑工地商混企业扬尘治理监控平台。对机动车性能检测站项目进行更新改造，投资 120 万元，升级改造车辆综合性能检测设备，新上环保检测、安全检测设备，实现“三线合一”。

【行业管理】 2017 年，开展联合集中行动 16 次，治理违规出租车、电动车、三轮车 184 辆次。开通县城通郑口、县城通滕庄的县内新能源客车。启动交通运输部《道路运输车辆技术管理规定》，做好管理制度接轨，落实车辆主体责任。规范驾培市场，查处黑教练车 11 辆，规范三类维修门市部 34 家，维修监管力量向镇街延伸。开展生态环保集中整治，对交通系统停车场、汽车维修行业进行规范整治。

【安全管理】 开展大快严集中整治活动，对全县 32 家客货运企业进行常态化安全检查。规范施工现场安全管理，确保全员化、无死角。创立“互联网 + 安全监管”、道路运输危险化学品运输“连环式”监控模式，举办全市交通运输系统安全生产现场会暨培训会议。组织道路运输企业、驾培企业安全消防实战演练活动。

【物流行业及快递管理】 加强邮政物流管理，对全县 20 家寄递物流企业经营行为全方位检查，确保实名寄递、开箱验视、安检仪检查“三个百分之百”。

【交通执法】 强化行政执法培训教育，组织开展执法人员资格考试。邀请德州市人民检察院检察官做法律辅导。规范联合治超系列制度和各项程序，启动货运车辆超限超载专项整治行动。开展散煤清洁化治理专项行动，为创优道路运输环境，推进“双城联创”打下坚实基础。

（王佩山）

公路管理

【项目建设】 省道 318 线南环段改建工程。全长 9.2 千米，一级公路标准建设，争取省投资 6730 万元，2016 年 5 月开工建设。古贝春大街（西外环路—德上高速）道路拓宽及绿化新建工程。2017 年 1 月开工建设，概算投资 7363 万元，西起德上高速武城西出口，东至武城县西外环，全长 2.63 千米。主路面、两侧污水管施工完成。省道 254 线武城孟王庄至辣椒城（东环）段中修工程。全长 13.7 千米，总投资 3787 万元，11 月 23 日交工验收。

【公路养护】 整治提升公路安全设施，封堵省道 254 线德商公路中央隔离带违规开口 32 处，安装护栏 1800 余米。清扫车路容清扫 10705 千米，人工路容清扫 598 千米，路肩平台打草 127 千米，整修路段截水沟 72.1 千米，穿村路段清理路宅分家盖板淤积物垃圾 136 平方米，更换中央隔离护栏 2 块，导向牌 96 块，更换防撞桶 194 个，更新示警柱 122 根、百米桩 127 根、爆闪灯 16 个。整修路肩 16 千米，修复水毁 1525 平方米。路树打药 54.4 千米，维修泄水槽154千米，新建泄水槽286米；更换边沟盖板136块。路面灌封1.2万延米，挖补坑槽109平方米，绿化补植冬青球865株、冬青苗12040株；路树刷白18015株，修剪灌木11525株；粉刷桥梁2562米；更换边沟盖板269块。

【路政管理】 全年实施公路巡查14万千米，查处各类损毁路产、侵犯路权的路政案件24起，清理非公路标志120余块，清理违法堆积物960余立方米。开展普法宣传，在省道254白庄收费站以及振华街等多处设立公路法规宣传咨询点，接受群众政策咨询100余人次，发放宣传资料2000余份，出动宣传车60余台次，悬挂标语6幅。

【应急保障】 开展国省干线公路隐患大排查，查出安全隐患9起，落实整改9起。安排应急队伍4支、设备30型铲车1台、撒布机2台、融雪剂10吨，开展应急除雪防滑工作。开展施工工地环保专项检查12次，下达整改通知书8次，全年无环保责任事故。

（郑旭鹏）

2017年11月30日，开展道路应急防滑工作　（摄影　何辉）

邮　政

【业务发展】 2017年，快递包裹累计实现收入289.56万元；函件专业全年实现收入169.06万元；开发新媒体业务10单，形成收入11.7万元；集邮业务累计完成收入137万元；报刊业务完成2018年报刊集中收订考核指标；电商分销业务实现订货额3429.7万元；分销累计实现收入608万元。完善三级运营体系，推进县级“仓配寄”一体应用及镇级服务中心建设，依托便民服务站，拓展社会零售商。

【客户服务】 改善邮政服务环境，对县公司办公大楼、李家户支局进行全新装修和改造，对其他支局进行全面改造。优化邮政系统服务设备，为每一个支局新增自助填单机1台。为照顾老年客户使用存折办理业务的习惯，新增8台具有存折取款功能的自助存取款机，在6个支局网点新增自助补登折机。全县16处支局网点安装26台ATM机。

【安全管理】 组织支局网点开展防抢防火演

练，提高员工安全防范及应急能力。所有投递用电动三轮车配备灭火器等消防设施。严把收寄验视关，所有出口邮件一律过 X 光机安检。

（王　丹）

山东广电网络有限公司武城分公司

【网络建设】 2017 年，投资金额 74 万余元，新建光缆 188 千米，新建光接点 419 个。

【业务发展】 中标农产品溯源项目，建设农产品质量安全追溯监控机房 1 处，生产基地及追溯点 37 处。承接全县企业环保治污监控工程，对全县重点排污企业安装高清探头，监控信号接入县环保局监控中心，实现对企业车间、排污设施等重点部位全天在线监控。将环保系统监控平台与公安系统“天网”工程联网对接。全县重点排污企业安装摄像头 1500 余个。在开发区 10 个行政村、甲马营镇 35 个行政村实现“村村响”。建设启用山东有线中心营业厅，集业务受理、形象展示、用户服务、新业务体验、自助服务于一体。

2017 年 3 月 27 日，“村村响”广播安装、调试

（供稿　县广电网络公司）

（韩风武　赵红英）

中国联合网络通信有限公司武城县分公司

【网络建设】 2017 年，投资 760 万元新建 4G 基站 12 座，基站累计到达 460 座；建设烽火分组传输设备 16 套，可为企、事业专网用户提供千兆级接入服务；宽带设备扩容升级，具备为公众用户提供 1000M 速率的宽带接入服务。

【信息化建设】 落实《深入推进“互联网 +”发展战略合作协议》，打造网络、平台、安全三大体系，依托全覆盖的光纤网络，基于物联网、云计算、大数据等信息技术，组织开展“沃·争朝夕”“赢在中小”“钉一夏”“超越行动”、互联网专线“回归行动”等活动。开展“产业互联网云平台”信息化应用巡展活动，推进公、检、法、纪检等部门信息化产品的深度应用。开通移动执法、环保视频监控、移动办公、智慧工地、钉钉卡等信息化服务产品。

（王义山）

中国移动通信集团山东有限公司武城分公司

【网络建设】 2017年，在网运行GSM基站200座、TD-LTE基站160座，光缆长度近1000千米，基本实现无缝深度覆盖，德上高速、省道254线、省道318线等交通干线经过专业测试达到优等水平。完成环保监控项目企业近400家。加快“宽带中国”工程的进度，农村行政村接入率100%，社区接入率90%。

【业务发展】 2017年，新增客户55006户，比上年增加25000户，新增市场份额65%，全县移动用户约26万户，其中4G客户14万户，全县市场占有率75%。推出套餐种类30余种。

【信息化建设】 落实“智慧德州”战略合作协议，推广集团专线、集团短信、校讯通、车辆GPS定位、道路监控、物联网等信息化应用。完成集团客户专线接入项目20多个，校园业务开通2000多户。

（张丽霞）

中国电信股份有限公司武城分公司

【业务发展】 2017年，公司业务累计完成考核收入1746万元，移动用户新增累计1800户，移动用户净增500户，宽带累计净增1698条。

【专业线工作】 2017年，新建多家门店，完成大型促销活动50多场。筹建由员工为承包人的行客团队、商客团队。加大小区宣传，每周定期促销活动。开放渠道，对代理商的帮扶到位，宣传物料及时下发。异网渗透门店销量环比为正。

（刘爱民）

金　融

Finance

金融管理

【市场体系建设】 截至年底，全县银行业金融机构11家营业网点46个。其中，人民银行1家；政策性银行农业发展银行1家、营业网点1个；国有控股商业银行5家：工商银行营业网点2个，农业银行5家，中国银行1家，建设银行2家，邮政储蓄银行4家；农村商业银行网点23个；股份制商业银行2家：德州银行营业网点3个，齐鲁银行1个；村镇银行圆融村镇银行3个。全县各项存款余额170.94亿元，较年初新增存款11.4亿元；各项贷款余额92.66亿元，较年初新增贷款12.64亿元。保险公司31家。其中，人寿保险公司11家，财产保险公司10家，代理保险机构10家。全年累计保费收入4.38亿元，累计赔付支出1.24亿元，实现税收2240万元。其他类型金融机构5家。其中，小额贷款公司2家，民间资本管理公司1家，民间融资登记服务有限公司1家，融资性担保公司1家。截至年底，全县民间融资机构累计投放资金226笔共2.83亿元。全县新增各类金融机构1家，2017年8月，齐鲁银行武城支行注册成立。

【上市挂牌】 全县完成规范化公司制改制企业31家，齐鲁股权交易中心已挂牌企业2家。

2017年3月14日，武城县企业规范化公司制改制培训会召开
（供稿 县金融办）

【信贷投放】 截至年底，全县实现间接融资30.68亿元，各项贷款余额92.66亿元，居全市第5位，不良贷款率3.4%。

（刘 露）

中国人民银行武城县支行

【货币政策】 加强金融监测分析，维护辖内金融稳定。借助“3·15金融消费者权益日”“金融知识普及月”等活动，加大存款保险宣传力度，组织辖内投保机构进农村、进社区开展存保知识宣传。开展投资类公司清理整顿，调查排查投资类公司涉嫌集资诈骗、非法集资、高息转贷等犯罪情况。规范账户行政许可行为，严格审核账户申请资料。全年共核批各类账户 1753 个，销户 388 个，年末开立单位结算账户存量 9814 个，个人银行结算账户 238.56 万个。争取上级资金，全年县人行累计发放支农再贷款 1.4 亿元。调整信贷结构，全县中长期贷款增加 5.4 亿元，中小微企业贷款增加 1.98 亿元，增量占全县贷款增量的 15.66%。推进农村承包土地经营权抵押贷款，全年共办理农村承包土地经营权抵押贷款 1455 笔、累放额 106987 万元。

【金融生态环境建设】 助力地方政府推进金融生态环境建设，督促辖内 10 家金融机构对所属不良贷款进行摸底梳理，截至 11 月累计清收不良贷款 6012 万元。加大非法集资风险排查力度，防控风险隐患，与有关部门合作开展涉嫌非法集资公司排查清理活动，建立健全非法集资风险防控机制。完善金融稳定工作机制。建立金融稳定内部协作制度和责任追究制度、银证保金融稳定协调机制、金融机构风险管理部门联席会议。落实重大事项报告制度，及时掌控银行业金融机构经营管理和风险状况，按月汇总辖内金融机构重大事项报告，抽取辖内 5 家银行业金融机构就重大事项报告制度机制建设及执行情况进行现场核查。开展县域大型潜在问题企业监测分析，对重点监测企业逐户建档立卷，开展问题企业月度风险监测，关注企业担保圈风险，“逐圈”监测企业经营状况、融资情况、担保与被担保情况、风险化解处置情况等，对苗头性、趋势性问题做到早发现、早预警、早识别、早处置。

【金融服务】 加强货币金银工作，全年县人行建立金融机构现金横向调剂信息监测报告制度、金融机构小面额现金备付制度、主办网点和主办银行制度，设立 84 个小面额现金兑换业务主办网点，加大对县以下区域投放小面额钞票引导力度，推进现金服务示范网点建设全面化。推进普惠金融服务，优化农村支付环境建设。开展助农取款点示范点建设，设立助农取款网点 210 个，转账电话计划升级改造 1455 台。加强对国库系统的运行监测和日常管理，完成预算收入 72000 笔 17 亿元，预算支出 28000 余笔 24 亿元左右，预算收入退付 230 笔 3900 万元，调拨收入 26 笔 8.74 亿元，办理减免退税业务 870 笔 289 万元，拒绝办理不合规业务 25 笔 655.88 万元。全年，县人行辖区共发行国债 8571.28 万元。做好民品企业贴息审核上报工作，为神龙毯业公司、英潮集团公司办理贴息贷款 42 笔 401.14 万元。推进信用体系建设，单独设立征信查询大厅，配备个人征信自助查询机，采用人脸识别技术、实现自助查询、打印个人信用信息报告，方便社会公众安全、便捷的获取本人信用信息。全年共办理个人查询 7500 人次，企业查询业务 218 家。推进信用体系建设，参与县生态环境保护工作，将 100 余家企业环保信息纳入省域征信平台，指导各商业银行做好绿色信贷工作。人民币管理工作，全年共收缴假币 201 张 16485 元，残损币兑换鉴定 151 张 7034 元。组织开展人民币反假宣传月活动，开展微信人民币反假知识竞答、“爱护人民币从娃娃抓起”进校园活动。至 9 月份，全县人民币反假网络知识竞答参与人数达 15200 余人，参与率 4.3%。

【外汇管理】 加强外汇企业服务贸易监测预警核查。采取风险提示函、分类管理降级、行政处罚等递进式监管方式，提升监管成效。截至年底，全县出口4325万美元、进口1914万美元，收汇2037万美元、付汇1202.11万美元。对县内21家进出口企业，开展贸易信贷业务专项核查，对违规企业进行警告，完善企业报告制度。接收外汇业务下放，加大外汇服务覆盖面。组织员工外出调研学习，熟练掌握外汇下放的专项业务政策及相关系统应用，服务面涵盖国际收支、服务贸易、个人及资本项目外汇等28项新业务，提高对外汇企业的服务效率。

（张如宝）

中国工商银行股份有限公司武城县支行

【存贷业务】 截至年底，全行本外币全部存款余额17.33亿元，较年初减少0.53亿元，减幅8.06%。本外币各项贷款13.7171亿元，较年初减少0.52亿元，减幅3.63%。其中，个人住房贷款6.28亿元，较年初增加0.14亿元，增幅2.21%。

【中间业务】 全年，实现中间业务收入1012万元，同比增加31万元。实现拨备前利润5814万元，同比增加252万元，增幅4.53%；实现净利润4213万元。缴纳企业所得税金1263万元。

【客户服务】 推动各类客户群体拓展，对个人客户，按照基础客户、中间客户、高端客户三个维度，分类施策做好客户拓展。关注存量贷款企业的经营情况、他行融资变动、涉诉、环保等情况，加强与客户的沟通和利息催收，结合上级行信贷政策最大限度缓释风险，严防劣变。全年累计为12户潜在风险客户办理展期或再融资26笔1.56亿元，法人客户贷款劣变1户、金额500万元，控制在分行劣变计划范围之内。

2017年4月20日，到玲珑轮胎公司调研
（摄影 孔令伟）

（刁其海）

中国农业银行股份有限公司武城县支行

【贷款业务】 截至年底，全行各项存款余额18.33亿元，其中个人存款余额16.37亿元，较

年初增长3362万元。各项贷款余额8.06亿元，较年初增长2.63亿元，其中对公贷款较年初增长2.49亿元。全年累计办理公司类贷款2.04亿元，支持县域骨干企业的发展。全年累计投放住房贷款3260万元。全年累计办理农户贷款1969万元，年末农户贷款余额达5055万元。

【中间业务】 县农行金融产品种类齐全，存款类、贷款类、结算类、中间业务类产品100多种，能够满足法人客户、小企业客户、个人客户的金融需求。在信用村评定工作中，评定146个信用村，累计发放惠农卡1万多张，扩张农户贷款准入规模。全年实现中间业务收入702万元，实现净利润1199万元。

（周加志）

中国建设银行股份有限公司武城县支行

【贷款业务】 截至年底，全口径存款余额158157万元，比年初增长488万元。其中，企业存款余额35099万元，比年初减少2596万元；个人存款余额123056万元，比年初增长3082万元。各项贷款余额63509万元，比年初减少13688万元。其中，对公贷款余额31080万元，比年初减少13080万元；个人贷款额32430万元，比年初增长120万元。化解不良贷款，全年核销处置不良贷款2户，金额1697万元。

【中间业务】 支持大中型企业发展，全年累计贷款投放1亿元，办理再融资贷款业务3850万元、承兑2000万元，办理保函业务502万元。营销小微企业信贷产品，全年为15家小企业推出“五贷一透”业务，累计发放贷款551万元。个人住房贷款累计发放6662万元。

（谭宏卫）

中国银行股份有限公司武城县支行

【存贷业务】 截至年底，存款余额88779万元，较年初增长6163万元。其中，公司存款余额39159万元，较年初增长2939万元；储蓄存款余额50790万元，较年初增长3224万元。贷款余额77109万元，较年初增长22304万元。其中，公司贷款余额51059万元，较年初增长21203万元；个人贷款余额23737万元，较年初增长789万元。

【中间业务】 新增授信企业3家，新增投放8笔28600万元。个人贷款新增3657万元，涉及客户152个。重点营销被纳入省政府第一批PPP项目—“2015年武城县低温循环城区集中供热改造项目”，获总量批复2亿元，年底已投放1.36亿元。保证企业正常运营，为县域企业授信30900万元，贷款1000万元，保函600万元。

（尹　红）

中国农业发展银行武城县支行

【贷款业务】 截至年底，各项存款余额4784万元，较年初减少1118万元。贷款余额38627万元，较年初减少2600万元。全年共计审批贷收62920万元，其中棚户区改造项目贷收48000万元。发放各类贷款14920万元。

【中间业务】 全年，共办理银行承兑汇票3000万元。盈利1385万元，中间业务收入2万元。其中，结算手续费1万元，银承手续费收入1万元。应计利息2068万元，收回利息3560万元，利息收回率172%，其中收回粮食财务挂账往年利息1492万元。

（庞　利）

中国邮政储蓄银行武城县支行

【存贷业务】 截至年底，全行各项存款余额330301万元，较上年增长25597万元。各项贷款结余39349万元，较上年增长6100万元。其中，商务贷款结余5217万元，较上年增长537万元；消费贷款结余25386万元，较上年增长3345万元；小额贷款结余8746万元，较上年增长2218万元。

【中间业务】 落实土地承包经营权抵债贷款政策，对信用良好的行政村进行整体授信，全年完成31个信用村的授信工作，发放土地承包经营权抵押贷款35笔621万元。成立“三农金融事业部”，重点支持“三农”发展，加大信贷投放力度，以再就业贷款支持创业及再就业，精准扶贫，支持地方经济发展。

（王少彦）

德州银行股份有限公司武城支行

【存贷业务】 截至年底，存款余额10.44亿元，较年初增长260万元。其中，储蓄存款79451.60万元，较年初增长6037.88万元；对公存款21081.72万元，较年初增长2913.27万元。贷款余额5.62亿元，完成净利润1036万元。

【中间业务】 提供支付结算类、银行卡类、代理业务类（保险、基金等）、理财业务类、担

2017年9月3日，开展送金融知识下乡活动（摄影　吴小龙）

保业务类（存款证明等）、承诺业务类（保理、保函等）、交易业务类、基金托管业务类、咨询顾问类等10大类中间业务。截至年底，银行卡开卡累计31744户，较年初增长2314户；企业网银开户328户，较年初增长79户；个人网银2438户，较年初增长408户；手机银行客户端2538户，较年初增长713户；累计办理国际业务54笔，金额367.98万美元。

（吴小龙）

武城县农商银行

【存贷业务】 截至年底，县农商银行各项贷款余额97.36亿元，较年初增长4.73亿元，增幅14.2%。其中，扶贫贷款2480.89万元，完成扶贫任务（2000万）的124.04%，直接帮助贫困户12人脱贫，带动贫困户490人脱贫。各项存款余额59.96亿元，较年初增长1.25亿元，增幅2.08%。建设支付网络，全面推进网点转型，加大POS机具、ATM机、CRS和农民自助终端布设力度。全年，已安装农民自助终端56台，自助设备44台。推广电商平台，结合“智e购”商城，对接县域特色商户。截至年底，已上线英潮、古贝春、薯优优等商户58家，累计发生业务28671万笔106万元。

【中间业务】 县农商行中间业务涵盖国内结算业务、国际结算业务、电子银行业务、承诺业务、代客理财业务、代收代付业务、代理业务、银行卡业务、咨询业务、其他手续费及佣金等。全年，中间业务累计收入98.45万元。

（顾春泽）

武城圆融村镇银行

【存贷业务】 推出“两权”抵押贷款、扶贫贷款、“绿色成长贷”产品。全年，共计发放贷款16502.99万元。其中，涉农贷款16452.99万元，占比99.7%；小微企业及个体工商户贷款13775.43万元，占比83.47%。

【提升服务水平】 以“小额、分散、流动”为经营原则，坚持“支农支小”市场定位，发挥新型农村金融机构的错位竞争和服务优势，建设完善支付结算渠道，先后实现大小额支付系统上线，开通银行卡、手机银行、网上银行，上线钱E付，移动终端设备，开展规范化服务水平提升。阳光信贷工程，为当地居民、农民、工商户和中小企业提供金融服务。

（李凌霄）

中国人民财产保险股份有限公司武城县支公司

【业务发展】 全年，实现保费收入4903万元，市场份额44%。其中，车险保费收入3552万元，赔付支出1761万元；非车险保费收入637万元，赔付支出282万元；农险保费收入714万元，赔付支出512万元。全年缴纳各项税款680万元，代征代收车船使用税394万元。

【优化服务】 设立交警队车辆检测中心人保客户服务大厅和郝王庄三农营销服务部、鲁权屯三农营销服务部及李家户三农营销服务部，对客户提供投保、理赔服务，免费代理车辆挂牌及年检年审服务。承保县内4个乡镇的国家政策性农业保险业务及全县的治安保险业务，赔付支出512万元。

（王蓬涛）

中国人寿保险股份有限公司武城县支公司

【业务发展】 截至年底，实现总保费收入14763万元。支付各种满期金、死亡金、伤残金、医疗给付等共计4766万元，缴纳所得税200多万元。

【服务社会】 参与建设信用共同体，发挥增信功能，办理小额信贷保险，全年赔付信贷保险金70余万元，减轻银行的贷款风险及借款人的家庭负担。投放5万余份“银龄安康保险”，为全县60岁以上老人提供9亿元风险保障，全年年赔付80余万元。

（张子强）

财政　税务

Finance Taxation

财　政

【财政收支】 2017年，一般公共预算收入完成89804万元，可比增长10.0%。其中税收收入59630万元，可比增长3.0%，占一般公共预算收入比重为66.4%。一般公共预算支出190976万元，增长3.81%。其中，教育支出42595万元，增长9.59%，社会保障和就业支出26899万元，增长28.43%，城乡社区支出19944万元，增长22.95%。

【民生保障】 1. 惠民政策。发放种粮大户补贴资金160.94万元，补贴农户219户，补贴面积3.57万亩；发放2017年农业支持保护补贴资金7918.91万元，补贴农户6.83万户，补贴面积63.35万亩；发放2016年度棉花目标价格改革补贴资金494.83万元，补贴面积3.3万亩；发放农机购置补贴资金2714.85万元，补贴机具818台（报废机具138台），受益农户和生产经营组织720户；发放农机深松作业补贴205万元，补贴面积5.86万亩；投入农村“一事一议”公益事业财政奖补资金、旱厕改造及旅游改厕资金3913万元，完成旱厕改造38144个。落实退役士兵安置资金3158万元，拨付资金3033万元用于城乡低保、五保、残疾人等补助。2. 社保资金。全县社保资金支出39596万元。其中，社会保障和就业支出完成26899万元，完成预算的91.8%；医疗卫生与计划生育支出完成12697万元，完成预算的93.27%。社保基金收入79552万元，占预算的100.73%，比上年增长8.74%。社保基金共支出81515万元，完成预算的110.27%，比上年增长17.41%。3. 教育投入。拨付“全面改薄”和解决大班额建设资金11454万元，投入7088万元用于第二中学教学条件提升项目。落实义务教育经费保障机制，安排义务教育保障经费4028万元。落实家庭经济困难学生资助政策，安排助学金生活补助728万元，资助困难学生10020人。

【财政管理】 1. 地方政府性债务管理。争取上级新增债券1.11亿元，置换债券3135万元。将2017年的置换债券全部偿还清理甄别认定的债务本金，逐笔对应到存量债务项目，签订四方协议。2. 国库集中支付。县财政国库集中支付规模占预算支出的比例达到100%，公务卡报销额较上年有明显提升，实现“公务卡消费上升”与“现金提取量下降”双优化，刷卡量突破1000万元。3. 政府采购。全县完成政府采购项目160个，采购额17.38亿元，节省财政开支1.1亿元，节支率6.32%，采购项目总量与上年基本持平，节支额增加1383万元。4. 财政评审。评审建设项目83个，评审项目总投资21.3亿元。完成结算评审项目17个，审定额8125.13万元，审减583.86万元，审减率6.7%。完成2017年度武城县政府投资工程造价咨询中介机构选取。采用国库招标的方式选取10家具有甲乙级造价咨询机构，在未来的2年里服务于县政府投资项目的清单控制价编制、工程跟踪评审、工程结算等工作。5.PPP

城区基础设施 PPP 项目规划图 （供稿 县财政局）

项目。推进实施 5.97 亿元城区基础设施提升改造工程和 6.09 亿元教育改薄两个 PPP 项目，全部录入财政部 PPP 综合信息系统。6. 棚改融资项目。加大城乡基础设施建设和环境改善保障力度，融资 8.28 亿元，投入棚户区改造资金 1.06 亿元，用于沙东拆迁及果里、蒋官屯社区、中东片区建设项目。7. 国有资产管理。完善国有资产管理制度，进一步规范资产配置的“入口”到“出口”的程序。对重大事项实行“两审批一备案”制度。起草全县《关于全面加强县属国有企业监管的意见》。开展行政事业单位国有资产“一物一卡一条码”管理工作，充实资产卡片信息，完善系统数据库。开展全县“人财物”清理工作，对全县 200 余个单位的“人财物”情况进行统计。8. 非税收入票据管理。依托计算机和网络技术手段，实现财政票据网上开票，电子存根、自动核销、全程监控、信息共享，实现以票控收，为非税收入管理的规范化、科学化、效能化奠定基础。

（曹世平）

国家税务

【国税收入】 2017 年，全县国税收入 54432 万元，同比增长 41.48%。其中，增值税 44974.4 万元，消费税 2480.24 万元，企业所得税 6976.81 万元，个人所得税 0.11 万元。

【征收管理】 联合地税局开展“纳税人学堂”，对纳税人加强管理、改善服务。提升干部队伍素质，运用“数字人事”加强对税务人员的绩效考核。推进税收信息化建设，推广实名办税制，投入使用 2 处自助办税服务厅，配备 11 台自助办税终端，购置 6 件“税务一扫通”设备，推广“移动办税系统”手机客户端。深化基层税收征管体制改革，推进实施“多证合一”税务登记制度。搜索扁平化管理，推动管理职能由管户向管事转变。注重涉税信息的整合和共享，加强信息管税力度，利用“互联网 + 税务”推动税收工作转型升级。2017 年，国地税联合开展企业所得税汇算清缴培训 1500 余人次，排查漏征漏管户 56 户，查补税款 564.8 万元。联合开展个体评税。联合设立登记 1968 户，变更登记 1099 户。联合清缴欠税 1208 万元。推动“税务 + 乡镇”共管模式，建立社会协税

2017年4月，辅导纳税人使用税务一扫通软件（摄影　王肃）

护税共同护税机制，利用乡镇网格化管理的优势，与各乡镇结对子共同防止跑冒滴漏等逃税行为。定期召开综合治税部门联席会议，增强国、地、财三部门的控管合力。

【税务稽查】 加强与司法机关和其他有关部门的配合，推进国地税联合稽查，规范进户检查工作，严厉查处税收违法行为。2017年，开展15次税收专项检查，受理举报案件3起，办理受托协查14件，查处问题发票5176份，查补税款443.32万元、罚款16.66万元、滞纳金56.18万元，合计516.16万元。

（尚　辉）

地方税务

【地税收入】 2017年，全县地税收入46163万元，同比增长9.13%。

【征收管理】 提高所得税汇算清缴质量，入库企业所得税11109万元。借助“互联网+”技术，开发“个税精准通”系统，入库个人所得税2946万元。推进“以地控税、以税节地”措施，全年入库土地使用税8311万元，入库土地增值税3011万元。实施“精准征管”工程，开展“税收征管基础建设年”活动,《三个“早一步”落实“税收征管基础建设年”工作》经验做法获得省、市地税局肯定和推广。精准数据管理，开展国地税数据信息比对，补交税款920万元。精准欠税清理，依法递进采取催报催缴、公告、催告、约谈、停开（限开）增值税发票、采取税收强制措施、降低纳税信用等级等措施压缩陈欠、清理新欠，全年清理欠税1730万元。精准税收共治，县政府召开全县税收征管工作会议，建立“政府主导、税务主管、部门配合、社会参与、信息化支撑”的协税护税机制。联合物价局等部门，强化存量房交易价格认定和股权转让价格认定，堵漏增收470万元。

【税务稽查】 加大评估稽查力度，全年开展风险评估70户次，评估入库税款1406万元，加收滞纳金86万元。开展税收专项检查，组织纳税人自查，全年查补入库税款、滞纳金、罚款2123万元。加强税收执法督察，利用执法360系统推进征管、执法和服务规范落地。开

2017 年 12 月 4 日，开展国家宪法日宣传　　（摄影　李梦真）

展税收宣传月、国家宪法日集中宣传等活动。推进法德共进文化建设，县地税局被评为“全省法治宣传教育示范基地”。

【纳税服务】 国地税前台人员实现政府统一招聘，将原国、地税办税服务厅窗口统一调整为“国地税联合窗口”。开展便民办税春风行动，优化网上综合办税服务平台，拓展“武城地税”微信平台功能，联合不动产管理局、房管局整合不动产登记与征税业务办公场所，推进税收业务与不动产业务协同办理工作。落实税收优惠政策，帮助企业享受高新技术企业所得税优惠 80 万元，辅导企业享受研发支出加计扣除 560 万元，对 65 户小微企业减免企业所得税 44 万元。

（李梦真）

经济管理与监督

Economical Management and Supervision

发展和改革

【计划编制】 完成《关于2017年武城县国民经济和社会发展计划执行情况与2018年计划（草案）的报告》。印发《武城县加快推进生态文明建设实施方案》。完成《武城县大运河文化带建设专项规划研究报告》，争取将运河航道、港口建设、运河孝德古镇建设、恩县洼滞洪区建设等重大项目列入《大运河文化带建设（山东段）专项规划》。

【体制改革】 推进“放管服”改革。针对权责清单和政务服务指南梳理行政审批事项。承接国务院、省政府和市政府取消、下放，以及市政府决定交由本级行使的行政审批和行政权力事项。加强投资项目在线审批监管平台应用，精简行政许可事项申报材料。推进公务用车改革。根据省委巡视回头看反馈意见要求，完成车改工作问题整改，对公务用车进行标识化喷涂。

【项目建设】 推进重点项目建设。1个省级重点项目和7个市级重点项目建设规模及进度超过往年，项目总投资56.56亿元，年度计划投资44.82亿元，至2017年底完成投资57.36亿元。昌盛100兆瓦光伏扶贫项目并网发电，德百商业综合体主体基本完工。落实项目论证办法。重新制定《武城县二、三产业项目论证办法》。对新上防化滤毒通风设备生产、50兆瓦风力发电等13个项目进行论证，同意11个项目落地。开展项目审批。全年完成立项386个，总投资61.93亿元。其中，审批类项目10个，核准类项目9个，备案项目367个。规范管理政府投资项目。筛选出年度政府投资项目26大项，实施分类管理，项目总投资44.33亿元，年度财政投资35.6亿元。加强项目日常管理。依托国家重大建设项目库，将中央预算内投资项目全部纳入管理范围，按时更新项目库信息，建立工作台账，对相关项目实行定期督查调度，加强项目的事中事后监管。推进千亿斤粮食项目。2016年度田间工程建设项目通过市级验收，争取中央预算内资金2400万元，完成投资2662.6万元。

【资金引进】 2017年，争取上级资金17.5亿元，其中县发改局落实争取资金项目8个，争取上级资金3.54亿元，包括武城县2017年棚户区改造项目争取中央资金4500万元，省道318线高庄至后马棚段改建工程争取区域战略推进专项切块资金400万元，滕庄中学建设项目、2016年田间工程争取省补助资金558万元。强化争取资金项目储备。储备新旧动能转换项目23个，主要包括新能源、新材料、现代高效农业、文化产业等领域；储备区域发展战略项目11个，涉及工业转型升级、城市基础设施提升、区域协调发展等领域。

【县域试点】 推进返乡创业试点工作。全年有5个产业项目通过论证，落地返乡创业园，总投资2.72亿元。开展就地城镇化试点工作。户籍人口城镇化率51.97%，全省推进农业转移人口市民化现场会在武城召开。

【社会事业】 控制全县煤炭消费量，成立煤炭消费总量控制工作领导小组，明确职责分工，落实各项减煤措施。参加全县11次Ⅲ级及以上重污染天气应急响应。配合“小散乱污”企业整治和“清河行动”工作。协调青岛昌盛公司落实100兆瓦光伏扶贫电站项目扶贫资金，全年落实两个季度扶贫资金525万元。开展与招远市的扶贫协作，赴招远进行对接，签订《武城县—招远市扶贫协作框架协议》，并召开产业项目推介会。

【产业发展】 初步完成《武城县新能源空调产业发展三年行动计划》，确定产业定位、发展方向。召开产业发展分析会、新能源空调产业新旧动能转换研讨会和“才聚贝州·智汇武城”创新创业对接推介会等，为新能源空调产业全面提升提出指导性意见。先后组织企业300余人次赴沈阳鼓风机集团股份公司、中国通用机械工业协会风机分会学习考察，赴上海参加第二十八届国际制冷展，到德州学院开展对接洽谈，参加山东省制冷空调暖通学术交流大会、中国制冷学会学术年会等活动，学习交流行业前沿技术，与行业强企名企进行对接。开展和参加消防产品专项整顿活动、全县“小散乱污”企业整治集中攻坚行动，净化市场环境。解决企业困难，办理企业土地、规划、环评等遗留问题1200余项。从速审批喷漆房项目98个。下沉产业基地服务，实现“周三驻协会工作日”制度常态化，现场办公，就近收集和协调解决企业存在问题。推进园区建设，规范整合现有产业园区，提升园区配套基础设施水平，严格落实环保和安全生产要求。远期规划建设高新技术园区，近期设立返乡创业园，已入驻合作引资产业项目5个。探索产业整合新模式，以完善产业链条为纽带，以具有终端品牌优势的龙头公司为旗舰，带动车间公司共同发展，推进“大而强”的带动性和“小而精”的唯一性深度融合。助推产业合作，坚持开展招才引智、招研引学工作，协助科瑞特、常兴、汇东等公司引入电机、风机、制冷等领域专家、高级工程师30余人。常兴集团与山东大学、德州学院签订框架协议，合作成立中央空调研究院。金信公司与西安工程大学签订产学研合作及专利技术转让协议、与中国纺机集团签署合作共赢、携手发展战略合作协议。

2017年11月3日，新能源空调产业新旧动能转换研讨会召开
（摄影　吴庆玉）

（李明全　崔延忠）

统 计

【统计改革】 完善统计工作联席会议制度，整合统计资源，实现数出一门、数据共享。将其执行情况考核纳入《2017年度县直部门、驻武单位、重点工业企业协同发展综合考评办法（试行）》。定期召开联席会议，对统计重点工作事项进行专题安排部署。成员单位明确统计负责人和具体业务人员，定期向联席会议办公室报送信息资料。围绕GDP核算、“个转企”、企业非独立法人、房地产、固定资产投资、研发经费支出等工作召开专题统计联席工作小组会议。房地产开发领域非独立法人企业涉统问题从制度层面得到解决。

【统计调查】 开展第三次全国农业普查。完成入户登记、PDA数据采集、查遗补漏、数据上报以及数据审核验收。普查登记乡镇8个，行政村189个，农户86805户，规模农业经营户868户，农业经营单位737个。开展城乡一体化住户调查大样本轮换工作。完成样本框信息核查、样本点行政区划图绘制和抽中住户的摸底调查，对每个调查点记账户进行集中培训指导。开展1%人口抽样调查。按照“区不漏房、房不漏户、户不漏人、人不漏项”的原则，调查员对调查表所列出项目逐一逐项询问填写，确保数据真实、准确、完整。

【统计服务】 加强统计运行预警监测，撰写各类统计信息、统计分析300余篇。其中被市级以上网站采用129篇。印发《武城统计月报》11期,《统计工作快报》21期。《2016年武城县国民经济和社会发展统计公报》《2017武城统计年鉴》出版发行。召开《武城县国民经济运行情况》新闻发布会。

【基层基础建设】 研发“武城企业统计网格化数字管理平台”，建立“四上”企业统计网格化数字管理系统，运用空间地图对企业进行信息化、网格化管理。将“四上”企业培植纳入统计考核范围，成立新增“四上”企业办公室，建立“四下转四上”预备库，每月对各镇街、经济开发区、有关部门工作进展情况进行通报，并列入镇街区协同发展综合考评体系。开展“四上”企业摸底排查和“准四上”培育工作，摸清全县“四上”企业情况，梳理存在问题，分批分重点解决问题。将具有一定规模、符合产业政策、有发展前景的企业列入培育库进行重

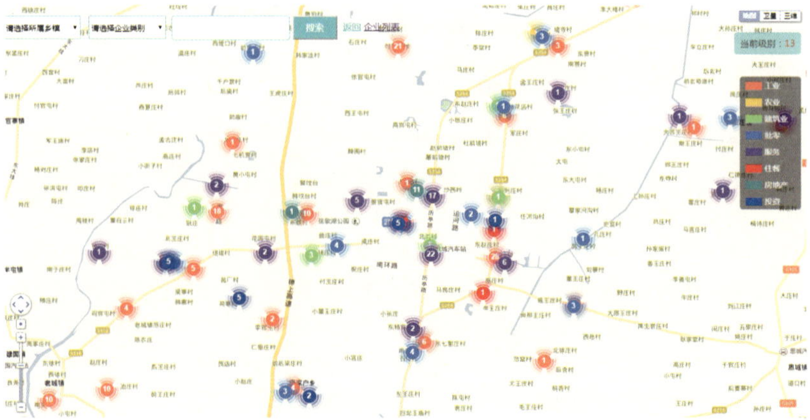

武城企业统计网格化数字管理平台　　（供稿　县统计局）

点培育，重点扶持，指导符合条件的企业及时申报。武城县在2017年全市统计基层基础建设观摩评议中获第3名。

（陈　静）

审　计

【税收征管审计】 在地税税收征管审计中，运用计算机辅助审计，分析税源结构，定准延伸对象。延伸审计企业14户，查补税款过千万元，移交案件线索3起。

【预算执行审计】 采取预算执行审计与经济责任审计、专项资金审计调查相结合的模式，对全县11个一级预算单位、2个二级预算单位、1个镇开展预算执行和财政财务收支审计。整改入库财政资金2962万元，归还原渠道资金806万元，减少财政拨款或补贴1.9亿余元。

【政策措施跟踪审计】 将政策的最终享受者作为跟踪审计的抓手，追踪政策落实各环节，坚持边审计、边督促整改、边提出完善体制机制。开展县投融资平台、鼓励社会投资政策跟踪落实审计。促进各责任单位规范管理、及时拨付资金、完善体制机制。开展水环境保护和污染防治政策落实跟踪审计，促进70个水环境保护和污染防治工程项目开工、完工或加快进度。

【民生审计】 开展保障性安居工程跟踪审计，重点关注农村危房改造，延伸调查38个村52户农村危房改造家庭。移送案件线索5个，涉及金额206.52万元，督促相关责任单位立即整改落实。开展扶贫专项审计，通过竞标方式确立3家会计事务所，联合审计局、扶贫办人员成立3个审计组，对2015—2017年度215个扶贫项目进行审计。覆盖贫困户9830户、23605人，涉及财政专项资金6768.5万元。

【政府投资审计】 对列入全年政府投资计划的66个项目进行系统分类，对项目建设进度每周一统计、每周一通报。对30多个道路、桥梁、景观等市政类在建项目以及保障性住房、公用场馆、学校等民生公益类在建项目进行跟踪审计，重点对教育“改薄”学校建设项目进行定期跟踪巡查、检查。对38个已完工项目开展结（决）算审计，完成22个项目结算审计，总计送审金额7.24亿元，累计审减9330万元。

【经济责任审计】 对资金规模小、业务量少的9个部门实行离任交接审计，对全县13个部门开展经济责任审计，发现问题金额1.29亿余元，移送案件4起。

【内部审计】 开展内部审计督查和审计调查，组织210余名内审人员参加岗位资格证书培训，考取内审岗位资格证书，实现78个内审机构至少一人持证上岗。

（李斐斐）

国土资源管理

【土地规划与耕地保护】 全县耕地保有量和基本农田保护面积分别为49053.78公顷和40294.33公顷。完成土地整理项目7个，新增耕地121.33公顷，建设高标准基本农田5466.67公顷。完善县、乡、村三级联动保护机制，连续17年实现耕地总量动态平衡。完成耕地质量等别调查评价与监测项目，通过省级验收。永久基本农田划定工作通过上级验收，划定40294.33公顷。完成规划调整完善工作，根据调整后的规划，中心城区可利用空间为1.5万多亩。“美丽乡村·空心村整治”试点在24个村庄开展，2个村庄通过验收，复垦耕地4.27公顷，16个村庄具备验收条件，复垦耕地约33.33公顷。

【建设用地管理与土地市场】 全年筹措土地指标80.8公顷，出让土地76.33公顷，收取出让金4.9亿元。前三年供地率分别为88%、91%、86%。全年土地融资5.1亿元。其中，为县财政融资4291万元，帮助企业募集资金4.6亿元。帮助5家企业完善用地手续，面积130亩。牵头组织规划、建设等部门为落地项目联合放线23宗、758亩，项目落地审批时限缩短至3天。

【地籍管理】 确定黄花园村、凤凰台社区和周庄村作为首批农村房屋调查登记试点，探索将农村社区土地征收为国有建设用地，带动社区房屋产权进入可流通、可抵押、可买卖的市场交易，布设测量控制点12个，完成39栋楼房外业调查、入户测量、张榜公示工作。

【不动产登记】 不动产登记数据整合项目纳入政府采购项目，总投资177.2万元。完成不动产存量数据省级整合汇交，整合各类宗地、楼盘、房屋数据约占存量数据总量的90%。

【矿产资源】 推进矿山专项整治，拆除12家砖瓦窑厂生产设施，3家安装环保设施，实现达标排放。4个地热尾水回灌项目通过省专家组验收，总开采量69.2万立方米，总回灌量为

2017年11月3日，签订地热尾水回灌技术咨询服务协议
（摄影　柳文勇）

65.6万立方米，排除管道正常损耗外，达到尾水100%同层回灌要求，打造砂岩热储地热回灌“武城模式”，与德州市鲁北地质勘查院签订地热尾水回灌技术咨询服务协议，对现场设备、回灌工艺流程、回灌技术方法等提供服务和现场指导。

【测绘管理】 对全县25个测量标志点进行维护，确保测量标志完好无损。完成测绘成果汇交。开展地图市场、测绘地理信息、涉密测绘成果跟踪检查，未发现违法违规现象。

【执法监察】 落实国土资源动态巡查目标责任制，与省测绘院合作启动《航空遥感影像监测服务项目》，获取主城区、镇街驻地、城边村等区域发生的违法建设信息。卫片执法检查通过国家验收，违法比例全市最低。例行督察整改工作通过验收，“国土六条”、临时用地复垦等典型做法受到上级认可。实行领导干部带班值周接访制度，建立“一个问题、一名领导、一套方案、一包到底”的信访工作模式，信访案件结服率95%以上。

（柳文勇）

安全生产监管

【安全生产责任体系】 在设立工业、危化品、特种设备等15个安全生产专业委员会的基础上，增设宣传专业委员会和机关事务专业委员会，实行日报告、周报告和月报告制度。以1346家生产经营单位为基础，建立横向覆盖17个专业委员会、23条线，纵向深入镇街区、村（社区）的安全生产大网格，形成行业主管、专项监管、综合管理、村级协管和属地党委、政府负责的“五位一体”立体监管模式。加大对安全生产工作的考核力度，建立阳光巡查制度，对9个镇街区和18家企业进行“双随机、一公开”监管。8月，分5组对9个镇街区和特种设备、危险化学品等15个重点领域开展为期一个月的“起底问效”联合大督查行动，对企业、镇街区和部门安全生产工作情况进行跟踪问效，累计在各行业领域发现问题423项，全部整改完毕。武城县被省政府安全生产委员会授予2017年度全省安全生产工作先进县。

【隐患排查　专项整治】 17个专业委员会聘请专家为企业排查隐患。危险化学品领域：对6家涉氨制冷企业、2家危化品企业、8家化工企业和44家加油站进行专项执法检查，查出并整改隐患132项。督促化工企业完善安全评价，开展安全生产标准化建设等各项工作。烟花爆竹领域：对全县51家烟花爆竹零售户、3家批发公司开展联合检查，发现、整改隐患85项，对违法违规生产安全行为进行处罚。各行业领域共出动检查组1109个，检查生产经营单位5148家次，累计发现整改隐患4849处，打击各类生产违法行为620处。推进安全生产诚信体系建设和安全生产不良记录“黑名单”制度，落实联合惩戒奖励制度。完善企业查隐患、执法促整改的工作机制。

【安全基础建设】 “两个体系”建设。召开“两个体系”工作推进会和专题培训会议，对规

2017 年 11 月，对企业进行安全检查　　（摄影　李树超）

模以上企业及重点领域主要负责人进行专题培训。县政府拨付专项资金助推古贝春集团有限公司、中椒英潮辣业有限公司等 6 家重点企业开展“两个体系”建设工作。确定标杆企业，全县培植省级标杆企业 1 家，市级标杆企业 7 家，县级标杆企业 19 家。企业基础建设落实责任。在全县规模以上和小微企业中开展全面推进标准化建设，在 113 家已达标企业中开展“回头看”活动。在烟花爆竹、危化品生产等高危行业推行安全生产责任保险工作，全年，累计 83 家企业投保。落实企业安全生产责任清单制度，梳理出企业应落实的 24 项责任清单。强化企业安全生产管理人员的教育培训，组织企业举办专题培训班 8 期，培训各类人员 5800 余人次。应急救援提升安全管理。建立全县安全生产应急救援联动工作机制，在 60 家企业深入开展应急救援保障体系建设，强化辖区内 15 家高危企业和 6 家重点企业应急队伍建设。对 8 家省、市、县三级应急管理示范点企业开展“回头看”活动。全年，各类生产经营单位共开展综合应急演练 9 次，专项应急演练 25 次，现场处置方案演练 118 次。开展职业危害专项治理，对 14 家企业开展生产企业粉尘职业病危害专项治理工作，走访调度企业 90 余次，梳理各类问题 120 余项。推进信息化建设，在高危行业领域开展机械化换人、自动化减人科技强安专项行动，在德州金正大生态工程有限公司进行试点。

【安全文化建设】 以武城时报、武城电视台、武城广播电台等媒体为活动载体，设立《安全生产工作简讯》，开办《安监与我同行》《安全事故警示教育》《安全聚焦》等栏目，印发简讯 32 期，播出电视栏目 32 期。参加省市“双百谈安全生产”活动、省安全生产网络知识竞赛、市“人保财险杯”新《山东省安全生产条例》知识竞赛活动，组织 14 个部门进行“安全生产咨询日”活动，21 个单位开展安全生产“电视访谈”活动。整合安监、交警、消防、教育等资源，推动“安全社区”创建工作。开展安全生产宣传教育进企业、进学校、进机关等“七进”活动，组织高危行业企业观看警示教育片、安全宣传片。联合消防大队开展消防安全知识和安全生产常识进社区（集市）活动。开展“安全生产月”“职业病防治法宣传周”“安全生产警示教育月”等专题活动。“安全生产月”期间，开展“校园安全周”、安全生产大检查、安全生产专题讲座和警示教育讲座等活动。武城县连续 5 年获省级“安全生产月”优秀组织单位，连续 3 年荣获市级“安全生产月”优秀组织单位，连续 2 年荣获市级“警示教育月”优秀组织单位。2017 年，武城县获安全生产“法治宣传月”活动优秀组织单位。

【安全生产监管队伍建设】 加强县镇两级安全监管机构建设，加强完善安全生产监督管理办公室和开发区监察大队，每个镇街定编定岗4—6人。将退伍转业人员充实到安监队伍中，专人专职负责安全生产工作。开展安监队伍素质提升活动，举办执法岗位练兵竞赛，开设“周五学堂”，打造“学习型、活力型、规范型和廉洁型”安监队伍。邀请省、市专家领导开展安全生产各类专题培训15期，组织全县77名安监系统人员参加培训以及知识竞赛等专题活动8次。公开安监系统举报电话12350，公布《安全生产有奖举报制度》。受理安全生产举报14起，办结率100%。

（孙　明）

工商行政管理

【商事改革】 实行注册资本登记制度、放宽注册资本和住所登记条件、先照后证和一址多照、一照多址等商事制度改革。在各类企业和农民专业合作社实行“五证合一”、个体工商户“两证整合”的基础上，将涉及公安、住房建设、交通等11个部门的26项涉企证照合并到营业执照上。“三十一证合一”实行“一套材料、一表登记、一窗受理”，核发加载统一社会信用代码的营业执照后，将相关信息在国家企业信用信息公示系统（山东）公示并共享给“多证合一”改革所涉及的相关部门。发放“多证合一、一照一码”营业执照403份。

【工商企业注册登记】 3月，推行企业简易注销改革，有序退出“僵尸企业”。注销各类市场主体1783户，变更1725户，其中简易注销85户。实施企业名称登记管理改革、企业电子营业执照改革，新增市场主体4552户，比上年增长20.33%。其中，新增企业1572户，新登记个体工商户2782户，新增农民专业合作社198户，分别同比上年增长30.89%、12.72%、73.68%。

【市场监管】 开展2016年度企业信用信息公示工作，全县企业公示3209户，公示率94.66%；个体工商户公示12365户，公示率99.84%；农民专业合作社公示868户，公示率98.41%。落实“双随机、一公开”监管工作要求，随机抽调执法人员与人社、统计部门匹配执法人员，对省工商局随机抽取的519户市场主体年报公示信息、即时信息、商标广告、消费投诉等项目开展跨部门综合抽查，首次实现工商部门各业务条线内部联合执法检查事项随机抽查全覆盖，对存在问题的23户市场主体列入异常名录，并向社会公示。对电动车产企业、地条钢生产、煤炭市场、喷涂企业、餐饮业、“小散乱污”企业、砖瓦厂以及成品油市场进行专项整治清理行动。随机抽取抽样检验农资103件；清查低速电动车生产企业24家，销售企业29家；查封地条钢生产企业1家，清查销售企业49家；完成行政村“小散乱污”企业“两断四清”142户，办理环评13户；镇开发区网格断电361户，办理环评53户；抽检加油站46户53次，对109批次成品油进行检测，对涉及不合格成品油4批次进行立案调查，成品油合格率95%；对煤炭经营业户开展打击无照经营、销售不符合质量标准煤炭的专项执法行动，检查煤炭经营业户43户，抽检散煤24批次，涉及不合格11批次，依法立案调查。查处侵犯注册商标专用权案件11件，罚款7.8万元。

【经济合同管理】 强化“守合同重信用企业”管理措施，指导、组织、监督检查“守重”企业的合同签订、履行、变更、解除合同和承担违约责任，制止和查处利用合同的违法活动，指导“守重”企业健全内部制度，规范合同文本，建立合同台账。对建筑安装、高危行业和劳务输出等行业进行重点审查。改进计算机软件管理系统，对“守重”企业数据进行动态管理，实现对企业信用的网上公示、公告、查询和反馈。2017年，全县有国家级守重企业3家，省级守重企业13家，市级守重企业41家。

【商标广告管理】 实施“一企一标”战略，在巩固古贝春集团品牌建设（商标战略）指导站的基础上，建立鲁权屯镇政府品牌建设（商标战略）指导站1处，全年新增注册商标354件。其中，驰名商标1件、国际注册商标1件、培育知著名商标11件，以动产抵押、股权质押助企融资19.56亿元。

【消费者权益保护】 组织以家电、通讯、超市、电商为重点的17家企业召开消费者权益保护行政约谈会，签订行政指导约谈书。“3·15”期间，对央视“3·15”晚会转来的16件投诉举报案件进行及时处置，在全县开展“牛栏山”“九阳”“六个核桃”注册商标商品打假维权专项行动，查处涉嫌侵犯“牛栏山”注册商标专用权的白酒162瓶。发布消费警示3次，查处违法案件5件，承办12345交办单421件，办结率100%。处理12315消费者投诉、举报214件、有效办结率为98%，罚没款2.478万元，为广大消费者挽回经济损失230余万元。

2017年3月15日，与经营业户签订行政指导约谈书
（摄影 许春雷）

（姜兴瑞）

农村经济管理

【农村土地承包经营权确权登记】 组织土地确权登记颁证工作"回头看"，督导各镇街将权证发放到户。承包合同、证书记载内容缺失和有误的，依据事实进行更正，合同、证书发放到户率100%。4月，通过数据库汇交农业部国家级检测。12月，县农经局被评为全省农村土地承包经营权确权登记颁证先进集体。

【新型农业经营主体建设】 全县新注册农民合作社177家，合作社总数1071家，新增联合社2家，新发展家庭农场50家，家庭农场总数182家。推广"村社合一""党建带社建"模式，引导农户通过互换或流转等方式，将分散零碎承包地集中归并，实现规模化经营。9家合作社评为市级示范合作社，3家家庭农场评为市级示范家庭农场。

【农村土地流转和规模化经营】 探索农村土地"三权分置"实现形式，发挥县农村产权交易中心的市场作用，推动土地规模化经营。全县新增土地流转面积4.1万亩，土地流转总面积30万亩，占总耕地面积的41.1%。

【农村集体"三资"管理与审计】 所有村庄的财务纳入乡镇代理，财务账簿齐全，在银行开设对公账户。所有村集体全部审计一遍，总审计金额32342万元。7月，在县政府门户网站实行农村财务网络公开，实现农村财务公开栏公开和网络公开的"双公开"，涉及农村财务问题的信访量比上年下降41.2%。

【农村承包土地经营权抵押贷款试点】 先后召开全县及各镇街农村承包土地的经营权抵押贷款供需对接会，累计完成贷款11.08亿元，在全省试点县中贷款量排名第一。建成农村土地承包经营权抵押贷款系统平台，与5家试点银行实行土地权属、新型农业经营主体经营现状等资源的共享，搭建银企对接平台。

2017年4月27日，全县农村承包土地经营权抵押贷款供需对接会召开 （摄影 董志翔）

（董志翔）

物价管理

【价格监测】 加大重要民生商品价格信息的采集力度。除上报的54种重要商品价格外，将农资产品、商品房销售等75种重要商品纳入监测范围，由月报改为周报、半月报、季度报。投资30余万元建成全市最大的价格监测预警信息处理中心，将房地产、药品、重要民生商品等126种商品列入监测范围，在盐百超市、好运来购物中心等超市及农贸市场选择26个监测点，实现监测数据数字采集运用。将全县5家超市42种民生商品价格列入“价比三家”比价范围，通过物价局官网、微信、武城时报等予以公布，市民通过手机短信、网络等渠道查看主要副食品价格。撰写《玉米价格持续低迷农户惜售心理加剧》《原料奶价格持续低迷奶农亏损严重亟需关注》等论文78篇，价格监测分析245篇。

2017年7月，通过监测显示器查看重要商品价格走势（摄影 沙卫华）

【价格监管】 对城区医院、幼儿园、房地产业、驾校及邮政、建委、房管局、执法局、法院、供电公司等45个单位收费情况进行规范整顿。高、中考期间对25家宾馆下达《高考中考期间宾馆价格的提醒告诫函》。对14个小麦收购点下达《小麦收购最低价格的提醒告诫函》。对12家超市、商场下发《关于2017年国庆中秋节期间市场价格行为的提醒告诫函》。对四女寺景区发放《提醒告诫函》。对2所驾校下发《提醒告诫函》，约谈驾校负责人。全年受理价格举报144件，按时回复率100%。修订完善《武城县行政事业性收费目录清单》，涉及17个部门、60项收费，《武城县涉企行政事业性目录清单》涉及19个部门、18项收费。召开全县收费管理工作座谈会，对各收费单位进行提醒告诫。对9家房地产企业、5家房产中介开展商品房销售明码标价专项检查，对23家企业下发《商品房销售提醒函》，城区23家房地产开发企业、5家中介全部按照要求进行备案。

【价格服务】 落实新的医改价格政策，调整床位费、诊查费、输液费等六项医疗服务价格。召开居民生活用水价格听证会、居民生活用气阶梯气价听证会，汇总听证代表意见，制定居民生活用水、用气阶梯气价政策。对公办幼儿园、殡仪馆、执法局等单位项目收费标准进行调整，公办幼儿园收费标准由150元/年调整到180元/年。办理涉案财物价格认定23起，金额85.28万元。将17个小区的235栋楼房数据，录入县地税局“山东存量房交易价格评估系统”。2017年，县地税局“存量房交易计税系统”共计交易325套房屋，认证金额13389.7万元，税额547万元。

【辣椒价格指数】 通过微信群或价格监测平台对9大主产地27名辣椒市场价格监测人员进行业务培训。制定规章制度，约束信息采集、市场指数分析、市场价格调研时间节点，并先后到省、市物价局以及寿光、金锣集团等指数编制单位学习价格指数编制经验。编辑出版《中国武城英潮辣椒价格指数专刊》17期。

【辣椒目标价格保险】 上半年开始筹备运作辣椒目标保险试点项目。先后组织对章丘大葱，肥城马铃薯、大白菜目标价格保险保费补贴工作进行调研。县物价局与有关镇街、县直部门对辣椒目标价格保险保费补贴试点工作进行宣传，引导农户投保。各镇街辣椒目标价格保险专职工作人员到位。

（沙卫华）

质量技术监督

【名牌培育】 根据2017年山东省名牌目录，对5家电机企业进行走访调研，确定金磊电机、金力特电机申报2017年山东名牌产品。在获得“山东省优质中央空调配套产品生产基地”的基础上，申报2018年国家级中央空调产品质量提升示范区，申报材料上报至省质监局。

【标准化工作】 引导企业制定企业标准，开展企业标准自我公开声明。年底，企业标准声明从2016年的96家企业的148项标准增加到354家企业的551项标准，企业公开率增加268%。邀请专家讲解标准化最新知识，县质监局干部职工及全县重点企业有关负责人计100多人参加。开展省级新型城镇化建设标准化试点工作。制定申报省级标准化试点工作方案，经申报，武城被确定为省级新型城镇化建设标准化试点县。

【特种设备安全监管】 2017年底，全县有特种设备2210台，在用1912台。全年出动安全监察人员450余人次，检查特种设备生产、使用单位196家，下达安全监察指令书61份。先后开展锅炉大排查行动、化工产业特种设备大快严紧急行动、特种设备安全生产百日攻坚战等行动。县质监局40多名在岗人员根据个人住所分组划区组成监管队伍，开展电梯维保及现场监督检查。开展涉氨制冷企业专项整治，对全县6家涉氨制冷企业进行安全隐患排查，协助存在问题的企业采取措施，进行设备改造。成立涉氨制冷企业专项整治服务协调小组，负责专项整治活动的技术服务和督促指导工作。截至年底，两家无检验注册手续的氨制冷企业购置全新压力容器、管道，完成设备注册手续。开展起重机械专项整治。在鲁权屯镇各主要街道、路口悬挂起重机安全使用条幅，发放传单50余份。重点加强对危险性较大、设备较集中的企业等使用单位的安全监察。重点查处使用未注册登记、超期未检起重机械，安全制度不落实、操作人员无证上岗等相关违法、违规行为。整治期间，摸排起重机械635台，现场检验300余台，下达监察指令书62份。

2017年5月20日，开展5·20世界计量日宣传（摄影　王书强）

全年发放宣传材料2000余份，解答群众关心的热点问题20多件。

【产品质量监督】　开展玻璃钢、中央空调、汽车零部件、电动车等产品的专项整治，对违法、违规行为下达责令改正通知书。对全县生产企业建立“一企一档”，把控生产前、生产中、生产后产品质量，规范企业生产。全年，抽查6家企业3类产品，产品抽检合格率100%。

【执法检查】　开展农资、化肥、加油站、定量包装商品及特种设备等领域的专项整治，全年出动执法人员200余人次，检查生产企业300余家。开展“3·15”、5·20世界计量日、安全月、世界标准日、质量月、12·4法制宣传等系列活动，宣传质量技术监督相关法律法规。

【计量工作】　按照“山东省重点用能企业能源计量信息平台”建设要求，指导古贝春公司等企业用能数据网上直报工作。开展5·20世界计量日宣传活动，走进2家社区、2个加气站、2家眼镜店进行计量检查和宣传。开展水表、衡器、天平、砝码等八项计量标准复查换证工作。对全县粮食收储企业、物流快递单位、加油站、超市及相关企业在用计量器具进行检定，全年检定电子秤、温场设备、玻璃量器、天平、砝码、压力表、血压计、燃气表等计量器具3600余台件。

（王书强）

食品药品监管

【日常监管】　食品流通、餐饮、小作坊以及小诊所等由基层食药所监管，监管标准高的食品

2017年2月10日，检查食品索证索票情况（供稿　县食药监局）

生产企业由生产科监管，专业性强的医院、卫生院、连锁药店、医疗器械及城区大型门诊由药械科监管。对食品药品生产经营业户的监管记录、违法违规、问题处置、整改和复查情况全程记录保存，留有监管痕迹。对所有食品药品生产经营业户建立监管档案，将违法违规、问题处置、整改和复查等情况纳入档案，日常监管记录公示在监督栏，基本实现一户（企）一档。以食用量大、消费量广、容易存在安全隐患的食品为重点抽检品种，避免抽检重复交叉和监管空白盲区。全年，组织监督抽检食品1266批次，食品不合格65批次，对抽检结果不合格的食品，开展清查、处置。

【专项整治】 开展学校食堂及校园周边食品安全专项检查，对存在食品安全隐患的学校食堂和食品经营业户，进行重点交叉检查，对限期未整改的，进行严管重罚。全年培训学校食堂及校园周边食品经营业户200余人，约谈学校负责人30余人，检查食品经营业户200余家，下达责令整改通知书30余份。开展企业集体食堂、建筑工地食堂以及农村宴席等大型聚餐专项整治行动，发现并消除食品安全风险隐患。推行韭菜产品“双证制”管理工作，严禁不具有合格证和市场销售凭证的韭菜产品进入食用农产品市场。开展保健品、医疗器械市场、中药材（饮片）经营使用环节等领域专项整治。开展餐饮环节羊肉及其制品专项检查，严厉查处违法添加罂粟壳等非食用物质行动。开展假劣调味品专项检查。开展以猪肉市场为主的畜禽产品专项整治行为，加强流通环节食品安全风险防控和畜禽产品安全监管。开展“在一线助规范”活动，基层监管所执法人员每人确定一个“三小”业户作为重点帮扶对象，进行“一对一”帮助规范，帮助其查找不足，进行整改提升。

（梁淑丽）

教　育

Education

综　述

【概况】 全力抓好“全面改薄”“解决大班额”“推进基础教育综合改革”“迎接国家义务教育均衡县评估认定”等四项重点工作。截至年底，全县共有各级各类学校79所，在校生52757人。其中，中等职业学校2所，在校生4026人；高中1所，在校生5301人；初中9所，在校生13181人；小学66所，在校生28144人；特殊教育学校1所，在校生126人。全县共有专任教师3344人。其中，中等职业学校281人，高中411人，初中1084人，小学1568人，特殊教育学校18人。另外，有各级各类幼儿园165所，在园幼儿14708人，幼儿教师434人。

【高考招生考试】 全县高考人数1623人，本科上线人数923人，本科上线率56.9%。其中，文理上线831人，比上年增加16人，增幅2%；自主招生上线（一本上线）331人，比上年增加7人，增幅2%；艺术双过线35人，体育双过线15人。春季高考本科上线123人。

【教师队伍建设】 完善教师补充机制。县教育局采取“校园招聘、公开招考、后备选拔”等多种方式，补充新教师300名，充实到教学一线，优化教师队伍的年龄、学科结构。加大教师培训力度。开展山东省远程研修全员培训、新教师培训、新课程培训、班主任培训、校本培训、校长培训等各级各类培训，开展“一师一优课”“一课一名师”活动，提高教师专业技能。组织和鼓励校长、教师外出培训、学习和交流，赴外地专业院校和知名学校学习人数达1000余人次。实施“名师培养工程”。召开武城县“德州第一期名师建设工程人选”启动会议，制定“德州第一期名师建设工程人选”培养管理办法。实施“青蓝工程”“贝州名师”工程，举办“名家讲堂”“教师成长论坛”等活动，加快全县教师特别是农村教师的专业化发展。9月9日，县委、县政府召开教师节教师座谈会。9月10日，举办“教师节先进事迹报告会”。

【教育综合改革】 开展学段衔接改革试点工作，重点是抓好高中教学改革，从初中、高中教育衔接入手，在全县整合优质师资、集中优质生源。以推广“心语滚动作文”“螺旋式海量素读”试验项目为带动，加强高效课堂建设，6月28—29日，山东省教师专业发展暨“小学心语滚动作文”研讨（现场）会在武城召开，省市领导和专家出席会议，来自济南、威海等地市的500余名语文骨干教师参加会议。

2017年6月28日，山东省教师专业发展暨“小学心语滚动作文”研讨会召开　（供稿　县教育局）

【学校建设】 投资6.94亿元，大力实施学校标准化建设、“全面改薄”和解决“大班额”工程。其中，投资4.1亿元对68处“全面改薄”和解决“大班额”项目学校进行校舍建设，建筑面积32.26万平方米；投资1.02亿元对全县50处学校运动场地进行建设，建成高标准的塑胶跑道，进行草坪铺设，新建篮球场、排球场、乒乓球场、沙坑；投资1.06亿元，完成对50处学校的室外管网、绿化、硬化等附属工程建设；投资0.7亿元，为11处学校购置燃气锅炉、68处学校购置空调、碳晶板等设施设备，解决学校取暖、降温问题，通过统一供热、空调、碳晶板、天然气锅炉四种采暖方式，所有学校全部解决冬季取暖问题。购置课桌凳1.96万套，购置多媒体965套、电脑4680台，购置图书75.3万册，购置实验仪器15128件（台、套）以及其他教学、生活设施设备。

2017年11月20日，老城镇南屯小学改造后操场航拍图 （摄影 袁子清）

【教育救助】 发放学前教育政府助学金81万元，资助贫困在园幼儿1350名；发放义务教育阶段贫困寄宿生生活费补助金394.875万元，资助贫困小学生2985名、初中生3930名；发放高中政府助学金104.6万元，资助高中学生1046名；发放救助金18.64万元，为233名高中建档立卡贫困学生、残疾学生、低保家庭困难学生免除学费；发放中职助学金82.1万元，资助贫困学生821名；为783名大学生办理助学贷款，发放金额606.3万元；为25名建档立卡贫困大学生发放免学费资金12.78万元。全县没有一个孩子因家庭贫困而失学。

（袁子清）

基础教育

【学前教育】 投资298万元，新建幼儿园项目11个，新增建筑面积2574平方米，新增学位990个，提升全县农村幼儿园办园条件。全县共有3—6周岁幼儿16898人，其中在园幼儿14708人，学前三年毛入园率达87%。有专任教师434人，其中在编教师156人（幼儿园编制67人，小学或初中转岗教师89人）。有各级各类幼儿园165所。其中，登记注册幼儿园66所（公办43所，民办23所），未登记注册幼儿园99所（公办10所，民办89所）。在全县登记注册幼儿园中有省级示范性幼儿园1所，通过省级认定的乡镇中心幼儿园7所，市级一类幼儿园7所。

【九年义务教育】 为顺利通过国家县域义务教育均衡验收，全县所有义务教育学校办学条件均达到国家验收标准。11月13日，国家义务教育基本均衡县督导检查组对武城县义务教育工作进行督导检查。通过检查评估，最终以较高成绩顺利通过国家验收。

【普通高中教育】 4月，县委、县政府对武城二中提出“三年争第一”的工作目标，调整充实学校领导班子，并对学校中层管理团队进行竞争、竞聘上岗，对年级、科室管理进行细化。同时，一批懂业务、善钻研、业绩优的教师担任教研组长，研究教育规律，掌握教育动态，精准对接高中教育改革，对教学工作进行大胆改革与尝试。8月，县委、县政府对武城二中进行升级改造，使办学条件彻底改变。投资约2900万元，对宿舍楼、教学楼、实验楼、办公楼等16栋楼房进行楼顶防水、内外墙粉刷、门窗更换维修、厕所升级改造、消防设施改造、墙砖粘贴、暖气片增置等；投资约803万元，采购师生用空调、学生用床、橱柜、行李架、晾衣架和教师办公桌椅、公寓床、会议桌、书架等；投资约710万元，配置学生微机室电脑、教师笔记本电脑、多媒体教室设施等；投资约355万元，进行电力线路改造工程；投资约200万元对学校进行硬化。投资约1000万元，采购音体美器材、实验室设备、图书、信息中心和录播室器材；投资约120万元，新置校园广播安保系统；投资约3500万元，对运动场进行改造，建设5000平方米的体育馆；投资约2600万元，规划建设一栋含可容纳2000名师生的报告厅、艺术中心、图书馆的综合楼。为提高教师业务能力，开拓教师视野，组织教师近200人（次）到衡水中学、衡水十三中等知名学校听课、学习，组织教师210余人（次）参加国家、省、市的业务培训；武城二中6名教师到山师附中、山师二附中、广饶一中跟岗锻炼；多名教师参与全省高中学业水平考试试题命制工作等；同时，充分发挥教研组、备课组职能，定期召开座谈研讨会，互通有无，提高课堂效率。通过招考、调动等方式，招聘新教师69人，充斥到教学一线。

（袁子清）

职业教育

【职业学校】 全县共有职业学校2所，其中国家级重点职业中专1所，在校生4612人，专任教师281人，本着培养适应新时代现代化专业人才的理念，开设计算机、机电一体化、服装设计、财经、电子商务等专业，并配有专业的实训基地，与联想集团、清华同方股份有限公司等国内大中型企业签订校企合作协议，对学校专业建设、课程设置、学生实习、毕业生就业、企业员工培训、教师下企业学习等诸多方面进行协商合作。

【学生就业】 2017年，共有2175名毕业生走向就业岗位，初次就业率达97%，企业满意度达95%。

【成人教育】 2017年共有588人参加成人高考，30人参加自学考试，参与继续教育人数比往年略有提高。

（袁子清）

科　技

Science

科学技术

【科技园区建设】 省级农业科技园区在建设中。英潮公司标准化育苗棚已基本完工。该项目可实现2万亩辣椒种苗的繁育。新入园企业2家。其中，育种企业1家，生产加工企业1家。山东多元户户食品有限公司通过市级企业技术中心认定。

【科技合作】 古贝春、玲珑、龙祥、英潮等20余家企业先后与10余所著名高校院所建立产学研合作关系；引进10余位知名专家与企业开展项目合作近20项；组织武城县企业参加中国·德州京津冀鲁资本技术交易大会、“智汇德州”等活动，促进企业与大专院校、科研院所对接，邀请45名专家参会，签订合作协议13项，完成科技成果转化9项，成果拍卖5项。

【科技服务】 邀请中国复合材料工业协会常务副秘书长刘长雷就武城县新材料（玻璃钢）产业面临的环保问题及行业发展趋势进行调研并召开座谈会，24家复合材料企业家参会。举办高新技术企业认定培训及有关政策宣讲，邀请省科技厅山东火炬生产力促进中心专家为各镇街、开发区，各企业相关人员共40多人进行培训。武城县企业入选德州市“启航”培植计划7家。

【科技创新平台】 全年，武城县共获批、备案市级以上科技创新平台11家。获批省级工程技术研究中心1家：中椒英潮辣业发展有限公司的“山东省辣椒精深加工工程技术研究中心”。市级工程技术研究中心6家：德州金正大生态工程有限公司的“德州市作物营养与新型肥料创制工程技术研究中心”、山东鼎昌复合材料有限公司的“德州市复合材料三轨防护工程技术研究中心”、德州玲珑轮胎有限公司的“德州市子午线轮胎工程技术研究中心”、武城华能玻璃钢集团有限公司的“德州市空调风机工程技术研究中心”、山东日新复合材料有限公司的“德州市不饱和聚酯树脂工程技术研究中心”、德州春明农业机械有限公司的“德州市农业收获机械工程技术研究中心”。德州市重点实验室1家。中椒英潮辣业发展有限公司的“德州市辣椒制品研发重点实验室”；获

2017年3月3日，举办高新技术企业培训会（摄影　郭玉海）

批市级科技企业孵化器1家。山东大运河科技企业孵化器。备案省级众创空间2家：武城县电子商务中心众创空间、凯地兰电子商务科技产业园。

【高新技术企业】 组织山东日新复合材料有限公司、德州常兴集团有限公司、山东丰神农业机械有限公司、德州宏烨复合材料有限公司、山东新明玻璃钢制品有限公司、德州科瑞特风机有限公司6家企业成功申报成为市级高新技术企业。截至年底，全县共有市级以上高新技术企业16家。

【科技成果】 获市科技进步二等奖项目2项，分别为德州金正大生态工程有限公司的“新型玉米专用机施控释肥开发及应用”项目、德州玲珑轮胎有限公司的“全钢低滚阻低噪音抗湿滑轮胎”项目。

【科技培训】 开展科技进基层活动，通过开设培训讲座、散发技术资料、面对面指导等形式，提高群众科技意识，帮助群众解决生产中的技术难题。全年，共开展培训讲座6期，发放各类技术资料6000余份，接受群众咨询3000余人次。

（谢　峰）

知识产权

【专利宣传】 县知识产权局采取会议与办班相结合的办法，共培训镇（街）开发区科技助理员、企业负责人、技术负责人及有关科技人员200余人。利用4月26日世界知识产权日，宣传专利法规和专利知识，并在主要街道悬挂布幅标语20条，设立专利知识咨询服务台4处，发放各类宣传资料3000余份。截至年底，全县申请专利292件(其中发明专利申请45件)，授权专利157件（其中授权发明专利11件）。

【专利调研】 开展调研服务，协助企业在新产品、新技术的研究、开发、生产、经营等各个环节开展专利文献的检索，帮助企业了解产业的技术动向和发展趋势，预测市场和社会的需求，建立健全知识产权工作制度，使企业知识产权创造、运用、保护的能力与水平得到显著提高。

（谢　峰）

科协工作

【农村科普】 开展精准扶贫行动，开展培训20余次，近3000名农民受益。建设科普阵地，在四女寺镇卫生院及县中医院新建科普宣传栏40余米。

【城区科普】 在城市社区开展系列科普活动，共发放科普宣传手册2000册，科普日历1000册，在县城内设科普宣传栏5处，展出科普展板55块，播放科普电影8场次，受益居民3000余人次。

【青少年科普】 组织开展全县中小学生免费参观科技馆活动及校园科技馆巡展活动，近万名青少年受益。举办全市科技辅导员科技创新培训班，各县市区100余名科技辅导员参加培训。举办省、市青少年科技创新大赛选拔赛，选出优秀作品23件。其中，2件获得省级奖项，7件获得市级奖项。

【数字科普】 开展科技信息企业服务推广应用工作，全县12家企业加入专利信息资源库，全年专利总检索量70次，行业总检索量158次。扶助鲁权屯镇常兴集团成立科技成果转化服务中心，为鲁权屯镇乃至全县企业提供创新创业平台。

（新　全）

气　象

【年度主要气象事件及影响】 1月，共出现14天大雾。1月1—7日、12—13日出现持续大雾、局部强浓雾，浓雾期间最低能见度不足100米，严重影响交通。2月21—22日，出现中到大雪，局部暴雪，降水量5.3毫米，雪深5厘米。降雪使农田表墒得到补充，利于小麦返青。6月12日，全县出现本年最强的一次强对流天气过程，东北部乡镇遭遇冰雹，伴随8—9级阵风，最大降水量出现在董王庄为62.6毫米。鲁权屯镇、四女寺镇、郝王庄镇和武城镇出现冰雹灾情，受灾人口3296人，受损农作物主要为棉花、小麦，受灾面积为809万平方米，经济损失1198万元。5月27日开始，出现35℃以上高温天气，7月7日前后共持续16天高温天气，7月11日最高气温达到38.1℃、湿度60%以上，天气高湿闷热。汛期出现2次暴雨天气过程，分别为6月22日和8月17日。22日，降水量达96.7毫米，县气象站发布暴雨蓝色预警信号。秋收秋种遭遇阴雨天。10月上、中旬全市平均日照时数72.8小时，较常年偏少；7—11日出现连续降雨天气，降水量59.7毫米，阴雨寡照，影响秋收秋种。

【气象服务】 县气象局通过短信发布平台、显示屏、大喇叭等多种发布手段及时发布预报预警。在汛期坚持24小时值守班，利用气象卫星、雷达、自动气象站、区域站等现代化气象探测观测设备，密切监视天气变化，做好监测、联防、气象预报预警和跟踪服务工作，及时报送服务材料到县委、县政府和相关部门。全年报送决策服务材料《重要天气预报》32期、《一周天气预报》47期、春播、麦收期、三夏生产和秋收秋种专报54期，全年共发布预警信号81期，启动应急响应15次，发送决策气象服务短信129057条。为农气象服务工作，收集整理种

2017年11月，开展温室气象服务 （摄影 陈文秀）

植大户、专业合作社、农机手和农业专家等用户信息，纳入气象信息发布平台，通过短信发布建立与新型农业经营主体的服务联系，开展直通式服务。通过电视、短信平台、电子显示屏、大喇叭等多种途径扩大气象为农服务信息传播覆盖面。以农业气象服务周报、麦收期、三夏生产和秋收秋种预报为主要服务材料，着力服务一批特色农业项目，并做好跟踪服务。

【防灾减灾】 11月，由县政府投资建设的弹药库和四处标准化炮点投入使用，有效提高全县人工影响天气作业的规范化管理水平和科学作业能力，提升气象防灾减灾的能力。严格执行24小时值班制度，密切监视天气过程变化，及时开展防雹增雨作业，采取流动火箭作业方式，全年作业共进行10批次，消耗火箭弹19发。2月21日17时，抓住有利天气时机，及时发射火箭弹7枚，成功实施人工增雪作业，降水量5.3毫米，有效补充土壤水分，为全县春耕备耕、护林防火、净化空气起到积极作用。

【业务科研】 加强业务技术规范化建设和业务人员多层次化培养，发挥岗位练兵的引领作用。通过气象业务理论讲解、现场操作练习等多种培训手段，以练促学、以学促进，提升业务人员能力，在全市县级四次综合气象业务考试中，县气象局获得团体和个人双向佳绩。气象台台长张雪峰撰写的《DZZ5型自动气象站集成通讯设备常见故障及诊断排除》，在《中国科技博览》杂志中发表。

（张雪峰）

地震监测

【地震防御】 9月30日，省第十二届人民代表大会常务委员会第三十二次会议审议通过《山东省建设工程抗震设防条例》，12月1日，由县科技局开始贯彻实施。

【防震减灾宣传】 全年，全县共开展4次各种形式的防震减灾知识宣传活动，编印各种防震减灾知识宣传材料4000余份。地震科普宣传活动，制定10多块展板，印刷6000余份宣传彩页，开展地震科普知识讲座4场次。

（谢 峰）

文化　体育　旅游

Culture Sports Tourism

文化管理

【公共文化服务】 扎实做好全国第六次县级图书馆评估定级工作。对县图书馆进行重新规划与改造，先后投资100余万元新增报刊架12个，报刊300余种，阅读区由原来的20平方米30个读者位扩展为300平方米70个读者位，新增大功率空调8台，服务功能进一步完善，服务水平进一步提升，顺利通过国家二级图书馆验收。做好乡镇文化站的提档升级工作。对各镇街文化站“五室”内的设备进行完备提升。组织指导文化站开展文化活动，发挥其综合功能，真正成为传播社会正能量、体现社会主义核心价值观的前沿阵地。推进农村综合文化中心建设工作。根据上级相关文件要求，结合武城县工作特点，组成4个工作组对全县189个村的文化建设情况进行了调查摸底，对照上级标准进行汇总建档，并且积极完善提升村级综合文化服务中心。达标建成村级综合文化服务中心172个，贫困村文化活动室100个。

【文化惠民】 2月，县文化馆组织魏庄舞龙表演队参加德州市元宵节民间文艺展演，获得德州市2017年元宵节民间文艺展演暨“非物质文化遗产月”系列活动启动仪式二等奖和优秀组织奖。组织武城县文艺节目参加德州市第二届民间文艺展演，其中歌曲《运河船工号子》获邀参加德州市第二届民间文艺晚会。邀请德州市歌舞团、德州市京剧团、德州市杂技团在武城县8个镇街先后演出42场。为丰富贫困村文化生活，全年为省定重点贫困村开展送戏下乡100场。

2017年9月15日，武城运河船工号子参加第二届德州市民间文艺晚会 （摄影 吕广迎）

【人才培养】 开展各类艺术培训40场次，组织全县文化站长参加2017年度德州市基层综合性文化服务中心建设工作培训班。组织参加德州市广场舞辅导员培训，培训后，组织各广场舞辅导员开展广场舞辅导。

【新闻出版】 对行政权力事项进行统一调整录入，实现申请人“少跑腿、跑一次腿、零跑腿”，所有审批事项实行全程网办，方便群众办理申请。监督文化市场经营场所，严格按法律法规执行行政许可审批工作。2017 年，全县新增印刷企业 3 家，图书零售 2 家，营业性演出团体 2 家。

（庞 松）

文化市场管理

【概况】 2017 年，武城县文化市场共有经营业户 84 家。其中，网吧 25 家，娱乐场所 6 家，音像和图书刊零售 13 家，打字复印 32 家，印刷企业 4 家，艺术品经营 4 家。

【市场执法】 加大执法力度，做到文化市场监管全覆盖。以加强未成年人权益保护为重点，严查网吧、游戏机厅、歌舞娱乐场所违法违规行为。坚持日常检查与错时检查相结合，加大随机抽查力度。共出动执法检查 280 余人次，检查 580 余家次，共查处违法违规经营场所 16 家，分别给予警告、罚款、停业整顿等行政处罚。对违法安装使用卫星地面接收设施行为进行清理，出动执法人员 60 余人次，发放宣传单 2000 余张，收缴非法卫星地面接收设施 500 余套。开展全县 IPTV 大检查。根据山东省新闻出版广电局下发的《山东省新闻出版广电局关于在全省开展 IPTV 业务执法大检查的通知》文件要求，召开相关单位座谈会，并在检查中对 IPTV 业务开展中发现的违规问题分别下达了《整改通知书》，要求立即整改；开展全覆盖排查整治“问题地图”专项行动。10 月，对全县文化市场进行拉网式检查，共检查书店 14 家，未发现存在问题地图。

坚持群防群治，完善监督机制。健全文化市场技术监管与服务平台，对全县网吧、KTV 出入口、服务吧台进行远程视频监控，监控率达 100%，严查网吧和娱乐场所违法行为。同时努力提高“净网先锋”监管软件在线率，技术监管措施进一步完善。探索并建立网吧星级化管理制度，落实文化市场黑名单管理机制。推行“双随机、一公开”检查，坚持日常检查与错时检查相结合，突出重点时段、重点区域的监管；畅通群众利益诉求表达的多种渠道，充分发挥 12345、12318、未成年人权益保护平台信息员的作用，随时接受举报，迅速查处。共接收处理举报 21 起。其中，未成年人权益保护平台转交 6 起，12345 市民热线 11 起，电话举报 4 起，全部办结。

【“扫黄打非”】 开展“清源”“净网”“秋风”“固边”“护苗”5 个专项行动，推进“扫黄打非”工作进基层，在农村、社区、学校建立“扫黄打非进基层联络站”21 个。加大对校园周边、车站、非法游商、地摊整治力度。查获收缴盗印书籍、光碟等非法出版物 1500 余册（张），并查处 1 家书店违规向未成年出售网络游戏点卡案件。

（耿春军）

档案管理

【馆库建设】 武城县档案馆坐落于县城振华街西侧，建筑面积2332平方米。2017年，为保证档案工作正常开展，新购置档案管理软件、计算机、打印机等一批新设备，档案馆的基础设施条件得到改善。

【馆藏档案】 馆藏档案按照分类科学和整理规范的标准，全部以全宗号为单位进行管理，截至年底，馆藏档案101573卷（件），排列长度320米，馆藏资料9167册。另有录音录像带20盘，照片476张，磁盘档案12盘，起止时间为1943—2016年。馆藏内容包括革命历史档案、文书档案、科技档案、死亡干部档案、纪检监察档案、照片档案、磁盘档案等；县档案馆通过购买、征集、复印等方式，使馆藏资料达9167册。馆藏档案目录数据库至2017年已输入目录27710余条，实现重要档案目录的微机检索。

【科学化管理测评】 召开档案工作科学化管理测评会，对全县测评工作提出要求，下发《关于做好全县档案工作科学化管理测评工作的通知》。组织业务人员到争创先进的单位进行细节指导，深入实地检查现场，审阅资料，促进争创工作的开展。截至年底，2017年度申报单位顺利完成验收工作。

【业务指导】 督促全县各单位按照要求进行文件的收集和征集，派出业务人员对全县各行政机关及基层企事业单位的档案工作进行指导，通过指导及时发现工作中的亮点及新情况，提出针对性意见。采用电话、电子邮件等方式，及时答复档案业务问题，为基层档案建设管理解疑答惑。举办档案培训班4次，参训人数达120余人次，重点学习新的《归档文件整理规则》，着重讲解新老标准的六大区别及归档电子文件的整理要求。

【信息化建设】 根据《馆藏档案数字化建设实施方案》，把档案信息化建设作为档案工作发展目标，在改善基础设施建设，信息资源建设等方面加大投入力度，对县直各单位在政务活动中形成的具有保存和利用价值的电子公文等电子信息，实行集中采集、归档，统一管理，并提供“一站式”服务，同时做好数据规范，安全保密。为加强档案安全管理，指派专人对档案管理系统内数据进行脱机备份，确保档案数据安全。

【服务利用】 对馆藏档案全部编制案卷目录、全引目录，达到文件级检索，并按照有关规定，采用多种形式提供利用，如电话查询、信函查询、来人查询等。对查档人员做到有需必查，有问必答，开展文明服务，提高为群众服务的水平和能力。全年共接待县直部门及社会群众查阅档案200余次，查阅档案1396卷（件）。

【档案安全工作】 在5月、10月两个档案害虫高发期，对档案库房防虫防霉药物进行更换，杜绝档案害虫的滋生和蔓延。对库房灭火器进行检查维护，定期组织人员进行消防演练。建立档案安全年度检查制度，使档案的安全工作更加制度化、规范化。

【档案宣传工作】 6月9日“国际档案日”举办“档案——我们共同的记忆”主题宣传活动，为市民提供查档和咨询服务。开展“12·4”档案法规宣传活动，通过悬挂条幅、摆放版面和发放资料等形式对档案法律法规和查阅利用等知识进行宣传。

（李明浩）

广播电视

【对内宣传】 成立新闻宣传创新策划小组，建立定期联系制度。每周与县委办、政府办、宣传部等部门进行沟通交流，县委、县政府重要会议科室主任到场听会，及时掌握和调整宣传重点。定期召开策划会，对重点工作宣传提前谋划、精心选题，做到政务宣传全面、精准、细致、生动、安全。围绕重点工作开办专栏。根据县委、县政府的工作重点，先后推出《启航2017》《招商引资求突破》《全力打赢城市违建治理攻坚战》《生态环保、集中攻坚》《双城双创》《喜迎十九大、聚力谋发展》等重点栏目20余个，播发各类重点稿件500余篇，其中《党支部领办创办合作社、盐碱地变成“聚宝盆”》《郝王庄镇：禁养区内3处畜禽养殖场全部关闭搬迁》《部门联动凝合力 贝州市场换新颜》等一批重点稿件在社会上引起较好反响。对潘家凯、廖邦艳等模范人物的先进事迹进行专题报道，弘扬社会正能量。

【对外宣传】 中央电视台《今日说法》《第一时间》《经济与法》《一线》《法制中国说》等栏目多次就武城县家事审判改革、新型城镇化试点工作、调整农村种植结构助农增收等内容进行深度报道。在省广播电视台发稿21篇，其中《山东新闻联播》头条——《山东深化农业供给侧结构性改革、让农民拥有更多财产权利》中，重点报道武城县农村承包土地经营权抵押贷款试点经验，《农民变市民、小康添动力》《山东推行家事审判改革》等稿件，重点报道武城县产城融合推进就地城镇化试点经验和武城县家事审判改革创新工作经验。齐鲁网发稿120余篇，围绕全县中心工作，从政治、经济、民生、社会和好人好事等各个方面进行及时深入的报道。在德州广播电视台《德州新闻联播》等栏目上稿600余篇，发稿量名列各县市区第三。其中，《德州新闻联播》头条播发《武城：三剂“药方”抓产业，加大投入惠民生》《武城首设“后进发言席”曝光家丑添动力》《拓深合作“走出去”抢抓制高点》《“三航计划”引航“黄金信用”支持实体经济》等稿件，重点播发《转型升级有三变，凤凰涅槃新武城》《武城：把环保一线作为检验干部能力素质的试验田》《武城：根治“散乱污”加快产业转型》《“武城产城融合就地城镇化模式”推向全国》《武城：状元之乡民生为先　创新发展亮点璀璨》《武城：打响“向产业进军”攻坚战　打造发展新优势》《武城：棚改跟着民意走　创出新速度》等稿件。

【栏目建设】 在新闻综合频道重点打造《直通镇街》《现代农业》《民生热线》《法治武城》等8档自办栏目，从不同角度、多个侧面反映全县经济社会发展带来的新变化、新气象。与县政府12345市民热线办公室联合开办《直通12345》栏目，成为县委、县政府心系群众冷暖、怀揣百姓忧乐的平台。

（陈华晓）

图书发行

【门店营销亮点】 营销活动常态化，达到“月月有主题，周周有活动”，继续开展贝州讲堂、朗读者、公益讲座等多种公益活动，打造门店营销亮点。经营业态多元化，进一步加大非图书项目的经营面积和比重，做到多元项目与主业经营面积相匹配，增强门店体验度和读者粘合度，已有中青旅游、瀚轩兰亭文房四宝、吴良材眼镜、好吃来休闲水吧加盟书店营业厅。读者服务体验化，做到卖场布局更加科学合理，阅读空间和营销活动空间不断拓展，配套服务设施不断完善。运营模式网络化，进一步发挥“智慧书城”“新华悦购”系统功能作用，扩大网络平台的覆盖面和影响力。

【政治图书发行】 全年，发行十九大报告17005册，新《党章》17051册，《习近平治国理政（一）》800册，《习近平治国理政（二）》3000册。做好节日期间的图书销售、策划、宣传、备货工作，利用网络逐步建立读者联系群，发布各类人员的考试用书及专业用书等信息，利用门店沿街电子屏对新到图书及畅销图书进行宣传，满足广大读者的购书需求。

【教育用书发行】 新华书店承担全县中、小学教材教辅的发行任务，按照“保质、稳增、突破”的工作要求，进一步强化服务意识、提高服务水平、优化服务质量，做好细节工作，在保证学校“课前到书”的前提下，尽可能地满足学校的需求。征求学校意见，教材如有印刷装帧

武城县新华书店一角　　（供稿　县新华书店）

质量问题，做到及时调换。

【转型升级】 发展多元化经营，开拓新的发展领域，打造多元业态有机组合的文化综合体，新华书店对现有门市部进行了转型升级改造，由原有营业面积350平方米，升级为940平方米，由单一图书经营模式向文化用品、电子音像、咖啡、简餐等有关产品经营扩展，增加了多元经营项目，提升服务水平，为全县广大读者提供一个休闲、优美的读书购书环境。

【重要活动】 在新华书店成立八十周年之际启动“2017齐鲁阅读季暨新华书店日”活动。确定每年的4月24日作为“新华书店日”，开展各类公益、营销与主题阅读活动。

（刘 伟）

体 育

【群众体育】 制定第七届全民健身运动会活动方案，坚持群众体育活动群众参与的原则，组织参加各级各类比赛。举办武城县篮球、钓鱼、健步行等活动。承办市级钓鱼比赛，组队参加全国、省、市级体育系统的各类体育比赛17项，获得3个一等奖、10个二等奖。代表全国参加2017年度“潍坊国际风筝节”获得第一名。派出2人参加山东省国家一级社会体育指导员培训班。为全县100个省级贫困村集中培训社会指导员100名。

【竞技体育】 在全县开展体育特色学校创建工作，加大青少年体育人才的选拔培训工作。组队参加2017年市中小学生“七大联赛”。多人代表德州市参加省级比赛，梁恩坤获得山东省拳击比赛（乙组）锦标赛66公斤冠军、六国拳击邀请赛冠军。选派2人参加国家和省级体育比赛的执裁工作。

【体育设施】 投资123万元，完成10处省级“千村脱贫健身工程”和80处农民健身工程，在全市率先提前完成省级“千村脱贫健身工程”工作，全县农村基础体育设施覆盖率达到83%。

【体彩工作】 建设中国体育彩票的品牌形象，积极开展网点更改盘活工作。加强体彩销售人员的管理和培训。超额完成全年的销售任务。

（董 军）

旅 游

【景区创建】 1月30日至2月14日，四女寺风景区举办春节庙会，汇聚餐饮、民俗、娱乐等项目，演艺明星朱之文、孙朝阳等到场演出。9月，古贝春工业园区入选山东省首批工业旅游示范基地名单。10月，省旅游发展委邀请品牌媒体采风团走进武城，开展“鲁风运河”品牌采风营销活动。采风团到金水湾生态园、古贝春工业旅游示范基地、四女寺风景区采风考察。

【宣传推介】 2月，参加海峡两岸特色小镇打造与投资说明会等活动，推介武城旅游资源。4月，县旅游局旅游创客工作室制作《如果在武城遇见你》《邂逅你的美》微信宣传招商短片。10月，设计完成武城旅游logo标识。12月，编制印刷《水韵武城》旅游画册。12月，央视摄制组到四女寺风景区围绕“传统年俗与杂技文化”拍摄《东西南北过大年》新春特别节目，摄制内容涉及传统迎春民俗文化表演、传统名吃以及水秀表演、义写春联等内容，通过经典故事等记录、挖掘、讲述武城故事，感受武城文化底蕴。

【乡村旅游】 4月、7月，组织部分企业及村庄负责人分别赴滨州和枣庄、泰安考察乡村旅游发展情况。8月，邀请浙江大学、浙江树人大学教授，中国现代服务业研究中心主任姜红到武城作“特色小镇与美丽乡村建设”专题讲座。9月，县辣椒小镇项目被纳入山东省第二批特色小镇创建名单。11月，与深圳国实集团进行辣椒特色小镇、文体中心项目签约。12月，邀请游学筹智会十余名乡村游学专家及武城县地域文化专家举办乡村游学筹智会活动，对四女寺、吕庄子、西店等十多个村庄进行实地调研，了解村庄历史文化资源、民风民俗、发展现状等情况，对大项目支撑、乡村旅游、公共艺术、农旅融合、旅游招商等分门别类开药方、出点子。

（王敬敬）

卫生和计划生育

Health and Family Planning

医疗卫生

【概况】 截至年底，武城县共有医疗卫生机构375处。其中，二级以上医疗机构2家，妇幼保健机构1家。实有床位1462张，医师836人，护士537人。县医养结合新模式先后被国家卫计委命名为老龄化建设服务能力试点县，被省卫计委列为全省医养结合示范县。

【基本药物制度】 制定《武城县基层医疗卫生机构直接挂网药品议价工作方案》，并组织辖区内基层医疗卫生机构，由省药品集中采购平台直接挂网采购类型药品目录范围内，遴选出适合本单位使用的直接挂网药品目录，与配送企业进行公开议价。

【卫生服务体系】 由县中医院、县妇幼保健院先后作为牵头单位，上联市中医院、市妇幼保健院、市人民医院，下联四女寺镇卫生院，共计建成7个医疗联合体，推动医联体建设。其中，紧密型医联体1个，松散型医联体6个。医联体内技术指导、带教培训9人次，共计上转12人次，下转26人次，为群众提供分级、连续、节约、高效的医疗服务。

【公共卫生】 全县全年累计建立居民健康电子档案315655份。纸质档案建档率82.43%，电子档案建档率2.43%。0—6岁儿童健康管理23388人，管理率92.62%；新生儿访视3372人，访视率86.51%；早孕建册3372人，建册率86.51%；老年人健康管理40211人，管理率在67%以上。规范管理高血压患者18918人，规范管理糖尿病患者5899人，管理重性精神疾病患者1092人，冠心病患者系统管理3600人，脑卒中患者系统管理2289人，残疾人系统管理1511人。各有关单位累计开展85次健康教育宣传活动，共设立健康教育宣传栏267个，发放宣传资料27万余张，更换宣传板992个，开展健康教育讲座累计1308次，参加人员2万余人次。开展契约式服务，签订家庭医生式服务协议，全县累计签约111858人。

【农村卫生】 全县镇街计划生育服务中心与镇街卫生院全面完成整合，将镇街计划生育服务职能划转至镇街卫生院，在镇街卫生院加挂“妇幼保健计划生育服务站”牌子，接受县卫计局和镇政府双重管理，以县卫计局为主。同时，各镇街区成立卫生计生办，充实基层卫生计生人员。鲁权屯镇通过省级卫生乡镇复审，并启动国家卫生镇建设。广运街道、老城镇、武城镇3个镇（街）完成省级卫生镇（街）创建工作，李家户镇、甲马营镇、四女寺镇、郝王庄镇4个镇完成市级卫生乡镇创建工作，均通过省、市爱卫会的考核验收。武城县成功创建省级卫生村27个，卫生单位16个，市级卫生村26个，卫生单位23个。

【县级公立医院改革】 县卫计局针对取消药品加成，公立医院收入减少的问题，争取公立医院改革县级补偿资金共计196.31万元。

印发《武城县公立医院法人治理结构建设实施方案》，由县政府牵头，县卫计局与县编办联合组建理事监事人才库，按规定程序及时向县医院、县妇幼保健站分别选派外部理事和外部监事，公立医院通过召开职代会分别选举职工理事和职工监事。在县编办核定县公立医院领导职数的基础上，确定公立医院理事长、党组织书记、法定代表人、党组织专职副书记，构建领导班子。组织召开理事会会议，审议通过医院理事会章程、理事会议事规则、聘任院长和副院长的议案，完善县公立医院法人治理结构。推动人才招聘制度改革，按照《关于公立医院人员控制总量、岗位设置和人员招聘备案有关事项的通知》，县医院、县中医院以及县妇幼保健院分别确定人才招聘方案和计划，并完成招聘笔试和面试流程，42 名考生进入考察体检范围。

【信息化建设】 全县县、镇、村三级就诊实现信息化、电子处方、电子病历，实时报销、结算。公共卫生数据整体迁移，市信息中心、全县居民电子建档率达到 100%。实现公卫系统和医疗系统业务协同，完成互联互通。县医院、中医院实现院内就诊“一卡通”和远程会诊等功能，避免重复检查，节省百姓就医成本。

【医政管理】 1 月，组织开展无偿献血活动，全县共计 1500 余人参加献血工作，献血量达 370 升。全县开展卫生技术人员继续医学教育活动管理工作，有 300 余名技术人员征订继续医学教育上网卡，并按要求完成各项公共课程学习。全面完成中小学生体检工作，共计为全县 34488 名中小学生健康体检，体检覆盖率 97%。

【中医药工作】 由德州泰康药业有限公司投资 100 万元新建的县中医院国医馆开展室内外装修和设备购置。全县 10 个乡镇卫生院和 1 处社区卫生服务中心全部完成国医堂建设，设有中医科、中药房和康复治疗室，能够开展针灸、推拿、拔罐、刮痧等不少于 10 种中医药适宜技术服务以及中医康复服务。

（唐晓文）

计划生育

【概况】 截至年底，全县共有人口 409143 人，已婚育龄妇女 77329 人。全年，共计出生 5970 人，比上年减少 1143 人，统计合格率 95.8% 以上。

【计划生育】 全年出生漏报率控制在 6% 以下，生育登记覆盖率 90%，育龄妇女孕情上报及时率 86.6%。农村计划生育家庭奖励扶助制度政策落实及时 100%，国家免费孕前优生健康查体率 100.3%，免费产前筛查率 53.52%，免费新生儿四种遗传代谢性疾病筛查率 98%。

【生育关怀】 县财政投入 700 余万元为困难企业退休职工独生子女父母落实一次性养老补

助，共计852人受益。为119名失独父母，45名独生子女伤残父母等计划生育特殊家庭发放一次性抚慰金84.9万元，并为119名失独父母参保护理保险。将全部失独父母纳入全县大救助体系，为其生产生活提供帮助。同时，县卫计局印发《武城县城镇其他居民独生子女父母奖励扶助对象资格确认和信息管理办法》，完成符合条件的人员摸底。

【宣传教育】 12月，县卫计局上线县电视台《民生热线》直播栏目，对独生子女父母可以享受的计划生育方面奖励政策、计划生育特殊家庭增加的关怀扶助政策、唐筛报销等问题进行解读说明，并现场回答群众来电咨询。

【违法生育控制】 落实计划生育“一票否决”制度，坚持计划生育审查工作机制，全年共审查700余人次、单位200余个。县公安局、县民政局、县卫计局等部门加强信息交流，利用人口信息平台，交流户籍信息12000条、婚姻信息6000条，实现人口基础信息资源共享。

【出生人口性别比综合治理】 把综合治理出生人口性别比纳入全县计划生育目标管理责任制，与9个镇街区和县直有关部门层层签订目标责任书，进行专项考核，强化部门联动和区域协作，每季度组织开展一次专项治理活动，召开一次部门联席会议。制定《武城县集中整治“两非”专项行动实施方案》，成立专项行动领导小组，抽调精干人员参加整治“两非”专项行动，联合查处“两非”案件。整合卫生计生资源，成立卫生计生综合监督执法大队，开展集中整治“两非”专项行动，重点针对县医院、中医院和县妇幼保健计划生育服务中心在内的县、乡医疗机构、卫生室的引流产实名登记、B超使用管理、“两非”制定执行和计划生育手术开展情况进行专项督导。同时加强与周边县市区的联系，先后与河北省故城县、德城区、平原县、夏津县签订综合治理出生人口性别比区域协作协议书。全年全县B超（染色体）孕检实名登记2万人次，其中县内登记1.8万人次，查处“两非”案件3例。

【便民服务】 全县免费孕前优生健康检查覆盖率96%，居全市首位。新生儿四种遗传代谢性疾病筛查覆盖率100%，产前筛查覆盖率为70.51%，新生儿听力筛查率达97%以上，免费计划生育基本项目技术服务落实率100%。

【流动人口管理】 全县构建起“计生找人，卫生服务”的工作机制。全年，武城县流入人员1137人，建立流动人口电子健康档案856人，建档率100%。

（唐晓文）

疾病预防控制与卫生监督

【疾病预防控制】 传染病防治：全县全年法定传染病报告2732例，未出现甲类传染病和死亡病例，报告发病率为每10万人中有447.16人发病，疫情总体平稳。全年，县疾控中心处置突发公卫事件相关信息12起。加强对病毒性肝炎、艾滋病、性病、结核病、布鲁氏病等疫情报告与管理，全县的手足口、麻疹等重点传染病发病率均居全市较低水平。减盐防控高血压：县疾控中心开展基于社区高血压患者管理的减盐干预终末调查，调查符合条件的高血压患者213人。其中，干预组76人，对照组137人。通过问卷调查、血压心率测量、身高体重测量、腰围臀围测量、晨尿留取、晨尿盲样等体检，完成终末调查，并将问卷及时录入信息平台。地方病防治：县疾控中心开展饮水型地方性氟中毒项目监测，对3镇9村8岁~12岁儿童开展氟斑牙病情监测及监测村水样采集，共调查467人，检出氟斑牙患者302人，检出率64.66%；采集水样10份，水氟值均达到国家标准，并完成数据录入。

全年，县疾控中心完成对111名监管人员、66名外来妇女的免费艾滋病病毒抗体检测，以及952名自愿咨询检测人员；接诊结核病初诊病人675人，新发现66名肺结核病人，全部做到治疗回访及时到位，治愈率99%。

4月，县疾控中心取消预防性健康体检收费，为公共场所、食品生产流通、保安以及外出打工人员做免费的预防性健康查体，全年查体12000余人，同时发放有效健康证。对全县35448名在校中小学生进行预防性健康体检，并逐一建立健康查体档案，并全部录入省信息库；为古贝春集团、玲珑公司、金正大公司、真元水星公司、英潮公司等企业职工共计5200人进行职业健康体检。

2017年11月，对县第一敬老院孤寡老人进行结核病筛选

（摄影　董亚楠）

【公共卫生监测】 县疾控中心对280名在校学生和280名0—5岁儿童、100名0—2岁孩子及母亲做膳食回顾调查和体格检查，并将信息全部录入国家疾控中心信息系统。免费为全县1368名7—9岁儿童的5035颗恒磨牙齿的窝沟进行封闭。采集36类、76个食品样品共152份进行食品安全检测。分别于6月枯水期、8月丰水期，对全县城乡生活饮用水水质进行检测，在全县布点29个。其中，城区6个，农村20个，农村学校3所，对这29个监测点的水质进行42项常规指标的检测，并将检测结果反馈到自来水公司。对20个村的100户居民和10所中小学校环境卫生状况进行调查，采集土壤样品20份。

【卫生应急处置】 成立卫生应急处置工作领导小组，制定各类传染病应急预案，加强疫情监测管理。每天坚持至少四次查看网络直报情况，及时进行审核、订正、查重。对传染病卡片有漏项的，不符合逻辑的及时地给予修改或订正，并以电子文档的形式存档。根据信息资料进行疫情月分析。全年接收自动预警信息54条，突发公共卫生事件相关信息12条，所有预警信息均排除暴发、流行事件。其中，突发公共卫生事件相关信息11条为非职业一氧化碳中毒，1条为流感样病例聚集未分级事件。

【免疫规划】 开展预防接种单位标准化建设，全县预防接种共建卡证5678人，0—6岁目标儿童共接种一类疫苗15.6万剂次，协同发展综合考评“八苗”接种率为95.63%，本地儿童麻疹类疫苗第一剂次及时接种率为93.52%，第二剂次及时接种率为96.64%。

实施新的《疫苗流通和预防接种管理条例》，成立二类疫苗采购委员会，3月份完成首次二类疫苗网上采购，采购二类疫苗48520支。在原有1处数字化门诊的基础上，县疾控中心指导各镇街卫生院增设7处数字化接种门诊并通过市级验收。

（董亚楠）

主要医疗机构

【武城县人民医院】 县医院深化医院改革，创新医院管理。在全市率先按期完成医院法人治理结构建设，研究制定医院章程，成立9人的理事会、5人的监事会，召开武城县人民医院理事会成立大会暨第一届理事会议，成为全市唯一改革到位的医院。

开展生态环保集中攻坚行动，根据环保达标要求，配置一套标准化污水处理设施，日处理污水达300立方米。建立重污染天气应急响应长效机制。大型医疗设备DR、直线加速器、CT、数字胃肠机、DSA均已取得放射诊疗许可证和辐射装置安全许可证，辐射装置运转达标，运行安全。

注重人才兴院，对在职业务人员半月开展1次业务讲座，选送20名业务人员到千佛山医院进修深造。对在职医学研究生班半年进行1次集中讲课，培养业务骨干28人，县医院成为济宁医学院教学实践基地。县医院开展新项目新技术7项，创建优质示范病房12个。县医院胸痛中心加入国家胸痛中心联盟，并通过国家级胸痛中心认证，全年共治愈胸痛病人100多例。截至年底，县医院掌上导管室健康扶贫44人，优惠5180元；上消化道癌机会性免费筛查100人，推行先诊疗、后付费服务。

县医院通过德州市卫计委专家组二级甲等医院复审，获得县级文明单位、德州市消防安全先进单位、德州市卫计系统先进单位及全县先进基层党组织等多项荣誉。

（王春平）

【武城县中医院】 县中医院完善医院医疗制度，医务科组织院内业务讲座20次，医务人员严格执行首诊医师负责制、三级医师查房制、术前讨论和疑难危重病例讨论等医疗制；严格执行病案评价、公示和归档，并保持甲级病历率96%以上；完善医院感染管理体系，控管医疗服务中的不良事件。

各项护理质量指标较去年均有所提高。基础护理、危重患者护理达标率为90%，优质护理、病房管理达标率为95%，各种护理技术操作，制度执行达标率为100%。全年组织护理业务培训学习12次，护理业务考试12次，全院护理人员对护理工作规章制度、岗位职责，应急预案掌握合格率95%，护理核心制度落实率96%。开展中医护理技术操作，全年共为病人实施中医技术操作4300例。

开展县级公立医院综合改革，建立新的医院绩效分配制度，制定并执行《武城县中医院薪酬改革与绩效工资管理制度》和绩效目标考核方案，按工作量、患者满意度等因素核算职工的绩效工资，实现多劳多得的分配原则，严禁过度检查、过度治疗，严格控制高值医用耗材不合理使用和医药费用不合理增长。

开展中医特色服务项目，对全县基层医疗人员开展“武城县中医药基本知识暨中医适宜技术培训”。各病区对住院病人采取中西医结合的方法治疗，提高疗效，缩短病程，为病人节省医疗费用。引进中药提纯颗粒技术，保证品质、方便服用。成立国医馆，突显中医特色，打造舒心就医环境，选用优质中药，保证疗效。

开展卫生行风建设，对全院干部职工进行医德医风教育，全院上下、层层签订医德医风责任状和拒收红包承诺书。开展对住院患者三级回访活动，对患者在住院期间的感受和服务进行回访，通过多种形式对职工开展宣传和教育，提升服务态度和服务质量。全年，县中医院实现12345投诉数量逐月下降，11月、12月实现连续两个月零投诉。

（范成行）

【武城县妇幼保健院】 县妇幼保健院利用各种渠道多方协商，先后与省中医药大学医疗集团、市妇幼保健院、市人民医院、市中医院等单位签署医疗保健服务联合体合作协议，加强医联体建设，提升医疗保健服务能力。

7月，县妇幼保健院与县计划生育服务站完成部门整合，组建武城县妇幼保健计划生育服务中心，推进妇幼健康服务标准化建设。通过“人财物”资源整合，中心专业技术人员储备得当，妇幼健康服务内容得以细化，妇女保健部、孕产保健部、儿童保健部和计划生育服务部的四大部标准化建设得以完善。全年，全县孕产妇系统管理5179人，孕产妇系统管理率99.79%，住院分娩率100%。儿童保健方面加强对0—3岁儿童系统管理、新生儿“四筛”及托幼机构健康检查，共计发放新生儿疾病筛查补贴3259人，发放补贴资金39.1万元。3岁以下儿童系统管理11040人次，系统管理率

2017年11月24日，举行“关爱青少年健康成长，青春期保健进校园”启动仪式

（供稿　县妇幼保健院）

96.9%。对全县托幼机构进行卫生评估，对学前儿童进行健康检查，并对全部体弱儿进行专案管理和健康指导。

11月24日，在武城县实验中学举行“关爱青少年健康成长，青春期保健进校园”活动启动仪式。设置青春期保健门诊，定期举办青春期健康知识讲座，开通健康咨询热线、电子邮箱和手机微信等多媒体互动等形式，适时适度适当地对处于青春期的学生，给予心理疏导和健康指导，保障青春期青少年健康成长。

开展早教服务。在原有儿童保健系统管理的基础上，组建儿童早期教育发展中心，为6个月至3周岁的孩子提供服务。至年底，早教服务的报名人数300余人。县妇幼保健院在县民政局婚姻登记处建立“孕前优生项目检查中心”，与婚姻登记同步，整合优化服务流程，形成婚前检查、孕前优生、叶酸发放、《母子保健手册》建档、孕期检查、住院分娩和新生儿疾病筛查的系统化一条龙服务模式。

全年，妇幼保健院开展35—64岁妇女“两癌筛查”，实际完成筛查7100人。在艾梅乙母婴传播阻断工作中，全年共为4214名孕产妇检测。其中，检测出梅毒和艾滋病阳性率为0，乙肝表面抗原阳性186人，阳性率为4.4%，并对新生儿进行干预阻断。

坚持“医养结合”，服务于老年人、亚健康和生活不能自理人群，从住养、餐饮服务抓起，于每月的寿星生日会，邀请县老年人艺术团、县爱心联盟等文艺团体与老人们娱乐联欢。截至年底，幸福中心接收103名住养老人。

（马守东）

社会生活

Social Life

民政工作

【社会救助工作】 加快推进城乡低保统筹发展，城乡低保标准比例达到1.4:1，农村低保标准3420元/年/人，超出省定扶贫线。全年发放农村低保金960余万元，人均补差达到低保标准的65%；发放城市低保金54万元，人均补差达到低保标准的75%；发放五保供养金417万元；发放医疗、临时救助金84.5万元，为9个镇街区拨付“救急难”资金110万元，“一站式”医疗救助正常运行，2017年拨付救助金21.7万元。各项救助总体标准比2016年提高30%。

创新救助机制。建成以最低生活保障为基础，以医疗、教育、养老、住房、灾害救济等救助为辅助，以临时救助、慈善救助和社会互助为补充的多层次、全方位、长效性社会“大救助”体系。成立社会救助工作领导小组，领导小组建立联席会议办公制度，定期召开联席会议，及时研究、解决有关问题。实行县社会救助服务中心接收转办、部门（乡镇）具体落实的工作落实方式，在社会救助职责落实上坚持属地管理。整合各部门的救助资金累计2901.27万元，救助各类困难群众28207人次。

完善救助制度。出台《关于进一步健全特困人员救助供养制度的实施意见》，按照半自理护理每人每年800元、完全不能自理每人每年1000元的标准，落实特困人员基本生活和照料护理补贴；与扶贫办联合出台《关于全面开展农村低保政策落实及兜底脱贫工作的意见》，做好农村低保制度与扶贫开发政策有效衔接，对没有纳入低保范围内的建档立卡贫困家庭开展医疗、临时救助，2017年救助建档立卡贫困家庭100余人次，资金16万元。

规范救助管理。各镇街区统一设立社会救助综合受理窗口，建立化解困难群众急难问题的“绿色通道”。所有救助对象全部建立纸质和电子档案并录入救助成果库；严格按照低保动态管理的要求，实现动态管理下的应保尽保。每季度末开展“阳光低保”专项行动。6月，集中对全县372个村的低保公示情况进行检查，存在问题已全部整改完毕。

【防灾减灾救灾】 建立完善救灾救济制度，成立防灾减灾救灾工作领导小组。6月，冰雹灾造成5个镇街约809公顷的农作物减产或绝产，直接经济损失1100万元，通过及时有效的报灾、核灾，争取国家救灾资金91万元。

创建综合减灾示范社区，为广运街道贝州社区、振东社区分别申报全国减灾示范社区和全省减灾示范社区。

宣传防灾减灾教育，开展5.12减灾宣传周活动，宣传周期间放置展板30次，开展应急演练5次，发放宣传彩页1万余份。

强化救灾物资储备，开展县级救灾物资储备库和镇、村级储备点建设，县级救灾物资储备仓库投入使用，2017年储备救灾帐篷182顶、棉大衣163件、折叠床30张、棉被475床，同时与盐百购物广场、好运来超市、恒鑫帆布有限公司签订救灾物资社会化储备协议，优先保证灾害发生时各种救灾物资的紧急供应。

【养老服务】 改善养老服务机构服务质量，推进农村特困人员供养服务质量提升。投资50万元对中心敬老院健身广场进行改造提升，安装44套健身器械；投资2万元对鲁权屯镇敬老院厨房设备更换、老化电路维修改造；全年5次联合消防、食药等部门对照《养老院服务质量大检查指南》进行逐条检查，发现消防安全、食品卫生等36条安全隐患问题，针对查出的问题的甲马营镇敬老院进行关停合并，供养老人全部入住中心敬老院。

解决养老机构设立许可，明确有关部门职责，解决养老机构“无证”运营问题，除鲁权屯镇敬老院外，8处养老机构完成设立许可7处，完成整改率88%。

完善发展养老服务机构体系，出台《武城县人民政府关于加快发展养老服务业的意见》。2017年新建城市日间照料中心（武城县老年人日间照料中心）1处；新建农村幸福院（李家户镇祥和社区西店幸福院、李家户镇魏庄幸福院、武城县四女寺镇礼东幸福院、武城县四女寺镇吕庄村幸福院、武城县郝王庄镇西李古寺幸福院）5处；李家户康寿颐养中心二期工程开工建设，总投资2300万元，新增建筑面积2万平方米。

积极推进养老服务转型发展，全县现有3家公办敬老院，5家民办养老机构，福利中心1家，农村幸福院27家，城市日间照料中心6家。其中，康乐老年人日间照料中心作为养老服务转型升级试点。

【基层政权建设】 全面推行“四社联动”机制。实现城市社区、社会组织、社工队伍和社会志愿者的一体化联动发展，在3个社区设立社会工作专业岗位，建立“社工＋志愿者”服务模式，成立专门工作队伍，搜集居民诉求，向居委会提出建议方案。在3个城市社区各配备1名社会工作者，实现50%城市社区都有社会工作专职人员。积极培育社区社会组织，贝州社区志愿服务站已登记备案。社区注册志愿者截至年底共827人，比2016年增长45%。

开展廉政文化进社区，贝州社区作为县级试点，成立推进廉洁社区教育实践活动专项工作组推广城市社区信息化平台建设。2017年6个城市社区28629户67721人居民已完成基础信息采集和录入工作，明确社区信息管理系统管理员，建立信息化建设考核制度。

加强巩固基层群众自治组织建设。出台《关于建立“支部统领、主体分工”村级治理机制的实施方案（试行）》，切实加强农村基层组织创新，坚持党的领导和促进村民自治相统一，充分调动群众参与村级事实管理的积极性，实现村级自治组织健全，制度完善，运行良好的村比例达98%以上。

【社会组织工作】 推进社会组织管理制度改革。出台《关于改革社会组织管理制度促进社会组织健康有序发展的实施意见》文件，已建立社会组织工作协调机制并落到实处，全县62家社会组织充分发挥服务国家、服务社会、服务群众、服务行业的作用。

加强社会组织综合监管。已完成社会组织统一信用代码赋码率、换证率100%，2017年社会组织年检，应参检60家，实际参检56家，参检合格率达93.3%，两家社会组织参与评估，评估等级为AAA（武城县雨潇职业技术培训学校、武城县李家户镇康寿颐养中心）；制定出台《武城县社会组织“双随机一公开”抽查办法实施细则（试行）》，采取抽查审计等措施，及时公布和推送社会组织登记、变更等信用信息，社会组织综合监管率已达到100%。

【双拥优抚安置】 落实抚恤优待政策。全县共有优抚对象3383人，发放抚恤优待金1500万元，投入120万元为全县优抚对象参保参合，县级配套资金50万元用于落实优抚对象门诊及优抚对象住院报销，发放义务兵优待金313万元和自主就业金202.5万元。落实烈属优待帮扶政策，按时足额发放，妥善解决烈属生活、医疗等方面的困难。

推进优抚精细化服务。在民政局设立退役士兵服务总站，各镇（街、开发区）设立退役士兵服务分站，把退役士兵和优抚对象全部纳入武城县民生网格，实行网格化管理。全年共救助优抚对象360人，为65户符合条件优抚对象办理低保五保，县民政局及时完善精神抚慰制度，春节期间为全县3300余名优抚对象发放春联、年画、慰问信，八一期间走访慰问优抚家庭1000余户，组织义工和志愿者队伍为烈属送温暖献爱心100余次。全年办理优抚业务各类审批200余件。

提升优抚对象数据信息化建设。构建优抚工作综合平台，把各类优抚对象基础数据纳入信息化管理，2017年金民工程优抚对象照片、身份证和基本资料采集率均为100%；投资37万元组建智慧民政暨社会大救助支撑平台系统。

完成退役士兵安置任务。落实第一批退役士兵专项公益性岗位119人，对70余名难以认定的退役士兵进行全面排查并出具认定结论，完成退役士兵安置“清零”工作。发放待安置期间生活费261.16万元，发放自谋职业金费429.02万元；落实公益性岗位913人。接待来访退役士兵300余人次。完成10名退役士兵的安置工作，100%安置到事业单位2017年接受病退士官1名。

组织烈士纪念活动。完成2017年冀南“四·二九”反扫荡胜利七十五周年纪念活动和烈士公祭日活动。6月30日，烈士陵园被授予市级党史教育基地。设立烈士陵园开放制度，全年接待集体活动30余次，接待人员4000余人。

【残疾人福利保障及慈善事业】 落实残疾人两项补贴共计458万元（其中，残疾人生活补贴121万元，护理补贴337万元），落实低保老年人高龄津贴、困难老年人护理补贴和养老服务补贴。

全县9个乡镇已全部建立慈善分会。并出台相关促进慈善事业的政策措施，通过电视、发放宣传页等方式积极宣传《慈善法》，共发放宣传页500余份，在武城政务信息、武城时报等发稿5篇。持续开展“康复助医”“晴暖万家”“朝阳助学”品牌工程救助活动，累计救助白血病（尿毒症等）重症特困患者、五保户、高考新生（在校大学生）1695人，发放救助金135.8万元。开展“慈心一日捐”活动募集善款192.1万元，比2016年提高84%。

【福利彩票发行管理】 监督站点安全运行。武城县福彩管理中心与全县各福利彩票站签订《安全生产目标承诺书》，全年各福彩站安全运行，无任何事故发生。

县福彩中心加强宣传，建立武城福彩站点微信群，每个投注站又建立自己的彩民微信群，使县福彩中心第一时间了解到彩民的心理需求，在群里实时发送福彩宣传信息，对全县五十多个微信群，近万名彩民进行最直接的福彩信息宣传。全年电脑票销量为1814.35万元。

【区划地名】 完成地名普查数据库入录工作。共入录地名信息2517条，涉及10大类40余小类。拍摄四女寺镇地名宣传片，报送《中华人民共和国标准地名词典》山东卷武城县地名词条19条，同时对不规范地名进行清理整治，进一步推进地名标准化建设。全年投入5万余元规范居民地地名标牌的修缮工作。积极争取将图录志编纂工作纳入财政预算，保证工作有序开展。

【社会事务】 健全完善救助管理机制。受助人员全部建立档案，流浪乞讨人员信息及时准确地录入全国救助管理系统，系统数据与实际人数吻合；定期开展救助系统学习培训，工作人员全部能够熟练操作救助系统使用。成功救助流浪乞讨人员30人次。

妥善安置长期滞留人员。为一名流浪至武城县至今无法查明身份的聋哑流浪人员提供托养服务，年托养费5万元，为其办理落户手续；对其他流浪乞讨人员及时提供食宿妥善安置，然后通过咨询本人、发布寻亲信息公安比对等方式确定身份和亲属信息，及时遣返，2017年为流浪乞讨人员提供返程车票30余人次，护送返程8人次。

加强建设留守儿童保护工作。全县758名留守儿童全部签订《农村留守儿童受委托监护责任确认书》，杜绝农村留守儿童无人监护的现象。11月，对留守儿童专项行动进展情况开展一次督导评估。建立农村留守儿童动态管理机制，依托网格员管理制度，在镇（街、区）普遍建立农村留守儿童乡镇专业干事和村居联络员队伍，将农村留守儿童工作和困境儿童保障纳入政府购买服务指导性目录。

婚姻登记办理。2017年办理结婚登记2158对；离婚登记687对；补发婚姻登记证1014对；共整理婚姻登记档案2300余件，婚姻登记合格率达到100%。全面推进结婚登记免费服务和婚姻家庭辅导服务。婚姻登记处为2811对婚姻登记当事人减免工本费用共计2.53万元，为685对新婚当事人免费办理婚姻颁证服务。县民政局联合法院成立家事指导中心，共为883对新婚当事人进行婚前授课，为680对离婚当事人进行家事调解。挽救即将破碎的家庭265个，占全年办理离婚人员的38.6%。

落实惠民殡葬政策。总投资约1900万元的新殡仪馆于9月份投入使用，总建筑面积达5300平方米，设有七个告别大厅，3月，县民政局与圣邦礼仪公司合作，引导县城居民一律到殡仪馆举行治丧悼念活动。禁止在居民区、街道等公共场所搭设灵堂办理丧事。

（王齐帅）

人力资源和社会保障

【就业创业】 通过企业吸纳、公益性岗位安置、鼓励自谋职业和自主创业等多种渠道，全县城镇新增就业4207人。依托定点培训机构对下岗失业人员、进城务工的农村劳动者、新成长劳动力等人员实施就业与创业能力培训，审核并组织举办就业培训72个班期，共2325人。其中包含中高级育婴师、汽车维修工、电工、焊工等专业的技能培训60个班期，共1861人；创业培训12个班期，共464人。与县德州银行、县邮储银行签订三方协议，采取到期贴息方式，发放小额担保贷款20万元。组织召开2017年武城县“春风行动”启动仪式暨大中专毕业生现场招聘会。吸引用工企业52家，提供就业岗位1554个，最终1376人与企业初步达成就业意向，其中贫困群众156人。

【劳动关系管理】 办理劳动人事争议仲裁案件27件。其中，不予立案受理2件，立案受理25件，成功调解结案7件，调解结案率40%，仲裁裁决16件，撤销申请2件。在受理的案件中：涉及讨要劳动报酬和经济补偿的案件14件；要求支付工伤待遇的案件3件；确定劳动关系的案件6件；解除人事关系的案件2件；涉及职工为27人，为劳动者挽回经济损失243万余元。劳动监察维权工作中，2月，对全县的建筑领域和重点企业在农民工工资支付、发放情况进行排查，没有发现拖欠工资情况。3月，联合劳动关系科、人才服务中心对全县的人力资源市场进行清理整顿，责令取缔一家无证经营的中介公司。7月，对武城县范围内的部分企业及建筑施工单位进行高温期间实施防暑降温措施的专项检查及宣传活动。专项检查中检查10家企业和8家建筑施工单位，各单位实施防暑降温措施的情况良好，针对部分单位没有给工人发放高温补贴的情况，劳动监察大队当场给予口头责令整改。在信访、投诉案件的处理上，截至11月23日，共立案调查处理12345市民热线、现场投诉等拖欠工资案件32起，追发劳动者工资涉及246人，涉及工资数额264.58万元。

【事业单位人员管理】 根据各单位岗位需求，经县政府批准，通过笔试、操作和面试等程序，教育和卫生事业单位招聘考录48人，事业单位招聘考录174人。

【公务员管理】 3月，组织2017年全县招录公务员网上报名资格审查工作。武城县机关公务员录用计划32人，共30人被录用。积极做好2017年公务员统计上报工作。利用两周多的时间组织全县行政机关和参照管理部门公务员及参照管理人员的统计上报工作，共统计有7个乡镇，参照单位12个。及时做好试用期满的新录用公务员的登记工作，共计24人。

【专业技术人员管理】 完成专业技术职务推荐评审工作。共推荐高级25人、中级46人。全年审查各类考试报名合格人员489人，为38

名专业技术人员办理发放了（执业）资格证，其中一级建造师3人、监理工程师1人、会计3人、经济师15人、执业药师16人；为28名计算机模块合格的人员办理发放了合格证；为4名丢失资格证书的人员办理了证书补办手续，返还报考人员在报名和办理证书时提交的各种证件500余件。2017年，全年累计发放中级、初级职业资格证书2294人。

【社会保障】 企业养老保险。企业养老保险参保人员达到24301人，其中新增参保人员1100人，征缴基金12900万元。全年支付离退休人员养老金、遗属补助及丧葬费抚恤金共计18061万元。

机关事业养老保险。全县参保单位达到168家，参保人员9449人，养老金总收入1.33亿元，全年发放养老保险金1.9亿元，年终基金累计结余610万元。

职工医疗保险。全年城镇职工参保人数45550人，征缴基金7286万元，大额救助基金收缴377万元，全县当地住院人次1809人，住院总费用1231万元，统筹金支付860万元，平均报销比例为69.86%。异地就医人次1986人，住院总费用3452万元，统筹金支付2280万元，平均报销比例为66.05%。门诊特慢病持证人数1047人，发生费用的人数830人，总费用777万元，统筹金支付611万元。

生育保险。生育保险参保人数18050人，基金收缴134万元。待遇发放236人，生育医疗费53万元，生育津贴支付232万元。

工伤保险。全县参加工伤保险单位240个，参保职工34061人，征缴工伤保险基金645万元。支出工伤医疗费、鉴定费、伤残补助金、死亡抚恤金共计378万元。

失业保险。全年收缴失业保险金527万元，新增参保人数400人。

城乡居民社会养老保险。完成市局21.9万参保人数任务，武城县居民养老保险参保人员共22.13万人，待遇领取人员6.99万人，缴费人员12.31万人。共征缴保费3693.51万元，政府补贴收入9460.95万元，基础养老金支出8209.63万元。政府为1353名残疾人代缴了保费；基础养老金每月100元，养老金发放率100%。

城乡居民医疗保险。2017年城乡居民基本医疗保险参保人数306452人，基金收缴5213.15万元，全县住院人次42772人，住院总费用25239万元，统筹金支付15724万元，平均报销比例为62.30%。31913人次享受门诊大病待遇，统筹金支付1572万元。门诊报销1123万元，总费用2322万元，报销比48.36%。住院分娩定额补偿4785人次，统筹支出702万元，支出大病保险2039.77万元。

（刘　晓）

民族与宗教事务

【民族团结】 做好春节期间牛羊肉补贴发放工作。1月，共为全县1047户符合条件的穆斯林户发放补贴41.88万元。开斋节期间，共为全县9坊清真寺送去慰问金10000元整。古尔邦节、春节等重大节日期间，为帮扶村的贫困户送去米、面、油等日常生活用品，合计资金约18000元。全力做好民族团结进步创建宣传工作，通过在部分少数民族村庄制作民族团结宣传栏、宣传牌等形式，以宣传党和国家的民族政策及法律法规，以及中央、省委和全市民族工作会议精神。为保证国庆、中秋双节期间穆斯林群众能够吃到放心的清真食品，联合县食品药品监督管理局和县伊斯兰协会组成临时检查小组，对辖区内清真食品生产、加工、销售网点进行集中检查，维护好清真食品市场秩序，保障清真食品供应，从而规范清真食品的管理。

【民族经济发展】 承接民族发展资金，促进少数民族脱贫攻坚。3月，盘活2016年结余民族资金10.5万元用于少数民族村——南宋庄村太阳能路灯安装项目，共为南宋庄村安装太阳能路灯43盏，民族团结宣传牌86块。4月，通过与上级部门沟通和对接，争取少数民族扶贫资金50万元，用于四女寺镇祁村修建村内道路和达官营村修建水渠、道路，树立宣传栏项目。8月，收到上级拨付的2016年度民品企业贷款贴息款556.08万元。引导民品企业吸纳少数民族劳动力就业，帮助少数民族下岗职工再就业，共吸纳少数民族群众30余人就业、再就业。

【宗教事务管理】 建立健全网格化管理服务工作机制。建立起县、镇、村三级网格管理责任制，形成“一网多格、一格多员、一员多责、全员参与、全程服务”工作模式。设立网格指导员，指导各镇街、村级网格长、网格员切实做好宗教工作；做好宗教活动场所安全管理工作。向各宗教活动场所印发《宗教活动场所安全工作台账》，并与各宗教活动场所签订《安全管理目标责任书》。6月，联合县安监局、消防大队在全县宗教领域开展“排隐患、护安全、保稳定、促和谐”安全大检查活动；做好宗教活动场所规范管理工作。武城县共有宗教活动场所23处，7月，结合山东省宗教活动场所信息录入系统，开展宗教活动场所信息核改工作，并将核改后的详细信息已全部录入系统。

【宗教活动开展】 开展“宗教政策法规学习月”活动。6月是宗教政策法规学习月，向辖区内23处宗教活动场所发放《宗教事务条例》、宗教工作会议精神等学习材料。同时，为宗教活动场所印发“四簿四册”（宗教活动场所学习记录簿、教务活动记录簿、会议记录簿、开展慈善捐助记录簿、管理组织成员花名册、信教群众花名册、外来人员登记册、固定资产登记册）。6月26日是穆斯林群众的传统节日—开斋节，市县领导到四女寺镇达官营村清真寺慰问穆斯林群众。引导佛光寺积极为四女寺镇中心小学学生捐赠安全帽、开展腊八节施粥活动等，弘愿念佛堂也多次举办困难群众免费饺子宴，为周边鳏寡孤独老人捐赠棉衣、被褥等。

（王喜荣）

老龄工作

【老年人口状况】 全县60周岁以上的老年人数71832人，占全县总人口数17.9%，90岁～99岁老年人677人，百岁老人11人。

【高龄津贴和特困救助】 为全县90周岁～99周岁以上677位老人发放每人每年300元的高龄津贴，全年发放18.15万元。向11位百岁老人每人每年发放4320元长寿补贴金。向22位80周岁以上农村特困老年人，在享受政府低保补助政策后，每人再发放救助金500元。

【老年维权】 开展《老年法》宣传月活动，印发《老年法》宣传手册6000余册，解答老年人咨询赡养、财产、维权等方面问题40余次。组织开展老年法律援助和涉老政策、法律咨询活动，为老年人提供优质、便捷的法律援助。开通老年维权热线，接待来信来访70余起；涉及老年人的维权案件74件，结案26件，挽回经济损失40余万元。每年为全县60周岁以上的老年人免费检查身体，建立健康档案；为全县60周岁以上的老年人免费办理老年优待证2200余份。

【银龄安康工程】 实施“银龄安康”工程，2017年，全县为60周岁以上的老年人办理老年意外伤害险，共计投保4.8万人，完成应投保覆盖率74%。共计赔付理赔案件293件，理赔款87万元，赔付率占73.5%。县财政为在全县建档立卡的7206名低保、特困、高龄老年人购买意外伤害组合保险，实现精准扶贫与老年保障的有效对接。

【民办养老机构】 全县民办养老服务机构共有5所。其中，1所“医养结合”的养老服务机构（武城县仁爱敬老院），自建2处（武城县广运老年公寓、武城县祝官屯幸福院），租用2处（武城县爱心老年公寓、武城县祥和老年公寓）。共有床位470张，入住老年人252人，平均入住率为53.6%。

【慰问帮扶调研活动】 各级各部门党员干部定期走访辖区内百岁老人、高龄老人、特困老

2017年10月13日，副市长董绍辉到老年公寓慰问（摄影　王秀秀）

人，了解老人们的健康情况，解决老人们的实际困难。“敬老月”期间，市县党政领导及各部门的有关领导分别走访慰问各民办养老老年人246人。引导老年人开展有益于身心健康的活动，组织各类文艺队及慈善义工们走进老年公寓、敬老院，给老人们带来多姿多彩的节目，提高老年人的精神生活质量。

【城乡老年人生活状况监测调查】 开展中国城乡老年人生活状况第二次监测追踪调查工作。武城县监测调查时间为8月1—31日。调查员使用专用监测调查设备入户开展调查，调查设备会对调查全程进行录音和录像，保存调查原始资料，县督导员也可同时在监测调查系统上检查入户调查情况。全县完成老年人调查问卷96份。

（王秀秀）

关心下一代工作

【组织队伍建设】 县关工委、县委组织部联合下发《关于充实调整关工委基层组织和“五老”队伍的通知》，全县共建立基层关工委338个。其中，镇街、开发区关工委9个，县直关工委44个，学校关工委44个，社区（较大村）关工委216个，企业关工委25个，形成横到边、竖到底的全方位关爱网络。“五老”人员达1748人。为激发“五老”志愿者参与热情，召开“五老”志愿者颁证大会，颁发志愿者证书。积极打造学习型、创新型、服务型关工委，选派各镇街区关工委主任赴市委党校参加培训，提升关工委从业人员政治理论水平和业务素质。县关工委被山东省关心下一代工作委员会、山东省精神文明建设委员会办公室授予“全省关心下一代工作先进集体”荣誉称号。

2017年6月26日，参加德州市小学生党史国史电视竞赛
（摄影　刘明）

【青少年党史国史和法治教育】 县关工委宣讲团走基层、进机关、到校园、入企业，对青少年进行党史国史和法治教育；组织参加市关工委举办的两史竞赛活动，并荣获一等奖；与教育局联合举办“书香伴我成长”征文活动，向市关工委选送优秀征文20篇，弘扬社会主义核心价值观，四名学生获奖，一名教师获优秀

指导奖；在四女寺镇中心小学等学校开展“普法教育进校园”活动，引导青少年树立自我保护意识和法律意识，形成正确的世界观、人生观和价值观。

【中小学厨房建设和“四点半学校”建设】 发挥参谋助手作用，对已有中小学厨房加强监督，为新学校厨房建设出谋划策。全县各中小学在用学校餐厅29个，所有餐厅都建立食品快检室，能更加快捷、准确地检测食品源的安全性，确保广大师生安全营养用餐。关注“四点半”学校建设，联合县妇联，2017年新建“四点半学校”2所，至年底已达33所，受益学生500余人。组织落实“扶贫助困千人圆梦计划”，联合县民政局、县妇联、团县委等成员单位，帮扶困难青少年900余人，捐资助学近500人。

【关爱活动】 围绕全县社会治理网格化管理工作，联合县委组织部、县委老干部局组织开展“五老”志愿者争当义务网格员活动。推动全县青少年教育基地与教育站点提档升级，开展关心关爱青少年健康成长优秀教育基地和优秀教育站点评选活动。联合县教育局、县卫计局开展“关爱青少年健康成长 青春期保健进校园”活动。召开学习十九大精神暨“五老”志愿服务团成立大会，成立“党史国史”宣讲团、法治宣讲团、书画指导团、才艺培养团、心理咨询团、慈善帮扶团等六个“五老”志愿服务团，参团数达120人次。联合县纪委、教育局、团县委开展“廉洁家风伴成长”教育活动。与县委老干部局、县广播电视台联合举办“大手拉小手，翰墨共飘香”书画交流活动。暑期期间，联合交警队对青少年进行安全交通教育，联合县文化执法局、县公安局严查未成年人网吧上网情况；在“四点半学校”开展亲子阅读活动。在重阳节与县委老干部局、县老龄委办公室在幸福中心联合开展“欢庆十九大，重阳老少乐”活动。

【德州市关工委成立25周年纪念活动】 组织上报“我与关工委”征文13篇，入选3篇，上报关心下一代25年来取得的辉煌成就、展示“五老”风采和青少年精神风貌的优秀图片70幅。推荐关心下一代工作“先进集体”11个、“先进个人”11名，推荐全市优秀“五老”志愿者2名，特殊贡献奖候选人3名。在县人民法院老城镇少年家事法治教育基地、检察院未检平台、黄花园社区“四点半”学校、县关工委办公场所等地拍摄工作纪录片，展现武城县关工委成立以来的主要成就、“五老”志愿者及青少年精神风貌。

（唐灵敏）

残疾人工作

【概况】 2017年末，武城县持证残疾人7120人，一二级重度残疾人4169人。其中，视力残疾人365人，听力残疾人44人，言语残疾人7人，肢体残疾人4718人，智力残疾人538人，精神残疾人733人，多重残疾人715人。

【残障康复】 启动精准康复服务工作，实施残疾儿童康复救助项目，全县共有38名0—6岁儿童进驻康复服务机构，21名7—9岁儿童正在办理救助手续。组织专门人员到康复机构进行督查核实，拨付康复项目资金45.36万元。与县妇幼保健院积极对接，督促县妇幼保健院购置残疾人康复器材，按照康复中心验收标准进行基础设施安装调试，工作人员已全部到位，10月10日，康复中心正式运行。对开展残疾人康复服务项目的甲马营镇、郝王庄镇配发价值2万元的康复训练器材。制定残疾人精准康复实施方案，全面完成动态信息数据调查更新及录入。圆满完成国家省市开展的残疾人两项工作调查，对调查员进行系统培训，为调查数据的准确和下一步精准康复的实施奠定基础。开展并完成全县在岗残疾人调查摸底工作，确保了残疾人用工情况底数清晰。在全县实施无障碍进家庭活动，通过筛查摸底，对符合改造标准和有改造需求的残疾人发放轮椅103辆，助行器23件、拐杖21副、盲杖20副、坐便两用椅20把，为部分残疾人家庭实施坡道改造、无障碍厨房等改造项目。

【就业创业】 根据残疾人需求举办电商培训，免费对39名残疾人进行技能培训。发掘在各行各业中涌现出来的残疾人先进典型，开展评选残疾人创业标兵和致富能手活动，推荐王孟华、李长勇等2名残疾人为德州市残疾人创业标兵和致富能手。为7名从事电商销售行业的残疾人提供每人2000元的帮扶资金，为1名从事盲人按摩的残疾人发放2000元的盲人按摩扶持资金；为13名残疾人报名参加剪纸培训；为40名残疾人报名农民工培训，并通过按比例就业、集中就业，扶持残疾人自主创业及灵活和居家创业47人。

【扶贫工作】 核查全县残疾人基本资料，对接了解扶贫村情况，继续开展猪肉养殖、光伏发电等扶贫项目。结合“省派第一书记助残致富奔小康”，按照每户贫困残疾人给予2000元的标准扶持，为207户残疾人提供扶持资金41.4万元，用于自主就业创业致富项目。联合人社部门为4169名一、二级重度残疾人施行养老保险部分免交政策。为郝王庄镇陈武赵社区60名残疾人购买“银龄安康”保险。

2017年5月19日，举办残疾人电子商务培训班（摄影　张宏）

【社会保障】 依托“武城康乐老年人日间照料中心”开展残疾人托养服务，累计托养残疾人114人次，累计拨付托养资金16.41万元。多种渠道扩大残疾人教育面，核查6岁～14岁适龄残疾儿童112人，入学51人。开展“我和你·心连心爱心助学”工作，对符合条件的残疾家庭考生和残疾考生进行申报摸底，为4名残疾大学生和18名残疾家庭子女发放助学资金7.4万元。并与民政、团委、统战部等部门联合开展助困行动，对22名救助对象实施再救助，再救助资金3.6万元。规范残疾证办理程序，办证时限缩短为10个工作日；协调武城县人民医院，对评残医师力量加以扩充，由原来3人充实为9人，上门办证工作人员必须2人以上，确保残级评定更为规范。对符合条件，不能到医疗机构现场办理的重度残疾人，实行登门办证60余人次。年内新办理残疾人证982本，核销残疾人证188本。

【活动助残】 组织开展“全国助残日”“全国爱耳日”等活动，协调卫计局组织卫生机构大力支持，先后开展义诊2次，受助残疾人100余人。“法律援助日”期间，在升平广场发放预防残疾手册、残疾人合法权益手册。召开“武城县残疾人联合会第七次代表大会”，听取和审议主席团工作报告，确定今后一个时期残疾人事业发展战略、工作方针和主要任务，提出中国残疾人《章程》修改意见，通过全县残疾人工作其他重大事项。

【维权信访】 建立健全残疾人信访接待机制，处理残疾人来人来访42件。处理“12345”市民热线15件，处结率、好评率均达100%。

（张　宏）

红十字会工作

【救灾救助】 春节，市级红十字会与县民政局共拨付资金14万元，用于救助全县70多名大病困难群众。县红十字会为210户计生困难家庭发放救助金9.68万元。8月，县红十字会为患有肺沉铁病女孩袁某发放救助资金2000元。

【募捐救助】 县红十字会为武城镇东岳村刘某、四女寺镇蔡后村郑某申请到2—3万元不等的小天使救助救助基金。

【遗体器官捐献】 2017年，县红十字会实现首例遗体捐献。

（唐晓文）

镇街开发区

Town and Street and Development zone

鲁权屯镇

2017年主要社会经济指标统计表

表4

项目	单位	数量	项目	单位	数量
总面积	平方千米	165	粮食总产量	吨	147700
耕地面积	亩	111990	生猪出栏	头	14964
总人口	人	72000	上市蔬菜	吨	24060
农业人口	人	14000	上市鲜奶	吨	—
人口出生率	‰	15.93	上市鸡蛋	吨	1445
人口自然增长率	‰	11.29	上市水产品	吨	800000
计划生育率	%	90.67	上市瓜果	吨	1500
村民委员会	个	82	中小学	所	12
村民小组	个	82	在校学生	人	4200
国内生产总值	万元	500000	幼儿园	所	14
工业销售产值	万元	3600000	在园儿童	人	1500
工业利税总额	万元	373400	教职工	人	267
进出口总额	万元	3187	参加农村社会养老保险率	%	98.9
工业企业	家	1537	农村合作医疗参保率	%	99.2
规模企业	家	206	财政收入	万元	34000
固定资产投资	万元	670000	劳均收入	元	14686
个体私营企业	家	8500	人均收入	元	25000
第三产业增加值	万元	60000	年末储蓄款总额	万元	400000

2017年各行政村基本情况一览表

表5

工作片区	社区名称	村庄名称	人口（人）	户数（户）	耕地面积（亩）
一片	和新社区	邢庄村	1698	454	1592.5
		国庄村	871	233	1554.86
	四厂社区	辛厂村	591	158	569.56
		罗厂村	498	133	319.44
		青苏厂村	727	194	747.65
		袁厂村	1025	274	1130.19
	和乐社区	师庄村	704	188	1013.5
		大吴庄村	1263	338	1104.15
	—	南甘泉村	2003	536	1006.72
	—	北甘泉村	1010	270	781.79
	小堤口社区	小堤口村	656	175	738.4
		西赵庄村	350	94	726.38
	振鲁社区	苏庄村	1156	309	1500.8
		沙虎庄村	301	80	644.13
		兰庄村	136	36	284.27
	腾鲁社区	郭庄村	440	118	655.34
		王贤屯村	1013	271	1697.74
	—	漳南镇村	1727	462	2133.74
	—	李贤屯村	1822	487	2351.65
三片	—	韩家洼村	931	249	1961.78
	兴鲁社区	任珩村	869	232	606.25
		鲁珩村	349	82	325.14
		管珩村	406	109	440.19
		王珩村	395	106	720.33
		管辛庄村	158	42	278.23
		陈珩村	206	55	200.58
	李庄社区	大李庄村	219	59	367.05
		小李庄村	868	232	1473.06
	欣鲁社区	西王庄村	301	80	1013.92

续表

工作片区	社区名称	村庄名称	人口（人）	户数（户）	耕地面积（亩）
四片	欣鲁社区	付家楼村	520	139	1625.3
		付家坊村	447	120	1939
	和悦社区	石庄村	794	212	2019
		张官屯村	695	186	1801.71
	高官屯社区	高官屯村	1025	274	3367.09
		刘军户村	300	80	768.07
	—	西王屯村	2100	561	5461.19
	—	东王屯村	925	247	2102.25
	—	宋王庄村	551	147	1600.04
五片	盛鲁社区	位庄村	268	72	495.65
		张庄村	158	42	506.94
		赵庄村	848	227	1867.86
	和飞社区	东场村	452	121	941.45
		孔官屯村	632	169	1528.36
	惠鲁社区	马庄村	1525	408	2882.09
		陈庄村	510	136	1218.96
		林庄村	375	100	771.6
		李堂村	300	80	807.54
		刘庄村	243	65	789.3
六片	和谊社区	南郑庄村	827	221	2127
		胡家洼村	719	192	1510
	小于庄社区	潘庄村	697	186	1642
	和扬社区	朱庄村	643	172	1209
		张郭秦村	934	250	1677
		小贾庄村	257	69	730
	代官屯社区	代官屯村	734	196	2166
		小史庄村	227	61	625
七片	北郑庄社区	二屯村	774	207	1652
		北宋庄村	463	124	534
		北郑庄村	886	237	1685

续表

工作片区	社区名称	村庄名称	人口（人）	户数（户）	耕地面积（亩）
七片	北郑庄社区	张马尧村	187	50	349
	良庄社区	东良村	428	114	532
		西良村	686	183	1287
	和颐社区	燕庄村	820	219	1751
		杨楼村	669	179	1743
	和祥社区	前九屯村	261	70	362
		后九屯村	347	93	379
八片		八屯村	1570	420	2146
	南宋庄社区	南宋庄村	816	218	1995
		满庄村	89	24	208
	桑吴庄社区	桑庄村	867	232	1747
		西吴庄村	467	125	953
	和颐社区	西邱庄村	271	72	389
	小于庄社区	小于庄村	669	179	1493
	滕庄社区	北赵庄村	675	180	1531
		滕庄村	2537	678	2916
九片	—	西郑庄村	1618	433	1771
	—	大于庄村	1640	439	2353
	—	大史庄村	1313	351	1763
	—	第十屯村	1654	442	1390
	—	朱家圈村	1260	337	1512
	—	闫庄村	2143	573	3681
	—	北伍旗村	1388	371	2900
合计	25	82	64897	17339	111140.74

【概况】 鲁权屯镇位于武城县西北部，自东而西依次与四女寺镇、武城镇、广运街道、甲马营镇相连，西北两向隔运河与河北省故城县相望。面积 165 平方千米，耕地面积 111990 亩，辖 82 个村。2017 年全镇国内生产总值 50 亿元，完成地方财政收入 3.4 亿元，农民人均纯收入 14686 元。2017 年末全镇总人口 7.2 万人，其中城镇人口 5.8 万人，人口出生率 15.93‰，死亡率 4.64‰，自然增长率 11.29‰，其中有少数民族 1 个，回族，总计 727 人。先后获得

"全国小城镇建设先进单位""全国发展改革试点镇""全国重点镇""山东省特色产业镇""山东省重点示范镇"等称号。

【农业生产】 全镇农业总产值10亿元，粮食播种面积20万亩，产量14.77万吨。经济作物包括棉花、油料、蔬菜等，面积2万余亩，产量2.7万吨。畜牧业包括猪、牛、羊、鸡等，存栏量31.74万头(只)，出栏量32.77万头(只)。林业生产方面，在郑郝路、德武路、代孔路、新朱路等道路两侧和鲁冀防护林种植各类树木10万余株。水利建设方面，在利民河北支代孔路段清沟辅路4000米，拆除利民河和利民河北支违法建筑18处，封堵违法排污口24个，拆除面积1.71万平方米。农机补贴达600多万元。

【工业经济】 全镇企业1537家，其中玻璃钢、中央空调企业1126家，规模以上企业206家，工业销售产值360亿元，利税37.34亿元，完成财政收入3.4亿元。截至2017年底，先后建设完成全国第一个中央空调配件城、全国最大的地源热泵科技园和中央空调科技创业园，形成集产品配套、研发、生产于一体组团发展格局。全镇推进玻璃钢产业向中央空调产业转型升级，研发生产集逆卡诺太阳能热泵机组、地源热泵、水源热泵、空气源热泵、热回收机组、新风换气系统等10余种新能源系列产品并投入国际市场，年产值达300亿元。大多数产品与传统产品相比节能60%以上。2017年，全镇有劳动力4.3万人，其中在产业园就业3.8万人，在全国各地负责业务、安装等工作1万余人。吸引周边乡镇就业1.5万余人，每人收入大约4万¯5万元/年。在南部新区占地10公顷，投资5.4亿元建设双创园，入驻园区项目7个。

【教育事业】 全镇有公办幼儿园3所，在园儿童1500多人。小学11所，在校学生3500多人。中学1所，在校学生600多人，入学率100%，在职教职工267人，教师队伍以中、青年为主。

【医疗卫生】 全镇有鲁权屯中心卫生院和滕庄医院2所卫生院，其中医师83人，护士16人，其他人员15人，床位总共103个。卫生室67个，诊所医生140余人，医疗服务实现全覆盖。

中央空调企业车间 (供稿 鲁权屯镇)

【文化体育】 文化服务中心36个，文化大院36个，文艺团体50个，人数530余人；农村书屋36个，藏书量22000余册；体育场地共计23000平方米。2017年，投资24万元建设镇文化综合服务中心，在40个社区建立村级文化活动场所。

【基础设施建设】 加大道路建设投入，建设完成鲁权屯镇南外环、宏海路南延以及南环路西延工程，双向六车道，总里程20余千米。修补代孔路路面约6.5千米，道路挖补约5000平方米，安装太阳能路灯1260盏，亮化率达97.4%，绿化率达16%，镇区内村民供暖、供气率100%。

【社区建设】 2017年，建设漳南镇社区、国庄社区、张官屯社区、滕庄社区等4个农村社区和漳南湖花园、鲁腾家园、嘉和名居、浩博玫瑰园等4个住宅小区，建筑面积77万平方米，居民17124人。学府华庭一期蓝领公寓开工建设，建筑面积3万平方米。鲁腾社区第三服务中心（国庄社区）、鲁滕社区景观河、石庄如意湖景观工程及宏海路腾达大街绿化补植完工。

【脱贫攻坚】 全镇有扶贫任务村庄78个，依托华盛100兆农业科技大棚光伏发电扶贫项目，项目一期建设光伏设备大棚700个，占地2300亩，采用“棚上发电、棚中观光、棚下种植”复合经济发展模式，解决鲁权屯镇和周边镇贫困户就业283户，实现贫困户人均可支配收入3000元/年。依托扶贫鱼塘项目，带动78个村庄、279户，实现脱贫501人。

【社会民生】 型煤推广、煤改气工作超额完成任务，教育改薄、改厕、改危、扶贫、文化场所建设完成。通过政府投入及申请上级项目资金，总投资330万元，建设七彩石庄特色乡村。任珩村等9个村完成“美丽乡村·空心村”整治，村级增收500万元以上。通过社会资本注入，总投资635万元，购买垃圾转运车和垃圾桶，实现全镇垃圾村收、镇运、县处理模式。

【环境保护】 全镇“小散乱污”企业1017家，取缔734家。通过拆迁翻建邢庄工业区、第十工业区，提升漳南镇大吴庄工业区等措施，实现就地提升散乱污企业283家。全镇826家工业企业安装环保摄头2534个，全部办结环保手续，达标生产，实现监控全覆盖。全镇企业环保设施投入8000万元以上，转型升级设备投入2亿元以上，玻璃钢产品份额减小，黑铁喷漆风机风阀产品向不锈钢产品转型，建成喷漆房22家。

（赵九洲）

武城镇

2017年主要社会经济指标统计表

表6

项目	单位	数量	项目	单位	数量
总面积	平方千米	150	粮食总产量	吨	138885

续表

项目	单位	数量	项目	单位	数量
耕地面积	亩	136995	生猪出栏	头	23748
总人口	人	57839	上市蔬菜	吨	34446
农业人口	人	18125	上市鲜奶	吨	125
人口出生率	‰	12	上市鸡蛋	吨	633
人口自然增长率	‰	7.5	上市瓜果	吨	3318
计划生育率	%	92.5	小学	所	8
村民委员会	个	73	在校学生	人	1580
村民小组	个	247	幼儿园	所	28
国内生产总值	万元	295000	在园儿童	人	2640
工业销售产值	万元	533014	教职工	人	150
工业利税总额	万元	61000	参加农村社会养老保险率	%	88
工业企业	家	156	农村合作医疗参保率	%	100
规模企业	家	28	农村合作医疗大病统筹投保率	%	100
固定资产投资	万元	559600	财政收入	万元	4331
个体私营企业	家	2560	人均收入	元	14514
第三产业增加值	万元	16263	年末储蓄款总额	万元	149400

2017年各行政村基本情况一览表

表7

工作片区	社区名称	村庄名称	人口（人）	户数（户）	耕地面积（亩）
一片	—	辛王庄村	1009	331	2578
	—	马良庄村	1335	474	2604
	尚庄社区	尚庄村	779	271	1089
		石庄村	401	155	989
		西七村	1051	335	2081
		东七村	1054	344	3285
		东杨村	1054	346	1863
		西杨村	405	140	1058
二片		孙尔庄村	943	352	1905
	付王庄社区	付王庄村	1304	477	3407

续表

工作片区	社区名称	村庄名称	人口（人）	户数（户）	耕地面积（亩）
二片	付王庄社区	小董王庄村	940	392	3471
		前马村	877	333	2017
		后马村	736	247	1556
	李庄社区	姜庄村	221	76	539
		庄科村	281	84	731
		李庄村	557	183	1365
二片	—	田尔庄村	729	253	1502
三片	曹庄社区	西曹村	828	261	2628
		东曹村	841	267	1950
		庞庄村	233	71	734
		坡寺村	261	85	744
	贾庄社区	西贾村	548	170	1920
		东贾村	676	214	2232
		南贾村	432	158	1447
	桃花店社区	孟庄村	962	337	3452
		桃店村	1100	387	2959
	—	丁王庄村	1435	470	4570
四片	—	张王庄村	1622	545	4738
	—	西小屯村	1040	334	3575
	—	东小屯村	1562	527	4082
	大屯社区	西大屯村	578	191	1782
		中大屯村	613	215	1670
		东大屯村	604	231	1476
	后刘社区	后刘村	343	125	901
		小杨庄村	96	33	294
		中姜庄村	212	71	451
五片	史堂社区	高王庄村	540	207	1205
		上孙村	472	168	1207
		新孙村	724	231	1780
		史堂村	923	321	1894

续表

工作片区	社区名称	村庄名称	人口（人）	户数（户）	耕地面积（亩）
五片	史堂社区	李邦彦村	519	191	1323
	河沟社区	吴河沟村	331	112	965
		方河沟村	447	130	989
	前刘社区	李塘坊村	175	68	522
		前刘村	550	200	1172
		翟河沟村	421	148	1090
	肖何庄社区	西肖河村	301	114	797
		霍庄村	314	112	649
六片		东肖河村	707	268	1233
	李善屯社区	李善屯村	1021	405	2525
		兴仁官村	233	76	1011
		牛庄村	957	362	2481
	—	马言庄村	1487	479	3653
	—	两生官庄村	976	307	2379
	野庄社区	野庄村	1031	349	2394
		万庄村	433	162	850
		姜王庄村	526	192	1485
七片	董王庄社区	董王庄村	1534	539	2848
		户王庄村	768	266	2170
		刘寨村	665	228	1227
	见马庄社区	大户庄村	243	89	590
		孙庙村	246	84	712
		见马庄村	769	247	1744
	吕庄社区	安集村	259	94	628
		苏庄村	96	32	241
		吕庄村	769	266	1903
	—	孔庄村	1302	434	2372
八片	—	肖邢王庄村	1085	374	2392
	—	侯王庄村	1611	558	3794
	岳觉寺社区	西岳村	1531	512	4306

续表

工作片区	社区名称	村庄名称	人口（人）	户数（户）	耕地面积（亩）
八片	岳觉寺社区	东岳村	961	337	2306
	南北官社区	南北官庄村	1023	342	1945
		大邢王庄村	835	301	2485
合计	19	73	54447	18790	136912

【概况】 武城镇地处武城县中东部区域，东邻平原县恩城镇，南接夏津，西与甲马营镇、李家户镇接壤，北与鲁权屯镇、郝王庄镇相连。总面积150平方千米，耕地面积136995亩。辖73个行政村，2017年，全镇国内生产总值29.5亿元，完成地方财政收入4330.62万元。2017年末全镇街总人口5.78万人，其中城镇人口3.9万人。人口出生率12%，死亡率4.5%，自然增长率7.5%。少数民族主要是回族，总计181人。

【农业生产】 全镇耕地面积13.7万亩，粮食总产量13.88万吨，同比增长2.4%。培植户王庄蔬菜基地、丁王庄温室葡萄基地、孟王庄核桃园、肖邢王庄樱桃园等一批现代特色农业园区。与诸城浩天制药公司合作，建设中草药种植示范园区，占地360亩，亩均效益达4000元左右。开展支部领办合作社，在大邢王庄、肖邢王庄、李塘坊、付王庄、孟王庄、孔庄等6个村庄，集中流转土地2550亩，领办创办合作社6个。完善农田基础设施建设，投资3000万元，完成千亿斤粮产能规划项目二期建设，完成高标准基本农田保护项目建设。

孔庄中草药种植扶贫基地　　（供稿　武城镇）

【招商引资】 2017年，全镇确定工业重点项目9项，其中新建项目5项，续建项目4项，山东焕兴建材有限公司年产60万吨干粉砂浆项目、山东联森宠物食品有限公司年产5万吨宠物食品项目、山东新明玻璃钢制品有限公司年产3000套铁路工程隧道复合材料防护门建设项目、武城县亿宏食品有限公司全自动烘烤类食品生产线项目、德州鼎泰路桥工程有限公司大型拌和站项目等相继开工，总投资近10亿元。中椒英潮辣业发展有限公司建成山东省辣椒精深加工工程技术研究中心，与天津科技大学和湖南省农科院建立战略合作关系；新明公司研发隧道洞室门和智能化托盘项目与铁道部开展合作。全年完成税收5631万元。

【安全生产】开展安全生产隐患“大、快、严”集中行动、重点领域专项整治和百日攻坚行动，检查企业75家、个体加工作坊93家、烟花爆竹经营点17家，拆除非法锅炉2个，取缔不合格作坊58家，排除安全隐患300余处，改造危房55处，完成29家企业双重体系和标准化建设工作。

【城镇化建设】全镇推进产城融合，成立就地城镇化工作领导小组，宣传城镇化政策，群众知晓率100%。农村人口转移备案214户482人。启动“美丽乡村·空心村”整治试点村庄3个，见马庄村和前刘村完成土地复耕66.87亩，拆迁房屋15处，腾空土地200余亩，完成省道318线改扩建项目。武城镇辣椒特色小镇项目获得省政府批复，与国实集团签订合作协议，建设以辣椒文化为主，宜居宜业宜游特色小镇。金水湾生态园投资4000万元，进行仿古建筑修建，精品民宿工程通过验收。

【社会民生】全镇实施光伏发电、畜牧养殖、特色种植等24个扶贫项目，贫困户实现分红1355户，人均分红900元以上，全镇实现脱贫591户1268人。高标准基本农田建设项目灌溉与排水工程建设完成，修建生产路40千米，总投资6000万元。完成改厕6300户。新建污水处理厂1处，日处理污水500吨。铺设天然气管道7千米，气代煤改造705户。开展绿化植树工作，在德上高速、省道254线和318线等植树2600亩、30余万株。发展金水湾生态农业旅游园区，“国庆节”期间游客达5万人。

【教育事业】全镇有小学8所，教职工150人，在校小学生1580人；幼儿园28所，在园儿童2640人。年内完成8所小学教育改薄任务，镇中心小学建成餐厅、宿舍楼1栋、运动场地及相应辅助设施。丁王庄小学、大屯小学、侯王庄小学、东杨小学、希望小学等5所学校完成新建教学楼任务，完善校内辅助设施。农村社区3处幼儿园投入使用，付王庄幼儿园完成主体建设，东杨村幼儿园、史塘村幼儿园完成招标。

【党的建设】建立“支部统领，主体分工”村级治理机制试点。在肖邢王庄、李塘坊村等6个村庄领办创办合作社6个，实现农民、集体经济和村干部“三赢”。开展“两学一做”学习教育、“业务单位学业务”和“党员固定活动日”活动。建立网格化管理机制，成为全市网格化工作先进典型。

（付兴武）

老城镇

2017 年主要社会经济指标统计表

表 8

项目	单位	数量	项目	单位	数量
总面积	平方千米	107	粮食总产量	吨	97333
耕地面积	亩	97357	生猪出栏	头	22905
总人口	人	66106	上市蔬菜	吨	7678
农业人口	人	58241	上市鲜奶	吨	992
人口出生率	‰	14.05	上市鸡蛋	吨	2014
人口自然增长率	‰	9.85	上市水产品	吨	252
计划生育率	%	92	上市瓜果	吨	1903
村民委员会	个	33	中小学	所	11
村民小组	个	179	在校学生	人	2826
国内生产总值	万元	236870	幼儿园	所	19
工业销售产值	亿元	211.81	在园儿童	人	2013
工业利税总额	万元	13269	教职工	人	167
进出口总额	万元	8023	参加农村社会养老保险率	%	98
工业企业	家	640	农村合作医疗参保率	%	99.8
规模企业	家	102	财政收入	万元	4587
固定资产投资	万元	31.78	劳均收入	元	12260
个体私营企业	家	6321	人均收入	元	11647
第三产业增加值	万元	73689	年末储蓄款总额	万元	49721

2017年各行政村基本情况一览表

表9

片名	社区名称	村名	人口（人）	户数（户）	耕地面积（亩）
城里片	新运社区	西徐村	1311	439	255.94
		东徐村			607.09
		西关村			222.93
	新街社区	北街村	6310	491	741.35
		三合街村			530.84
	—	东关村	1075	346	394.83
		小王庄村	909	313	753.21
		东屯村	2654	938	2909.51
		赵庄村	2094	678	2791.59
中片	新和社区	南关村	1585	562	998.01
		南街村			392.98
	新南屯社区	小屯村	2732	946	681.98
		后庄村			1475.07
	—	六合村	1493	463	1844.12
		三合村	1619	579	1291.18
		三义村	1813	651	2226.64
东片	沙庄新村	军店村	3265	1136	1117.98
		姜辛庄村			1217.41
		林楼村			749.62
		沙庄村			3737.64
	东司庙社区	前王庄村	1267	412	1640.81
		冶庄村			1559.07
	—	仓上村	3383	1157	6005.91
		后王庄村	1524	530	3495.88

续表

片名	社区名称	村名	人口（人）	户数（户）	耕地面积（亩）
北片	兴寨新村	梁寨村	1450	504	831.71
		韩寨村			2923.63
	范庄社区	范庄村	2262	783	4034.89
		陈庄村			1461.59
	—	祖寨村	1134	385	2116.71
		祝官屯村	4439	1483	8505.7
东南片	顺杨社区	军营村	2416	802	1045.25
		小十八户村			3018.49
		黄沟村			1222.02
	建杨社区	李庄村	2993	860	1962.08
		大十八户村			5059.16
	—	闫沟村	1061	366	1931.42
南片	—	勾庄村	961	308	1972.22
	瑞杨社区	饮马庄村	3027	946	2694.36
		姜圈村			1093.31
	—	戚庄村	1226	419	1705.36
		吴庄村	1160	402	2191.65
		魏官屯村	1658	529	3236.54
—	—	孟庄村	1042	361	1468.9
西南片	兴杨社区	前杨村	3008	965	735.4
		东杨村			1863.09
		张古庄村			1134
		西杨村	1554	532	2223.65
	—	梁院村	1435	470	1801.64
		吕洼村	1472	496	2380.38
		随庄村	1305	431	1938.4
合计	12	50	66106	20767	97350

【概况】 老城镇位于武城县西南部，东邻李家户镇，南接夏津县，西隔卫运河与河北省清河县、故城县相望，北与甲马营镇相连。总面积107平方千米，耕地面积73005亩。辖33个社

区(行政村),镇域面积107平方千米。2017年,全镇国内生产总值98965万元,其中农业总产值24031万元,工业总产值74934万元,完成地方财政收入5877万元,同比增长14%。农民人均纯收入12986元。2017年末全镇总人口68461人,其中城镇人口10322人。人口出生率14.05‰,死亡率7.6‰,自然增长率9.85‰。有少数民族1个,为回族,总计6人。先后获得“全国生态镇”“国家重点镇”“省级文明镇”“省平安建设先进单位”等称号。

【农业生产】 2017年,农业总产值24031万元,粮食种植面积7万亩,总产量87439吨。经济作物面积3万亩,产量8400吨,畜牧业存栏量16.7万头(只)、出栏量12.3万头(只)。在运河大堤东侧鲁冀防护林带种植经济苗木(苹果、核桃)6万株,在省道318线两侧林带种植白蜡苗木4万株,赵庄和小王庄围村林种植观赏苗木2万株,南大洼万亩方林网种植速生杨5万株,总计17万株。

【水利建设】 新修桥涵闸6处,开展“清河行动”,清理卫运河、旧城河沿线树木5967株、违规建筑13处,拆除沿河禁养区内鸡棚7座、猪舍4座。

【工业经济】 2017年,全镇工业企业总数644家,其中规模企业123家,营业收入156亿元,限额贸易企业14家,销售收入7.1亿元。限额服务业36家,营业收入4.1亿元,固定资产投资31.78亿元。奥博环保科技有限公司主要生产除尘过滤材料及大型高效过滤设备,先后完成国家省市级科技创新项目25项,参与编制国家、行业标准6项;3月,公司投资1.2亿元,建设洁净用高端空气过滤器项目,年实现销售收入3亿元,利税4500万元。吕洼砖厂煤矸石免烧砖项目,新上生产线2条,投资2000万元。腾发焊接材料有限公司焊丝扩产项目,投资2200万元,新建3000平方米钢构车间1处,购进半自动焊丝加工生产线2台套。贝州春公司投资2000万元,新建办公楼2000平方米和白酒灌装车间6000平方米,新上灌装线2条。德亿安公司投资600万元,新上气流纺生产线2台套。南洋公司投资1200万元,订购气流纺生产线4台套。山东周中塑料项目投资1.22亿元,新建车间、办公楼16800平方米,购进生产线2条。华盛绿能(武城)农业科技有限公司投资6000万元,建成农业科技大棚春秋棚40个,联排棚22个,双膜双网棚13个。晨鹏焊接材料有限公司落户建成,年产药芯焊丝1万吨。

【招商引资】 全年引进招商项目2个。鲁浙棉业有限公司年产30万吨棉副产品加工项目落户兴宏物流仓储有限公司,项目总资产2.4亿元,主要产品为清弹棉、提净棉等。兴宏公司与同建塑料制品有限公司、雄县合润塑胶制品有限公司等企业初步达成承接雄县昝岗镇PVC管件产业转移项目意向。

【城镇化建设】 梁寨村“美丽乡村·空心村”整治项目,复垦土地32.69亩,成为全省推进新型城镇化现场会议主会场之一。前王庄村美丽乡村 空心村整治项目,规划场地63.08亩,拆迁旧房15座,签拆迁协议16份,拆迁户全部搬迁。小王庄村示范村建设项目,主街两侧砌砖完成,建成广场1000平方米。东关、西关两村户籍城镇化推进项目,每村选出50户作为一期整户城镇化工程。

【环境保护】 健全环保工作“网格化管理”责任体系，成立环境保护工作领导小组，专职环保工作人员3名，划分二级网格7个，三级网格50个，四级网格415个。对全镇燃煤锅炉开展全面排查，建立明细台账，完成燃煤锅炉整治25台。散煤清洁化治理，督导农村生活散煤、农业生产散煤、城镇家用散煤、商业活动散煤、企事业单位炊事散煤等，由电、天然气、液化石油气、清洁型无烟煤替代，覆盖率及替代率均为100%，全镇清洁型煤配送网点2个。重污染天气应急响应工作，接到上级应急通知，即启动工作预案，下发企业停产通知书，随时掌握全镇重污染天气预警应急响应动态。防治农作物秸秆禁烧，制订防止秸秆焚烧应急预案，组建临时灭火队伍。

【社会民生】 改薄工程，建设完成小学教学楼8处。精准扶贫，定期走访贫困户，采集贫困户动态数据，建立贫困户动态跟踪管理机制，范庄光伏农业大棚党建扶贫基地，就业贫困人口210人，年底享受分红的失去劳动能力贫困人口77人。投资6000余万元，新建改建村级公路85.77千米，改造夏武路、幸福路、随杨路、孟庄至大十八户公路、运河堤顶路等县镇道路64千米，改造戚庄桥、吴庄桥桥梁2座。完成道路修建村庄41个，道路里程72.60千米。

范庄党建扶贫基地　　（供稿　老城镇）

农村环境卫生整治，推动农村垃圾清扫、收集、运输一体化进程。推进农村综合改革，完善涉农平台及“三位一体”平台，实现平台数据的实时更新，完善村账公开制度，建立适应农业适度规模经营社会化服务体系，建立综合性服务平台，各项业务进行清理合并完成。

【党建工作】 立足党建引领，将党建与精准扶贫、美丽乡村建设、环保整治、移风易俗、信访维稳、重大项目建设等重点工作相结合。党员、党组织领办创办合作社，发展村级集体经济。推进便民服务三级网络建设，加强便民服务中心管理，推进村级便民服务站提升改造和村小组便民服务点建设。全年新发展党员18名。落实党风廉政建设责任制，对全镇各村开展监督执纪，纪律约谈4人，提醒约谈7人，调查处理信访件6件，已调查终结6件。

（戚宗普）

郝王庄镇

2017 年主要社会经济指标统计表

表 10

项目	单位	数量	项目	单位	数量
总面积	平方千米	50.68	粮食总产量	吨	50600
耕地面积	亩	50216	生猪出栏	头	4026
总人口	人	26043	上市蔬菜	吨	2350
农业人口	人	25180	上市鲜奶	吨	0
人口出生率	‰	16.67	上市鸡蛋	吨	60
人口自然增长率	‰	6.17	上市水产品	吨	50
计划生育率	%	95	上市瓜果	吨	2400
村民委员会	个	34	中小学	所	5
村民小组	个	136	在校学生	人	1100
国内生产总值	万元	36000	幼儿园	所	4
工业销售产值	万元	25000	在园儿童	人	220
工业利税总额	万元	1668.92	教职工	人	102
进出口总额	万元	—	参加农村社会养老保险率	%	98
工业企业	家	18	农村合作医疗保率	%	98
规模企业	家	11	财政收入	万元	1577
固定资产投资	万元	31149	劳均收入	元	13209
个体私营企业	家	8	人均收入	元	13430

2017 年各行政村基本情况一览表

表 11

工作片区	社区（村）名称	村名	人口（人）	户数（户）	耕地面积（亩）
中心片	郝东社区	郝一村	705	241	1341.12
		谷刘庄村	397	147	683.53
	郝西社区	郝二村	1546	830	1531.14
		郝三村	693	269	1420.87

续表

工作片区	社区（村）名称	村名	人口（人）	户数（户）	耕地面积（亩）
东南片	付祁社区	付庄村	349	121	599.09
		大祁庄村	1155	411	2215.48
	昌盛社区	大霍庄村	597	216	1438
		仁德庄村	1122	386	3481.99
	罗屯社区	罗庄村	798	295	2320.38
西南片		五里长屯村	362	116	680.56
	李古寺社区	东李古寺村	918	349	2500.38
		西李古寺村	803	280	1963.61
	南邱唐社区	邱王庄村	1179	424	2560.52
		唐庄村	625	232	1541.08
		南王庄村	243	93	446.64
	陈武赵社区	武庄村	161	55	290.33
		陈庄村	126	43	154.55
		赵庙村	589	197	962.26
	吕王庄社区	大吕王庄村	717	255	1782.16
		小吕王庄村	228	79	661.91
西北片	草屯社区	草一村	1454	488	1953.15
		草二村	1142	410	1668.35
	玄帝庙社区	前玄帝庙村	1403	453	2105.44
		后玄帝庙村	1808	605	2031.34
	隆盛社区	高明庄村	1239	425	1924.29
		姜庄村	396	141	467.79
		小孙庄村	218	77	345.27
东北片	庞王社区	庞庄村	1320	476	3094.66
		大王庄村	645	217	811.97
	振兴社区	双庙李庄村	862	292	2099.79
		前王庄村	597	220	1432.83
		小祁庄村	287	94	535.31
	—	孟庄村	575	198	1395.23
东北片	—	御马园村	784	273	1762.13
合计	14	34	26043	9408	50203.15

【概况】 郝王庄镇位于武城县东北部，距县城20.8千米，东隔国道105线与平原县为邻，西、南两侧与武城镇交界，北同四女寺镇相接，全镇面积50.68平方千米，耕地面积50216亩，辖34个行政村。2017年，地方财政收入1577万元。总人口2.6万人，人口自然增长率6.17‰。有少数民族1个，为回族，总计19人。

【农业生产】 主要种植作物有小麦、玉米、棉花、辣椒、蔬菜、林果等，小麦种植面积4.6万亩，年产量2.3万吨；玉米种植面积4.6万亩，年产量2.76万吨；辣椒种植面积1034亩，年产量414吨；棉花种植面积1698亩，年产量425吨。

【招商引资】 龙源风力发电项目，一期、二期项目总投资10亿元，年发电量3亿千瓦时，完成升压站地上建筑物拆除、平面图设计等前期工作，预计年可纳税1500万元。山东省林科院与郝王庄镇三乐农业科技有限公司合作成立特色林果科学研究院，开展林业科研试验、林业科技成果展示推广和人才培养等工作。史蒂夫公司与山东大学高分子学院、日本库利艾特公司等校企建立产学研合作关系。

草屯社区鱼虾藕混养扶贫项目　　（供稿　郝王庄镇）

【脱贫攻坚】 年内实施草一村鱼虾藕混养养殖项目，草二村、前王庄村服装加工项目等产业项目7个。截至年底，6个省定贫困村全部达到脱贫退出条件，脱贫人口390户727人。

【城镇化建设】 推进农村新型社区建设，中心社区续建住宅楼2栋，邱王庄社区二期续建住宅楼3栋。对大祁庄村、付庄村、陈庄村、长屯村等村道路实施新建和改造工程。“气代煤”改造1374户，旱厕改造3115户。实施镇域环境整治，生活垃圾日产日清。

【乡村文明】 开展移风易俗工作，全镇34个村全部成立红白理事会，建立健全理事会章程。以“除陋习、树新风”为主题，通过发放移风易俗挂历、移风易俗倡议书、播放广播、设立宣传栏、建设移风易俗文化墙等形式，宣传移风易俗。推进农村文化站建设，先后完成镇综合文化站、村级文化站等站室建设，各文化站具备儒学讲堂、党员活动室、农家书屋等功能。开展文艺会演活动，举办文艺活动3次。

【环境保护】 “小散乱污”企业整治，关停取缔“小散乱污”企业18家，整改提升企业8家。开展燃煤锅炉治理和清洁煤推广，辖区燃煤锅炉全部更换天然气锅炉，配送到户清洁型煤2600余吨。畜禽养殖污染治理，完成畜禽养殖“三区划分”，建成治污设施养殖场 93 家，建成率 100%。

【社会民生】 教育“改薄”工程总投资 3800 余万元，辖区 5 所学校全部实施改薄工程，规范化建设教学楼、实验楼、餐厅、操场等硬件设施。开展农村低保、五保补助发放和动态管理，实现“应保尽保”。开展关爱留守儿童、贫困户政策兜底等工作。开展居民养老保险和医疗保险参保工作，全镇两险参保率均达到 95% 以上。

【基层党建】 加大村级运转经费、在职村干部工资、离任村干部补助等经费投入，每村增设“党建助手”1 名，协助支部书记开展党建工作。推进党支部创办领办土地股份合作社工作，草一、西寺、姜庄等 8 个党支部创办土地股份合作社，入股土地 2300 余亩，入社群众每年获得保底分红 800 元 ~ 1000 元 / 亩。开展网格化管理工作，全镇划分主网格 39 个，子网格 99 个。

（李　伟）

甲马营镇

2017 年主要社会经济指标统计表

表 12

项目	单位	数量	项目	单位	数量
总面积	平方千米	75	粮食总产量	吨	87733
耕地面积	亩	58485.63	生猪出栏	头	8690
总人口	人	3.65 万	上市蔬菜	吨	12392
农业人口	人	3.4 万	上市鲜奶	吨	100
人口出生率	‰	13.17	上市鸡蛋	吨	2363
人口自然增长率	‰	7.53	上市水产品	吨	0.5
计划生育率	%	93.23	上市瓜果	吨	316
村民委员会	个	33	中小学	所	4
村民小组	个	147	在校学生	人	672
国内生产总值	亿元	23.6	幼儿园	所	11
工业销售产值	万元	196000	在园儿童	人	561
工业利税总额	万元	34310	教职工	人	81
进出口总额	万元	5	参加农村社会养老保险率	%	97.5

续表

项目	单位	数量	项目	单位	数量
工业企业	家	213	农村合作医疗参保率	%	98
规模企业	家	39	财政收入	万元	5710.28
固定资产投资	万元	450088	劳均收入	元	—
个体私营企业	家	476	人均收入	元	1.4 万
第三产业增加值	万元	2313	年末储蓄款总额	万元	—

2017 年各行政村基本情况一览表

表 13

片区名	社区名称	村名	人口（人）	户数（户）	耕地面积（亩）
中心片	运兴社区	甲马营村	1247	308	1201.8
		盐庄村	790	208	997.1
	占官屯社区	占官屯村	2012	574	3875
	—	耿时潘村	1200	383	1989.5
	龙兴社区	龙湾村	683	177	751.07
		塔坡村	1139	252	2331.3
二片	花园社区	花园屯村	1041	347	2428.43
		周庄村	294	79	587.2
	魏村屯社区	西位村	569	122	1258.38
		东位村	611	154	1456.14
	凤凰台社区	高坟台村	1016	222	2532.9
		邢坟台村	636	196	1150.67
		韩坟台村	506	128	1224.63
三片	新屯社区	吴小屯村	531	162	1405
		王小屯村	348	93	702.8
		黄小屯村	271	76	716
		梁小屯村	512	153	1136.92

续表

片区名	社区名称	村名	人口（人）	户数（户）	耕地面积（亩）
三片	新兴社区	七机营村	1426	377	2905.03
		刘古庄村	578	171	1316.05
	—	前庙村	1349	306	2665.45
	—	河北营村	1205	301	1381
四片	后营社区	后庙村	768	157	1278
		千户营村	821	220	1259.98
	金鑫社区	东堤口村	1026	244	1522.88
四片	金鑫社区	西堤口村	651	139	1033.04
		后曹店村	777	181	1235.43
		前曹店村	728	182	1640.45
	—	王虎庄村	1200	261	3220.73
一片	—	谈庄村	2066	562	3248.87
	—	董白三村	1320	275	2237
	—	徐庄村	1804	449	2450.9
	北园社区	北王庄村	1477	443	2614.93
		田庄村	1179	271	2731.05
合计	11	33	31781	8173	58485.63

【概况】 甲马营镇位于武城县西部，东临广运街道，南接老城镇与李家户镇，西隔大运河与河北故城县相望，北与鲁权屯相连。辖区共18个社区、村（33个自然村）。总面积80平方千米，总耕地面积58485亩。农作物以小麦、玉米为主，辣椒、棉花为辅。全镇规模以上企业39家，国内生产总值23.6亿元，完成地方财政收入4710.28万元。农民人均纯收入1.4万元。2017年末全镇街总人口3.1万人，其中城镇人口0.21万人。

土地托管合作社　　（供稿　甲马营镇）

人口出生率13.17‰，死亡率4.5‰，自然增长率8.67‰。2017年，被评为“山东省特色产业镇”“山东省平安农机示范乡镇”。

【农业经济】 以东西堤口、前后曹店、后庙等5个村为试点，推广土地托管合作社建设，探索出“镇为农服务中心＋村级土地托管合作社＋农户”现代农业发展体系。农村党支部领办创办土地合作社6个，社会化土地托管合作社7个，土地托管和规模化经营面积近1.5万亩。新上水肥一体化灌溉设施2套，新建小农水泵站8处，辐射面积1.3万亩。

【招商引资】 全年新签约项目10个，开工项目4个，达成合作意向项目2个。德州九玺环境科技有限公司与美国毕拓威公司合作年产5万台空气净化器和5万台扫地机器人项目，总投资7500万元。

【项目建设】 威柯瑞公司年产5万辆新能源电动车扩产项目，完成车间建设、设备订购。陈氏集团汽车内饰件项目和橡塑产品技改项目，引进全自动生产线6条，购置机器人3台，超高压水切割机6套，引进橡塑密封条产品在线冷却喷涂工艺，使用PLC系统实现全线数字化控制。龙祥公司高档汽车外饰件生产项目，总投资5000万元,引进铝合金“阳极氧化”技术，新增设备15台套。旺科机械冷轧辊锻打锭项目生产运行。山东国烨新材料科技有限公司新上智能制造项目完成车间改造。电动车展厅项目，占地面积15亩，总投资4500万元，建设展厅160间，总建筑面积3.5万平方米。建设电动车及汽车零部件专业交易平台，建成展厅80间，建筑面积1.8万平方米。

【城镇化建设】 “美丽乡村·空心村”整治，以占官屯村为试点，拆迁27户，复垦土地面积62亩。德上高速两侧绿化带、鲁冀防护林、省道318线补植工程，种植桑葚、金叶榆、杨树、直柳等16万余株。龙湾三角地景观工程，投资8万余元，建设省道318线绿化景观带。购买垃圾清运车4辆，购置垃圾桶1000余个，实现垃圾日产日清。

【社会民生】 开展贫困户排查摸底，制定脱贫方案，实施精准扶贫。220户贫困户购买牛、羊、鸽子等畜禽，39户贫困户加入志远合作社水肥一体化项目，48户贫困户全部纳入县扶贫办光伏发电项目。危房改造25户。完成旱厕改造2853户。进行全镇村级公路规划，农村公路网格化建设，新修村级公路16千米。教育“改薄”投资近100万元，对甲马营镇中心小学、西魏小学、前庙小学及董白三小学等进行教育“改薄”。保险征收实现全覆盖，全镇养老保险缴纳12699人，农村合作医疗保险缴纳人数28944人。

（宗　正）

四女寺镇

2017 年主要经济指标情况表

表 14

项目	单位	数量	项目	单位	数量
总面积	平方千米	120	粮食总产量	吨	99600
耕地面积	亩	74501	生猪出栏	头	12100
总人口	人	42985	上市蔬菜	吨	323500
农业人口	人	37659	上市鲜奶	吨	32
人口出生率	‰	10.93	上市鸡蛋	吨	340
人口自然增长率	‰	6.61	上市水产品	吨	6.3
计划生育率	%	97	上市瓜果	吨	3127
村民委员会	个	62	中小学	所	9
村民小组	个	410	在校学生	人	2618
国内生产总值	亿元	40.5	幼儿园	所	28
工业销售产值	万元	693560	在园儿童	人	860
工业利税总额	万元	43560	教职工	人	182
进出口总额	万元	3827	参加农村社会养老保险率	%	99
工业企业	家	1056	农村合作医疗保率	%	100
规模企业	家	23	财政收入	万元	5819
固定资产投资	万元	18033	劳均收入	元	—
个体私营企业	家	835	人均收入	元	12340
第三产业增加值	万元	8300	年末储蓄款总额	万元	—

2017 年各行政村基本情况一览表

表 15

工作片区	社区名称	村名	人口（人）	户数（户）	耕地面积（亩）
一片	四女寺社区	四女寺村	3160	730	5078.48
		卧虎庄村	700	187	2015.83

续表

工作片区	社区名称	村名	人口（人）	户数（户）	耕地面积（亩）
一片	和丽社区	吕庄子村	604	167	1027.23
	—	庙留庄村	696	147	1755.5
	佛堂社区	东蒋家佛堂村	983	262	2258.93
		西蒋家佛堂村	744	182	1772.71
	和兴社区	李庄村	1169	258	3496.57
	东刘庄社区	东张庄村	589	140	1354.13
二片	三合社区	温庄村	357	96	551
		大刘庄村	1206	298	2383.31
	刘茂商社区	刘茂庄村	558	144	908.08
		商庄村	207	61	389.52
	聂北社区	聂官屯村	1021	224	1089.51
		北小李村	181	46	287.27
	罗寨社区	荣家寨村	724	194	1571.22
		罗小屯村	873	235	1447.03
三片	蔡庄社区	谢张庄村	606	145	948
		蔡西村	1153	254	1184.19
	蔡东社区	蔡中村	1313	209	1419.69
		蔡后村	616	146	816.31
	韩铁社区	韩庄村	875	192	1481.47
		铁官屯村	740	193	1996.48
	岳高屯社区	岳官屯村	1070	259	2139.35
		高家庄村	521	132	813.5
四片	孙李庄社区	大孙庄村	1173	308	2105.38
		辛立庄村	809	220	1113.24
		南小李村	303	75	628.56
	张官寺社区	油坊村	660	149	611.37
	三合社区	董庄村	611	147	991.83
	东刘庄社区	小刘庄村	289	76	602.98

续表

工作片区	社区名称	村名	人口（人）	户数（户）	耕地面积（亩）
四片	张官寺社区	张官寺村	1437	352	1693.76
	—	白庄村	1235	282	1673.06
	—	祁村村	962	211	2062.79
五片	卜官屯社区	李大楼村	233	52	524.61
		卜官屯村	1069	269	3301.71
	东吴庄社区	东吴庄村	571	146	947.58
		崔庄村	319	78	802.23
		张勾庄村	114	37	188.47
		东邱庄村	270	83	620.32
	和兴社区	辛桥庄村	880	236	1999.61
	和惠社区	小营村	366	80	832.95
		肖庄村	266	67	603.94
		高海村	821	178	2280.52
六片	友和社区	张豹庄村	407	101	1364.33
		袁庄村	198	48	407.66
		东赵庄村	202	45	458.31
六片	和洽社区	李馆村	376	111	1995.44
		王庄村	350	100	1397.68
		东赵馆村	566	107	1281.68
		西赵馆村	387	85	1155.94
	馆庄社区	小馆村	548	115	1218.02
		齐馆村	616	137	1439.78
七片	和朋社区	头屯村	630	148	1688.11
		西殷庄村	254	85	520.63
		东殷庄村	227	70	251.87
		四屯村	420	112	612.31
	—	五屯村	1268	302	2451.17
	礼义庄社区	东礼义庄村	759	181	1780.96
		西礼义庄村	600	141	1429.24
		中礼义庄村	725	170	1831.46

续表

工作片区	社区名称	村名	人口（人）	户数（户）	耕地面积（亩）
七片	和丽社区	阮庄村	463	108	803.86
		达官营村	667	150	2083.99
合计	27	62	42717	10263	85942.66

【概况】 四女寺镇位于武城县东北部，卫运河四女寺段南岸，地处山东、河北两省三县交界处。北与河北省故城县、东北与德城区隔河相望，东邻平原县，南接武城镇和郝王庄镇，西邻鲁权屯镇。镇域总面积120平方千米，耕地面积74501亩。全镇辖27个社区（村），含62个行政村，人口4.2万。2017年，全镇实现税收4069.493万元，财政收入5819万元，农民人均年纯收入12340元。

四女寺镇牌楼　　（摄影　李成平）

【农业生产】 主要种植作物有小麦、玉米、辣椒、棉花、蔬菜、林果等，农作物播种面积18.63万亩，粮食总产9.96万吨，粮食单产589.8千克。棉花面积1371.28亩，棉花单产皮棉99.8千克。小麦面积83516.39亩，玉米面积83516.39亩。全镇建成养殖专业小区13个，生猪养殖专业小区3个，存栏1.15万头，出栏1.1万头；羊养殖专业户211家，存栏2.25万只，出栏1.15万只；家禽存养量43.5万只，存栏23.21万只，出栏26.23万只。

【工业经济】 全镇有民营企业43家，规模以上企业23家，实现产值73.356亿元。旅游产业，以“运河孝德古镇”为建设目标，先后举办春节庙会、“三生三世十里桃花”节、菊花展等旅游活动，接待游客30万人次，旅游收入突破600万元，被评为市级特色小镇。整合资金200万元，加快吕庄子美丽乡村建设，推进乡村旅游。新材料产业亮点纷呈，培植双一科技股份有限公司、天祺混凝土有限公司、鼎昌复合材料有限公司等企业。鼎昌复合材料与日本复合材料生产公司签订合作协议，研发生产日本境内高速公路、跨海大桥检修设施。与北京航空航天大学和中科院化学所签订战略合作协议，建设复合材料研发基地，地铁三轨防护系统占全国市场份额82%。鑫佳日化有限公司产品远销俄罗斯、乌克兰、南非等国家。

【招商引资】 对接京津冀，北京深顺通达有限公司整体落户市南经济开发区，投资1.2亿元，新上户外用品项目。8月，双一集团上市，募集资金4.8亿元。发达面粉集团武城公司面粉加工项目建成投产，投资1.5亿元，当年实现销售收入5亿元。鼎昌复合材料有限公司生产日本境内高速公路桥梁检修通道，实现出口创汇200万美元。

【教育事业】 全镇有小学8所，在校生1927人。中学1所，在校生691人，其中住校生350人，中、小学教职工共182人，教育“改薄”工程通过国家验收。2017年，投资600万元，新建扩建幼儿园7所。截至年底公办幼儿园7所，民办21所，入园儿童860人。

【医疗卫生】 全镇有基层卫生院1个，执业医师47人，床位30张，62个村全部配备村级诊所和乡村医生，均经过卫生院统一培训，被国家卫计委授予“群众满意的乡镇卫生院”称号。

【基础设施】 全镇有邮政局2处，电信企业3家，服务网点36个。110千瓦变电站1座，白庄变电站负荷为7.27万伏，有变压器370台，镇驻地供电负荷为400千瓦。天然气门站位于张官寺村省道254线南，“西气东输”分输站位于白庄村东省道254线南。

【脱贫攻坚】 全镇62个自然村全部为省定贫困村，贫困户2748户7668人，占全县贫困人口48%。开展扶贫工作“回头看”，扶贫工作进行整改提升，全镇所有村庄完成整体脱贫任务。实施扶贫产业项目，采取“公司＋农户”模式精准扶贫，实现收益扶贫项目216个。整合农村公路网格化资金、省派第一书记资金2000余万元，修建公路40余千米。利用“一事一议”专项资金400万元，完善村庄基础设施建设。

【社会民生】 加强环境保护，清理“散乱污”企业，倒逼企业转型升级，入园经营企业8家。开展“清河行动”，拆除违章建筑40余处。完成肖庄村“美丽乡村·空心村”整治拆除工作，腾空土地41亩。发挥“12345”作用，解决群众各类诉求115件，矛盾纠纷280余起。

（颜培增）

李家户镇

2017年主要社会经济指标统计表

表16

项目	单位	数量	项目	单位	数量
总面积	平方千米	60	粮食总产量	吨	64788.8
耕地面积	亩	66992	生猪出栏	头	11643
总人口	人	32724	上市蔬菜	吨	28236.9

续表

项目	单位	数量	项目	单位	数量
农业人口	人	30483	上市鲜奶	吨	1134
人口出生率	‰	13.46	上市鸡蛋	吨	1333.2
人口自然增长率	‰	8.47	上市水产品	吨	6.5
计划生育率	%	88.16	上市瓜果	吨	4042.6
村民委员会	个	27	中小学	所	8
村民小组	个	186	在校学生	人	679
国内生产总值	万元	134760	幼儿园	所	4
工业销售产值	万元	36412.8	在园儿童	人	135
工业利税总额	万元	2522	教职工	人	80
进出口总额	万元	2087.55	参加农村社会养老保险率	%	84
工业企业	家	11	参加农村合作医疗参保率	%	81.79
规模企业	家	27	财政收入	万元	1475.63
固定资产投资	万元	51654	劳均收入	元	16042
个体私营企业	家	611	人均收入	元	10485
第三产业增加值	万元	2558	年末储蓄存款总额	万元	450133

2017 年各行政村基本情况一览表

表 17

工作片区	社区名称	村庄名称	人口（人）	户数（户）	耕地面积（亩）
西片	祥和社区	西店村	439	151	906.35
		东店村	145	56	273.76
	祥和社区	巩庄村	600	222	864.12
	—	魏庄村	1879	679	4263.29
	—	辛庄村	2445	873	6043.16
	祥顺社区	耿庄村	901	310	1634.61
东片		王家户村	581	200	859.43
	—	李家户村	2506	578	2783.85
	东升社区	良言庄村	947	316	1329.47
		刘庄村	472	164	997.15
		英庄村	411	151	935.37

续表

工作片区	社区名称	村庄名称	人口（人）	户数（户）	耕地面积（亩）
东片	东升社区	韩庄村	480	163	982.04
	—	梁庄村	1393	503	3103.39
	—	刘官屯村	2607	944	7214.52
	—	刘王庄村	2386	895	3419.59
北片	祥瑞社区	代庄村	956	330	2046.9
		苑寨村	1131	379	2250.41
		盐厂村	557	195	1322.6
	李官屯社区	李官屯村	2889	1017	6864.09
		仁里村	284	103	493.5
	—	石官屯村	1355	462	2886.51
南片	郑官屯社区	党庄村	491	167	1032.76
		郑官屯村	3141	1045	6256.84
	郎寨社区	郎寨村	1408	499	3469.45
		大王庄村	352	125	742.26
		后王庄村	611	221	1377.7
	—	张庄村	1357	482	2639.01
合计	7	27	32724	11230	66992.13

【概况】 李家户镇位于武城县西南部，东临德商路（省道254线），南与夏津县新盛店镇接壤，西接老城镇，向北与甲马营镇花园屯村毗邻。总面积60平方千米，耕地面积66992亩，下辖15个社区、村（27个自然村）。2017年，全镇国内生产总值134760万元，其中，农业总产值31960万元，工业总产值36412.8万元，完成地方财政收入1475.63万元。农民人均纯收入值10485元。年末全镇总人口3.2万人，其中城镇人口2241人。人口出生率13.46‰，死亡率4.99‰，自然增长率8.47‰，有少数民族1个，为回族，共1户2人。

【农业发展】 千亩核桃园建设，与县种子公司、英潮公司对接，发展订单农业，园区年收入100万元以上。在扶贫产业园区蔬菜种植基地，打造“李家户有机西瓜”品牌，园区年效益200万元以上。村级扶贫项目中，推进大王庄、西店、辛庄等6个重点村扶贫项目建设。非重点村光伏发电项目，贫困户实现分红。依托“农科驿站”“专家公寓”等人才资源，与河北安国市药材销售有限公司合作，建成中草药种植示范基地，占地150亩。“粮改饲”试点项目，依托芳华公司与山东诸城汇发农业发展有限公司合作，建成构树种植“粮改饲”试点园区，占地50亩。高速两侧桑葚种植园，流转土地

2558 亩，种植黑珍珠桑葚树 17 万株。

【产业项目】 山东凯地兰公司股改工作筹备完成，即将在“新三板”上市，注册山东凯地兰跨境电子商务服务有限公司，外贸出口跨境电子商务业务正式运行。山东双聚食品有限公司牛羊屠宰项目，建成加工车间 2000 平方米，安装屠宰生产线 1 条。武城县正源服饰有限公司、恒硕棉纺织品有限公司等 5 家企业规范提升完成。山东芳华农业发展有限公司构树收割机项目，年可生产构树收割机 300 台。

【招商引资】 北京北方创业润滑油有限公司润滑油加工项目、山东维美塑业科技有限公司 PVC、TPR 产品项目，已达成初步协议。淮海工业集团与山东芳华农业发展有限公司合作新型木本饲料收获机研发制造项目，已签订合作框架协议书。武城县三自风力发电有限公司风力发电项目，投资 43291 万元，主要建设武城县三自风电场项目，已完成项目备案，组织设备采购。

【城镇化建设】 “美丽乡村·空心村”整治项目中，启动 16 个村 21 个项目区，累计完成房屋拆迁 200 余座，复垦土地 740 余亩。刘王庄社区建成，一期 9 栋住宅楼搬迁入住 325 户，拆除旧房 450 座。李家户村续建项目，完成社区账目和债权、债务清理，完成整村评估和走访调查。旱厕改造完成 4913 户，危房改造完成 58 户。李大路、花耿路、李老路拓宽改造工程开工，完成树木采伐、土地迁占和清表工作。

【社会民生】 教育“改薄”工作，全镇 8 所“改薄”学校办公楼、附属设施、运动场地等投入使用。在移风易俗工作中，印发《移风易俗倡议书》1 万余份，粉刷标语 70 余条，各村成立红白理事会。实施城乡环卫一体化工作，建立专业保洁队伍 108 人，更新垃圾桶 850 个，覆盖自然村 27 个。文化建设工作中，镇文化站收录传统民间展品 74 件，完成村级文化广场建设村庄 27 个。累计完成清洁型煤推广 4500 余吨，清洁型煤炉具推广完成 400 余套，累计完成“煤改气”265 户。春节期间累计走访困难群众、特困学生、残疾人家庭以及 70 岁以上老人近 2600 人，购置物品价值 16.9 万元。推进河长制工作，建立镇村两级河长制相关制度，定期开展巡河行动，“清河行动”全部完成。环保工作，开展“小散乱污”企业整治和“燃煤锅炉”取缔集中行动，全镇 142 户规模养殖户粪污储存池建成投入使用。

李家户镇西店村文化广场　　（供稿　李家户镇）

【党建工作】“两学一做”学习教育常态化制度化，开展“业务单位学业务”活动，建立村级党建指导员队伍，开展“党员固定学习日”活动。执行“三会一课”制度，全镇1086名党员完成“灯塔党建系统”录入。探索支部书记领办创办合作社发展模式，全镇12个村级合作社通过验收。党风廉政建设，开展党内谈心116人次，谈话87人次，函询56人次，免职4人，累计查办案件7起。网格化管理规范运转，建立全镇农村网格28个，网格员101人，投资5.5万元，配备GPS对讲机154部，安装高空瞭望摄像头2个。

（赵　凯）

广运街道

2017年主要社会经济指标统计表

表18

项目	单位	数量	项目	单位	数量
总面积	平方千米	40	多种经营产值	亿元	2.16
耕地面积	亩	28379	粮食总产量	吨	29559
总人口	人	95999	生猪出栏	头	10120
农业人口	人	22268	上市蔬菜	吨	242
人口出生率	‰	13.7	上市鲜奶	吨	971
人口自然增长率	‰	0.13	上市鲜蛋	吨	355
计划生育率	%	96.7	上市瓜果	吨	718
村民委员会	个	22	中小学	所	3
居民委员会	个	6	在校学生	人	268
村民小组	个	132	幼儿园	所	1
国内生产总值	亿元	39.8	在园儿童	人	100
工业销售产值	亿元	65	教职工	人	105
工业利税总额	万元	23500	参加农村社会养老保险率	%	100
进出口总值	万元	3720	农村合作医疗投保率	%	100
工业企业	家	597	农村合作医疗大病统筹投保率	%	95
规模企业	家	82	财政收入	万元	8172
固定资产投资	亿元	38.6	劳均收入	元	

续表

项目	单位	数量	项目	单位	数量
个体私营企业	家	1256	人均收入	元	15600
第三产业增加值	亿元	3.39	年末储蓄存款总额	亿元	—

2017年各行政村基本情况一览表

表19

—	社区名称	村名	户数（人）	人口（户）	耕地面积（亩）
—	运鑫社区	黄花园村	343	1096	1345
		果里村	340	1380	710
		蒋官屯村	340	1130	1367
	历亭社区	张庄村	300	1050	90
		西刘庄村	330	1180	1400
		梁庄村	175	610	891.95
		林尔庄村	150	566	1072
		祝庄村	155	572	1195
	运祥社区	曲庄村	290	923	1875
		钱庄村	144	528	930
	城关社区	东关村	670	1990	923
		南关村	470	1242	2490
	旧城社区	北关村	850	2521	196
		西关村	237	865	277
	沙窝屯社区	沙西村	270	930	640.89
		沙中村	336	1000	1080
		沙东村	380	1046	1389
	—	棘围村	352	1356	4417
	前坡社区	赵前坡村	145	418	994.00
		董前坡村	246	747	2007.94
		杜前坡村	164	693	2006
		王前坡村	118	425	1082
合计	7	22	6462	21172	27033.78

【概况】 广运街道辖农村社区7个，行政村1个和振东、振华、兴武、兴隆、贝州、漳南等城市社区6个。城市社区在册居民29837户，73731人，136个单位，规模以上小区33个。2017年，广运街道税收8172万元，增幅19.28%。

【招商引资】 街道办事处成立专门招商小组，召开专门会议20余次，搜集在外人员信息100余条，了解各企业上下游产业链信息60余条，建立广运产业招商发展资源库。截至年底，洽谈项目10余个，完成论证3个。“勇往职前”总部经济项目前三季度缴纳税金101.75万元。北京杰西卡服装落户武城，投资额7800万元。山东合悦电动三轮车项目，总投资额1.5亿元。

【城镇化建设】 推进棚户区改造，完成蒋官屯二期974户和沙东整村550户拆迁任务，完成西南片区358户、中东片区630户拆迁工作。完成沙东安置区、西外环、姜庄沟、利城河等土地迁占工作，迁占面积近1000亩。完成棘围安置楼53户，果里沿街门市81户和梁庄回迁安置225户。

【教育事业】 教育“改薄”和解决大班额任务共计25万平方米，承担解决大班额项目6个，建设任务13.6万平方米。文昌小学、第七小学、第五中学、第六小学实现竣工验收，实验中学北校区、第五小学完成主体验收。

【创卫环保】 投入资金300余万元，对贝州市场内道路修补、下水道清淤、4处公厕改造，组织专门工作队集中清理占道经营，对西刘庄木材市场和10个城中村开展环境卫生集中整治行动。辖区72家“小散乱污”企业整治完成。清除燃煤锅炉、茶炉大灶68个。推进水污染治理工作，落实清河行动。禁养区38家养殖户关停搬迁，限养区40家养殖户房屋完成改造。加强清洁煤推广，查处劣质散煤410吨，超额完成任务2000余吨。推进“双重体系”建设，完成双体建设企业3家，推行企业6家。加强安全生产管理，落实城区加油站15家、涉危企业1家。

【社会民生】 2017年，完成脱贫67户155人，清退不符合贫困条件6户14人，新增低保户28户43人。全年养老保险参合9383人，医疗保险参合37425人。采集退役士兵信息1586人，安置退役士兵公益岗237人。开展新型农村经营主体工作，申报市级合作社1户。投资10余万元，完善基层人民武装部各类基础设施，省军区、市军分区两次现场会均在广运街道召开。

（卢 婷）

武城经济开发区

2017 年主要社会经济指标统计表

表 20

项目	单位	数量	项目	单位	数量
总面积	平方千米	35	进出口总值	万元	3000
耕地面积	亩	11440	工业企业	家	160
总人口	人	21000	规模企业	家	32
农业人口	人	6000	中小学	所	1
人口出生率	‰	18.86	在校学生	人	36
人口自然增长率	%	1.26	幼儿园	所	1
计划生育率	%	98	在园儿童	人	33
村民委员会	个	10	教职工	人	4
居民委员会	个	0	参加农村社会养老保险率	%	99
村民小组	个	24	农村合作医疗投保率	%	99
工业销售产值	亿元	87	农村合作医疗大病统筹保险率	%	99

2017 年各行政村基本情况一览表

表 21

—	社区名称	村名	人口（人）	户数（户）	耕地面积（亩）
—	王立屯社区	前王立屯	949	306	1682
		后王立屯	496	170	353
		赵庄	962	290	186
		林庄	297	83	267
		高庄	464	128	962
		孙河沟	495	125	1150
		任河沟	360	110	1010
		东刘庄	543	172	930

续表

—	社区名称	村名	人口（人）	户数（户）	耕地面积（亩）
—	王立屯社区	军庄	478	140	1360
		盛寨	830	270	3430
合计	1	10	5874	1794	11330

【概况】 武城经济开发区（简称开发区）规划总面积25.92平方千米，西起运河路、东至新坡路，南至省道318线、北至六六河以北1200米，实际管辖面积35平方千米。开发区辖10个自然村（代管），户籍人口约6000人，1820余户，耕地面积11440余亩，确权耕地为9558.42亩。

【农业生产】 玉米种植面积8900余亩，小麦播种面积8900余亩，棉花种植面积3100余亩。规模养殖场3家，其中养鸡场1家，蛋鸡存栏量5万余只；肉鸽养殖场1家，存栏量约5万只；养羊场1家，存栏量300头。

【工业发展】 德州玲珑轮胎有限公司半钢子午线轮胎二期项目，投资3.6亿元，生产规模增加230万套。山东奥博环保科技有限公司新型环保过滤材料及高效除尘生产制造项目，投资4.8亿元，进行试生产。金正大公司改进生产线，安装环保设备。新明公司引进新生产线2条，年产值500万元。日新公司投资200万元，改进陶瓷刀生产工艺。龙祥橡塑有限公司桥梁球形支座生产项目，投资5000多万，一期设备安装完成。陈氏集团引进水切割机器人8台，新上汽车内饰板生产线。

2017年8月，陈氏集团引进智能机器人设备（供稿　县经济开发区）

【招商引资】 2017年项目对接11次，推动氢能发电机、德武防护、凯泽环保等项目落地建设。盘活闲置和低效用土地，建立闲置土地车间台账，盘活工厂车间8万平方米，僵尸企业1家；新注册企业32家。承接北京会展文化产业外迁工作，盘活光煜新能源闲置厂房，策划建设共享式会展文化创意产业园（孵化器）。

【产业结构】 工业园区有规模以上企业15家，其中汽车及汽车零部件企业6家，新能源新材料企业5家，农副产品生加工企业4家。

【基础设施】 在道路、管网建设中，完成省道254线工程，古贝春大街开发区段道路建设，地上管网、地下管网铺设，赵庄沟修建工作。利城河开发区段开工实施。水兴路（文化街—古贝春大街）路面铺设完成。热电管线重新铺设。水星公园内绿植进行移植，完成振华街、德商路、古贝春大街、龙祥路等路段绿化补植，栽种木槿、小叶黄杨等苗木共计4万余株。

【社会民生】 赵庄村安置楼工程，楼房全部完工，地下管网系统、道路硬化、花砖铺装、强电等完成，社区达到入住条件。移风易俗工作，红白理事会建设实现全覆盖。太阳能光伏发电项目，实现脱贫贫困户68户。玲珑党支部被评选为省级先进基层党组织。建立健全网格化环境监管制度，150家企业全部办理环评手续。清洁型煤推广工作，完成型煤配送667吨，清洁炉具65台。旱厕改造465户。农村天网工程实现无死角、全覆盖。

（王朋厚）

附　录

Appendix

重要文件选目

2017年中共武城县委重要文件目录

1	武发〔2017〕1号	关于印发《武城县棚户区改造工作实施方案》的通知
2	武发〔2017〕2号	关于加快推进产业转型发展的意见
3	武发〔2017〕3号	关于印发《关于深入推进农业供给侧结构性改革开创农业农村发展新局面的实施方案》的通知
4	武发〔2017〕4号	关于印发《做好2017年高校学生参军入伍工作的意见》的通知
5	武发〔2017〕5号	关于印发《中共武城县委巡察工作实施办法》的通知
6	武发〔2017〕6号	关于印发《中共武城县委2017—2021年巡察工作规划》的通知
7	武发〔2017〕7号	关于印发《关于推进城乡网格化管理服务工作的实施方案（试行）》的通知
8	武发〔2017〕8号	关于认真学习宣传贯彻党的十九大精神的通知
9	武发〔2017〕9号	关于印发《武城县加快推进生态文明建设实施方案》的通知
10	武发〔2017〕10号	关于深入学习贯彻党的十九大精神认真开展“大学习、大宣讲、大调研、大落实”活动的意见
11	武发〔2017〕11号	关于深入学习贯彻党的十九大精神的决议
12	武委〔2017〕3号	关于成立县委党的建设工作领导小组的通知
13	武委〔2017〕4号	关于成立县基层组织建设领导小组的通知
14	武委〔2017〕27号	关于成立县宗教工作领导小组的通知
15	武委〔2017〕39号	关于省城镇化工作领导小组在武城召开全省推进农业转移人口市民化现场会的报告
16	武委〔2017〕49号	关于争取霸州至商丘铁路途经德州并设德州西站（武城境内）情况的报告
17	武委〔2017〕56号	关于成立武城县新旧动能转换工程推进落实领导小组的通知
18	武委〔2017〕58号	关于成立县委农村工作领导小组的通知
19	武委〔2017〕60号	关于开展“梳理信访问题　改进工作作风”专题活动的情况报告
20	武委〔2017〕64号	关于成立县委巡察工作领导小组的通知
21	武委〔2017〕75号	关于建立“1+2+X+N”大维稳工作机制的报告

续表

22	武委〔2017〕99 号	关于成立武城县中央环保督察工作协调联络组的通知
23	武委〔2017〕100 号	关于推进城乡网格化管理服务工作的报告
24	武委〔2017〕104 号	关于持续抓好中央巡视组巡视“回头看”反馈意见整改落实情况报告
25	武委〔2017〕113 号	关于调整充实县委全面深化改革领导小组及专项小组组成人员的通知
26	武委〔2017〕114 号	关于成立武城县推进农村党支部领办创办土地股份合作社服务农业适度规模经营工作领导小组的通知
27	武委〔2017〕115 号	关于成立县委党的群团改革工作领导小组的通知
28	武委〔2017〕126 号	关于成立武城县农村集体产权制度改革工作领导小组的通知
29	武委〔2017〕130 号	关于设立武城县政府投融资建设办公室党总支的通知
30	武委〔2017〕137 号	关于成立武城县产品质量提升示范区培育创建工作领导小组的通知
31	武委〔2017〕141 号	关于成立全县村和城市社区“两委”换届选举工作领导小组的通知

2017 年武城县人大常委会文件目录

1	武人发〔2017〕1 号	关于县十七届人大常委会领导同志分工的通知
2	武人发〔2017〕2 号	武城县人大常委会 2017 年工作要点
3	武人发〔2017〕3 号	武城县人民代表大会常务委员会专题询问工作办法（试行）
4	武人发〔2017〕4 号	武城县第十七届人大常委会第二次会议审议意见
5	武人发〔2017〕5 号	武城县人大换届选举工作总结
6	武人发〔2017〕6 号	武城县人民代表大会常务委员会议事规则
7	武人发〔2017〕7 号	武城县人大常委会主任会议议事规则
8	武人发〔2017〕8 号	武城县人大常委会关于开展水资源保护与饮水安全专题询问工作方案
9	武人发〔2017〕9 号	武城县人大常委会关于加强自身建设的意见
10	武人发〔2017〕10 号	武城县第十七届人大常委会第三次会议审议意见
11	武人发〔2017〕11 号	武城县人大常委会关于改进审计工作情况及审计查出突出问题整改情况向县人大常委会报告机制的有关意见
12	武人发〔2017〕12 号	武城县第十七届人大常委会第四次会议审议意见
13	武人发〔2017〕13 号	武城县人民代表大会常务委员会关于批准武城县 2016 年县级财政决算的决议
14	武人发〔2017〕14 号	武城县人民代表大会常务委员会关于进一步加强人民法院执行工作的决议

续表

15	武人发〔2017〕15号	武城县人大常委会关于实行重点案件备案的意见
16	武人发〔2017〕16号	武城县第十七届人大常委会第五次会议审议意见
17	武人发〔2017〕17号	武城县人大常委会关于水资源保护与饮水安全的审议意见
18	武人发〔2017〕18号	武城县第十七届人大常委会第七次会议审议意见
19	武人发〔2017〕19号	武城县人大常委会关于加强县本级部门预算审查监督的若干规定

2017年武城县人民政府文件目录

1	武政发〔2017〕1号	关于做好2017年度审计工作的实施意见
2	武政发〔2017〕2号	关于印发武城县区域用水总量行业分配方案的通知
3	武政发〔2017〕3号	关于加强农村留守儿童关爱保护工作的实施意见
4	武政发〔2017〕4号	关于公布武城县18处县级以上重点文物保护单位的保护范围和建设控制地带GPS控制点信息的通知
5	武政发〔2017〕7号	关于印发武城县2017年采暖季错峰生产实施方案的通知
6	武政发〔2017〕14号	关于印发在市场体系建设中建立公平竞争审查制度实施方案的通知
7	武政发〔2017〕15号	关于印发武城县重大行政决策程序实施办法的通知
8	武政发〔2017〕16号	关于公布武城县行政村、城市社区居民委员会名单的通知
9	武政字〔2017〕5号	关于印发武城县大气污染防治实施方案（2016–2017）的通知
10	武政字〔2017〕11号	关于做好国务院省政府市政府取消、下放、调整行政许可和行政权力事项承接落实工作的通知
11	武政字〔2017〕13号	关于公布武城县县级随机抽查事项清单的通知
12	武政字〔2017〕14号	关于公布武城县县镇两级公共服务事项目录的通知
13	武政字〔2017〕15号	关于公布武城县镇街行政权力清单的通知
14	武政字〔2017〕27号	关于加强全县危险废物管理工作的意见
15	武政字〔2017〕30号	关于做好省政府、市政府取消下放行政权力事项承接落实工作的通知
16	武政字〔2017〕31号	关于公布武城县城区及建制镇土地级别与基准地价的通知
17	武政字〔2017〕32号	关于加强土壤污染防治工作的意见
18	武政字〔2017〕37号	关于印发武城县综合行政执法体制改革方案的通知
19	武政办发〔2017〕1号	关于印发武城县安全生产网格化监管工作实施方案的通知
20	武政办发〔2017〕2号	关于印发武城县2017年大气污染防治工作要点的通知
21	武政办发〔2017〕3号	关于加快发展现代畜牧业的意见

续表

22	武政办发〔2017〕6 号	关于印发武城县突发重大动物疫情应急预案的通知
23	武政办发〔2017〕7 号	关于建立重要政策解读机制的通知
24	武政办发〔2017〕9 号	关于印发 2017 年度全县企业规范化公司制改制工作目标责任考核办法的通知
25	武政办发〔2017〕10 号	关于印发 2017 年度武城县金融工作目标责任考核办法的通知
26	武政办发〔2017〕11 号	关于规范加强行政事业单位国有资产有偿使用管理的通知
27	武政办发〔2017〕12 号	关于印发武城县县属国有企业重大事项报告管理暂行办法的通知
28	武政办发〔2017〕13 号	关于印发武城县地方史志事业发展规划纲要（2017—2020 年）的通知
29	武政办发〔2017〕14 号	关于印发武城县二三产业项目论证办法和武城县项目落地办法的通知
30	武政办发〔2017〕16 号	关于印发武城县漳卫南河防洪预案的通知
31	武政办发〔2017〕18 号	关于印发武城县经济适用住房销售分配方案（试行）的通知
32	武政办发〔2017〕20 号	关于印发武城县加油加气站规划建设管理办法（试行）的通知
33	武政办发〔2017〕21 号	关于印发武城县 2017 年度散煤清洁化治理实施方案的通知
34	武政办发〔2017〕23 号	关于印发武城县鼓励支持个体工商户转企业及小微企业规范升级的工作方案的通知
35	武政办发〔2017〕26 号	关于印发武城县城市地下综合管廊和海绵城市建设实施方案的通知
36	武政办发〔2017〕28 号	关于落实企业退休职工中独生子女父母一次性养老补助的意见
37	武政办发〔2017〕29 号	关于印发武城县主要河流水质达标工作方案的通知
38	武政办发〔2017〕30 号	关于印发恩县洼滞洪区导流堤复堤防洪应急预案的通知
39	武政办发〔2017〕31 号	关于印发恩县洼滞洪区县城安全区围堤复堤防洪应急预案的通知
40	武政办发〔2017〕32 号	关于印发武城县 2017 年政务公开工作要点实施方案的通知
41	武政办发〔2017〕33 号	关于印发武城县 2017—2018 年秋冬季大气污染综合治理攻坚行动方案的通知
42	武政办发〔2017〕37 号	关于印发武城县生产安全事故应急救援总体预案的通知
43	武政办发〔2017〕38 号	关于调整规范政府采购工作有关事项的通知
44	武政办发〔2017〕41 号	关于开展武城县农村集体经济组织成员资格认定的指导意见（试行）
45	武政办发〔2017〕42 号	关于进一步加强房地产市场调控工作的通知
46	武政办发〔2017〕43 号	关于印发武城县推行行政执法公示制度执法全过程记录制度重大执法决定法制审核制度实施方案的通知
47	武政办发〔2017〕47 号	关于印发武城县农业水价综合改革实施方案的通知
48	武政办发〔2017〕50 号	关于印发武城县重大行政决策合法性审查办法的通知

续表

49	武政办发〔2017〕53号	关于印发武城县政府投资项目管理办法的通知
50	武政办发〔2017〕56号	关于印发标本兼治遏制重特大事故工作实施方案的通知
51	武政办字〔2017〕3号	关于印发武城县开展四轮低速电动车规范整治行动工作方案的通知
52	武政办字〔2017〕7号	关于印发武城县食品安全事故应急预案的通知
53	武政办字〔2017〕8号	关于印发恩县洼滞洪区滞洪运用预案的通知
54	武政办字〔2017〕10号	关于印发武城县安全生产“十三五”规划的通知
55	武政办字〔2017〕11号	关于印发武城县〈京津冀及周边地区2017年大气污染防治工作方案〉实施细则的通知
56	武政办字〔2017〕12号	关于印发武城县规范性文件清理工作方案的通知
57	武政办字〔2017〕22号	关于印发武城县加快推进冬季取暖“气代煤、电代煤”工作实施方案的通知
58	武政办字〔2017〕26号	关于公布武城县第一批群众和企业到政府办事“零跑腿”和“只跑一次”事项清单的通知
59	武政办字〔2017〕27号	关于印发武城县重污染天气应急预案的通知
60	武政办字〔2017〕31号	关于开展非法加油站专项治理工作的通知
61	武政办字〔2017〕32号	关于印发武城县城区域环境噪声功能区划分方案的通知
62	武政办字〔2017〕34号	关于印发武城县生态环境监测网络建设工作方案的通知

2017年政协武城县委员会文件目录

1	武政协发〔2017〕1号	政协武城县委员会关于十届一次会议有关事项的请示报告
2	武政协发〔2017〕2号	政协武城县委员会关于十届县政协领导班子成员工作分工的通知
3	武政协发〔2017〕3号	政协武城县委员会2017年工作要点
4	武政协发〔2017〕4号	政协武城县委员会关于加强县政协委员履职管理的实施办法（试行）
5	武政协发〔2017〕5号	政协武城县委员会关于加强基层政协组织建设的实施意见
6	武政协发〔2017〕6号	政协武城县委员会关于开展“政协委员在身边”活动的通知
7	武政协发〔2017〕7号	武城县政协党组党风廉政建设主体责任清单
8	武政协发〔2017〕11号	关于制定文史资料稿酬标准的意见
9	武政协发〔2017〕13号	政协第十届武城县委员会常务委员会关于机构设置的决定
10	武政协发〔2017〕14号	政协第十届武城县委员会各专门委员会组成人员名单
11	武政协发〔2017〕17号	关于十届县政协领导班子成员工作分工调整的通知
12	武政协发〔2017〕18号	关于撤销台联界别的决定

续表

13	武政协发〔2017〕20 号	关于认真学习宣传贯彻党的十九大精神的通知
14	武政协发〔2017〕21 号	关于召开十届二次会议有关事项的请示

2017 年中共武城县纪律检查委员会文件目录

1	武纪发〔2017〕1 号	关于加强全县重点工作监督的实施方案
2	武纪发〔2017〕2 号	关于加强纪检监察干部队伍建设的实施意见
3	武纪发〔2017〕3 号	关于调整派驻机构监督联系部门单位
4	武纪发〔2017〕5 号	关于开展“自身建设年”活动的实施方案
5	武纪发〔2017〕9 号	关于强化环境保护领域执纪监督开展专项问责行动的实施意见
6	武纪办发〔2017〕6 号	关于在全县开展农村基层“微腐败”专项整治的实施方案
7	武纪办发〔2017〕14 号	关于开展查处村务公开工作中形式主义问题专项整治的实施方案
8	武纪办发〔2017〕20 号	关于聚焦扶贫领域形式主义、弄虚作假等突出问题深入开展重点督导镇集中整治查处群众身边的不正之风和腐败问题工作的实施方案
9	武纪办发〔2017〕22 号	关于对落实中央八项规定精神情况开展常态化专项检查的实施意见

重要文献辑存

压实责任　守住底线
坚决打赢蓝天白云绿水青山保卫战

——在全县生态环保集中攻坚行动动员大会上的讲话

（2017 年 7 月 28 日）

张　磊

今天召开这次全县生态环保集中攻坚行动动员大会，主要是贯彻落实习近平总书记关于生态文明建设和环境保护的重要讲话、重要指示和上级关于生态环保工作的一系列部署要求，对下一步的生态环保工作进行再动员、再部署，全县动员、全面攻坚，打一场过硬的半年攻坚战，推动我县环境质量持续改善。

7 月 19 日，市委召开常委扩大会议，专题研究生态环保工作，陈勇书记、陈飞市长分别作了重要讲话。7月22日，省委、省政府召开了全省环境保护突出问题综合整治攻坚动员大会。会上刘家义书记作了重要讲话，指出，当前我省的环境保护工作面临形势十分严峻，普遍存在理念滞后、工作粗放、监管不力、手段落后、合力不足等突出问题。各级各部门各单位要充分认识生态环境事关民生福祉、事关改革发展、事关稳定大局，牢固树立“四个意识”，自觉践行以人民为中心的发展思想，切实把环境保护工作贯穿到各领域各方面全过程，把环境保护真正作为推进新旧动能转换、促进经济转型升级的动力，硬碰硬、严又严、实打实，加快补齐生态环境短板，进一步提升人民群众的获得感和幸福感，用实际行动向以习近平同志为核心的党中央对表看齐。

为全面落实好省市关于生态环保工作的各项要求，切实把环境保护工作贯穿到各领域、各方面、全过程，县委、县政府决定，在全县开展一次为期半年的生态环保集中攻坚行动，坚决打好环境保护攻坚战、持久战。这次会议非常重要，会后要将会议精神及时传达到缺席会议的有关县级领导同志和部门负责同志。刚才，7位同志都作了很好地正面发言。工商、质监、供电等单位在前期生态环保工作开展尤其是“小散乱污”企业治理工作中做了大量工作、业绩非常明显，主要是总结经验、推广经验；之荣、咏梅、国琦、智广等4位同志，结合分管工作，对下步工作进行了安排，我都原则同意。对于这些会议发言，同志们既要学习借鉴，又要抓好落实，更要引起警示注意，切实将有关要求落到实处。一会儿，朱恩鹤同志还要讲重要意见，请大家认真抓好贯彻落实。会议印发的讲话稿，是由王国琦同志牵头两办、环保局等相关部门起草的，我和恩鹤同志两次听取讲话起草情况，对框架和内容都进行了认真研究、修改完善。因为讲话内容涉及干部队伍建设内容较多，朱恩鹤同志建议由我代表县委、县政府来讲。下面，就集中攻坚行动的整体推进，我强调五方面的内容。

一、强化领导，形成齐抓共管的良好局面

在7月22日的全省会议上，刘家义书记指出，生态环保是一项极端重要的工作，不单纯是发展问题、民生问题、社会问题，更是重要的政治问题，做好环保工作是各级各部门义不容辞的重要政治责任。今天会上，我们印发了《关于完善武城县生态环境保护委员会的通知》等多个文件，目的就是要求全县各级各单位都必须切实肩负起生态环保的责任，强化“党政同责”“一岗双责”，党政主要负责同志既要挂帅又要出征，重要情况亲自调研，重要方案亲自把关，重点工作亲自推动，落实情况亲自督导。会前，县委、县政府特别对《关于完善武城县生态环境保护委员会的通知》文件进行了研究完善，目的就是为了通过完善体制机制，落实相关责任，同志们既要读懂“明白纸”，更要认领“责任状”，切实做到明责知责、履职尽责。重点强调抓好五个方面的责任落实。

一要落实“五位一体”责任。通过落实专业委员会主任的领导责任、牵头部门的牵头责任、环保部门的协调责任、镇街区的属地管理责任和相关部门的协同责任这5个方面责任，构建起上下联动、内外协调的工作推进机制。这个架构相对于市级层面出台的文件来看，分工更加精细、责任更加明确、实施起来更具可操作性，主要目的就是在发挥指挥协同作用的基础上，立足县乡层面是“一线指挥部”的实

际情况，动员各级各部门既要当好指挥员、参谋员，更要当好战斗员。各专业委员会原则上要实行集中办公，严格落实例会制度，要配备精兵强将，做到定点、定人、定事、定责、定时限，迅速启动工作。专业委员会不实行集中办公的，要向县委、县政府主要负责同志进行汇报。牵头部门要提供办公场所，县委组织部要选派新提拔干部和优秀后备干部，到专委会全职挂职，原则上不少于半年。这就是要树立一个鲜明的用人导向，原则上新提拔的干部，都要到重点工作一线来锻炼、来使用；部门单位建议提拔的优秀干部，也要到重点工作一线来检验、来考察，真正做到一线用人、一线选人。另外，除生态环保委成员单位以外，县直各部门单位都要按照“一岗双责”要求，结合梳理上报的环保工作和法定职责，切实抓好工作落实。各产业推进办公室在推进产业发展同时，切实抓好相关环保工作，会后抓紧开展一次进企业的宣讲活动，下周就要启动起来，形成全县上下齐抓共管的良好工作局面。

二要落实统筹领导责任。生态环保委的13个专业委员会主任均由县级党政领导同志担任，每位县级党政班子成员都是代表县委、县政府行使职权，可以调度任何相关镇街和部门，作出的工作安排，镇街区和部门必须坚决服从，没有所谓的“分管”“不分管”之说；如县级领导安排工作不一致时，还是要按照我们去年研究的办法，“业务单位要及时分别向意见不一致的领导同志说明情况，由分管此项工作的领导同志负责与另一领导同志沟通。要建立正常、健康的同志关系和工作关系，杜绝同志关系复杂化”。今后工作中，凡是工作安排后出现问题的，因部门单位不行动、不说明、不沟通而影响工作的，县委将进行严肃问责。其他工作也要如此，坚决杜绝这“三不”行为的发生。县纪委开展“扪心问政”活动，要对这方面的典型案例，注意发现、及时处理。

三要落实业务研究责任。各专业委员会成员要认真学习有关环保工作的法律法规、政策文件和上级要求，尽快成为环境保护的“行家里手”，决不能迷迷糊糊当“门外汉”。环保部门要切实发挥好总参谋部、总枢纽作用，及时将上级的环保要求、政策法规等提供给各专业委员会学习。例如，环保部大气污染强化督查开展以来，每次给我们提出的意见、建议、要求等，都要梳理出来，开好总结会、碰头会，形成系统材料，该上报的上报，该下发的下发，该学习的学习，该落实的落实，既要抓好系统落实、又要形成辅导材料，供委员会成员单位学习，决不能随着督查组的离开出现“一走了之”现象，导致问题一而再、再而三发生。这项工作环保部门要高度重视，一定要全面、系统、及时地提供学习资料，坚决纠正因部门对业务工作研究不透、对上级要求“贪污截留”，导致县级领导同志靠个人自学、靠零散文件、靠新闻阅读和网站消息等方式来增强业务知识、来推动工作的现象。要高度警惕这种不良倾向，长此以往，出问题的风险很大，很容易导致由“不作为”现象演变为“乱作为”问题，给我们的工作带来不可挽回的影响和损失。不仅环保工作，其他工作同样如此。

四要落实领导分包责任。环保工作已经到了瞪起眼来、撸起袖子、全员齐上阵的关键时期，分包督导镇街区的县人大、政协领导同志，思想上一定要高度重视，工作上一定要积极作为。集中攻坚期间，原则上每月至少到镇街区督导2次，工作中要“一竿子插到底”，坚持到企业、到车间、到现场，充分发挥检查、督查、指导作用。坚决防止转一转、看一看，走马观花式、蜻蜓点水式的督导检查。特别强调一点，也是一项具体要求，县人大、政协领导同志要通过带领纪检监察和环保部门相关人员深入一线，对业务问题、作风问题要及时发现、及时处理，不能在一团和和气气、一片大好声中对问题视而不见、走了形式。

五要落实合力攻坚责任。单打独斗势必人单力薄，合力攻坚方能势如破竹。对部门单位靠自身难以解决、需由多个部门共同承担的生态环保责任，镇街之间、部门之间、镇街与部门之间、县级领导与镇街部门之间都要加强配合、密切协作、形成合力，攻坚克难。镇街部门单位要立足职能，在积极主动做好分内工作基础上，对需要县级层面统筹协调的事项及时梳理上报，坚决避免“好人主义”思想；党政班子成员要自觉强化协作协同意识，对这方面的问题注意发现、协调解决，真正发挥好1+1〉2的合力优势。各专业委员会特别是环保部门，都要加强与镇街的业务交流、信息交流，工作指导要下沉到每个网格员，让他们对“应知什么、应会什么、应干什么”明明白白、清清楚楚。这主要强调的是环保工作的业务指导要具体、信息沟通要到位，推动业务信息共享、打破“信息孤岛”现象。同时，也只有各项业务指导更加精细到位，才能更好地发挥好社区（村）网格员的作用，真正实现“发现问题在网格、解决问题在基层、处置问题重协作”。

二、主动配合，做好环保迎查工作

当前环保部大气污染强化督查来我县已经是第八轮第10次，今后还会持续强化督查，各级各部门要聚焦重点、全力配合、加强整改，确保督查迎查工作取得实效。

（一）切实抓好小散乱污企业治理工作。要建立起“小散乱污”企业动态管理制度，由“小散乱污”企业治理提升专业委员会牵头，每月对“小散乱污”企业治理情况进行调度、督查、整改，统筹解决工作中遇到的各类问题，9月底前必须全部整改到位。要充分认清“越往后越严”的环保形势，做到三个决不允许：决不允许“小散乱污”企业死灰复燃；决不允许问题我们自己发现不了，被上级或外界发现；决不允许问题整改不到位被上级通报。对已落实“两断四清”的“小散乱污”企业，每月必须至少巡查一次，确保有人监管，不失控，防止死灰复燃。各镇街区要严格落实属地责任，不断强化网格员的监管责任，切实做到对所有问题企业，都有人盯、有人管，工作开展情况要每月进行一次总结回顾，分析问题、总结经验、汲取教训，推进工作。要把握盯企业的实质和方法，方法就是盯土地、盯房子（厂房）、盯用电、盯生产，实质是做好人的工作，帮助“人”转思想、转认识、转路子，帮助“人”把精力、财力、体力、能力和资本资源、空间资源、技能资源、人力资源、市场资源转换为发家致富、创新创业的新动能。通过这种“堵”“疏”结合、先堵后疏方式，不断催生一批符合产业政策、符合生态环保要求的新兴业态，切实加快全县新旧动能转换步伐。这项工作需要专业委员会、各镇街和产业办共同努力。问题企业整改提升工作，验收前坚决不能生产，规范生产前要落实视频监控等监管措施。各镇街区对其他存在环保隐患的场所也要认真排查，安装监控设施。这项工作由陈义太书记、王国琦县长负责，9月底前完成。环保信息化监管委员会要对各镇街区监控设施的安装、使用、管理情况进行每月一调度，保证安装及时，作用发挥到位。“小散乱污”企业整治集中攻坚期间，3

个工作组、8 个小分队，工作成效明显，全县生态环保集中攻坚期间要继续坚持工作，一包半年，工作情况也要一月一总结、一月一分析，保证工作越推越顺，问题越来越少，直至圆满完成各项任务。

（二）切实抓好近期相关工作。县环保局要在完成火电、造纸行业排污许可证发放的基础上，结合污染排放特征和地方排放标准实施要求，年底前按上级要求开展好水泥、医药、农药、包装印刷、工业涂装等 13 个行业的排污许可证核发工作。要把大气治污设施运行情况和未安装监控的企业纳入重点监管范围，建立企业排污台账，排放不达标的 8 月底前必须改造到位，逾期仍不达标的坚决关停。以上工作由王国琦县长负责。

（三）聚焦中央环保督察重点。在畜禽养殖污染防治工作上，县畜牧局做好畜禽养殖废弃物综合利用及污染防治工作，环保局和畜牧局共同做好禁养区内养殖场的关闭、搬迁、防控工作，确保于 2017 年 10 月底前完成关闭任务，11 月底前清理完毕，确保不再发生禁养区、限养区新上规模养殖项目。这项工作由韩以广县长负责。县环保局要牵头对全县畜禽养殖污染情况开展专项执法和联合执法，对未建设粪污处理设施、污染物直排环境的养殖场依法进行查处。在黑臭水体整治工作上，目前此项工作进展缓慢，在全市近期水污染防治通报中，我县排名第 12 位，形势严峻。县城管执法局负责赵庄沟黑臭水体综合治理工程，11 月底前必须完成所有建设任务并验收合格；县建委负责利城河、姜庄沟黑臭水体综合治理工程，必须按要求完成任务，专业委员会要加强调度督导，确保工程按照要求完成。在垃圾处理工作上，由县城管执法局牵头，统筹抓好城区及各镇街区环境卫生综合治理和管理工作。这项工作由杜文陆县长负责。工业固体废弃物处理工作，由王国琦县长负责。要将涉危废企业纳入重点监管范围，做到“一企一档”，做到分类贮存、标识清晰、“三防”设施健全，严格执行危险废物转移联单制度。针对我县玻璃钢等行业产生的一般工业固废，执法局、环保局及相关镇街要加强管理，重点是加强企业台账管理和暂存场所的建设管理，严禁露天存放，根绝乱扔、乱倒、随意焚烧的现象。

（四）坚决配合环保部强化督查工作。近期，环保部提出了“五步法”环保督查的新管理思路，即督查、交办、巡查、约谈、专项督查等五个环节。第一步，督查，即督查人员到现场发现问题。第二步，交办，涉及环境质量改善的重要问题，由环保部发文正式交办，对问题“记上账、挂上单”。第三步，巡查，环保部对“挂单”问题开展巡查。第四步，约谈，对巡查中发现治理进度缓慢、整改不力，环保部将约谈地方政府负责人。约谈后，环保部还将再派人“回头看”。第五步，专项督查，对于仍然“无动于衷”的地方，还将启动“机动式”“点穴式”的中央专项督察，追责到人，以保证问题得到全面解决。要对环保部交办的 32 个问题，盯紧盯死，坚决不能出现问题。同时，要严格按照各项要求，扎实推进工作，确保不再产生新的问题。

三、专项整治，全面推进生态环保责任落实

（一）大气污染防治

各级各部门要继续全面落实市政府“压煤、抑尘、控车、除味、增绿”五大措施，严格按照《武城县 2017 年大气污染防治工作要点》《武城县大气污染防治实施方案（2016—2017）》

要求，全面抓好各项目标任务的落实工作。

1. 燃煤污染治理

县环保局要全面淘汰10蒸吨及以下燃煤锅炉，完成燃煤小锅炉“清零”工作，要加大巡查力度，严防已拆除锅炉死灰复燃，重新启用。对违规新建、扩建高污染燃料设施的或未在规定期限内完成整改的，要依法查处。对不能稳定达标排放的企业，实施限期治理、停产治理。要对经营性的茶炉大灶进行全面摸排，8月15日前建立台账，10月底前全部完成整改。这项工作由王国琦县长负责。

县发改局要严格执行煤炭消费等量或减量替代政策，今年煤炭消费总量要比2012年减少0.22万吨。对于不符合等量或减量替代政策的燃煤项目不予立项。这项工作由田志清县长负责。

县经信局要牵头环保部门对完成淘汰、替代和改造的锅炉进行验收销号，对符合补贴条件的燃煤锅炉，落实财政补贴。全面推进10蒸吨以上燃煤锅炉超低排放和能效达标改造，10月底前全部完成。对全县石灰窑、铸造窑进行全面梳理排查，列出整治台账，2017年底前全部淘汰关闭。对符合产业政策的，积极推动转型升级和技术改造，严格按要求全部实现达标排放。这项工作由刘呈辉部长负责。

县商务局要推进散煤综合治理，要坚持问题导向，解决去年工作中虎头蛇尾、统筹协调不到位、责任不落实的问题，按时完成市政府下达的清洁煤推广任务。对县域内的散煤决不能再视而不见。要加强对清洁煤销售点的管理，城区及周边、镇驻地不允许再新建销售点。这项工作由田志清县长负责。

县国土局要对全县砖瓦窑进行梳理排查，列出砖瓦窑整治台账。对于不符合产业政策的，11月底前全部淘汰关闭，并做好砖机、砖窑、烟囱拆除和土地复垦工作。这项工作由杜文陆县长负责。

县建委要主动对接省市业务部门、严格按照相关要求，对集中供热管网不能覆盖的区域，以高污染燃料禁燃区、城中村和城乡接合部为重点，按照宜气则气、宜电则电的原则，在10月底前完成9000户以气代煤或以电代煤工程，分区域建立替代户主台账清单。这项工作由杜文陆县长负责。

2. 扬尘治理

扬尘治理工作是我县大气污染防治工作的重点，建委、城管、环保、交通、公路、水务等部门要强化部门责任，大力开展扬尘污染综合整治。

县建委负责建筑工地全面落实扬尘“六个100%”防治标准，9月底前规模以上土石方施工工地全部安装在线监测和视频监控。同时，进一步严格规范全县拆迁施工工地、道路、管线施工现场的扬尘污染防治和监管。这项工作由杜文陆县长负责。

县城管执法局要牵头抓紧启动城区“硬化、绿化、美化、优化”“四化”工程。要实行城市扬尘控制网格化管理，落实乡镇驻地湿式机扫，明确网格负责人、保洁工作负责人，并公布名单。加强对承担的市政施工工程和全县渣土车的扬尘防治；继续加强城区道路湿式机扫、洒水保洁措施，逐步扩大道路保洁范围。2017年9月底前，每个镇街区至少配备一辆湿式机扫车，在镇驻地和国省道全面推行湿式机扫。这项工作由杜文陆县长负责。

县环保局要以企业料场、煤场、灰场、渣场、商混企业为重点，严格按标准做好道路硬化、车辆冲洗、喷淋抑尘等工作，进一步加强扬尘污染防治。这项工作由王国琦县长负责。

县交通局要对国省道及其两侧的停车场与车辆维修点等进行排查，建立停车场整治台账清单，年底前逐个销号、全面治理。

3. 机动车污染治理

县交警大队要加强老旧机动车淘汰管理，严肃查处各类“冒黑烟”老旧车污染问题。负责城区道路运输秩序的扬尘污染防治工作，严查大车违规进城及各类违规违法行为。这项工作由王国琦县长负责。

县商务局要加强成品油质量和车用尿素监督管理。加快推进车用柴油和普通柴油并轨，9 月底前全县全部供应符合国六标准的车用汽柴油，禁止销售普通柴油。在全县范围内高速公路、国省道沿线加油站点销售符合产品质量要求的车用尿素。要加快推进加油站双层罐或防渗池改造，12 月底前完成改造任务。这项工作由田志清县长负责。

4. 低空面源污染整治

县城管执法局要在城区范围内全面禁止枯枝落叶、垃圾等废弃物露天焚烧行为；8 月底前建立全县餐饮服务经营场所、单位食堂、食品加工企业餐饮油烟污染源清单；10 月底前城区的餐饮服务经营场所要全部安装使用高效油烟净化设施；全面取缔露天烧烤，实现“集中布局、进店经营”。严禁占用城区道路实施喷涂作业。这项工作由杜文陆县长负责。

县交通局要开展全面摸底排查，建立汽车维修行业涉及钣金喷漆工艺的维修企业和个体户台账清单。对未配置喷漆废气处理设施的企业和个体户，责令限期整改。无资质的企业和个体户，一律停业整改或依法取缔，年底前要全面完成整治任务。积极推进出租车、公交车新能源或清洁能源的替代工作，督促燃油、燃气出租车定期更换三元催化设施。这项工作由杜文陆县长负责。

5. 挥发性有机物（VOC）治理工作

县环保局要在 2017 年 11 月底前，完成全县玻璃钢行业企业治理任务。加强对加油站油气回收运行情况的监管检查，回收装置运行不正常的要依法处理。这项工作由王国琦县长负责。

县经信局要全面推进石油化工、医药、农药类化工，汽车制造、机械设备制造、家具制造等涂装类、包装印刷等行业的 VOC 治理，10 月底前完成。这项工作由刘呈辉部长负责。

6. 错峰生产工作

这项工作在各级督查中出现过很多问题，务必要提高认识，把工作做精、做细、做实，主要由县经信局具体负责。要结合上级要求，制定年度错峰生产方案，加大调控力度，并依法依规落实到相关企业，9 月底前完成。生产调控措施要具体到企业、具体到生产线、具体到实施方式（停产、限产等）、具体到产能、具体到责任人。这项工作由刘呈辉部长负责。

7. 重污染天气应对工作

县环保局要牵头各重污染天气应急指挥部成员单位，严格按照环保部统一预警分级标准，8 月底前修订完成县级重污染天气应急预案，重污染天气应急指挥部成员单位要同步完善实施方案。环保、经信部门要指导企业科学制定操作方案，一企一方案，确保减排措施有针对性，可操作、可核查。这项工作由王国琦县长负责。

县林业局要制定全县生态绿化工作实施方案，结合小农水工程和各种农业基本建设项目，高标准完善农田林网建设。加快高标准绿化村、镇建设，至少建成 1 个省级绿化模范镇，每个镇建成2个绿化模范村。确定1个乡镇，建设一片以上不少于1万亩的高标准农田林网。大力推进造林绿化行动。县执法局要围绕“三沿”科学安排造林绿化任务，做好城区及周边绿化文章，达到“有路皆绿、有水皆绿、有城皆绿、有村皆绿”的局面。

在错峰生产和重污染天气应对工作方案制定上，要加强调研，坚持实事求是，坚决杜绝官僚主义现象。

（二）水污染防治

1.“河长制”落实工作

目前，已经印发了《武城县全面实行河长制实施方案》，编制完成了县、镇、村三级河湖名录，初步建立了覆盖全县的县、镇、村三级河长组织体系。县水务局要按照河长制工作要求，重点加强南水北调、引黄济津等有关调水河道保护工作，确保调水安全。落实好相关责任，做到责任明确、协调有序、监管严格、保护有力。同时，加强闸坝调度管理，落实生态补水机制，确保生态流量。要确保河湖管理保护体制良性运行，持续改善全县水环境质量。这项工作由韩以广县长负责。

2. 地热井改造提升工作

县国土局要加强对城区已封地热井和实现同层回灌7眼地热井的监管、监控，要在冬季取暖期24小时全覆盖监控，确保地热尾水100%实现回灌；对已封地热井也要落实巡查制度，确保不失控、不失管。县国土局会同县建委要牵头制定镇街区其他地热井整改提升方案，建立台账，倒排工期，牵头相关镇街区结合以气代煤和以电代煤工作，加快工作进度，确保今年冬季取暖之前全部完成。这项工作由杜文陆县长负责。

3. 污水处理厂及管网建设工作

县建委要加快城镇污水处理设施建设运行，确保出水水质全指标达到一级A标准，确保城市建成区污水处理率达到96%以上；各镇街区污水处理设施建设主体工程已经竣工移交的，要于10月底前完成销号验收。理顺污泥处置设施运行管理的体制机制，确保现有污泥处理处置设施全部稳定运行，取缔非法污泥堆放点。这项工作由杜文陆县长负责。

（三）土壤污染防治

2016年5月，国务院印发了《土壤污染防治行动计划》，标志着土壤修复工作已拉开帷幕。这项工作虽然刚刚起步，但土壤污染问题已经成为继大气污染、水污染之后急需解决的重大环境问题。各级各部门要高度重视此项工作。就目前工作开展来看，工作任务主要集中在农业和环保两个部门。

环保部门要逐步建立调查评估制度，按照国家建设用地土壤环境调查评估技术规定，逐步开展建设用地土壤环境调查评估；要逐步建立土壤环境质量监测网络，为土壤污染防治工作提供技术支撑。这项工作由王国琦县长负责。

农业部门要加强农业污染控制，合理使用化肥农药，加强废弃农膜回收利用，控制农膜污染。这项工作由韩以广县长负责。

（四）危险废弃物防治

县环保局要对工业危险废物加强日常监管，加大固体废物进口加工企业的监管审核管理，严格执行危险废物转移联单制度，不定期开展专项执法行动，确保危废产生企业依法依规贮存、转移。对涉嫌非法贮存、转移废物的环境犯罪案件，要及时移交公安部门立案查处。这项工作由王国琦县长负责。

县卫计局要严格按照《武城县医疗卫生机构医疗废物处置工作实施方案》要求，做好医疗废物集中处置工作。要联合环保部门对全县医疗卫生机构开展专项检查，确保医疗废物集中处置工作落到实处。这项工作由孙旭红县长负责。

以上我所讲的只是环保工作的一部分重点工作，各有关部门和单位要仔细对照《环境保护督察工作任务清单》《武城县各级党委、政府及有关部门环境保护工作职责（试行）》等文件，切实将各自承担的工作任务落实到位。

四、强化保障，确保各项工作落到实处

一分部署，九分落实。加强生态环保工作是一项系统工程，更是一场持久战役，必须围绕责任的落实落地，强化做好保障工作，坚持改进作风、领导带头，深入宣传发动、严守工作底线，确保各项部署变为具体行动、见到实实在在的效果。

一要坚持刀刃向内，切实改进作风。我们都是武城干部，吃武城饭、干武城事。对待工作，先不要求每名同志都“大公无私”“公而忘私”，但起码要做到“视公如私”“视人如己”，将公事当成个人私事来做，将人民群众的事当成自己的事来办，用心用力地思考工作、研究工作、履职尽责，更好地推动工作。我多次讲过，我们武城有很好的群众基础，有很好的工作基础，有很好的干部基础，县委始终强调必须把建设高素质的干部队伍牢牢抓在手上。大家要对县委常委会提出的查找当前我县各级领导干部中存在的突出问题开展讨论，“公事不是事，私事才是事”“私事我求人，公事人求我”这两个问题是不是突出问题？比如，我们开展“业务单位学业务”活动，要求要加强对上汇报沟通，但有些单位就是不愿去，因为上去是“我求人”，在家是“人求我”。假如这两个问题不是突出问题，你认为突出问题是什么？有的同志可能会说，是观念问题、能力问题、作风问题，但我看有的同志在办私事上没有半点的观念问题、能力问题、作风问题。更有甚者对公事的懈怠行为美其名曰是放手放权，是为了调动下属的积极性，是科学的工作方法，但在个人的私事上却半根指头都不放。每个单位、每名领导、每名干部都要找准自身定位，积极主动工作，坚决防止因个别工作人员工作不到位、造成部门失职失责，由于部门工作不到位、造成县级指挥层面出现问题。上者昏昏，下者必昏昏；上者昭昭，下者必昭昭；兵昏昏一个，将昏昏一窝，我们领导干部绝不可“以其昏昏，使人昭昭”。

二要坚持领导带头，突出统筹协调。上行下效，才能在落实上见成效。在环保工作中，有些工作是需要镇街、部门独立完成的，有些是需协调解决的，比如，鲁权屯镇的“小散乱污”企业治理，如果不协同作战，很难实现预期。各镇街、部门要及时上报需分管领导同志协调解决的问题，以便于统筹力量、集中攻坚。对于收到的相关问题，县级领导同志要认真调研、庖丁解牛，特别要集思广益，听取不同的意见建议，做出科学的决策；尤其对于一些颠覆性意见，更要认真考虑、总体把握。要统筹协调，拿出务实管用的办法措施，特别要切实发挥好乐团指挥的作用，通过具体的指挥动作，指挥好每个演奏者的动作，决不能大而化之、笼而统之，只作大道理要求，没有具体动作。

三要坚持强化督查，严肃监督执纪问责。县委、政府两办督查科、纪检监察机关和环保部门要联合出击，采取不打招呼、不定时间、不定路线的方式进行明察暗访，对责任落实不到位、工作开展不力等问题，要拿出硬的决心、铁的措施，对相关责任人进行顶格问责。今天

会上还印发了“扪心问政”活动有关文件、落实了县纪委联系环保委专业委员会制度，目的都是为了“谁不负责就问谁的责，谁出问题就追谁的责”。这次环保攻坚大会，也是“扪心问政”活动的动员会，各级各部门都要认真组织学习好相关文件精神。县纪检监察机关要用好问责利器，把监督执纪问责贯穿于生态环保工作全过程，抓出一些典型案例，进行公开问政，形成警示效应；要通过抓早抓小，坚决防止小毛病演变为大问题。

四要坚持广泛动员，深入宣传发动。中国革命的胜利，靠的是枪杆子加笔杆子。中国建设的成功，仍然要靠过硬的工作和过硬的宣传。但是，在具体实践中，我们的问题往往是一方面工作太硬，太生硬，生硬得没有温度。雷锋同志讲过，“对待同志要像春天般温暖，对待工作要像夏天一样火热，对待个人主义要像秋风扫落叶一样，对待敌人要像严冬一样残酷无情”。我们有的同志恰恰弄反了、弄倒了；另一方面是宣传太软，软到了悄无声息，软到了像毛笔的狼毫，要么不敢、不会、不愿发声，要么“等靠要”，等靠要上级宣传，等靠要专业单位宣传，而不能在工作中宣传发动，在宣传发动中工作，硬硬地把具体工作和宣传思想工作割裂开来。

宣传发动，要植入我们的调研、决策、落实的每一个环节、每一个具体动作，工作的每一个环节都要注意宣传发动，宣传发动是每一个工作环节的必做动作。例如，对生态环委会来讲，每一个专业委员会都要结合工作做好宣传发动，宣传教育专业委员会更要把宣传发动工作调研、指导落实到每一个专业委员会。

宣传发动关键在“入心”“走心”，根本站位是要把群众当亲人、当兄弟姊妹，基本的要求是解开群众的“心结”，让群众知道是什么、为什么、怎么办；大政方针必须讲透，小情、小事、小理和具体的事、具体的情、具体的理更要讲透！既要理直气壮地讲、旗帜鲜明地讲，又要和风细雨地讲、润物无声地讲。

五要坚持严守红线，不越雷池一步。习近平总书记指出，“要牢固树立生态红线的观念，在生态环境保护问题上，就是要不能越雷池一步，否则就应该受到惩罚”。要实行最严格的制度、最严密的管控，打出宣传、教育、打击、警示等系列组合拳，对那些忽视环境保护、宣传教育无效、造成严重后果的人和事，该追责的追责，该打击的打击，坚决打消侥幸心理。在这个问题上需要强调两点，一要“公”，二要“严”。所谓公，是指公平、公正，古语道，“民不服我能，而服我公”。政府公信力高，就会在人民群众中树立起良好形象，赢得人民群众的信任和支持，各项政策措施就能落到实处。所谓严，是强调对不配合、甚至恶意阻挠环保检查行为，必须坚决打击。前段时间，环保部强化督查组在山东、河北检查时，拒绝开门、逃离现场、撕毁封条等不配合环保执法的事件连续发生，性质非常恶劣。环保部督查组最近公布了撕毁封条违法生产的事件，全国16起，山东占了13起，目前已拘留企业主要责任人13人。今年以来，我县也有6人因阻挠、不配合环保执法被拘留。我们必须加大宣传教育力度，要求各企业单位必须无条件地配合环保检查，对阻挠环保执法、“撕毁封条”等现象，坚持露头就打、顶格处罚。

五、知易行难，充分认识抓落实的艰难性

近期，市里就大气污染防治、水污染防治出了2期6月份的《工作通报》，情况给大家通报一下：

关于水污染防治工作。这项工作，我县的总得分是47.39分，在13个县市区中排名第12位，第1名是齐河县，总得分为84.91分，几乎是我县总得分的两倍。其中，在全市6月份主要河流断面水质情况方面，7个县市区得分为40分，而我县得分仅为24分，与宁津、运河并列倒数第1；在列入2017年度水污染防治目标责任书中的重点工程项目进展情况方面，第1名是齐河县，得分为18.34分，而我县得分仅为1.67分，与经济开发区并列倒数第1，在列入2016年度水污染防治目标责任书中的重点工程项目中，全市有8个未完成，其中有我县1个；在建成区黑臭水体综合整治情况方面，陵城区得分为25分，3个县市得分为20分，而我县仅得分15分，与其他县区并列第7,实际上也是倒数第2;在6月份德州市《水污染防治行动计划》落实情况方面，饮用水水源环境保护规范化建设这项指标，有3个市区得到1分的满分，而我县得分仅0.5分，在参与考核的县市区中，与宁津并列倒数第2，加油站地下油罐更新改造这项指标满分为1分，最高分为0.62分，而我县仅为0.05分，位列倒数第2。

关于大气污染防治工作。这项工作，换算为千分制后，第一名是经济开发区，得分为801.8分。我县与乐陵市的得分同为723.6分，同为第5名。其中，在大型车停车场、维修点扬尘治理方面，有6个县市区得到满分100分，我县仅得63.2分,位列第8;在重点企业煤(料)场、灰（渣）场密闭改造工程方面，有4个县市区得到满分300分，我县得分仅为247.1分，位列第9；在乡镇湿式机扫车配备工作方面，有5个县区得到满分100分，我县得分为0，与其他3个县市区并列倒数第1；在餐饮油烟治理方面，庆云县总数106全部完成，得到满分100分，我县总数120，完成0，得分为0；在VOC治理项目验收销号方面，有两个县区得到满分100分，我县得分为0，与其他6个县区并列倒数第1。另外，在加分项方面，共有11个县市区得到加分，禹城市、临邑县、夏津县加分100分，而我县加分35分，在11个县市区中倒数第2。

以这两个通报为案例，警示全县各级，知易行难，会议易开，落实很难。我再次借用泰戈尔的诗句强化这一警示："世界上最遥远的距离，不是生与死"，而是说到与做到，开会与落实！

守护好身边的绿水青山，留住头顶的蓝天白云，是群众的共同期盼，也是我们义不容辞的责任。希望大家强化"红线意识"与"底线思维"，以最严的标准、最实的要求，把环境保护贯穿到经济社会发展各个领域、各个行业、各个环节，坚决打好蓝天白云绿水青山保卫战，保护人民群众身体健康，促进经济社会转型升级，以环境改善的优异成绩迎接党的十九大胜利召开！

在全县经济工作会议上的主持讲话

（2017 年 2 月 25 日）

朱恩鹤

节后上班第一天就召开全县经济工作会议，主要任务是贯彻落实中央、省、市经济工作会议和县第十三次党代会精神，总结回顾去年工作，安排部署今年任务。一会儿，张书记还要作重要讲话，大家要认真学习领会，抓好贯彻落实。下面，根据县委、县政府研究的意见，我讲三个方面的问题。

一、客观估价成绩，科学研判形势，坚定加快发展的信心和决心

过去的一年，全县上下在县委的坚强领导下，按照“围绕‘四县’战略，更新思想观念、改进工作方法、狠抓工作落实”的总体要求，创新创业，聚焦聚力，全县经济社会发展呈现稳中向好、活力增强、民生改善的良好态势，实现“十三五”良好开局。

一是预期指标基本实现，奠定了加快发展、争先进位的坚实基础。预计实现地区生产总值179 亿元，增长 7.5%。一般公共预算收入 8.62 亿元，增长 8.06%，高于全市平均水平 1 个百分点。规模以上工业增加值、主营业务收入、利润，增幅均居全市前 3 位。完成规模以上固定资产投资 193 亿元，增长 13.6%。城镇、农村居民人均可支配收入增长 7.8% 和 8.8%，分别高于 GDP 增速 0.3 和 1.3 个百分点。人均住户存款 34195 元，居全市第 2 位。粮食生产实现“十四连增”。大部分指标超额完成预期任务，呈现增长较快、质量较高的发展势头。

二是转型升级提速增效，提供了加快发展、争先进位的强劲动能。扎实推进供给侧结构性改革，新动能快速成长。树立穹顶视野，强化专业思维，建立“三位一体、四线联动”协同推进产业发展机制，以科技创新为引领推进企业协同创新，具有“唯一性”的企业、产品不断涌现。新能源空调产业，建立起以龙头公司为“旗舰”，带动“车间公司”共同发展的“产业舰队”，被评为山东省优质中央空调配套产品生产基地。新材料（玻璃钢）产业，实现由单一热固性材料向多种结构性复合材料拓展、由建筑工程等传统领域向航空航天、兵装军工等新领域拓展的重大突破。高新技术产业产值占比全市第一。充分发挥个性优势，以对外合作为载体，大力实施招商引资、招研引学、招才引智“三招三引”，水星天元汽车电子产品等 29 个优质项目成功落地。坚持把质量放在第一位，坚决做到“四个不要”。按照“亲”“清”新型政企关系要求，为 373 家企业解决土地、环评手续等各类遗留问题 381 个。打包核销 7 个担保圈、56 家企业不良贷款 2.3 亿元，使企业走上健康发展的良性轨道。

三是城乡建设协调推进，搭建了加快发展、争先进位的良好平台。作为全省唯一的实施产城融合推进就地城镇化试点县，紧紧围绕离得开、进得来、留得住、过得好“四个关键环节”，牢牢把握“四个决不允许”，创新制定 17 个配套办法，初步建立起可复制、可推广、可借鉴的“武城模式”，郭树清省长给予高度

评价。在全省率先实现农村土地“三权分置”“三权三证”，在全国首创实施风险防范“项目池”制度，被评为全省农村集体“三资”管理示范县，工作经验全省全国推广。城市功能更加完善。启动《城市总体规划》修编，编制城区道路、水系、绿化、市政综合管线等专项规划。城市南环路、文昌小学、德百商业综合体、蒋官屯新村二期等工程稳步实施，生态宜居、环境优美的精品县城初具规模。美丽乡村建设稳步推进。鲁权屯镇被评为省级重点示范镇。5 个镇街税收超过 5000 万元，鲁权屯镇达到 1.58 亿元。实施“两区同建”提升、拓展两大工程，33 个农村新型社区、68 处现代产业园区实现互动提升，“美丽乡村·空心村整治”工作成为全省亮点。完成农村危房改造 181 户、旱厕改造 10033 户，新建改建农村公路 111 公里，群众生产生活条件显著改善。德上高速建成通车，改写了武城无高速的历史。

四是民生民本持续改善，凝聚了加快发展、争先进位的强大合力。强化质量意识，补齐民生短板，发展成果更多更公平地惠及广大群众。脱贫攻坚取得阶段性成果。22 个省定贫困村顺利脱帽，超额完成上级下达的脱贫任务，李家户镇“循环式扶贫”、老城镇光伏科技扶贫模式成为全省亮点。生态环境明显改善。191 台燃煤锅炉完成淘汰和清洁能源替代，42 家加油站油气回收全部改造完成，43 家清洁型煤配送点建成使用。依法依规关闭提升地热井，彻底解决地热尾水污染问题。主要河流水质稳定达到五类标准。全面推进“一路两带三林”建设，新建农田林网 10 万亩。社会事业全面发展。46 处解决“大班额”和“全面改薄”工程全部开工。幸福中心医养结合模式成为县级养老服务机构样板。四女寺风景区纳入全省十大文化旅游品牌招商体系，知名度明显提升。在全市率先完成“天网村村通”工程，实现县域视频监控无缝隙、全覆盖，成为全市治安形势最好的县市之一。安全生产形势平稳，食品药品安全“全覆盖＋双随机”监管模式全省推广。

五是执政能力不断提高，夯实了加快发展、争先进位的组织保障。坚持从严治党、依法行政，把党风廉政建设牢牢抓在手上，充分发挥领导干部表率作用，严格落实“一岗双责”，真正叫响“向我看齐”。深入开展“两学一做”学习教育，坚持“学”“做”结合，法纪规矩全面强化，党风政风持续向好。坚持把纪律挺在前面，牢固树立“严格就是关心、关心必须严格”的理念，扎实开展“整风肃纪，抓早抓小”活动，在咬耳扯袖、红脸出汗的常态中和党纪轻处分、组织处理的大多数中见事见人见物。大力开展“业务单位学业务”活动，突出解决业务单位不懂业务、领导干部不学业务和业务人员一知半解等问题，努力打造懂业务、钻业务、业务精的干部队伍，全县上下风清气正、想事干事的正能量加速聚集。

回顾一年来的工作，有三个方面的深刻体会：一是思路决定出路。面对经济发展新常态，我们积极更新思想观念，把思想高度统一到“四个全面”战略布局、“五大发展理念”和供给侧结构性改革上来，统一到市委、市政府“努力建设协同发展示范区”决策部署上来，坚决落实县委总体要求，进一步明确了推进经济社会持续健康发展的方向路径。二是方法决定成效。坚持以新理念新思想新战略武装头脑、指导实践。坚持遵循规律，强化顶层设计；坚持依法行政，做到法中有法、法从法出；坚持聚焦政策，突出精准对接；坚持调查研究，把握事物本质；坚持统筹协调，分清轻重缓急；坚持从严从实，倡导“航天精神”“工匠精神”，细谋敏行，精益求精。坚持理顺体制机制，将全县发展纳入规范化、程序化轨道。三是作风决定作为。坚持“磨刀不误砍柴工”的工作理念，不断强化干事、角色、质量和责任意识，各级各部门精神面貌焕然一新，工作作风显著改善，业务水平不断提升，呈现出肯干实干、善作善为的工作格局。几大班子和衷共济一线作战，各级干部不分昼夜埋头苦干，着眼长远打基础，抬高标杆求进位，拼出了整体工作的全面突破，为今后的发展积蓄了动能、聚集了力量、夯实了基础。

在充分肯定成绩的同时，也要清醒地认识到我县经济社会发展中存在的问题和挑战。一是面临做大经济总量和调优经济结构的双重矛盾。虽然我县发展速度较快，但经济总量仍处于全市下游位置，是全省为数不多的地方财政收入未过10亿元的县市之一。产业层次总体较低，企业生产经营压力较大，转型升级的任务艰巨。二是面临民生发展任务较重和资金供给不足的双重挑战。一方面，面对经济下行压力加大、国家实施结构性减税政策等因素影响，财政增收的难度不断增大。另一方面，民生短板仍然较多，教育、社保、养老、扶贫等刚性支出不断增加，收支矛盾更加突出。三是面临应对激烈竞争和进一步转变作风的双重压力。春节前，周边县市陆续召开党代会、“两会”，确定的目标高、发展的势头猛、建设的气魄大。与之相比，我县部分干部在思维方式、工作标准和拼抢意识等方面还存在一些差距和不足，精神萎靡、状态不佳、不严不实、不敢担当等问题依然存在。各级各部门一定要高度重视，在今后工作中认真加以解决。

面对新的发展形势，我们既要清醒地认识困难和问题，增强忧患意识和危机意识；更要科学分析，坚定发展信心和决心。进入“十三五”以来，中央、省相继作出了一系列新决策、新部署，适度扩大总需求、振兴实体经济、推进供给侧结构性改革等一系列精准政策密集实施，京津冀协同发展、“一圈一带”等重大战略利好因素将集中释放，为我们加快发展带来了新的重大机遇。县委顺应大局大势，从县务虚会、县党代会到县“两会”，经过深入调研、充分论证和集思广益，提出了“1115”的发展思路。第一个“1”就是让党中央治国理政新理念新思想新战略在武城落地生根、开花结果的工作主题。第二个“1”就是围绕“四县”战略，更新思想观念、改进工作方法、狠抓工作落实的总体要求；第三个“1”就是积极地稳、主动地进的主基调，“5”就是“五个牢牢把握”。这是一个系统完整的方向指引，有总目标、总要求，有总战略、总路径，是武城未来发展的方向和引领。可以说，武城现在已站在了一个新的发展平台上，完全可以实现更大突破、更快发展。这是时代赋予我们的神圣使命，更是全县党员干部义不容辞的责任。各级各部门务必增强加快发展、争先进位的紧迫感和责任感，以饱满的激情、积极的姿态，提振精神、苦干实干，加快建设协同发展先行区。

二、明确目标要求，突出工作重点，奋力开创协同发展新局面

今年是贯彻落实县第十三次党代会精神的第一年，也是新一届县乡班子换届的开局之年，更是强势突破、快速发展的关键之年。今年全县经济工作的指导思想是：全面贯彻党的十八大和十八届历次全会精神，深入贯彻习近平总书记系列重要讲话精神，紧紧围绕“四个全面”

战略布局和“五大发展理念”，充分认识经济总量太小、供给结构失衡两大主要矛盾，以全面从严治党为总抓手，牢固树立新发展理念，以做大总量和提高质效为目标，以推进供给侧结构性改革为主线，积极地稳，主动地进，不断改革创新，完善体制机制，坚持标本兼治，一手抓产业推进，一手抓生活环境提升，调动各方面积极因素，努力建设协同发展先行区。

综合考虑多方面因素，按照高于周边、高于全市平均水平的原则，确定今年的主要预期指标是：地区生产总值增长 7.5% 左右，一般公共预算收入增长 8% 左右，固定资产投资增长 12% 左右，社会消费品零售总额增长 11% 左右，城镇和农村居民人均可支配收入分别增长 8% 左右和 8.5% 左右。重点抓好四个方面：

（一）牢牢把握产业转型、企业培植两大重点，努力在实体经济上开创新局面。实体经济是经济发展的根基。工业强，则实体经济强；实体经济强，则县域经济强。各级各部门要牢牢把握主要矛盾，全力推进工业强县、民营兴县战略，努力膨胀总量、优化结构。

一是坚持产业发展不动摇。按照“三位一体、四线联动”协同推进产业发展机制总体架构，合理配置工作力量，建立扁平化、简洁化的执行程序，深入挖掘产业办潜能，为推进产业发展提供坚实保障。1、建立科学的运行机制。正确处理好联席会议办公室、产业办、商会（协会）、对接京津冀联络办公室之间的关系，形成有机统一的整体，实现效率最大化。2、强化“司令部”的统领作用。联席会议办公室负责联席会议的组织、联络，督促各产业办协同作战。3、提升“九大独立团”的作战能力。各产业办要强化队伍建设，在国家级行业协会、高等科研院所选聘 1—2 名政府顾问，在本地优质企业中聘请 2 名产业顾问，组建“土洋结合”更具战斗力的专业团队，承接好“司令部”下达的各项“作战指令”。要强化产业研究，聚焦产业政策，了解国家支持什么、限制什么，把握产业转移动态、资本流动规律和企业外迁趋向；要坚持沉下去、走出去“两大战略”，既要深入企业调查研究，帮助企业发现问题、解决问题，又要到国家级行业协会、高校院所联系对接，我们的产业在同行业中处于什么位置，行业的龙头领军者、客户领军者、供应商领军者是谁、在哪里？产业最先进的工艺、最好的产品是什么？学术权威是哪个机构、哪位专家？等等，都要掌握得一清二楚。4、强化后勤保障能力。按照“专门、专人、专注、专业”的原则，选拔一批熟悉经济工作、年富力强的人员充实到产业发展队伍中来，做到专岗专职，实行集中办公。将工作经费纳入财政预算，保障工作开展。健全考核办法，要体现出干与不干不一样，干多干少不一样。

二是坚持企业扶持不减力。当前经济形势不容乐观，相当部分企业都面临“过冬”的考验，要把企业存在的问题作为政府的工作方向，个性问题具体解决，共性问题系统解决。要坚持实事求是、事要解决的原则，扎实开展“进企业、解难题、促发展”活动，真心实意帮企业解难题、渡难关。要注重发挥政策导向作用，把解决企业遗留问题与企业改制、上市挂牌、科技创新、对外合作结合起来，在解决企业问题的同时，促进产业转型升级、企业发展壮大。

当前，融资问题是一个共性问题，市里围绕金融领域实施“三航”计划，选择了 30 家骨干企业，实施以“防风险、保稳定、促发展”为重点的“护航”计划；选择 50 家高成长型企业，实施以“创新融资模式、持续快速发展”为重点的“远航”计划；选择100家科技型中小企业，实施以“破解融资瓶颈、推动快速成长”为重点的“启航”计划，我县已上报22家企业争取纳入“三航”计划盘子，财政、经信、科技等部门要盯紧靠牢，力争获得更多支持。我县企业面广量大，且以中小企业为主，很多企业都面临着融资难、融资贵的问题，我们要因势而谋、应势而动、顺势而为，让企业切身感受到党委政府的关心和支持。县委、县政府确定开展重点企业“三航”助推行动，筛选一批骨干财源型、持续发展型、科技成长型企业精准扶持，通过担保增信、过桥资金、破圈解链等方式，帮助企业解决资金难题。财政局、经信局、科技局分别牵头实施“护航”“远航”“启航”助推行动，尽快确定企业名单。人行、各金融机构要主动对接政策，及时跟进落实。今天会议上，印发了《武城县重点企业“三航”助推行动实施方案（征求意见稿）》和《武城县信诺融资担保有限公司融资性担保业务操作规程（征求意见稿）》，大家要认真研究，会后提出意见建议报金融办汇总整理，尽快启动实施。

“三航”助推行动顺利实施，首先要解决发展工具的问题。1、要坚持市场在资源配置中的决定作用和更好地发挥政府作用，推进投融资体制改革，明晰政府与公司的职能边界，实行政企分开、政资分开，规范建立市场化运作、企业化管理的国有资本运营平台，财政部门履行出资人职责，国资部门履行国资监管职责。进一步明确平台功能定位，财金公司主要负责政府投资项目的投融资和产业基金运作等工作；城资公司主要负责城市基础设施建设等工作；做实信诺融资担保公司，努力把资本金增加至3亿元，提升担保能力，更好地服务实体经济。2、积极整合国有资产，通过财政注资和优质国有资产注入等方式，支持三大平台做大做强。主要包括五个方面：一是财政资金注入；二是筛选整合资产质量好、现金流稳定、盈利能力强的优质国有资产注入；三是以部分国有资产的冠名权、使用权、特许经营权注入；四是以政府投资形成的资产或股权注入；五是财政支出方式调整，实现资金变资产。3、充分发挥政府“黄金信用”作用，县财政拿出1000万元，引导撬动银行资金、机构资金、社会资金向“目标”企业聚集。

三是深入推进供给侧结构性改革。振兴实体经济，要以提高质量和核心竞争力为中心，发展壮大新动能，扩大高质量产品和服务供给。坚持打造企业“唯一性”的工作导向，突出科技创新引领作用，培育错位优势和差异优势。新增市级以上创新平台13个、高新技术企业5家以上。大力推进规模企业规范化公司制改制，今年要确保完成30家。实施好50个转型升级重点项目，争取更多项目纳入省市盘子。各级各部门要树立质量第一的强烈意识，大力实施质量提升行动，发扬“工匠”精神，用质量优势打造价值优势，创造竞争优势。开展“一企一标”活动，加强品牌营销和个性定制，推进“武城产品”向“武城品牌”转变。着力清理一批“僵尸企业”，该断粮的必须断粮，否则既浪费资源，还会带来更多的问题，在保障职工权益的前提下，进行“凤凰涅槃”，推进“零地招商”“腾笼换鸟”。着力推进农业供给侧改革，提高农产品供给质量。积极推广绿色增产综合技术模式，新增高标准大方田5万亩。抓好华盛绿能光伏农业科技示范园、绿港公司现代农业示范园等项目建设，进一步提高武城农产品的市场美誉度。大力推进标准化生产，新增“三品一标”10个。健全农产品质量安全监管、检测、追溯和执法“四大体系”，争创全市首批省级农产品质量安全县。

四是扎实细致抓好财税工作。要认真研究营改增后税收的变化及应对措施，深化税收征管改革，加强综合治税信息管理平台建设，强化大数据分析稽查，促进“以票控税”向“信息管税”转变，确保应收尽收，实现财政收入平稳增长。积极稳妥落实中央省市各项财税改革政策，以高度的敏锐性超前研究、精细谋划、充分准备，力求在改革中争取主动、把握先机，最大限度维护我县长远利益。要加强财政支出管理，牢固树立全县“一盘棋”和过“紧日子”的思想，细化财政预算编制改革，严格规范预算追加行为，深化预算绩效管理，充分发挥财政资金保障和服务作用，努力做到部门运转不愁、重点保障有力、资金使用高效。

（二）牢牢把握精准招商、环境建设两大关键，努力在“三招三引”上开创新局面。招商引资是快速发展的活力之源，优化环境是强势突破的保障之本。面对新形势新要求，要在提高精准性上下功夫，在增强吸引力上作文章，努力形成外力持续涌入、内力不断迸发的生动局面。

一是坚持聚焦。就是明确目标、把握重点，解决向哪个方向用力的问题。各产业办、镇街区、有关部门要加强工作研究，深入分析我们的产业特点、个性优势，弄清楚我们缺什么、引什么，不能漫无目的，眉毛胡子一把抓，要把全部精力放在重点上。1、产业招商的重点要放在补齐、拉长、做优产业链条上，联席会议办公室要科学排兵布阵，给各产业办指定主攻区域，并保持长期性、固定性和连续性，避免“东一榔头、西一棒槌”。2、区域招商的重点要放在对接融入京津冀济上，要认真研究京津、济南产业转移的新动向、企业布局的新趋势，找准结合点，精心策划包装项目，有针对性地带着项目进行对接。特别是京津最大的资源优势是人才和资本优势，要注重从引企业、引项目向引资本、引人才转变。往往资本的后面就是资源、人才的后边就是项目。要瞄准科研院所、融资租赁、投资基金等高端资源进行攻坚，力争在我县设立分支机构和到我县投资。3、企业对外合作的重点要放在央企强企上，支持古贝春、水星、中椒英潮、齐鲁汽车等企业，通过并购重组、参股控股、技术合作等方式加强对外合作，尽快发展壮大。3月份市里将举办“三个一批”活动，6月份进行全市协同发展督查评议活动，分管同志要提前谋划、精心安排，各有关部门要迅速行动，抓紧对接，确保良好效果。

另外，我再强调一下对上争取工作。今年中央将进一步加大对实体经济、科技创新、新型城镇化、生态环保以及教育、棚改等民生领域的支持力度，扶持政策资金较多，就看我们想不想争取、会不会争取。要强化五个意识。1、要强化责任意识。大力开展“对上联系提升年”活动，各级各部门要切实担负起责任，积极跑部进省到市，利用武城籍老乡、在外武商、挂职干部等资源，加强与上级部门的联系对接，最大限度地争取支持。考核办要加强调度督促，对各单位对上联系、争取资金等情况，实行一月一汇总、一季一通报、半年一考核、年终算总账。2、要强化精准意识。各分管同志、各级各部门要重点加强对国家、省市扶持政策及投资方向的研究，有针对性地组织各类专项扶持资金的申报。3、要强化超前意识。很多政策的申报时间短、要求严、门槛高，如果不提前着手，很容易错失良机。发改、财政、经信、科技等部门要发挥好宏观协调、统筹指导作用，超前谋划、包装、储备一批重点项目，完善土地、规划、环评、立项等手续，必要时可以邀请专家进行指导，建立争取政策资金项目库，确保在政策出台的第一时间组织上报。4、要强化争抢意识。上级的扶持政策、资金不是等来的，而是争来的。一方面，很多扶持政策不是长期性的，过了这个村就没这个店；另一方面，上级资金有限，不是你多我少的问题，而是你有我无的问题，谁对上联系的多、工作的力度大，谁争取到的支持就多、就大。5、要强化规范意识。加强对争取资金的监督管理，国家对专项资金要求必须专款专用、专账管理，如果一个项目因为资金使用不符合要求、建设进度缓慢等原因，导致项目验收不过去，以后再争取就更难了。因此，对争取到资金支持的项目，要规范建设程序，夯实建设责任，以资金的规范使用、项目的高效推进，赢得上级认可，为后续争取项目资金奠定基础。

二是推进聚集。就是整合资源、完善机制，解决单打独斗、力量分散的问题。要搭建规范管理的执行程序，创新建立产业办+商会（协会）+企业“三位一体”的招商模式，将各种要素、各个环节，结合成相互衔接、有机融合的统一体。1、各产业办要正确处理“小局”和“大局”的关系，实行信息公开、资源共享。2、对接京津冀联络办公室是全县京津招商的“情报员”“执行员”，要第一时间将新政策、新信息反馈给各产业办；要根据产业办的需求，高标准、高质量地寻找对接人才、技术、资本，形成“一来一往”的工作格局。3、工商联要根据产业办的需求，负责做好与上级相关协会的联系对接。各产业办需要联络办公室、工商联解决的问题一定要书面化、材料化，经联席会议办公室登记后发函，年终根据办理情况量化考核。4、要放大武商优势，做好“三回”文章。由经合局负责，尽快成立济南、湖北等武城商会，进一步扩大商会覆盖面。要健全商会活动机制，每年选取两家商会，围绕产业招商主题，举行两次较大规模的武商聚会、内商外商见面会和产业推介会。县内举办产业行业协会活动时，也要邀请有关商会参加，形成内外互动的良性机制。在武商中选聘100名招商专员，建立投资信息沟通机制，年终对成绩突出的进行表彰。

三是强化聚合。就是完善政策，优化“生态”，解决吸引力相对较弱的问题。1、调整招商政策。1月17日，国务院正式公布了《关于扩大对外开放积极利用外资若干措施的通知》（国发〔2017〕5号），文件明确提出，允许地方政府在法定权限范围内制定出台招商引资优惠政策，支持对就业、经济发展、技术创新贡献大的项目，降低企业投资和运营成本，营造良好的投资环境。这是国务院62号文件后两年多来，首次正式提出授权地方政府制定出台招商引资优惠政策的文件，虽然是针对利用外资，但也释放出利好信号，势必掀起新一轮招商引资热潮。经合局牵头对全县招商引资政策进行梳理，该调整的调整、该合并的合并，防止在新一轮拼抢资源中落后被动。需要强调的是，放宽招商引资优惠政策，绝不是降低项目准入门槛，要牢牢坚持项目质量首要位置不动摇，坚决做到“四个不要”，守好执政为民的良心，这一点丝毫不能打折扣。2、完善园区功能。经济开发区要按照产城融合、产城一体的理念，每年至少投入3000万元用于道路、管网等基础设施建设，今年要彻底实现雨污分流。鲁权屯工业园、市南经济开发区，要进一步加大基础设施建设力度，完善园区功能，提高承载水平。要突出集约发展。当前经济开发区和镇街园区都有闲置土地、闲置厂房，要坚持疏导结合，加大土地使用税征收力度，利用倒逼机制，促进企业新上项目，寻找外部合作，也可将碎片化的土地连片包装后安置新项目。3、创优政府服务。一是营造高效廉洁的政务环境。各有关单位要按照《武城县加快项目建设实施办法》等文件要求，严格落实并联审批、联席会议等制度，简化审批流程，提高行政效能。二是营造公平公正的市场环境。加强整顿和规范市场秩序，严厉打击各类不正当竞争行为，避免“劣币”驱逐“良币”现象。三是营造诚实守信的人文环境。按照“有诺必践，违诺必究”的原则，加强政府诚信体系建设，维护政府良好形象。要严格落实限时办结制，对接近和超出办理时限的审批事项，分别予以“黄灯预警”和“红灯问责”。对行政许可服务不能按时办理的，由监察部门跟踪调查；对“慢、拖、推、躲、缩”以及乱检查、乱收费、乱罚款等不作为、慢作为、乱作为现象严肃查处，依纪依法追究相关人员责任，典型问题公开曝光。要加大明察暗访力度，对于无视发展大局、顶风而上，扰乱企业发展、破坏环境的人员，要进行严肃处理。

四是加快聚变。只要全县上下坚定方向、咬定目标、持之以恒地抓下去，经过3—5年的苦干实干，全县经济发展就一定能够实现量的突破、质的飞跃。

（三）牢牢把握完善功能、改善生态两大保障，努力在打造宜居生活环境上开创新局面。一要坚持规划引领。5月底前全面完成城市总体规划，年底前完成鲁权屯镇、四女寺镇总体规划，适时启动其他镇总体规划和乡村建设规划编制，控制性详细规划年底前实现城区全覆盖。扎实做好绿地系统等各类专项规划编制工作。要坚决维护规划的严肃性，一张蓝图管到底，任何单位和个人不得随意变更规划，确保刚性落实。

二要加快推进试点工作。实施产城融合推进就地城镇化试点工作总的要求就是，在去年工作的基础上，今年要全面深入推进，突出重点，放大亮点。有的同志可能觉得前期工作开展得不错，可以喘口气、歇歇了。在这关键阶段，决不能有丝毫松懈麻痹思想，只要稍有疏忽，很多县市就会超越我们。因为我们是原始创新，而其他县市是集成创新和消化吸收后创新。因此，各级各部门要始终保持领跑的状态，加快推进各项工作开展。由试点工作办公室牵头，进一步完善政策体系，确保试点工作深入推进；要按照积极稳妥、由点到面的原则，对较为成熟的政策措施，逐步全面推开。“美丽乡村·空心村整治”试点工作，今年要完成15—20个村庄的整治任务，复垦土地600亩以上。要高标准筹备好全省现场会议，认真制定工作方案，充分展现我县试点工作成效，确保良好效果。

三要提升城市功能。坚持民生优先、民需为上，对今年实施的“四大”工程，科学安排时序，争分夺秒，压茬推进。1、绿化美化工程。高标准实施古贝春大街、宏海路等道路两侧绿化，完成城区裸露土地治理工作，真正让城市绿起来、靓起来、美起来。2、公共设施完善工程。抓好4个片区3005户棚户区改造，明年7月份132栋小高层住宅全部达到使用条件。在拆迁上要做到政策公开、程序规范、安置到位，让拆迁顺民心、和民意，以拆迁工作的高效，赢得工作全局的胜利。在建设上要强化精品意识，精心设计、精雕细琢、精益求精，打造优质工程、放心工程。全面完成46处解决“大班额”和“全面改薄”工程，确保新增学位1.2万个。建设城区生活垃圾转运站、建筑垃圾消纳场，进一步净化城区环境。3、水系景观工程。实施六六河景观提升及利城河、姜庄沟景观工程，扎实推进赵庄沟黑臭水体治理，实现碧水穿城、绿水绕城、水润武城。畅通城市地下管网和供排水体系，实现饮用水、景观水和雨水污水有序可控。4、管理提升工程。要扎实开展城市违法建设治理整顿行动，这是大势大局、发展所需。要围绕道路、公园绿地、公共服务设施、城乡接合部等重点区域，依法依规开展清理整治行动。要严格落实属地管理责任，规划、城管执法、国土等部门的管理责任，纪检监察、检察院的监督责任，对违法建设行为严肃查处、严肃追责。同时，要注意问题背后的问题，一查到底，绝不姑息。

今年城建项目较多，解决好“钱”的问题尤为关键。当前，政策性、开发性金融资本活跃，加快投向教育、医疗、棚改、林业等领域，我们要抓住政策机遇窗口期，积极储备提报项目，做到政策落实项目化、项目手续规范化、争取效果最大化。要强化经营城市、区域开发意识，有效整合国有资产、资金、资源，依托财金公司、城资公司，积极引进金融机构、社会资本。要坚持“化零为整”，将道路、绿化等城建项目捆绑打包，通过PPP等方式集体向外推介，确保项目的整体性、系统性。财政、法制、建委、发改等有关部门要提前着手，聘请知名咨询公司做好项目实施方案编制、可行性论证等前期工作。需要强调的是，财政局、财金公司也不要一味地等靠社会资本，要积极拓展融资渠道，合法合规筹措资金，为政府投资项目顺利实施提供资金保障。

四要推进城乡基本公共服务均等化。要大力推动公共服务和基础设施向基层下沉，提高城乡发展一体化水平。完成凤凰台社区、龙禧家园保障房销售和分配工作。农村危房改造实现应改尽改。农村无害化卫生厕所改造提前一年实现全县覆盖。实施城市南环路、北方街等7条道路新改建工程，力争国道240鲁冀界至孟王庄段改建、德上高速四女寺出口等项目尽快开工。抓好省道318古贝春集团至德上高速出口段沿线改造提升工程。实施全省第三批农村公路网化示范县、农村公路安全生命防护工程，新建改建村级公路248公里，改造夏武路、德甲路等县镇道路40公里，构建更加方便快捷的交通体系。

五要改善生态环境。今年中央将对山东开展环保专项督察，省里从今年起也将全面推开环保督察工作。各级各部门一定要提高重视程度，强化政治意识，突出抓好大气和水污染防治。1、强化大气污染防治。去年，我县2家企业被环保部发现问题，各级各有关部门要痛定思痛，创新措施，坚决打好“翻身仗”。全面完成10吨以下燃煤锅炉清洁能源替代工作，县热电公司、玲珑公司等重点行业、重点企业实现超低排放。至少完成4家玻璃钢行业固体废弃物治理示范工程，综合利用率达到95%以上。扎实做好商混企业、物料堆场、建筑工地等重点领域扬尘治理。重污染天气应急响应期间，实行“战时”机制，严格落实执勤、联合检查、曝光、问责等制度，特别是建立完善企业环境信用系统平台，将违法生产企业纳入系统管理，在依法予以查处的同时，不得享受各项扶持奖励政策；同时，将其违法情况通报给材料供应商和产品销售商，力争做到一处违法、处处受限。2、突出抓好水污染治理。深化“治用保”流域治污体系，落实最严格的水资源管理制度，加强饮用水水源地保护，有序推进地下水超采区治理。加强各镇、农村社区生活污水处理设施建设，努力解决生活污水直排问题。完成33家规模化畜禽养殖企业污染治理设施建设。开展沿河沿路沿村大规模绿化行动，全年造林植树56万株。

（四）牢牢把握改善民生、维护稳定两大目标，努力在增进群众福祉上开创新局面。一要坚决打赢脱贫攻坚战。要把脱贫攻坚作为今年的头等大事和第一民生工程，确保基本完成脱贫任务。要坚持精准扶贫基本方略，把更多的精力、资源和项目向尚未脱贫的群众集中。深入实施贫困村提升工程，大力推进产业扶贫，抓好道路、水电等基础设施完善提升，努力发展村集体经济，提高持续“造血”的能力。要建立严格、规范、透明的贫困退出机制，明确退出标准和程序，注重脱贫质量，坚决杜绝“数字脱贫”。

二要努力兜住民生底线。实施更加积极的就业创业政策，新增城镇就业4000人以上。整合社会救助资源，构建城乡低保、临时救助、医疗救助等多层次“大救助”体系。严格落实低保家庭三级审核、公开公示制度，实现“阳光低保”“公平低保”。以解决企业参保不规范、不齐全等问题为重点，圆满完成企业养老保险征缴任务。抓好幸福中心管理运营，争创全省医养结合示范基地。

三要统筹推进社会事业。教育、卫生、人社、民政等部门要围绕三年内争创全市第一的目标定位，制定年度任务和工作措施，确保进度目标按时完成。扎实推进中小学教师“县管校聘”管理改革，均衡配置教育资源，顺利通过义务教育发展基本均衡县验收。稳步推进医疗卫生体制改革，加强乡镇卫生院标准化建设，创建1—2处国家级乡镇卫生院。新建农民健身工程80处，打造城区“10分钟健身圈”。

四要全力维护社会稳定。今年，中央省市将相继召开“两会”、党代会和党的十九大，维护社会稳定的任务尤为繁重。要树牢底线思维，全力维护社会秩序稳定。推进公安基层基础建设，始终保持对违法犯罪行为的高压态势。严格落实领导公开接访制度，扎实开展信访积案集中化解行动，依法处置非正常上访，稳妥化解社会矛盾。各镇街和相关部门要始终绷紧安全生产这根弦，严格落实安全生产责任制，坚决遏制各类安全生产事故发生。高标准完成基层食药所标准化建设，认真执行“全覆盖”监管和“双随机”检查机制，争创食品安全先进县。

三、转变工作作风，狠抓执行落实，全面夯实加快经济社会发展的坚强保障

做好新形势下的经济工作，是对广大领导干部工作能力和工作作风的考验。很多同志刚刚走上新的领导岗位，既要意气风发的上任，更要如履薄冰的赶考，坚决完成好年度各项工作任务。

（一）更新思想观念。一要解放思想。解放思想不是空谈，解放思想的最终目的是为了解决问题、推动发展。必须以“事要解决”为目标，把解放思想贯穿改革发展全过程，把解放思想的成效体现到工作落实上。只要是武城发展需要的，我们就要想尽一切办法开拓思路、创新方法；只要不违背法律法规，就要大胆闯、大胆试，千方百计创造条件、推动发展。二要

登高望远。要开阔视野，提升境界，跳出武城看武城，把工作放到全市、全省乃至全国中去谋划，用更新的理念、更强的措施应对挑战、化解难题。要发挥好后发优势，科学运用“拿来主义”，积极借鉴外地经验，注意结合实际，说好武城的“话”、办好武城的“事”。三要加强学习。要坚持用新理念新战略新思想武装头脑，只有勤于学习、善于学习，才能不断充实和提高自己，才能肩负起所承担的责任，这是我们做好工作的前提和基础。要坚持学以致用，巩固扩大“业务单位学业务”活动成果，全面提升基础工作水平，真正使学习成果转化为谋划工作的思路、促进工作的措施，努力在破解难题、化解矛盾上，拿出更多的硬招、新招、实招。

（二）树牢规则意识。坚持从严从实，让守纪律、讲规矩，依法治、遵制度成为武城干部队伍的鲜明特质。一要严守政治纪律和政治规矩，把落实县委决策部署作为开展工作的核心，把思想高度统一到县第十三次党代会精神上来，以更加积极主动的工作状态，让县委决策落地生根、开花结果。二要严守法律法规，始终保持敬畏之心，坚持依法行政，按照法定权限和程序履行职责，让依法决策成为一种自觉，依法办事成为一种常态。三要严守工作规则，认真落实产业推进、项目论证、请示汇报等各项工作制度，确保全县上下步调一致、同频共振，提高工作质效。四要严守廉洁纪律，坚持以全面从严治党为总抓手，严格落实主体责任，加强廉政教育和制度建设。深入推进“整风肃纪，抓早抓小”活动，紧盯“五大问题”和“四风”顽疾，加大执纪审查和审计监督力度，严肃查处违纪违规行为。五要严守政策界限，精准聚焦，弄懂吃透，做好结合，努力把上级政策转化为具体动作，把宏观要求转化为执行程序。

（三）树牢争先意识。随着各级、各地陆续完成换届，新一轮的竞争即将展开。越是在相互比拼、攻坚克难的关键阶段，越需要保持奋发向上的精气神，越需要树立舍我其谁的必胜信念。组织把我们安排到当前工作岗位上，就是让我们来破解难题、加快发展的，责任重大，使命光荣。一要振奋精神，坚定信心。“经济基础可以差，但精神状态不能差”。要提振精气神，迎接新挑战，特别是当前经济下行压力大、困难矛盾比较集中，广大干部尤其要保持定力、拼搏进取，不为困难找理由，只为成功想办法，以强烈的使命感和责任感推动工作实现新突破。二要敢于担当，主动作为。在其位就要谋其政、尽其责。各级干部要有主动作为的自觉和担当，必须干的早走一步，有规律的早谋一步，苗头性的早抓一步，创造性地开展各项工作。今天已经是2月3号，上半年假期多、时间紧，希望大家淡化过节意识，迅速调整状态，立即开展工作，确保首季开门红、半年双完成、全年大提升。三要高点定位、抬升标杆。新班子一定要有新目标、新境界。要坚持高标准，树立严要求，敢于正视自身缺点和不足，取长补短，对标赶超，不仅要在全市争名次、更要敢于在全省争位次，干就干最好，争就争一流。

（四）树牢实干意识。换届有没有换出新气象、新风貌，就看各级新班子是不是有“务实”的好作风，有没有“实干”的好状态。一要有谋定后动的细心。“事先有方案，遇事不慌乱”。做任何工作之前都要先弄清楚要干什么、为什么干、怎么干，然后制定科学可行的方案，做到思路清晰、条理清楚，学会把握主次、掌握节奏，坚持责任明确、一抓到底。二要有勇往直前的决心。只要方向正确，何惧路途遥远。广大干部要发挥“关键少数”作用，以上率下，带头冲锋，大力弘扬马上就办、真抓实干的拼搏精神，以硬作风落实硬任务，对照目标任务，制定任务清单，明确时间节点，一项一项抓落实，一个一个抓推进。要大力弘扬“狭路相逢勇者胜”的“亮剑”精神，动真碰硬、真抓实干，越难越要迎难而上，越难越要干出成绩。三要有锲而不舍的恒心。要盯准目标，持续发力，工作完不成自己不能答应，工作标准不高自己不能答应，积小胜为大胜，积跬步致千里。要坚持“心要热，脑要冷”，既要有激情似火、干事创业的热情，又要防止头脑发热、“乱拍脑袋”，做到积极稳妥。四要有执政为民的良心。要以谦卑之心对待群众、善待百姓，动真情、讲真话、办真事。工作要讲究方式方法，不能简单粗暴、颐指气使，也不能蛮干、搞强迫命令。要坚持依法、公平、公正，决不让老实人吃亏、决不让投机者得利，营造良好的党风政风、社风民风。

这是通过这一段时间的工作和学习，我自己的一些想法，不当之处请张书记和同志们批评指正。经济社会发展的目标已经明确，任务繁重艰巨，关键在于落实。让我们在县委的坚强领导下，提振精气神、强化新举措，开拓创新，奋发有为，为加快协同发展先行区建设做出更大贡献。

重要文件选辑

武城县棚户区改造工作实施方案

（2017 年 2 月 15 日）

武发〔2017〕1 号

为加快推进我县棚户区、城中村、城边村改造（以下简称“棚户区改造”）工作，进一步改善人民群众居住条件，根据中央和省、市有关棚户区改造的文件精神，结合我县实际，制定本方案。

一、指导思想

深入贯彻党中央、国务院有关决策部署，按照市委、市政府提出的棚户区改造“三年全部启动、五年基本完成”精神，坚持棚户区改造与我县户籍城镇化试点、实施产城融合推进就地城镇化试点相结合，健全体制机制，强化改革创新，积极推进棚户区改造，使居民住房条件明显改善，基础设施和公共服务设施建设水平不断提高，推动全县城乡居民共建共享美好幸福生活。

二、基本原则

（一）政府主导，市场运作。县政府将棚户区改造工作纳入每年城建重点工程范围，统一制定棚户区改造计划，统筹做好资金筹集、房屋征收、土地出让和建设安置等工作。实行市场化运作，将棚户区改造与土地开发、保障房建设相结合，积极拓展融资渠道。采取“市县结合”模式，由县财金公司、县城资公司与市财金公司合作，多渠道融集资金用于棚户区改造工程。

（二）科学规划，分步实施。本着“先急后缓、先易后难、先集中连片后分散整合”的原则，优先改造不符合城市总体规划、基础设施缺乏、安全隐患严重、群众改造要求迫切的区域，确保改造一片，成型一片，提升一片。

（三）封闭运作，政策扶持。棚户区改造项目的土地和资金全部实行封闭运作，专门用于棚户区改造房屋征收补偿、安置项目建设、基础设施建设。县财政局、发改局要抢抓国家加快棚户区改造机遇，积极向中央和省、市争取专项扶持资金。财政局、国税局、地税局制定专项扶持优惠政策，简化程序、提高效率。

（四）妥善安置，改善民生。安置项目建设优先规划、优先施工、优先交付使用。要为城市功能性项目建设腾出空间，把优化和提升城市品位、城市空间、城市功能贯穿于棚改工作全过程。要组织好新建安置区的道路、供排水、燃气、强弱电、绿化、污水收集与垃圾处理等市政基础设施和社区、商业、教育、医疗卫生等公共服务设施建设，促进以改善民生为重点的城市建设。

（五）明确责任，各司其职。县政府通过采购方式确定我县棚户区改造项目投融资主体，负责棚户区改造的资金运作、安置项目建设、成本控制等工作。县房屋征收管理办公室、属地镇（街、开发区）作为征收主体，县房屋征收管理办公室负责组织实施国有土地上棚户区改造房屋征收与补偿工作，负责对棚户区改造集体土地征收补偿安置计划方案审定和征收公告发布，会同有关部门制订房屋征收政策、征收补偿方案，做好征收补偿安置资金的兑付结算，监督指导属地镇（街、开发区）做好房屋征收动员和协议签订，对被委托的房屋征收实施单位房屋征收与补偿行为进行监督，依法建设房屋征收档案；属地镇（街、开发区）作为被委托实施单位负责本辖区内棚户区改造房屋征收与补偿的具体工作，负责进行社会稳定风险评估工作。县建委负责国家、省住房保障计划项目申报工作，负责安置项目建设质量和安全监管及施工手续办理工作；县建委、房管局负责安置项目扎口管理和货币化安置等工作。县规划局负责牵头编制棚户区改造计划，负责安置项目选址与规划方案编制工作。县财政局负责对安置项目进行招投标；县财政局、监察局、审计局负责对棚改项目资金使用的监管及全过程监督、跟踪审计、工程决算审计等工作。县行政审批服务中心负责协调手续办理和涉建费用优惠政策落实工作。县国土资源局负责棚户区改造地块及安置项目用地报批和出让工作。

三、目标计划

从 2017 年起利用 3 年时间，至 2019 年底基本完成县城建成区内成片棚户区、城中村、城边村改造；结合就地城镇化试点和“两区同建”工作，稳妥推进镇驻地、镇中村、镇边村改造工作。

四、政策措施

列入棚户区改造计划的项目除享受政府投资项目相关政策外，还享受以下优惠政策（棚户区改造优惠政策限定在棚户区改造征收项目和用于棚户区改造安置的项目建设中使用）。

（一）土地政策。土地出让收益封闭运作，专项用于棚户区房屋征收、安置项目建设、基础设施建设和环境改造。县政府将棚户区改造项目优先列入土地供应计划和房地产开发建设计划，在申报年度用地指标时单独列出安置项目建设用地指标。棚户区改造建设用地采取协议出让与招标、拍卖、挂牌相结合的方式供地。属于原拆原建且利用原有存量建设用地的，可以采取协议方式供地；新建安置小区规模较大的，配套建设商业、服务业等经营性设施用地，能够独立分宗的，以招标、拍卖、挂牌方式供地，不能分宗的，可以通过协议方式供地。（责任单位：国土资源局、规划局、财政局、审计局，国土资源局牵头制定具体实施办法）

（二）资金筹措政策。按照“政府主导、部门负责、社会参与、共同监督”的要求，建立“政府统一领导，财政部门牵头，行业主管部门协同，职能部门履职，监督部门保障”的工作机制，规范有序开展政府购买服务工作。县财政局配合项目承接主体通过申请基金、拨付上级专款等方式筹措项目资本金，配合项目承接主体做好政策性银行融资贷款工作。县财政局根据政府购买服务协议将政府购买服务资金逐年列入预算，按照政府购买服务协议及时将还本付息资金拨付承接主体。

（三）补偿安置政策。坚持货币补偿与房屋产权调换相结合的原则，按照城市总体规划的要求，实行多元化安置。1、对符合住房保障条件的棚改户，可优先享受经济适用住房、公共租赁住房保障。2、对选择产权置换的棚改户，享受安置房安置的优惠政策或由政府统一购买存量商品住房进行安置。（责任单位：房管局、建委、各镇街、经济开发区，房管局、建委牵头制定具体实施办法）

（四）审批提速政策。按照会审会签和并联审批的要求，简化审批手续，缩短审批时限。棚户区改造房屋征收项目，保留审批手续 9 项，审批时限缩短到 23 个工作日。棚改安置建设项目，要严格执行规定的审批手续和审批时限。（责任单位：行政审批服务中心、规划局、发改局、建委、国土资源局、环保局、各镇街、经济开发区，行政审批服务中心牵头制定具体实施办法）

（五）配建物业管理公共经营性用房政策。棚户区改造安置项目，必须按规定配建物业管理公共经营性用房（需测算公共经营性用房建设面积），以其经营收入专项补贴本小区物业管理费用及住房专项维修费用支出。（责任单位：房管局、规划局、广运街道，房管局制定具体实施办法）

（六）基础设施建设政策。棚户区改造项目红线外的道路、供水、排水、供电、供热、供气等市政基础设施建设，优先列入当年城建重点工程建设计划，优先组织实施。（责任单位：规划局、城管执法局、交通运输局、建委、水务局、供电公司、各镇街、经济开发区，规划局牵头制定具体实施办法）

五、组织实施

（一）加强组织领导，强化部门责任。为加强对棚户区改造工作的组织领导，县委、县政府成立武城县棚户区改造工作领导小组，由县委、县政府主要领导任组长，统筹负责全县棚户区改造各项工作。领导小组下设办公室（以下简称“县棚改办”），具体负责做好综合协调和督查、考核、调度等日常工作。县棚改办从县建委、国土资源局、规划局、房管局、房屋征收管理办公室等部门抽调人员集中办公，其他有关部门要切实增强大局意识和责任意识，各司其职，各负其责，认真落实有关优惠政策。

（二）加强调查研究，确保依法征收。对确定实施改造的项目，属地镇（街、开发区）、房屋征收管理办公室、国土资源局、规划局、房管局、审计局等单位及评估机构要深入棚改片区、城中村、城边村进行调查，征求意见，摸清计划改造棚户区、城中村、城边村内居民的住房面积、家庭人口、经济条件等方面情况。在此基础上，研究制定房屋征收补偿和住房分配等政策，报县棚改办组织有关单位论证、公示后实施。

（三）加强工程监管，打造民心工程。严格执行棚户区改造政策，发改、财政、规划、国土、建委、房管、执法、人防、审计、监察等部门要强化项目的跟踪管理，按照法定建设程序和标准规范要求，依法组织项目的设计、施工、监理招标，定期对工程质量、安全进行检查，确保项目顺利实施和优惠政策落实到位。县监察局、审计局要对棚改项目的征收补偿安置、土地出让、项目建设全过程实施跟踪监督审计，对弄虚作假、骗取优惠政策以及安置不到位等问题，依法进行处理，确保棚户区改造工作的公开、公平、公正。

（四）加强考核问责，提升工作效能。把棚户区改造工作作为重要指标对相关镇（街、开发区）进行考核，对各责任部门进行职能目标考核。各镇（街、开发区）要成立专门的工作机构，负责做好本辖区的棚户区改造工作。县棚改办要加强对棚户区改造涉及的规划、征收、建设、分配等相关工作进展情况进行督查考核，定期通报，确保棚改项目高效、有序推进。

中共武城县委　武城县人民政府
关于加快推进产业转型发展的意见

（2017 年 4 月 28 日）

武发〔2017〕2 号

产业是经济建设的核心和社会发展的基础。加快推进产业转型发展是全面提升产业竞争力、实现经济提质增效的根本途径，是支撑经济持续健康发展的必由之路。目前，我国经济发展进入结构性供需失衡、经济发展方式转变的关键时期，产业发展面临巨大挑战。特别是我县以新能源空调、新材料（玻璃钢）、汽车及汽车零部件、食品及农产品加工为主导的九大产业虽然具备了较好的发展基础，但以传统产业为主，产业发展缺大少强，品牌影响力差；产业层次低、生产技术落后、产品低档；产业研发能力弱，产品附加值低等问题日益凸显，产业转型升级尤为迫切，面临生死抉择。必须以壮士断腕、破釜沉舟的决心和勇气，抢抓我国经济转变发展方式的历史机遇，加快产业结构调整，推动产业由粗放型向集约型转变，大力提升产业发展层次和水平，努力闯出一条跨越式产业发展之路。为加快推进产业转型升级，在《关于建立武城县协同推进产业发展联席会议制度（试行）的通知》（武政办字〔2016〕4 号）的基础上，县委、县政府进一步研究，现提出如下意见：

一、总体要求

（一）工作思路。坚持以“五大发展理念”

为指导，以提高经济发展质量和效益为中心，以招大引强为突破口，以人才集聚为支撑，以科技创新为引领，以培大扶强为基点，以对接资本为动能，以建立现代企业制度为切入点，做大增量，做优存量，突出抓好装备制造业，全面构建规模效应明显、产业结构优化、产业布局合理、创新能力强、具有武城特色的现代产业体系，着力打造新型工业化示范区、现代产业集聚区、经济转型升级先行区，奋力实现武城经济发展新崛起。

（二）工作目标。实施九大产业“5319 培育提升计划”。力争到 2022 年，将新能源空调、汽车及汽车零部件、新材料（玻璃钢）、食品及农产品深加工四大传统优势产业打造成为 500 亿级产业集群，新型纺织（地毯）、现代物流两大产业达到 300 亿级规模，其他产业达到 100 亿级以上。九大产业对全县税收贡献率达到 90% 以上。

二、着力做大增量，突破招商引资

招商引资是经济发展的生命线，是我县加快转变经济发展方式、构建现代产业体系的第一动力和引擎。要坚持把招商引资作为加快经济发展的“一号工程”，进一步解放思想、更新理念，创新体制机制，以“敢想、敢做、敢为”的魄力和不达目的誓不罢休的勇气，努力在更高层次和更广领域实现招大引强选优，实现以增量带动存量，以量质并举推进产业转型。确保未来五年，每年引进亿元产业项目 20 个以上，工业固定资产投入年均增长 25% 以上。

（一）创建“699”工作体系

按照“围绕目标，全党动员，全员参与，点面并重，专业运作，精准对接，交错出动”的工作思路，全面构建“699”招商引资新模式，形成上下联动、全面出击的招商引资新格局。

1. 由 6 个单位分别牵头，县经济合作局、行政审批中心、人防办等部门人员参与，成立 6 个区域招商组，重点瞄准京津冀济青和长三角、珠三角开展重点区域招商。

2. 由 9 个产业办牵头，分别联系 10 个县直部门（或垂直管理部门）和 10 个本产业重点培植企业，组成 9 个产业招商团队，以本产业招商为重点，开展产业招商。县经济合作局、工商联负责为产业办对接外地武商商会牵线搭桥，县外商服务中心负责为产业办在京津冀开展招商引资引智工作做好服务，形成产业办牵头、镇街区参与、产业企业为依托、部门系统联动、武商商会互动的“五位一体”招商模式。

3. 以 9 个镇街区为单位，立足各自优势和特点，充分调动镇村各级力量，积极开展全方位招商活动。各镇街区在开展全方位招商的同时，分别组建招商小组，重点在京、津、冀开展定点招商。每个镇街区筛选 3 个以上产业发展成熟度高、产业企业转移意向明显的县市区开展持续性定点招商。对具有战略合作条件的县级以上单位，由县政府签订战略合作协议。

4. 坚持一线招商。要坚持“走出去”招商，专业招商小分队每个月在外招商对接时间不少于 10 天，其他县直部门（不含垂直管理部门）不少于 3 天，镇街区招商小组不少于 7 天，各产业办不少于 7 天。确定每年 4 月份、10 月份为“全县招商引资活动月”，各级各部门要盯住重点招商项目，集中力量持续攻坚。

（二）明确招商主攻方向

1. 在深化产业招商上求突破。在产业强链项目上下功夫。紧紧围绕新材料（玻璃钢）、新能源空调、汽车及汽车零部件、新型纺织（地毯）等我县主导产业，排查出产业链上国内实力强、技术新、带动力强、市场占有率高、品牌价值高的行业名企强企作为招商重点，深入研究分析哪些企业适合引进、哪些企业不适合引进，哪些产品能够合作、哪些产品不能够合作，明确招商目标。聘请专家对我县龙头骨干企业逐一进行剖析，制定合作方案，明确每个龙头骨干企业适合与什么样的企业合作。新能源空调产业重点对接格力、美的等品牌企业，新型纺织（地毯）产业重点对接中纺集团、如意集团等品牌企业，寻求合作。在产业补链项目上下功夫。把主导产业链中的薄弱环节、缺失环节作为招商重点，通过引进补链项目，形成倍增效应，提升整个产业的层次和竞争力。在分析我县主导产业链的基础上，找出哪些是薄弱产品、哪些是缺失产品，要争取引进哪些产品，根据产品确定引进生产企业。如汽车及汽车零部件产业，整车四大部分16个系统107种构成零部件，哪些部件、产品是外购的，哪些部件、产品是要重点争取的，哪些部件、产品是根本不会考虑的，都要细致分析，确定详细的招商目标。在产业链关联配套项目上下功夫。积极引进产业上下游配套企业，提高产品的关联度和互补性，实现企业产品就地生产、就地消化，推动产业集群膨胀发展。如针对食品及农产品加工产业中的辣椒产品，查清全国哪些企业用辣椒，如色素企业、化妆品企业、老干妈风味食品等，将其作为招商目标。结合我县地处产粮区优势，把食品、淀粉、饲料、制药等用粮企业作为招商重点，如西王集团、青岛啤酒、青岛食品等，构建大产业体系。在新兴产业招商上下功夫。以引进与我县新兴产业发展规划衔接项目为重点，全面梳理战略性新兴产业链的关键环节、关键企业，建档立卡。把引进电子信息技术、高端装备、新材料、新能源、低碳环保、精密机械制造、新能源电动汽车、石墨烯作为招商重点，加快推进我县现代机械、新材料（玻璃钢）、新能源空调、汽车及汽车零部件等产业结构调整，打造主导产业新优势，推动我县实现“弯道超车”。

2. 在大项目、大企业招商上求突破。把国内500强、行业50强和央企、名企作为招大商的重点，深入了解企业规划布局、扩张动向、投资趋向，找准战略投资与我县产业的契合点，逐一拉出单子、“地毯式”摸排线索、专人专题对接合作，争取“引进一个，带来一批；发展一个，辐射一片”，力争在引进过百亿项目上实现突破。实施“四带三包”（带规划、带地块、带项目、带政策；包区域、包产业、包项目）定向招商。每个产业办、每个区域招商小分队要根据产业情况，对接2家以上国内500强、行业50强企业。

3. 在现代服务业项目招商上求突破。结合我县服务业发展规划和空间布局，把金融服务、总部经济、楼宇经济、电子商务、冷链物流、文化旅游等作为现代服务业的招商重点。依托运河文化、孝德文化等特色资源，大力招引旅游产业综合体项目。努力引进知名交通运输物流企业来武布局，建设现代化仓储物流园，降低企业成本，提升产业市场竞争力。积极对接国内、省内知名创投公司、信托公司、金融机构等，争取在武城设立分支机构、基金或入股本地优质企业。力争2年内每个产业都有产业基金介入。

4. 在现代农业项目招商上求突破。围绕调整优化农业结构，发挥我县粮棉、蔬菜、畜牧等种养优势，以建设高效农业、现代农业、生态农业为目标，树立农业企业化管理的理念，把引进知名农业行业龙头、领军旗舰专业化管理公司、新型农业经营和服务主体作为招商重点，力争每年引进1家农业产业化龙头企业，推进农业从一家一户的家庭经营向规模化企业经营方式转变，打造农业强、农村美、农民富的现代农业示范基地。

5. 在城镇建设和民生项目招商上求突破。把城镇路网、城市景观工程、智慧城市管理平台、保障性住房、供排水、垃圾处理、城市综合体等基础设施建设、市政设施运营项目作为招商重点，完善城镇功能体系，提升城区集聚效应，增强城镇辐射能力。依托特色产业，积极引进战略合作者，打造特色小镇。在民生项目上，把引进学校、医院、健身场所、养老康复等项目作为招商重点，全面加强民生保障。

6. 在吸引武商回归上求突破。对在外武商企业进行摸排，对实力强、项目好的武商企业，鼓励回乡投资建立企业或建立分公司、贸易公司。引导异地武商商会以各种方式组团回乡考察，特别是组织有实力、有回乡投资意愿、有好项目的在外武商回武考察对接，实现“人才回归、资金回流、创业回乡”。

7. 在争取政策红利上求突破。产业办要协调相关部门认真研究国家、省相关产业政策，全面系统梳理，积极向上争取，以政策支撑拉动产业发展，推动产业转型。立足国家、省市政策导向，研究分析投资重点和领域，围绕实施重点项目带动战略和重要产业规划，各县直部门、垂直管理部门要加大“跑部进省”力度，每季度到上级部门进行对接，定期督导考核，争取更多政策项目落户我县。

（三）创新招商模式

1. 深化以企招商。充分发挥企业招商主体作用，将企业推向招商工作主战场。一是要引导龙头骨干企业加强对外合作，通过引进优质资本、先进技术和管理经验实现企业快速膨胀。要借助企业信息渠道、商务渠道、人脉资源优势，以最小成本博取最大效果。二是各产业办要立足我县产业实际，对企业的合作伙伴进行认真梳理，筛选出可争取、可合作、可引进的对象。要拉出单子、分出类别、主动对接，特别是对纳税过亿的强企、名企，要逐一登门。三是利用好企业“朋友圈”，对现有企业负责人朋友圈中的国企央企、强企名企负责人给予“特别关注”，进行逐一登记，带着企业家上门拜访。

2. 创新大数据招商。强化大数据招商意识，各产业办要建立本产业大数据平台，汇总供需大数据，用总量优势开展有针对性的招商。一要掌握产业内各企业使用的原材料的种类、供货量、生产地，按供货量、市场配额进行分类汇总排序；二要掌握产业内各企业产品的品类、数量、采购客户、需求企业，分别汇总各种原材料、配件产品的总量进行排序，通过大数据对比分析，以分门别类的总量优势吸引外地客商来武投资。

3. 发力武商招商。把在外武商商会作为我县在外招商的“桥头堡”，精心挑选100名武商作为招商顾问，实施示范带动，切实发挥出2万名在外武商的招商作用。5月底前成立京津冀武城商会。在外武商商会要按照县产业办招商需求和分配任务，及时搜寻招商信息，协助产业办开展对接洽谈；要依托在外武商商会，围绕汽车及汽车零部件、新材料、新能源、农副产品深加工、金融等重点领域开展专题招商，每季度至少开展一次较大规模专题招商活动。要聚焦国内、省内重大经贸、产品推介等活动，提前谋划，精心对接央企、强企、名企。要将招商工作作为对在外武商商会的重要考核指标，切实调动其招商积极性。工商联、经济合作局、外商服务中心要统筹协调做好对接工作。

4. 激活资源招商。充分放大我县存量资源的招商引资效应。一是引导、鼓励已在我县投资建厂的外地客商积极到其总部对接，千方百计争取其总部继续扩大投资或建设新项目；同时，发挥已落地企业实力强、人脉资源广的优势，帮助我县招引新企业、新项目，实现倍增效应。重点借力真元水星、玲珑轮胎、金正大生态工程、昌盛光电等大企业总部多元化经营、配套企业多的优势，积极开展对接活动，力争引进一个企业，带来一批资源。二是盘活原有项目。各镇街区要对全县闲置厂房、土地进行逐一排查，全面梳理存量资源情况，精心包装，牵线搭桥，开展二次招商。

5. 突出资本招商。把产业引导基金作为招商引资项目落地的一种重要手段，通过合资合作、股权投资、融资租赁等多种形式引进大项目、好项目。要科学使用产业引导基金，制定产业引导基金长期规划，使其在招商引资中产生最大效益。各主体招商单位要积极报送相关材料，大力争取中央、省、市创业引导基金。要千方百计做大武城县产业发展引导基金这个“大蛋糕”,使之成为吸引外商投资的“梧桐树”。同时积极引入社会资本推进交通、医疗卫生、文化、教育、体育、养老等公共服务领域重大项目建设。

6. 拓展代理招商。按照“专业的人干专业的事”的理念，积极探索委托知名商会、协会、中介机构招商的办法，以政府购买服务的形式，鼓励社会各界人士积极为招商引资牵线搭桥，推进招商主体多元化、招商行为市场化。各产业办、镇街区都要在京津冀济青、长三角、珠三角等重点区域建立1—3个代理招商网点。同时，积极聘请第三方开展招商引资培训，全力打造高效务实、战斗力强劲的招商引资专业队伍。

7. 深耕网络招商。建立武城县招商引资信息专业网站，负责全县招商引资网上对外宣传、信息发布、网络在线招商。推行“互联网+招商”模式，充分发挥现有网络平台功能，及时更新宣传推介内容，发布产业招商信息。建立招商服务信息系统，统筹项目信息、招商资源，集项目信息、资源互通为一体，打造共享机制，用互联网手段为全县招商工作提供支持。

8. 加强项目库建设。以“打造完整产业链条、完善区域功能”为原则，策划包装一批总投资亿元以上的招商大项目，按照“定产业、定目标、定载体、定责任”的要求，明确项目的位置、面积、投资、产业定位和招商目标、对象等，建立科学、规范、完备的招商项目库，多渠道对外发布推介。项目策划编制由县发改局牵总负责，行业主管部门具体实施，项目库每年新增重点项目20个以上。

9. 立足部门职能招商。各部门都要重视招商、关心招商、主动招商，在招商工作中积极作为。要立足职能优势，把本行业的招商作为重点，同时配合产业办做好产业招商。建委、交通、城管、规划、房管、国土、城资公司等城建部门突出引进城市功能配套类企业和项目；民政、卫计、食药监、教育、老龄办、残联等民生部门突出引进社会公益类企业和项目；财政、金融办、税务、审计等财税部门突出引进总部经济、金融业机构企业和项目；宣传、文化、体育、旅游、广播、广电、新华书店等宣传文化部门突出引进文化旅游类企业和项目；农业、林业、畜牧、水务、蔬菜、农经、新农办、供销等农业部门突出引进现代农业类企业和项目；商务、工商、棉麻、外贸、物资、商业等商贸部门突出引进大型商贸企业、物流仓储类企业和项目；环保、电业、质监、移动、联通等部门突出引进环保低碳、电力设备、质量检测设备、通信网络等企业和项目；组织、人社、科技等人才工作部门突出双招双引，按照引进人才、科研机构标准作为招商项目计算；银行系统要积极争取上级信贷额度支持，重点对技改、科研等加大信贷投放，按照投放额度作为招商项目计算；工会、共青团、妇联等部门要发挥群团组织的优势作用，发动各自联系的社会群体积极参与招商引资工作；其他部门要积极配合各产业办做好产业招商工作。

（四）树牢挑商选资理念

1. 坚持招大项目、引好项目理念。要始终坚持把引进大项目、好项目，作为提升产业层次、保证区域持续竞争力的重要抓手，新占地5000万元以下项目原则上不予引进，重点引进投资亿元以上、科技含量高、带动能力强、税赋率高、符合国家产业政策的大项目、好项目，实现引进一个、带动一批，推动产业向高端化、集约化发展，做到既利当前，又利长远。

2. 坚持绿色发展理念。把绿色发展理念贯穿到招商引资各个环节，将环保和耗能作为项目引进的重要门槛，着重把好项目能评关、环评关、安评关，对污染项目坚决拒之门外，对高耗能项目进行严格控制，用生态环保倒逼机制把牢招商引资“入门关”。

3. 坚持亩产论英雄的理念。将项目占地与产值、税收、就业等有机结合，积极引进亩均投入大、税收贡献高的企业项目。以亩均税收为标准安置项目，支持企业开展零地技改、建设多层厂房，高效利用土地。

4. 坚持人才招商理念。树立“引人才就是引项目，企业家就是项目库”的理念。积极通过各种人脉资源对接央企强企负责人和产业高端人才、团队、科研院所，力争实现引进一个科研人才、落地一个企业项目；对接一个强企老板、拓展一条招商路径。

5. 坚持超前谋划理念。把前期谋划作为招商引资的基础工作和第一环节，结合现有产业优势特点和优质项目，高起点策划，高水平包装，高规格推介，建立完善多层次、宽领域的项目储备库，做到储备一批、推出一批、引进一批、落地一批、见效一批。

（五）创新工作机制

1. 强化领导带动。招商引资工作由县产业联席会议统一领导，研究制定招商引资工作方案，下达招商引资工作任务，统筹组织实施招商引资活动；实行分管领导“一岗双责制”，分管县领导要按照分工，每月至少召开一次分管部门会议，带头研究、部署招商工作，督促落实任务；实行部门“一把手”负责制，各级各部门主要负责人是第一责任人，每周至少拿出三分之一的时间研究招商引资工作，并安排一名副职、一名优秀干部专门负责招商引资工作。

2. 强化统筹推进。县经合局负责牵头，各产业办每季度对全县优势资源、企业所需、产业变化情况进行一次梳理汇总，印制招商引资指导目录和招商引资宣传册，发放“699”全体招商人员，做到招商工作信息共享、步调一致、同频共振。在具体招商工作推进上，产业招商由各产业办进行统筹安排；其它大项目招商由县经合局进行统筹部署。各部门要错开时间、分批出动，做到招商引资和日常工作“两不误”。对梳理的有效招商信息，每周五统一报县经合局，由经合局负责牵头或组织信息提供单位和有关部门、企业统一开展对接洽谈，提高项目洽谈成功率。

3. 强化责任落实。实行招商引资工作目标管理、督查考核、奖惩挂钩制度，全方位调动各级各方面关注、参与、服务招商的积极性。对招商情况实行月通报、季考核、年终总排名，从激励和约束两个方面推动各级干部责任强化和工作落实。每周对“699”招商工作情况进行一次汇总通报，对重点工作进行督查，督促工作落实。每月1—5日召开一次招商引资调度会，听取各招商单位工作情况汇报，安排部署重点工作，及时解决项目推进中的重点难点问题。如遇特殊情况，可随时召开。

4. 强化项目推进。县项目论证委员会负责及时对洽谈项目“好不好”“要不要”“放在哪儿”等方面进行专业论证。进一步强化项目协调推进机制，落实《武城县项目落地办法》和《武城县加快项目建设实施意见》，针对项目信息和招商推介活动成果及在谈、签约项目分别建立台账，及时解决项目推进中的重点难点问题，为重大、重点招商项目落户、建设、投产搭建绿色通道。对亿元以上投资项目，经县经合局上报，实行县领导挂牌督办，采取“一事一策”“一企一策”的办法，实行重点跟踪、重点服务和重点督查，确保项目引得进、建设快、发展好。

5. 强化科学考核。科学制定《2017年武城县招商引资工作考核办法》，结合镇街区、产业办、县直部门、垂直管理部门单位职责，分四类进行科学考核。创新考核理念，对重点工作采取加倍计算的办法，对引进的大项目、相关“三回”项目、产业高端人才项目、集约用地项目、外资项目等，按照《关于建立武城县协同推进产业发展联席会议制度（试行）的通知》有关规定，给予倍数计算。根据部门职能，采取不同的考核办法，如对金融部门，把银行发放技改、科研贷款额度作为考核内容；税务部门把引进总部经济、培育税源企业作为考核内容等。不参与产业办的县直部门、垂直管理部门、金融机构等单位提报招商信息，由产业办进行项目的考察、引进，招商成果实行信息提报1个部门与产业办内1个牵头部门“双轨计算”，分别100%计入招商引资任务。产业办引进的项目，对产业办内积极参与项目招引的组成部门，招商成果实行“三方计算”，分别100%计入招商引资任务，项目税收地方留成部分归县财政。只适用于1个产业办牵头部门、1个参与镇街区和1个参与部门，镇街区、部门由产业办确定。由1个镇街区引进的项目落户其他镇街或开发区的，招商任务归引进镇街区；项目税收地方留成部分实行引进方、落户地、县财政平均分配，各占1/3；项目产业税收任务实行平均分配，引进镇街区、落户镇街区税收任务各占50%。镇街区、县直部门（垂直管理部门、银行业金融机构）引进的项目，只计入1个镇街区或1个部门的招商引资任务。

6. 强化奖惩激励。制定《武城县招商引资优惠政策》和《武城县招商引资奖励政策》，引导鼓励全社会在人力、物力、财力上向招商引资倾斜。对招商引资实绩突出的企业项目立项、技术改造、品牌建设、科技企业申报和企业贷款等优先予以支持，企业项目优先予以申报省市重点项目；对引荐商会会员返乡创业或招引其他企业项目来武投资落户的商会，根据项目投资额度大小给予经费奖励；对成功引荐项目的社会人员，按照项目类别和投资体量给予物质奖励，成功引荐项目的武商享受同等待遇，对武商所在村庄优先安排“一事一议”项目及资金。加大约束惩罚力度，对招商引资工作年终总排名后 5 位的单位给予黄牌警告，并在全县通报批评。建立离岗招商制，对连续两年招商引资无进展的单位，单位主要负责人必须交班离岗，外出专门开展招商。对招商引资工作中弄虚作假、骗取补助经费的单位和个人，追回所发补助经费并追究相关责任，对情节严重的依法依规进行严肃处理。

三、着力做优存量，抓实企业培植

企业是产业发展的载体，要着力改变企业发展模式，加快企业由粗放型发展向集约型发展转变，引导企业走"专、精、特、新"之路，培育大龙头、大产业，全力构建龙头带动、差异发展、优势互补、链条完善、产品高端、特色鲜明的现代产业发展格局，实现我县企业从"数量追赶期"到"质量提升期"的华丽转身，提升区域综合竞争力，推进全县经济科学发展、跨越发展。

（一）大力实施企业分类培育。按照企业规模、税收贡献、亩均税收、发展潜力等情况，分类列出"立县企业、优质企业、重点企业"目录，实行动态管理、分类施策、梯次培育，构建起以立县企业为"龙头"引领带动，以优质企业为"龙身"配套支撑，以加工企业为"龙尾"集聚发展的现代产业体系。对立县企业，着力发展核心技术，引领自主创新，抢占发展制高点；对优质企业，着力提升产品科技含量，打造产品优势，培育知名品牌；对重点企业，实施以"拔病树、去枯枝，育新苗、培新芽"为内容的"春风行动"，对患有慢性病、传染病、急症、绝症四种病症企业，制订个性化解决方案；对加工企业，引导规范发展，提升质量水平；对僵尸企业，依法实施破产处置，实行"腾笼换鸟"。

（二）明确产业发展方向。新材料（玻璃钢）产业要实施"产业拓展"工程，在产品、市场方面加大拓展力度，扩大产品种类，提高产品档次，拉伸产业链条，使"武城制造"进入军工、航天、信息工程等各类领域，推动整个产业实现多元化、高端化拓展。新能源空调产业要大力实施"产业整合"工程，以完善产业链条为纽带，以具有终端品牌优势的龙头公司为旗舰，带动车间公司共同发展，推进"大而强"的带动性和"小而精"的唯一性深度融合，打造"产业舰队"发展新优势。汽车及汽车零部件产业要大力实施"合作发展"工程，以股份合作、技术合作为重点，引进一批新技术、合作一批大企业，不断提升核心竞争力。其他产业要结合各自实际，选准突破路径，带动整体提升。

（三）大力推进大项目对外合作。企业对外合作是我县企业做大做强的必由之路。积极推进立县企业、优势品牌企业与同类国企、央企，同行业强企、名企的合作（合作包括企业兼并、股份、配套、技术、产品等多种形式）。认真落实县领导包重点企业推进对外合作制度，重点推动古贝春、水星、龙祥、齐鲁客车与国内强企名企的战略合作，借力发展、做大做强，实现质的飞跃。每个产业办、每个镇街都要先行选择一家龙头骨干企业，推进对外合作。围绕常兴、金信、欧莱瑞纳、英潮、神龙、日新、奥博、欧森、春明机械等优质企业，根据企业的产品、技术、品牌等优质资源，推动与上下游行业龙头企业，以及产业链条上强企、名企的合作，通过对外合作改变我县"缺大少强、群山无峰"的现状。

（四）突出抓好扶优培强工作。坚持"谁做得大就扶持谁、谁潜力大就发展谁、谁品牌响就培育谁、谁贡献大就倾斜谁”的原则，将土地、资金、人才等一切优势资源向大企、强企倾斜，着力培育大龙头、大企业，发挥大企业对地方经济的支撑带动作用。实施龙头骨干企业培育发展计划，确定20家基础好、规模大、科技含量高、潜力大、品牌有一定影响力的企业，进行重点培育，实行产业办、部门包扶制度，进行跟踪服务，抓点带面；产业联席会议办公室一月一调度，着力推动企业由成本优势、资源优势、比较优势向技术优势、创新优势、管理优势转变，扶优培育一批区域拉动力强、行业竞争力强、财税贡献能力强的新型龙头骨干企业，力争3年内培育50家产值、税收倍增企业。

（五）大力推进特色园区建设。按照“工业要集中、产业要集聚、土地要集约”的原则，以承接产业转移和招商引资为抓手，采取一区多园的模式，优化园区布局，明确园区定位，将汽车及汽车零部件、新型纺织、新兴产业重点向县经济开发区聚集，并按三大产业规划建设3个“区中园”；将现代机械、食品及农产品加工产业重点向市南开发区聚集，并按两大产业规划建设2个“区中园”；将新能源空调、新材料产业重点向鲁权屯开发区聚集，并按两大产业规划建设2个“区中园”，形成分工更加细化、特色更加鲜明的产业集聚区，进一步凸显集聚优势，彰显产业特色。在鲁权屯“区中园”中进一步细化分工，根据优势产品状况，推进建设地源热泵、空气净化、电机、人防等特色优势企业“园中园”，逐步建立起专业化、集约化园区，推进园区企业做大做强、产业做优做精，努力打造高新技术开发区、省级特色产业园区。

（六）大力推进现代企业制度建设。引导企业建立产权清晰、权责明确、管理科学的现代企业制度，加快企业对接资本、技术市场，打破企业家族式管理体制瓶颈。按照“股改一批、培养一批、储备一批”的原则，以购买服务方式组建股改顾问组，指导企业股改，五年内每年完成20家以上股改企业。2017年优先筛选3家企业进行上市培育。自2017年起凡是不进行股改的企业不再享受政府相关扶持政策。定期组织企业到齐鲁股权交易中心、北京股转公司教育基地、沪市等地学习企业挂牌上市经验，聘请专业机构、知名专家对拟挂牌上市企业进行运作策划，支持企业利用中小板、创业板、新三板等多层次资本市场，力争早日实现挂牌上市零的突破。

（七）大力推进企业个性化发展。按照“不争第一争唯一”的工作理念，对规模以上企业聘请专家逐一把关定位，确定企业发展方向，引导企业差异化发展，解决“大而全”“小而全”问题。筛选50家优质企业，制订个性培育方案，建档立卡；根据企业优势产品和工艺，与高校院所优势学科对接，进行技术攻关重点培育，形成一批具有“唯一性”的新产品、新技术，培育一批差异优势突出、竞争力强的科技“小巨人”。分类梳理企业产品，对同类产品成立专业协会，加强行业自律，形成发展合力，构建起分工协作、优势互补、百花齐放的产业发展链条。

（八）强力推进企业科技创新。实施“一企一技”科技创新驱动发展战略，鼓励企业利用众筹、众创等新方式，加大企业科技创新投入，推动企业“互联网+”创新发展，引导企业由生产经营型向创新型跃升，加快推进新旧动能转换。依托县科技云平台，鼓励企业通过购买科技成果、技术参股等方式，大力承接转化高校院所科技成果，形成一批具有自主知识产权、拥有核心技术的优质产品，力争每年申报专利400件以上。大力实施高新技术企业培育计划，加大对科技型中小微企业的辅导和培植力度，规范管理，提升创新能力，到2020年力争培育30家市级以上高新技术企业。

（九）着力规范企业发展。积极协调帮助企业完善项目立项、环评、安评、能评、消防等相关手续，完善企业资质。大力推进“个转企”，凡是达到企业标准的个体户2017年一律转成企业。严格落实营业执照、组织机构代码证、税务登记证、社会保险登记证、统计登记证“五证合一”，解决企业无牌、无证、无商标问题，大力根除假冒伪劣产品，推动小微企业集群走向规范健康发展。完善企业信用档案，构建守信激励、失信联合惩戒机制，引导企业依法经营、诚信经营。

（十）大力提升技术装备水平。引导企业从单纯的厂房设备更新改造，聚焦到技术研发，把技术装备作为技改投资的重点。实施企业技术改造升级工程，加快推进企业应用新技术、新工艺、新装备。支持企业购置高端智能装备和现代化流水线，县产业基金重点扶持；金融办要帮助协调银行贷款，把企业技改、科研投入银行贷款计算为招商引资任务数。围绕新能源空调、新材料（玻璃钢）、汽车及汽车零部件、食品及农产品加工等主导产业，支持龙头骨干企业开展“机器换人”，提升企业智能制造水平，解决企业技术装备水平低、资源消耗高、产品质量差问题。每年选择5家优质企业，给予政策支持，重点推进技术改造，扩大优质产品和服务供给。

（十一）大力推进产业整合。产业整合是大势所趋，早转是机遇，早转早受益，不转则迟早被淘汰。我县产业要在企业整合中实现转型升级，必须解决都想当老大的思想。要引导企业正视现实，勇于面对阵痛期，以刮骨疗伤的勇气，坚决走产业整合之路，使我县产业发展形成龙头、龙骨、龙尾分工明晰、互补联动的发展格局。产业办要及时对本产业企业进行梳理，列出问题清单，分类推进实施。对小微企业和品牌影响力小的企业，引导其向配套型企业或供应商转型；对有一定规模的骨干企业，引导其走“联合发展”或“专精特新”之路；对产业链条上经营困难的企业，鼓励龙头企业、优质企业通过资产收购等方式对其进行兼并重组；对能耗高、设备陈旧、工艺落后、无相关手续、不符合产业政策的企业坚决关停并转，优化发展环境。通过推进产业整合，着力培育具有创新能力和规模竞争力的大产业龙头企业。

（十二）大力实施品牌带动战略。强化企业品牌意识，实施“商标培育”工程，确保每年注册商标100件。开展“一企一标”活动，做到“小企有标、大企名标”。对优质产品建档立卡，分类管理，梯次培育。每年筛选10家优质企业产品，聘请商标专家进行品牌培育，打造一批竞争力强、成长性好的特色品牌。加强与科技部、相关国家级行业协会沟通，争创“国家火炬新能源空调特色产业基地”“中国新能源空调产业基地”和“中国复合材料产业城”，打造全国区域知名质量品牌示范区，把品牌优势转为行业优势和区域优势，吸引更多发展要素向武城聚集。

（十三）发挥产业基金引导作用。按照“政府引导、市场运作、防范风险、滚动发展”的原则，做大我县产业发展基金，选择自主创新能力强、发展潜力大的优质企业，以股权、债权、股债结合等多种方式投资合作，支持企业做大做强。同时，围绕新能源空调、新材料（玻璃钢）、汽车及汽车零部件、食品及农产品加工等主导产业，先期筛选20家龙头企业、优质企业进行重点推介，帮助企业与外地基金公司对接，积极引进产业基金；利用基金公司在理念、人才、品牌、管理模式等方面的优势，加快推进我县产业发展模式转型，实现几何式快速增长。

（十四）大力推进绿色发展。牢固树立“抓环保就是抓发展，抓环保就是抢机遇”的理念，强力推进企业绿色发展，使我县企业在新一轮竞争中早起航、起好航。帮助聘请环保专家为企业会诊，列出问题清单，开出治理良方，建立倒逼机制，制定整改方案，明确责任目标，让企业早达标、早转型。针对“喷漆、燃煤锅炉、重点耗能”企业，分类出台整改方案，及时进行关停并转，加快淘汰落后产能。以玻璃钢废弃物、橡胶废料等工业固体废物处理为重点，延伸产业链条，发展循环经济。2017年所有企业都要列出环保整改方案和整改期限，确保环保达标。

（十五）加快培育新业态新产业。针对目前我县新形成的电动车、人防设备、地源热泵、空气净化、体育器材、保温材料等一批新业态新产业，产业办要帮助聘请相关专家，为其会诊把脉，建档立卡，分类列出培育方案，指明发展方向，破解发展瓶颈。要早规范提高新业态新产业入行门槛，杜绝恶性竞争，打造良好发展态势。鼓励引导各类资本投资新产业，着力培育壮大市场需求层次更高、更具竞争力的新产业新业态，打造武城经济新增长极。

（十六）加强企业家队伍建设。企业家是经济活动的主体，企业家素质决定着一个地方经济发展的水平。必须把企业家队伍建设作为推动经济发展的“牛鼻子”。要按产业类别和企业状况，制定企业家培育方案，开展分行业、分梯次的系统培育，引导企业家更新观念，牢固树立发展新理念，适应经济发展新常态，增强企业转型发展的紧迫感、危机感。坚持定期组织企业家走出去考察“金融资本运作、商业模式创新、现代企业管理”等典型企业，学习企业转型升级成功经验，鼓励优质企业走股改、挂牌上市之路，筑牢企业家“创新则生，守旧则亡”思想。引导企业家以更加开阔的理念，走合作之路；以更加宽广的胸怀，聘请职业经理人或总经理，切实走出家族式企业管理模式。大力实施“创二代”培育工程，提升“创二代”企业管理能力，增强创业精神和社会责任感。注重发现和选树优秀典型，宣传优秀企业家的创新精神和社会贡献，培育新时代武城企业家。

四、着力创新驱动，强化双招双引

人才和科技是提升区域竞争力的强力支撑，双招双引是推进企业转型、经济发展的重要引擎。要围绕产业转型、提档升级招人才、聚人才，着力引进一批行业专家、技术专家、资本专家、企业专家、市场专家、管理专家，建设一批科技孵化载体、人才承载平台，打造人才集聚“新洼地”，抢占科技创新“制高点”，加快提升产业核心竞争力。

（一）引进行业专家，做好顶层设计。产业办要充分发挥政府与企业间桥梁纽带作用，积极对接国内顶尖行业协会，引进行业专家担任政府顾问，为产业发展会诊把脉，规划发展路径，确定主攻方向，指明招商重点；帮助产业对接所需专家、联系科研院所，引领、指导产业高端化发展。每个产业办都要对接1家国家级行业协会、学会，至少引进1名行业专家、

1名产业领军人才、1个高层次创新创业团队。

（二）聘请专业公司，把脉企业需求。产业办要统一聘请管理咨询公司，对产业内龙头骨干企业逐一把脉会诊，列出技术、资本、市场、管理等方面问题，建档立卡；对潜力大、科技型优质企业，帮助制定企业发展规划。按照“缺什么补什么”的原则，精准对接技术、资本、市场、管理等方面专家，制订个性化培植方案，找准问题症结，为企业发展指明方向。

（三）整合专家资源，分类精准施策。产业办要通过行业协会、行业专家等多种渠道，为企业联系所需专家，建立我县产业人才技术智库。针对产业发展存在的共性问题，由政府聘请专家，逐类解决问题；针对部分企业存在的共性问题，或某一类产品存在的问题，由企业、协会或企业联合聘请相关专家，研究解决；针对个性问题，由产业办帮助企业聘请相关专家，解决制约发展难题。2017年底前，立县企业、骨干企业都要依据自身发展需求配备相关专家。

（四）发挥智囊作用，释放人才红利。产业办要在我县企业中选聘50名优秀企业家、技术员等担任产业顾问，与聘请的行业协会、六类专家、管理咨询公司组建“土洋”结合的产业发展咨询委员会。每个产业每年至少举办或参加2次以上的产业高层次论坛或专题研讨会，对产业发展方向、产业链条延伸、企业转型升级等重大问题进行研讨、论证，并对我县发展潜力大、影响力强、拟挂牌上市的企业，采取“解剖麻雀、以点带面”的典型引路法，进行跟踪指导。

（五）创新绩效考核，激发专家活力。坚持问题导向，推行长期聘用、项目聘用、技术承包等多种模式的人才柔性引进办法，将专家报酬与解决问题实效直接挂钩，让“报酬跟着问题走，薪金带着劳动跑”，解决专家报酬吃“大锅饭”问题。实行一年一考核、一年一聘任的动态管理。全面落实县委、县政府“33条人才新政”，确保人才引得进、留得下、干得好。

（六）强化平台建设，推进产学研合作。立县企业、龙头企业、骨干企业要率先与高校院所对接，签署校（院）企合作协议，建立长期合作关系。采取自建、共建等多种方式，建设省市级院士工作站、（示范）工程技术研究中心，企业技术中心、重点实验室等研发平台；开展技术攻关，破解产业关键共性技术难题。每个产业要有10家以上企业与高校院所实现深度合作，力争每年都有一批新技术、新工艺、新成果在我县转化，形成一批具有自主知识产权的优势技术和具有自主品牌的优质产品。积极组织参加京津冀鲁技术交易大会，加快企业与科研成果的有效对接。

（七）加强实用人才培育，打造“武城工匠”队伍。人社局要与县职业中专、技工学校等职业技术教育单位开展定点培训合作，根据企业需求，组织“企业下订单、培训机构列单、劳动者选单、政府买单”的“四单”式免费培训。对立县企业和纳税骨干企业开设定向培训班，如“古贝春班”“玲珑班”“水星班”“龙祥班”，大力培育本土专家和乡土人才。经培训合格的颁发本土职业资格证书，在本县行业协会、企业间享受同等职称待遇。

五、加强组织保障，形成工作合力

（一）加强组织领导。在县协同推进产业发展联席会议的领导下，成立产业发展执行小组，负责统筹安排产业发展全面工作，制定促进产业发展的政策措施，审议产业发展重大项目计划，协调解决产业发展中遇到的重大问题，督促检查有关部门工作推进和配套政策落实情况。产业发展执行小组每月召开一次会议，听取各产业办工作进展情况汇报，协调产业推进工作中突出问题，研究部署重点工作，对重大决议问题提交县协同推进产业发展联席会议审定。县发改局、经信局、科技局、人才办、民经局、经济合作局要立足部门工作职能，积极发挥牵头作用，就项目论证、三招三引、企业培植等工作适时给产业办安排任务，每月汇总调度工作情况，主动做好产业政策普及和业务指导。

（二）聚集工作力量。各产业办要按照“专门、专人、专注、专业”的原则，实行集中办公。集中办公人员与原单位脱钩，实行专人专岗。要建立健全产业发展办公室管理制度，规范人员动态管理和日常管理。各产业牵头部门全体人员要整体参与产业工作，单位主要负责人要把主要精力放在推进产业发展工作上。各镇街（开发区）和参与部门主要负责人为产业推进工作的第一责任人，要主动服从产业牵头部门调度，对产业办工作全力配合，并协助产业办做好派出人员的管理。要确保产业办人员主要精力放在产业发展工作上，除县委、县政府主要领导安排的会议外，产业牵头部门安排分管副职参加，特殊情况必须参加的，由两办负责通知；县里成立临时机构或安排临时集中任务，不得随意抽调产业办和相关牵头部门工作人员。

（三）强化督导监察。县联席会议办公室对执行小组议定事项要建立工作台账，实行议定挂单、限时办理、办结销号，办理情况每月报县委、县政府主要领导。实行产业工作督办制度，对产业发展推进工作中应由有关镇街（开发区）和职能部门承办的具体事项，由县委办、政府办向责任部门发放督办通知单。定期对产业发展梳理重点工作事项，形成监督清单。重点对甘居落后、被动应付、敷衍塞责；督办事项不办理或办理质量不高；各自为政、强调部门特殊；工作人员工作不出成效、人浮于事等问题进行督察。通过监督问责，破解工作落实中的“中梗阻”“慢拖推”等问题，推动产业发展工作提速提效。

（四）树立鲜明导向。组织、人事部门要在产业发展、招商引资工作中锻炼、培养干部，运用灵活有效的机制，把事业心强、有开拓奉献精神的优秀人才放到产业发展和招商引资一线，特别是对新任副科级以上干部、拟提拔优秀干部和后备干部，要有序安排到产业发展、招商引资工作中进行锻炼和培养，着力造就一支了解市场经济、精通产业发展、善于投资分析、熟悉政策法规的产业发展和招商引资工作队伍。要把产业发展和招商引资工作战线作为培养干部的重要阵地，让在产业发展和招商引资工作中做出突出贡献的干部政治上有新进步、工作上有新舞台。每季度对产业办和招商小分队工作人员一考核、动态管理。对产业发展和招商引资工作中表现突出的单位及个人要给予通报表扬或记功。

（五）营造浓厚氛围。宣传部门要加大产业发展工作的宣传力度，充分发挥报刊、广播电视、互联网、移动网络等传统媒体和新兴媒体作用，通过新闻发布、专题访谈、开辟专栏、异地宣传等多种形式，广泛推介我县投资环境、投资政策、发展潜力、比较优势和支柱产业、重点产品、招商项目，不断扩大我县对外开放的知名度、美誉度和影响力。要加强宣传引导，对招商引资成果和先进典型进行广泛深入的宣传报道，增强全民开放意识，树立人人都是投资环境、个个都是招商引资服务员的理念，积极营造全社会关心、支持、参与产业发展的良好氛围。

中共武城县委　武城县人民政府
关于深入推进农业供给侧结构性改革
开创农业农村发展新局面的实施方案

（2017 年 5 月 17 日）

武发〔2017〕3 号

为贯彻落实《中共德州市委德州市人民政府关于深入推进农业供给侧结构性改革开创农业农村发展新局面的实施意见》（德发〔2017〕5 号）精神，扎实推进农业供给侧结构性改革，进一步推动农业转型升级，加速建设现代农业，提高农业综合效益和竞争力，开创我县农业农村发展新局面。根据中央、省、市有关会议文件精神，结合我县实际，制定本实施方案。

一、总体要求

（一）指导思想

以党的十八大和十八届历次全会精神为指导，深入贯彻习近平总书记系列重要讲话精神，坚持新发展理念，以推进农业供给侧结构性改革为主线，以全力创建农产品质量安全县、推进产城融合就地城镇化试点为总抓手，以建设周边城市“放心农场”，推进“两区同建”、美丽乡村·空心村整治和创建特色小镇为载体，围绕农业增效、农村增绿、农民增收，加快结构调整步伐，加大农村改革力度，加速发展“新六产”，提高农业综合效益和竞争力，推动全县新农村建设取得新进展，不断开创全县农业农村工作新局面。

（二）基本原则

1. 优化供给，科学增减。抓住制约农业提质增效、品牌建设、转型升级的关键问题，提高供给结构适应性和灵活性。把稳定提高粮食产能作为基本底线，因地制宜，强化科技支撑，优化种养结构，夯实农业基础，提升农民素质，确保粮食生产能力不降低、农民增收势头不逆转、农村稳定不出问题。

2. 创新驱动，产业融合。发挥科技进步在农业供给侧结构性改革中的引领作用，深化科技合作，增强农业发展动能，优化产业结构，推进农业节本增效。延长农业产业链、提升价值链，努力做强一产、做优二产、做活三产，加速发展“新六产”，构建一二三产业融合的现代产业体系。

3. 市场导向，政府推动。将市场导航和政府护航相结合，充分发挥市场在资源配置中的决定性作用，尊重经济规律，增强生产经营主体改善供给的责任意识和主导地位，处理好政府和市场关系、协调好各方面利益，全面激活市场、激活要素、激活主体，更好发挥政府在政策支持、环境保护、公共服务等方面的引导作用，营造良好环境。

4. 生态友好，绿色发展。严守农业农村发展底线，妥善处理好发展和生态的关系，立足本地区农业资源承载力和环境容量，发展资源匹配较好的主导产品和支柱产业。高度重视农业投入品、面源污染、质量安全工作，推行绿色生产方式，大力发展绿色有机农业，促进生产生态协调，全面提高资源利用效益和农业可持续发展能力。

（三）主要目标

通过落实文件精神，推进农业供给侧结构性改革，促进农业产业结构更加优化，一二三产业融合的现代产业体系初步形成，优质农产品供给能力有效提升，农产品质量安全水平稳步提高，农业综合效益和市场竞争能力不断增强，逐步实现农村生态、生产、生活“三美”融合发展。

二、主要措施

（一）加快农业结构调整，提高优质特色农产品供给能力

1. 优化调整种植结构。按照稳粮、优经、扩饲的要求，加快构建粮经饲协调发展的三元种植结构。重点种植优质小麦，增加青贮玉米、杂粮等粮食作物。在确保粮食安全基础上，推广多元种植模式，改变传统“夏粮小麦、秋粮玉米”的品种单一的种植结构，以市场为导向，因地制宜地发展蔬菜、瓜果、饲草、油葵等特色种植，逐步形成多元种植结构，打造品种丰富、优质特色的农产品。发展新型种植模式，改变周年“一种一收”或“两种两收”种植模式，探索蔬菜瓜果周年多茬轮作和林药、林菜周年多茬间作种植模式，发展日光温室、农光互补等高效设施农业。加大饲草作物种植推广力度，引导青贮专用玉米等饲草作物种植。2017 年，力争调减玉米面积 2 万亩，种植青贮玉米面积 1.5 万亩，粮饲兼用玉米面积 0.5 万亩。引进试种新型青贮作物构树 70 亩，新增蔬菜瓜果轮作，林果、蔬菜、药材间轮作 1 万亩，设施蔬菜 3000 亩（牵头单位：农业局；参与单位：各镇街区，蔬菜局、畜牧水产局）

2. 发展现代高效养殖业。稳定鸡猪生产，适度增加肉牛、肉羊、奶牛等食禽存栏量，着力抓好基础母畜扩群繁育工作，推广自繁自养模式。大力发展山鸡、鸽、兔、鹅等特种养殖。积极探索建立产业联盟，提升品牌意识，培育畜牧品牌群体。引导有条件养殖企业开发观光、休闲、餐饮等周边产业，打造特色畜牧业品牌体系。提高养殖科技含量，普及杂交改良、青贮氨化、快速育肥、全混日粮饲喂等实用技术，提高养殖场标准化、自动化、智能化水平，努力发展“智慧养殖”。加大招商引资力度，积极引进大型畜牧龙头企业，打破我县畜牧业“缺大少强”局面，不断拓展产业链条，提高畜禽养殖业综合效益。加强重大动物疫病防控工作，严格执行疫情报告制度，提高应急处置能力，严格督导考核，严防疫情发生和传播。下大力气整治私屠滥宰行为，严防重大畜产品质量安全事件发生。积极推进病死畜禽无害化处理。2017 年，新建标准化养殖基地 7 处，提升 7 处，力争引进大型畜牧龙头企业 1 家，发展无公害产品品牌 6 个。积极开展“渔业精准服务年”行动，建立精准服务台账，健全渔业管理工作体系，开展好渔业技术推广、新型渔民培训、海洋经济普查“三大项目”，实现水产品质量安全与生产监管全覆盖。2017 年，水产养殖面积稳定在 2000 亩左右。（牵头单位：畜牧水产局；参与单位：各镇街区，旅游局）

3. 全力打造优质农产品基地。按照“标准化生产、规模化经营、产业化发展、品牌化引领、信息化管理”的发展理念，大力发展生态、

特色、高效、安全农业，全力打造周边城市“放心农场”，鼓励号召农村基层党支部领办创办农村经济合作组织，创建“放心农场”，做到让党组织放心、群众放心、消费者放心。2017年，重点将德州绿港现代生态农业园区打造成市级“放心蔬菜园区”。严格按照全市整建制创建省级农产品质量安全市的要求，积极健全农产品质量安全管控、检测、追溯和执法“四大体系”，建立农产品质量安全监管追溯平台，推进县级粮食质检体系建设，努力争创全市首批省级农产品质量安全县。积极开展“三品一标”认证，2017年新增“三品一标”10个，认证基地面积3000亩，“三品一标”产品认证面积占可食用农产品面积的比例保持在60%以上。大力实施农产品安全战略，切实加强产地环境保护和源头治理，推广生产记录台账制度，严格执行农业投入品生产销售使用有关规定。2017年，将全县所有农药经营店纳入监管范围。深入开展农兽药残留超标特别是养殖业滥用抗生素治理，严厉打击违禁超限量使用农兽药、非法添加和超范围超限量使用食品添加剂等行为。强化农产品质量安全抽检，扩大农业投入品和初级农产品的抽检监测频次、品种和数量，确保农产品质量抽检合格率96%以上。（牵头单位：农业局、畜牧水产局；参与单位：各镇街区，蔬菜局、农经局、粮食局）

4. 加快建设国家现代农业示范区。参照《德州市现代农业发展总体规划（2016—2020年）》，积极开展国家现代农业示范区建设工作，努力申请相关项目，不断提升现代农业发展水平。积极推进粮食高产创建示范平台建设项目、高效设施农业示范项目、一二三产业融合项目、生态畜牧健康养殖项目、新型经营主体培育项目五大项目。重点推广“粮食绿色增产增效综合技术模式”，实现“农机农艺结合，良种良法配套”的标准化生产，2017年，种植模式推广面积达到40万亩以上。（牵头单位：农业局；参与单位：各镇街区，畜牧水产局、农经局）

5. 夯实农业发展基础。整合国家小农水、高标准基本农田建设、千亿斤粮食产能等项目资金，高标准建设农田林网，大力推进高标准大方田项目建设，力争2017年全县构建“田成方、林成网、路相通、渠相连、涝能排、旱能灌”的高标准粮食生产大方田面积达到35万亩。大幅度提升耕地质量，努力打造甲马营镇5万亩大方田建设项目。大力推进农业综合开发项目建设。深入推进农田水利基本建设，加快2017年农田水利项目县建设进度，全部完成甲马营镇2.86万亩农田水利建设项目。加强河道管理，加快推进“河长制”，制定印发武城县河长制实施方案，建立县、镇、村三级河长制体系。严格落实各类防汛责任制，强化防汛物资储备和抢险队伍建设。2017年，新建六六河泵站，改善六六河灌溉条件，提升城区防洪排涝能力。（牵头单位：农业局、水务局；参与单位：各镇街区，开发办、发改局、财政局、林业局）

6. 发展多种形式适度规模经营。依托农村综合产权流转交易平台市场作用和供销社植根农村、贴近农民的优势，积极创建示范家庭农场、农民合作示范社、农业示范服务组织，培育新型农业经营主体和服务主体，通过经营权流转、股份合作、代耕代种、土地托管等多种方式，加快发展多种形式规模经营。加强农村土地流转价格监测，提升土地流转服务水平。加强土地流转风险防控，探索土地流转履约保证保险。建立农村土地流转备案制度，对流转土地1000亩（含）以上的新型经营主体，报送农业局备案。深入推进合作社、家庭农场示范创建活动，发展生产、供销、信用“三位一体”综合合作。支持粮食、供销、邮政等部门发挥为农服务综合平台作用，促进传统农资流通网点向现代农资综合服务商转型。积极开展社村共建工作，依托基层党组织的带动作用，建立和完善基层合作社。2017 年，社村共建村达 100 个以上。积极推广甲马营镇志远合作社农业生产社会化服务经验，扶持培育农机作业、农田灌排、统防统治、烘干仓储等经营性服务组织。鼓励李家户镇开展粮食银行试点，节约粮食资源，稳固农民收入，改善居住环境。鼓励开展土地股份合作社、社会化服务组织合作经营试点，引导发展土地股份合作经营，鼓励农民以承包地入股组建土地股份合作组织，以村组为界限发展股份合作。引导农民在自愿基础上，通过村组内互换并地等方式，实现按户连片耕种。组建农机农技联合社，积极对接大型农机企业，增强农机服务水平。大力促进合作社内部信用合作业务开展，推进合作社由生产经营合作向信用合作延伸，破解资金瓶颈，增强“抱团”发展能力。2017 年，新增规范家庭农场 20 家以上，农民合作社 50 家以上，力争培育省级以上示范社 3 家，市级示范社 8 家以上，市级示范农场 2 家以上，至少选择 1 家合作社开展信用合作业务，完成托管服务 15 万亩。（牵头单位：农经局、县社；参与单位：各镇街区，农业局、农机局、金融办）

（二）推行绿色生产方式，增强农业可持续发展能力

7. 推进农业清洁生产。深入推进化肥农药零增长行动，推广清洁化农业生产模式。积极申报 2017 年生态循环农业示范储备项目，发展现代生态循环农业。开展有机肥替代化肥和畜禽粪污、农业废弃物等收集、转化、应用三级网络试点工作。推广应用测土配方施肥、双降解膜、病虫害绿色防治等技术，推进农业可持续发展，实现主要农作物化肥农药农膜使用量零增长，力争实现负增长。（牵头单位：农业局、畜牧水产局；参与单位：各镇街区）

8. 实施农业节水工程。实施区域规模化高效节水灌溉行动，鼓励社会资本参与农田水利项目建设与管理，着力建成一批系统化、规模化高效节水灌溉示范工程。2017 年，新建高效节水灌溉工程 1 处，灌溉面积 2.86 万亩，重点做好李家户镇专业合作社 500 亩喷灌项目申报工作。支持甲马营镇志远合作社在托管土地上探索实施喷灌滴灌、水肥一体化等先进技术，加大水肥一体化等农艺节水推广力度。2017 年，新增水肥一体化面积 1100 亩。落实最严格的水资源管理制定，严格水资源论证审批，构建“三条红线”控制指标体系。积极推进农业用水超计划（定额）累进加价制度，充分发挥水价在节水中的杠杆作用。（牵头单位：水务局、农业局；参与单位：各镇街区，蔬菜局、农经局）

9. 开展农业环境综合治理。严禁秸秆焚烧，通过秸秆精细还田、青贮氨化、食用菌栽培等技术，实现秸秆肥料化、饲料化、基料化、能源化、原料化“五化并进”，全面提升秸秆综合利用水平，确保农作物秸秆综合利用率 94% 以上。大力推进农业面源污染治理，编制氨源排放清单，主动开展土壤污染治理修复试点，重点解决设施农业特别是大棚土壤板结、酸化等问题，结合土壤实际情况，改用功能性有机肥料。大力推广间作套作，积极推广耕地轮作制度。严格水功能区管理，开展入河排污口排查治理，限制河流纳污，保证水功能区水质达标。加强饮用水水源地保护，加强南水北调输

水干线工程管理，确保输水干线水质安全。提高镇村水利建设投入，着力打通田间沟渠，恢复河网排灌功能。（牵头单位：农业局、环保局、水务局；参与单位：各镇街区，蔬菜局）

10. 加强生态工程建设。推进水林田湖生态保护修复工程，清理湿地、坑塘周边垃圾，疏通渠道，恢复湿地、坑塘天然净化作用，提升生态效益和可持续发展承载力。全面实施造林绿化行动，集中实施边界防护林、道路绿化、四旁绿化建设工程，重点实施、完善鲁冀交界防护林，德上高速、省道254线、省道318线等省道，德武路、郑郝路、李老路、宏海路、梁李路、振华街东延、新甲路等县乡干线公路及河流、水库、湿地等水系的绿色廊道建设，持续推进大规模国土绿化行动。2017年，完成1.52万亩植树造林任务，三年新增植树造林面积5.07万亩。保护和改善农田生态系统，大力推广农田土壤酸化盐渍化治理、农药减量控害、保护性耕作等技术，实施耕地质量提升计划。在城市水系、水源地开展“放鱼养水”增殖放流行动，改善水域生态环境，保护水质安全。2017年，在六六河、贝州湖、文昌湖开展增殖放流行动。（牵头单位：林业局、水务局；参与单位：各镇街区，农业局、畜牧水产局）

（三）推进一二三产融合，拓展农业产业链价值链

11. 推进三产融合发展。积极顺应现代农业发展趋势，以市场需求为导向，不断开发农业多种功能，发展生态保护、休闲养生、旅游度假、文化创意等新产业、新业态，推动新六产融合发展。重点推进产村融合型、产企融合型和要素渗透型三类综合体建设，推动现代农业发展与传统文化、现代科技、加工物流等产业的深入融合，建立健全不同主体间的利益分配与风险分担机制，推进与各类主体间形成紧密型利益联结共同体。以促进农民增收为核心，以延伸农业产业链、完善利益联结机制为切入点，推动农产品生产、服务、加工、销售“四位一体”融合发展。依托中椒英潮、古贝春集团、金水湾生态园、德州绿港生态园、华盛绿能光伏农业等具有带动作用的农产品生产基地和现代农业园区，发展农业休闲观光农业，组织两家企业举办“采摘节”等农家休闲旅游活动，加快构建交叉融合的现代产业体系。着力推进城郊农业发展，孕育催生“特色农业＋乡村旅游”等新业态、新亮点。协助英潮公司顺利通过农村一二三产业融合试点项目验收，增粗延伸全产业链条。联合开展“工商资本下乡”活动，用产业带动农民增收致富，助推精准扶贫，推动公益事业发展，提升文化旅游品质，加速推动传统农业向特色产业发展。落实好农村产业融合“百县千乡万村”试点工程，实施好农村一二三产业融合试点项目。（牵头单位：农业局、旅游局；参与单位：各镇街区，畜牧水产局、蔬菜局、工商联）

12. 大力发展乡村休闲旅游产业。充分发挥乡村各类物质与非物质资源富集的独特优势，利用“旅游＋”“生态＋”等模式，推进农业、林业与旅游、教育、文化、康养等产业深度融合。依托四女寺风景区、四女寺吕庄子村、金水湾生态园等旅游项目，全力打造“精品武城一日游”路线。利用好现有资源，深入挖掘运河文化，开发运河文化旅游，修复四女寺老船闸，擦亮“运河之都”旅游名片，利用文化物质资源优势发展旅游。依托老城镇、鲁权屯镇华盛绿能光伏农业项目，推进旅游与光伏发电、农业种植、蔬果采摘等项目深度融合，打造光伏知识科普、农业观光采摘一体化的新

型旅游项目。组织金水湾生态园实施农业技术推广项目，发展水肥一体化栽培叶菜及草莓品种，提升金水湾生态园设施农业水平。组织李家户西店村实施好高效特色农业扶贫项目，引进龙峰桃及中草药种植，发展200亩龙峰桃及中草药种植基地，建设果木大棚4个，打造乡村旅游示范点，促进休闲旅游产业提档升级，努力打造成为济德休闲旅游的“后花园”、乡村旅游的“生态园”和医游结合的“养生园”。鼓励四女寺镇四女寺村、武城镇董王庄村、李家户镇西店村等社区（村）创办乡村旅游合作社，或与社会资本联办乡村旅游企业，联合发展乡村旅游项目。积极申报国家、省、市三级旅游发展专项资金，改善乡村旅游发展硬件设施，提升乡村旅游供给水平。多渠道筹集建设资金，大力改善休闲农业、乡村旅游公共服务设施条件，在重点社区（村）优先实现宽带全覆盖。（牵头单位：旅游局、农业局；参与单位：各镇街区，县社、农经局、发改局）

13. 深入推进农村电商发展。建设1–2个功能完善、产业特点鲜明的农村电子商务产业园，吸引电子商务企业和配套服务企业入驻。创建县域电子商务平台，积极引入阿里农村淘宝等农村电子商务项目，依托阿里村淘项目，建设县级电子商务公共服务中心和菜鸟物流，构建县乡村三级物流体系。充分发挥龙头企业示范带头作用。支持英潮公司完善中国武城英潮辣椒价格指数项目，积极与“美团、百度外卖”等线上巨头发展配送合作的送餐模式；借助华盛绿能“光伏菇乡”全国25家批发市场门店和优菇网、食菌纪“线上线下”销售的平台优势，带动我县菌、菜等农产品的销售。充分发挥县电子商务产业园、清华青年电子商务创业园作用，引导返乡农民利用电子商务创新创业。鼓励农村专业合作社、家庭农场、农村种养大户、农产品批发商等借助供销、邮政、京东商城、农村淘宝、赶街网、华商街等第三方平台建立网上零售终端和双向互动的农村电商网络服务平台，拓宽农产品销售渠道，实现农产品网上销售。充分利用各镇街商贸中心、供销社综合服务中心、邮政便民服务站、三农服务站、放心粮油店、农家店等现有资源，建设电子商务终端服务网点。联合邮政买卖惠平台，完善物流配送体系建设，发挥现有资源优势。实施农村电商示范工程，积极争创省级农村电商示范县，培育一批电商社区（村）。（牵头单位：商务局；参与单位：各镇街区，农业局、县社、农经局）

14. 加快发展现代食品产业。依托食品及农产品加工产业发展办公室，按照“合并同类项”的办法，引导涉及食品加工的企业向自主产区、优势产区、产业园区集中，共建产业集聚区域，共享检验检测平台，凝聚最大发展优势。大力开展食品加工企业技术改造支持。协助英潮公司计划投资1000万元，新上全自动、智能化、工业4.0鲜椒酱生产线，新上30g软包装鲜椒酱产品，年生产能力达到3万吨。对接中国农科院、省农科院等科研院所，支持丹顶鹤面业引进开发蛋糕粉、面包粉等新产品，提升“丹顶鹤”面粉市场占有率。积极鼓励研发平台建设，指导食品工业园区走“产、学、研”一体化道路，加强与高校、研究所等科研单位的多边合作，加快新资源食品、新类型食品、新口味食品的研发。积极推进主食产业化工程，着力打造连锁化经营模式。大力发展方便食品、休闲食品、速冻食品、马铃薯等主食产品，引导具有一定规模主食产品企业走连锁化经营发展模式。努力打造一体化经营模式。以规模以上食品生产企业为主导，以绿色食用农产品龙头企业、大型市场和大型餐饮为依托，大力推广“生产基地＋中央厨房＋餐饮门店”“生产基地＋加工企业＋商超销售”等产销模式，推进全县由粮食、菜篮子原料产品供应基地向食品供应基地转型升级。以“四个最严”为标准，加强全县食品生产企业、食用农产品批发市场、农村集贸市场、旅游景区等重点区域的监管。加大对食品生产经营过程中非法添加、超限量使用添加剂以及假冒伪劣等违法行为的打击，集中开展“三小”问题整治行动，做好从“农田到餐桌”全过程的食品安全保障工作，将食品产业链打造成安全链，提升群众满意度和获得感。（牵头单位：农业局、食药局；参与单位：各镇街区，经信局、民经局）

（四）强化科技驱动支撑，引领现代农业加速发展

15. 加强农业科技合作推广。提升农业科技合作交流水平，深化与国家农业科技创新联盟合作，加强与国家、省、市三级农科院沟通联系，继续推广“粮食绿色增产增效综合技术模式”，实现“农机农艺结合，良种良法配套”的标准化生产，提升粮食产业科技含量。加大农业科技投入，设立农业科技创新资金。深化基层农技推广体系改革建设，健全完善公益性农技推广机构为主导、科研教学单位和社会化服务组织参与的“一主多元”农技推广体系。积极建设“农科驿站”，培育成为农业科技综合服务平台，构建农村基层新型农业服务技术体系。提升农业机械化水平，积极争取农机购置补贴资金，科学制定重点补贴机型，促进农机装备总量增加和结构优化，突破粮食烘干机械和高效植保机械的需求侧短板，扩大农户直接受益范围。积极争取农机报废更新补贴资金，发展与现代农业相匹配的高效率农业机械。依托玉米全程机械化示范项目，建立“五位一体”组织体系，全面提高农业综合机械化率，打造一批全程机械化示范基地，争创全国主要农作物全程机械化示范县。2017 年，争取农机购置补贴资金 2000 万元，农机深松作业补贴 350 万元，报废更新补贴资金 600 万元，省级玉米全程机械化项目资金 30 万元，全县农业耕种收综合机械化水平达到 93.5%。（牵头单位：科技局、农机局；参与单位：各镇街区，农业局）

16. 提升科技金融综合服务水平。充分利用好科技成果转化引导基金、科技风险补偿基金、科技担保基金、科技融资租赁补偿资金、科技专项奖补资金等五支基金和资金，为农业科技成果转移转化提供金融支撑。充分发挥武城县农商银行城区科技支行作用，支持农业科技项目发展，促进农业科技资源与金融资源信息共享和互联互通。依托德州市齐鲁技术产权交易市场，为农业科技创新型企业提供专利权、专业技术转让交易，科技成果合作开发等服务，促进农业科技成果加快转化。（牵头单位：金融办、科技局；参与单位：农业局）

17. 提升农业科技园区建设水平。加快省级农业科技园区建设步伐，科学制定园区规划，建立健全管理机制，逐步完善研发平台、服务机构、电子信息服务等功能。推进“山东省辣椒精深加工工程技术研究中心”建设，申报“德州市辣椒制品研发重点实验室”，开展特色优势产业“高值化辣椒提取关键技术及产业化关键共性技术”的研发和推广。（牵头单位：科技局；参与单位：农业局）

18. 培育和引进农业人才。强化农业人才培育和引进，为“三农”提供智力支持。加强农业科研人才队伍建设，加快培育本地农业科

研人才队伍，重点关注农业技术人员工作实绩，做好农业技术人员职称评聘工作。加强新型职业农民培育力度，通过不断创新培训模式，灵活培训形式，丰富培训内容，增强培训实效，培育一批有文化、懂技术、会管理的新型职业农民队伍。制定出台加快推进乡村人才公寓建设的政策措施，鼓励和吸引更多优秀人才向我县农村转移聚集，做到“想进来”“留得住”，为“三农”发展提供有力支撑。组织全县农机合作社带头人开展农机法律法规、新技术、新机具推广等方面培训，提高合作社服务现代农业的能力。依托农机生产企业、农机经销商、农机合作社等社会组织，对农机手开展日常实用技术培训。力争全年培训新型职业农民1000人，促进新型职业农民培育与新型经营主体培育“两新”融合。（牵头单位:农业局、人社局；参与单位：各镇街区，农机局）

（五）持续推进“两区同建”，全面提升美丽乡村建设水平

19. 扎实推进“两区同建”规范提升工程。坚持“两区同建”和美丽乡村建设“两轮驱动”，农民致富增收“双翼齐飞”。农村社区新建续建项目严格按照《武城县项目投资管理办法(试行)》文件要求，采取现场办公、联合办公、定点巡查、定期通报、年度审计等方式进行监督。根据社区实际，按照“五化八通八有”标准，进一步健全完善社区配套设施，突出抓好幼儿园、卫生室、超市、广场等生活服务设施建设，着力解决社区绿化、环境整治以及取暖、垃圾清运和污水处理等问题。通过土地流转、龙头企业带动、农村经济合作等方式促进项目落地、规模升级和完善配套；通过腾空土地利用、促进村集体经济增收、提高管理服务能力相结合，推进农村土地经营权抵押贷款，畅通就近就业渠道。2017年，重点对漳南镇社区、张官屯社区、刘王庄社区、邱王庄社区等项目进行提档升级。以鲁腾社区、萱草水乡社区服务中心为示范样板，督导每镇各自打造1处以上示范社区，上规模的农村产业园区2个以上。（牵头单位：农工办；参与单位：各镇街区，建委、农经局、交通运输局、城管执法局、人行）

20. 扎实推进“两区同建”深化拓展工作。积极开展美丽乡村·空心村整治。成立武城县美丽乡村建设工作领导小组，建立县美丽乡村建设工作联席会议制度。与“两区同建”相结合，制定好五年行动计划和中长期规划。大力推进县域乡村建设规划编制工作,全面完成《美丽乡村标准化建设工作方案》编制工作，基本完成社区（村）建设实施方案或整治方案。层层建立工作台账，对建设项目实行菜单式管理，层层落实责任。多层次、多形式探索整合财政涉农资金，整合相近财政资金20%以上，重点向美丽乡村标准化建设倾斜。鼓励工商资本、企事业单位、社会团体，通过多种方式参与美丽乡村标准化建设。对暂不具备整村转移条件的村庄，继续推进“美丽乡村·空心村整治”拓展工程。2017年，全县要打造3个省级示范村，4-5个市级示范村，10个以上县级示范社区（村）。完成15-20个村庄整治任务，复垦土地640亩以上。（牵头单位：农工办、国土资源局；参与单位:各镇街区，财政局、规划局、工商联）

21. 扎实开展特色小镇建设。积极推进特色村镇建设，培育现代化新型村镇。落实国家发改委、住建部、财政部联合出台的《关于加快美丽特色小（城）镇建设的指导意见》，学习借鉴浙江经验，坚持因地制宜，导入市场力量，强化规划引领，突出产业支撑，打造一批

新兴产业集聚、传统产业升级、体制机制灵活、人文气息浓厚、生态环境优美的美丽特色村镇，形成一村一品、一村一韵、一村一景。充分挖掘整理传统文化，积极传扬四女寺孝文化、运河文化等传统文化和子游、孙伏伽等历史人物，打造特色鲜明的特色村镇。重点抓好鲁权屯镇省级重点示范镇建设、武城镇争创省级辣椒特色小镇和四女寺镇省级宜居小镇建设，努力打造成明星小镇。（牵头单位：建委；参与单位：各镇街区，发改局、文体广新局、旅游局）

22. 持续改善农村居住环境。不断完善城乡环卫一体化长效管理机制，压实各镇街区党委政府主体责任。开展环境卫生集中整治活动，着力抓好各镇街区驻地脏乱差以及农村道路两侧、村周边、坑塘、沟渠边等垃圾整治，积极开展好公路、河流沿线专项整治。实施农村新能源行动，推进光伏发电，储备高标准、高质量的光伏类项目，逐步扩大农村电力、天然气和清洁型煤供应。

鼓励社区（村）“两委”或新型经营组织，开展农村废弃坑塘改造行动，通过给予政策或技术支持，改造废弃坑塘变鱼塘或景观池塘，提升农村人居环境。加快推进高标准绿化村镇建设。扎实推进“四好农村路”建设、第三批全省村级公路网化示范县活动和农村公路安全生命防护工程等重点工作，统筹安排好农村公路建设、管理、养护、运营各项工作，建立村级公路养护管理新机制，完善养护管理体系，健全养护管理机构，稳定养护管理资金来源，全面提升农村公路建管养运可持续发展水平。2017 年，实施武城县路网改造提升工程，改造县乡公路里程 40 公里，新改建村级公路 248 公里。实施饮水安全巩固提升工程。2017 年，建设完成城乡居民饮水安全配套管线工程，提升供水安全等级。开展新一轮农村电网改造升级工作。加大农村危房改造力度，确保完成市级下达任务数。全面改善农民群众如厕条件，全面完成 2 万户农户改厕任务。启动农村供暖改造工程，制定出台《农村新型社区居民供暖方案》，探索和引导农村文明取暖途径，确保今年年底前基本实现农村幼儿园、中小学校、卫生室、养老院、便民服务中心等公共场所和农村新型社区冬季正常供暖。积极推进农村社区服务中心建设三年行动计划，确保鲁腾社区和萱草社区服务中心全面竣工并投入使用，实现一站式服务。开展好光纤到村、建制镇直接通邮和重要农业文化遗产保护等工作。（牵头单位：城管执法局、建委；参与单位：各镇街区，交通运输局、发改局、水务局、民政局、卫计局、畜牧水产局、文体广新局）

23. 提升农村基本公共服务水平。扎实推进义务教育均衡发展工程，通过强调度、压责任、周通报，抢抓建设黄金期，确保按时保质完成项目建设。2017 年，全部完成全县解决“大班额”和“全面改薄”46 处学校建设任务，竣工 5.4 万平方米，运动场地完工 14.4 万平方米，投资 1435 万元，购置教学及生活设施设备。加强农村教师队伍建设，招聘教师向农村学校倾斜。继续提高城乡居民基本医疗保险筹资水平。落实《德州市人民政府关于印发德州市居民基本医疗保险办法的通知》（德政发〔2014〕13 号），引导居民积极参保，切实做好居民医保个人缴费组织实施工作，确保参保缴费工作完成参保率 100%。完善城乡居民养老保险筹资和保障机制，设定不同缴费档次，由参保人自主选择，确保按时征收。对重度残疾人、低保户、伤残军人等缴费困难群体设立专门缴费档次，重度残疾参保居民每人每年按最低缴费标准代缴保费，确保参保完成率100%。完善各类参保人员待遇领取机制，按照长缴多得原则，对于连续缴费超过15年以上的参保居民，每多缴1年，加发1元的基础养老金。重残参保人提前5年申领养老待遇，确保居民养老金及时发放到位。健全农村留守儿童和妇女、老人、残疾人关爱服务体系。加大对全县留守儿童的排查力度，2017年，开展农村留守儿童“合力监护、相伴成长”关爱保护专项行动，建立健全农村留守儿童救助保护工作机制，及时响应并解决当前部分农村留守儿童面临的无人监护、父母一方外出另一方无监护能力、失学辍学、无户籍、单独居住、有不良行为或严重不良行为等现实问题，确保留守儿童得到妥善监护照料。力争2017年底，将全县所有农村留守儿童纳入有效监护范围，切实兜住农村留守儿童人身安全底线。主动关心关爱妇女家庭心理健康，增加妇女群体的幸福指数。强化老年人高龄津贴发放力度，按年龄阶段进行补贴，确保按标准及时发放。高度重视残疾人补贴工作，严格执行重度残疾人每人每月领取护理补贴80元，对生活困难的残疾人，每人每月领取护理补贴80元，确保按标准要求及时发放到位。重点打造“四点半学校”示范点建设。2017年，全县创建县级“四点半学校”示范点8处，申报市级示范点3处，努力实现“四点半学校”对农村留守儿童关爱服务全覆盖。（牵头单位：教育局、人社局、民政局；参与单位：各镇街区，妇联）

24.全力推进脱贫攻坚。实施精准扶贫、精准脱贫。建立动态管理机制，对建档立卡贫困人口进行倒查、抽查、核查，实现有进有出、动态管理。实现行业部门数据对比和信息共享，提升数据管理水平。按照“一村一品”“一户一策”的原则，精确选取产业扶贫项目，加强项目指导与督查，确保持续发挥“造血”功能，提高项目收益。完善农村最低生活保障制度，通过社会保障实施政策性兜底脱贫。落实社会扶贫支持政策，鼓励社会力量以多种形式参与扶贫。2017年，全县未脱贫的38个省定重点贫困村全部摘帽，7080名建档立卡贫困人口全部脱贫，对已脱贫户，防止返贫，巩固已有脱贫成果。（牵头单位：扶贫办；参与单位：各镇街区，民政局）

（六）加大农村改革力度，激活农业农村内生发展动力

25.完善农产品市场体系和价格形成机制。尊重市场规律，运用市场机制引导大宗农产品保持合理生产规模，让农民从农产品销售中获得更多收益。积极开展农产品目标价格保险试点工作，争创辣椒目标价格保险补贴试点，提高保费补贴水平。构建农产品现代流通服务体系，建设优质农产品种植基地，加强与中粮集团等农产品龙头企业合作，在甲马营镇4个村、武城镇2个村发展优质小麦种植基地7600亩，在武城镇东小屯发展小麦粮种繁育基地2000亩。完善全县辣椒市场体系，抓好后玄辣椒市场冷库项目的申报和建设工作，推动流通体系建设。推进公益性农产品批发市场建设，完善农产品交易市场标准化建设，提升农产品批发市场综合服务功能。扶持壮大一批农产品营销龙头企业，依托英潮辣椒系列产品线上交易，带动古贝春、东顺斋等企业实现“互联网+现代农业”农产品线上销售，积极督促武城县辣椒指数体系建设。积极推广物流标准化建设，在有条件的物流仓储企业和大型批发市场推广物流标准化托盘。积极协调保险公司开展农产品目标价格报销试点工作，提高保费补贴水平。

加快德州市农产品价格指数体系建设，完善价格指数硬件设施及规章制度建设，健全辣椒交易市场采价点设置，确保10月底前完成专家评审组评审并正式上线运行发布。切实做好夏秋粮收购工作，及时做好夏秋粮收购期间价格监测预警工作，适时启动最低收购价执行预案，切实保护种粮农民利益。（牵头单位：农业局、物价局；参与单位：各镇街区，商务局、金融办、县社、粮食局）

26. 改革财政支农投入机制。进一步优化财政支农支出结构，加大对农业农村建设投入，积极转变财政资金投入方式，通过政府与社会资本合作、政府购买服务、担保贴息、以奖代补、民办公助、风险补偿等措施，带动社会资本和金融资本投向农业农村，确保农业农村建设占基本建设资金比重较上年提高3个百分点。加强对镇街财政支农投入考核力度，通过层层分解任务，强化督查考核，增强镇街支农扶农的积极性和责任感，形成全县上下齐心协力，共创农业发展新局面的巨大合力。积极开展涉农资金管理改革试点，加强农村财务管理，建立健全系统完整、权责清晰、上下联通、公开透明、简洁高效的涉农资金管理模式，清理、整合、规范涉农转移支付资金，组织相关专业部门，进行一次专项资金检查，坚决整治“小、散、乱”及效果不明显的涉农专项资金，加大对目标接近、投入方向类同的涉农专项资金统筹整合，争取最大限度发挥资金效益，努力开创农业农村发展新局面。（牵头单位：财政局；参与单位：各镇街区，农经局）

27. 完善农村金融服务体系。积极筛选，尽快确定新型农村合作金融试点合作社，协调农业银行武城支行和武城农村商业银行发挥合作托管银行作用，为试点合作社办理相关业务，确保武城县志远粮棉种植专业合作社信用互助业务规范运营。加快推进齐鲁银行武城支行筹建设立，确保齐鲁银行武城支行、圆融村镇银行老城支行上半年开业运营。督促引导保险公司扩大政策性农业保险覆盖范围，探索发展农产品价格指数、气象指数、农产品产量等保险品种。加强对地方金融组织的监管，指导小额贷款公司、民间资本管理公司为“三农”发展提供融资服务。建立实行风险企业监测预警机制，积极落实债权人委员会制度，大力落实民品贴息、小额担保贷款贴息等贴息政策，帮助企业“破圈断链”，确保全县企业正常运行和金融安全稳定。重点做好农村商业银行风险处置工作，进一步进行逾期欠息贷款梳理分类，分别研究制定防范化解处置方案和落实措施，稳步推进实施。扎实开展农村土地承包经营权贷款试点工作，推进试点抵押贷款增量扩面，组织开展“农地”抵押贷款供需双方对接活动，扩大贷款投放。健全完善“项目池”抵押物处置模式，协调各部门落实“项目池”签约主体在金融、财政、税收、费率等方面应该享受的优惠鼓励政策，真正将亮点擦亮。建立保险增信配套措施，5月份实现开办试点抵押贷款保证保险业务。建设“农村综合产权信息管理系统”，争取银行联网信息共享，推动试点工作。确保8月底前“农地”抵押贷款累计达1亿元，圆满完成试点任务。加强农村信用体系建设，编制农村信用体系建设实施方案，组织摸底全县新型农业经营主体情况，对符合条件的经营主体组织评级授信，今年支持帮扶新型经营主体不少于30家。继续组织开展农村数据库建设，助推辖区涉农信贷投放，做到“征信＋授信”，为农村经济提供更多金融支持。（牵头单位：金融办、人行；参与单位：各镇街区，农

经局）

28. 深化农村集体产权制度改革。落实农村土地集体所有权、农户承包权、土地经营权三权分置办法。扎实做好农村土地承包经营权登记颁证扫尾工作，确保到户率98%以上。加快土地确权登记数据补充和纠错工作，开展县镇两级土地确权软件升级和信息变更核对，保证县镇数据库一致。积极开展农村集体产权制度改革试点，制定完善工作方案和指导意见，明确总体要求和基本程序，努力在清产核资、成员资格认定、股权量化管理、集体经济组织主体登记、资产运营等方面取得可推广可复制的经验。今年，全县选择3个镇、每镇1村有序推进农村集体资产股份制改革试点，逐步建立“归属清晰、权能完整、流转顺畅、保护严格”的农村集体产权制度，争取列入改革试点单位，为全市探索可复制的改革示范样本。加快推进农村宅基地和农房统一发展试点工作，成立试点工作领导小组，制定和完善相关政策规定，将试点工作经费纳入财政预算范畴，确保完成试点任务。2017年，选择2个已建成的农村社区作为试点，开展房地一体的权籍调查及不动产登记发证工作。通过开展试点探索总结村农房地一体化登记工作模式和技术路线，全面查清试点范围内集体土地所有权、使用权的状况及农村房屋等建筑物、构筑物的基本情况，按照不动产统一登记的操作规范，完成试点村庄内宅基地使用权、集体建设用地使用权及房屋所有权的登记发证。依托产城融合就地城镇化试点工作，继续推广农村集体经济组织成员转移备案制度，保护农民集体权益不受侵害，让更多农民放心进城落户转为市民。在试点村开展农村集体资产清产核资，成立联合清产核资小组，划分经营性资产、非经营性资产和资源性资产，并分别登记造册。核实结果要通过召开集体经济组织成员大会、村务公开栏张榜等方式公示，确保清产核资结果的准确性。分类推进农村集体资产改革，稳妥有序推进农村集体资产股份制改革试点。（牵头单位：农经局；参与单位：各镇街区，建委、国土资源局）

29. 健全耕地保护和补偿制度。积极落实“占一补一”和“先占后补”制度，严格项目管理，规范资金管理，确保耕地占补工作顺利实施。积极开展地力评定和耕地质量等级评价工作，将关停的13处窑厂中根据地势建立部分标准化养殖池塘，耕地面积计入复垦土地面积，建立废弃窑坑、荒洼地等土地资源高效利用的良好模式。综合考虑耕地保护面积、耕地质量情况、粮食播种面积、粮食产量和粮食商品率等因素，统筹安排资金，按照谁保护谁受益的原则，加大耕地保护补偿力度，鼓励群众多方参与，确保全县耕地保护面积不减少，质量不降低。（牵头单位：国土资源局；参与单位：各镇街区，农业局、财政局、畜牧水产局）

30. 完善城乡劳动者平等就业制度。完善就业扶持政策，扎实推进城乡统筹就业。进一步清理和取消对农村劳动力进入城镇就业的限制政策，切实抓好补贴政策和小额担保贷款等就业扶持政策落实，并将在农村承包土地经营或在城镇就业以及外出经商务工的本地户籍农村劳动力纳入就业统计范围。抓好基层劳动保障服务平台建设，使农村劳动者在求职登记、职业指导、职业介绍等方面按照城乡统一的服务内容和标准，接受统一的就业服务。做好农民工返乡创业政策支撑，通过发放“创业担保贷款”“一次性创业补贴”等创业优惠政策，积极扶持返乡创业企业的发展，帮助企业做大做强。强化返乡创业人员的创业培训工作，通过培训机构面授等多种方式开展培训，引导扶持返乡者创业就业。将农民工纳入城镇社会保障体系，与城镇职工一同参加职工“五险”。切实维护农民权益，开展农民工工资支付日常巡查和专项检查，坚决防止出现拖欠农民工工资的案件发生。（牵头单位：人社局；参与单位：各镇街区，人行、金融办、民经局）

31. 统筹推进农村各项改革。继续深化供销合作社改革，全力推进供销为农服务中心建设，实行农业全程服务，承担病虫害统防统治、土地深松、粮食烘干等政府购买服务，打造“三公里土地托管服务圈”，力争 2017 年实现涉农乡镇全覆盖。深化林业和水利改革。实行最严格的林地用途管制制度，划定林地红线。继续推进国家级产权制度改革试点县工作，巩固产权制度改革试点经验成果，不断提高小型农田水利设施运行管理水平。（参与单位：各镇街区，县社、林业局、水务局）

三、加强组织保障

32. 提高党领导农村的水平。始终坚持党管农村工作，持续强化重农强农信号，准确把握新形势下“三农”工作方向。认真学习中央、省关于农业农村工作的决策部署和习近平总书记关于“三农”工作的重要讲话精神，创新工作方式方法，增强“四个意识”，动员各方力量，全力推动“三农”工作发展。成立全县农村工作领导小组，不断健全完善党委统一领导、党政齐抓共管、党委农村工作部门统筹协调、各县直部门各负其责的农村工作领导体制和工作机制，建立健全“三农”工作重要事项议事规则，统筹整合资源、政策、项目、资金，切实提高工作效率。

33. 加强农村基层党组织建设。以党的十八届六中全会精神为指导，将全面从严治党的要求落实到农村基层，严格落实农村基层党建工作责任制。深入开展“两学一做”学习教育，不断改进基层工作作风。持续整顿软弱涣散村党组织，加强农村党员队伍建设。大幅提升村级运转经费财政保障水平，发展壮大村级集体经济。扎实推进抓党建促土地股份合作壮大集体经济工作，充分发挥好省市县派驻第一书记的重要作用。抓好农村党风廉政建设，严肃查处侵害群众利益的不正之风和腐败问题，全面实施村级审计督查。完善村党组织领导的村民自治有效实现形式，健全务实管用的村务监督机制。（牵头单位：组织部；参与单位：各镇街区，纪委、审计局、农经局）

34. 加强部门协作配合。各责任部门要加强沟通联系。农业部门要强化对农业供给侧结构性改革工作的牵头指导，密切跟踪工作进展，及时总结推广典型经验。其他责任部门要强化对重大政策、重大工程和重大项目的扶持，加大对农业农村工作支持力度，积极争取、整合涉农政策资金，助推全县农业农村工作快速高效发展。

35. 加强督查狠抓落实。对调整成立的农村工作领导小组的成员单位和实施方案责任单位，实行严格的责任制，根据责任分工，制定针对性的实施方案，明确目标，挂图作战，积极推进。县委办公室、县政府办公室、县农工办定期调度，严格督查。县督查考核办将农业供给侧改革纳入 2017 年度县直部门综合考核，定期通报情况，确保完成既定任务目标。（牵头单位：农工办；参与单位：县委办公室、县政府办公室、督查考核办）

武城县加快推进生态文明建设实施方案

（2017 年 11 月 23 日）
武发〔2017〕9 号

为全面贯彻落实中央、省、市关于推进生态文明建设相关文件精神，牢固树立绿色发展理念，着力转变发展方式，切实把思想行动统一到中央、省、市的决策部署上来，系统推进生态文明建设，现提出以下实施方案。

一、总体要求

（一）指导思想

坚持以马克思列宁主义、毛泽东思想、邓小平理论、“三个代表”重要思想、科学发展观、习近平新时代中国特色社会主义思想为指导，认真落实省委、省政府及市委、市政府关于生态文明建设的决策部署，协调推进“四个全面”战略布局，以创新、协调、绿色、开放、共享发展理念为引领，坚持节约资源和保护环境的基本国策，坚持节约优先、保护优先、自然恢复为主的基本方针，坚持绿色发展、循环发展、低碳发展的基本途径，以打造京津冀南部重要生态基地为目标，大力实施协同发展战略，推动生态文明建设深度融入经济建设、政治建设、文化建设、社会建设各方面和全过程，加快实现生产消费流通各环节绿色化、循环化、低碳化，加快建设优良生态生产生活环境，保障区域生态安全，改善环境质量，提高资源利用效率，推动形成人与自然和谐发展的现代化建设新格局。

（二）基本原则

——和谐发展、生态优先。牢固树立“绿水青山就是金山银山”的观念，正确处理好发展经济与保护生态的关系，切实把生态优先的方针贯穿于经济社会发展的全过程，实现发展惠民和生态惠民的有机统一。

——改革创新、先行先试。进一步解放思想、转变观念，创新工作举措，健全体制机制，提高科技支撑和保障能力，继续率先实践、率先创新，争当生态文明建设排头兵。

——统筹推进、重点突破。立足当前，着眼长远，既要顶层设计生态文明建设，整体推进；又要明确目标任务，突出重点区域、重点领域、重点工作，以重点突破推动全局工作。

——党政主导、社会共建。充分发挥各级党委、政府在生态文明建设中的组织、引导、协调和推动作用；凝聚力量，整合资源，形成党政主导、社会参与、全民共建的工作格局。

（三）总体目标

到 2020 年，发展方式实现明显转变，资源节约型和环境友好型社会建设取得重大进展，区域生态建设取得明显成效，转型升级取得显著成果，创新驱动生态文明建设的能力大幅提高，生态文明主流价值观更加深入人心，基本建成京津冀南部重要生态基地。

——资源利用水平进一步提高。单位国内生产总值二氧化碳排放强度比 2005 年下降 40%—45%；能源消耗强度持续下降，可再生能源与新能源占一次能源消费比重达到 15% 以上，万元 GDP 能耗完成市定目标；农田灌溉水有效利用系数提高至 0.6366 左右，有效灌溉面积达到62万亩以上。

——生态环境质量进一步优化。主要污染物排放总量持续减少，大气环境质量、重点流域水环境质量持续改善，全面达到地表水V类标准要求，力争实现主要河流基本恢复水环境功能的目标，主要支流境内水质明显改善，饮用水安全保障水平持续提升；林木覆盖率达到35%；环境空气质量比2010年改善50%左右。

——生态文明制度体系进一步完善。生态文明制度改革深入推进，基本形成源头预防、过程控制、损害赔偿、责任追究的生态文明制度体系，建立健全自然资源资产产权和用途管制、生态保护红线、生态保护补偿、生态环境保护管理体制等关键制度，生态文明建设步入法治化轨道。

二、主要任务

（一）加强国土开发保护

贯彻落实山东省主体功能区战略，着力推动产业结构升级和生产方式绿色化，加强资源节约和高效利用，健全政府、企业、公众共治的环境治理体系，加快实现经济资源环境协同发展。

1. 落实山东省主体功能区战略。树立主体功能区规划对国土空间开发的战略性、基础性和约束性地位，探索建立经济社会发展、城乡、土地利用、生态环境保护等规划“多规合一”的技术路径和体制机制，重点实施以优质耕地资源高标准基本农田为核心的“生存线”、以满足国民经济和社会发展对重要矿产资源需求的“保障线”、以关系未来生态安全的各类“生态保护线”和以满足未来城镇化、工业化发展用地需求的“发展线”等四大国土综合整治工程，实现发展目标、人口规模、建设用地指标、城乡增长边界、功能布局、土地开发强度的“六统一”，确保落实主体功能定位。

2. 促进区域经济协同发展。抓住京津冀协同发展战略和“一圈一带一区”等重大战略机遇，以德州“一区四基地”战略定位为基础，以“两园一区”为载体，大力实施协同发展战略，努力建设协同发展先行区。（1）打造承接产业转移基地。结合我县玻璃钢新材料、新能源空调、汽车及汽车零部件、新型纺织、食品及农产品加工、农业机械等九大产业发展需求，借助县经济开发区加入京津冀创新发展联盟机遇，创新对接方式方法，实现政府间有效沟通交流。建立完善飞地经济、共建园区、利益共享等多种产业转移承接机制，形成总部在北京、基地在武城的承接产业转移新局面。（2）打造科技成果转化基地。以提升优势产业科技含量为目标，以创新企业为主体，以加强与京津大专院校、科研机构产学研合作为重点，主动承接京津地区科技成果转移转化，加快科技成果引进、吸收、中试及产业化推广。高度重视科技人才引进，着力在产业聚人才、创新机制引人才、保障服务留人才等方面创新举措，形成研发在北京、转化在武城的科技成果转化新局面。（3）打造优质农产品供应基地。突出需求导向、市场导向，以发展品牌农业、订单农业、规模农业为重点，依托京津冀大物流体系，通过打造农业电子商务平台、设立在京销售平台，加强与北京农产品批发市场、超市对接联系，建立长期稳定供货关系，全力打造京津优质农产品供应基地。（4）打造劳动力输送基地。大力发展职业教育，提升职教水平，扩大职教规模。建立县镇村三级就业培训指导服务体系，形成上下贯通，城乡一体的劳务输送网络，搭建就业平台，为京津培养输送高素质专业技能人才队伍。（5）打造京津冀南部重要生态功能区。主动对照京津冀环境治理、生态修复的工作标准要求，积极协同实施有关政策。深入推进"生态靓县"战略，树牢刚性意识，坚持系统思维，强化顶层设计，统筹推进治水、治气、垃圾处理、生态修复、供暖供气等工作，坚持问题导向，严格落实责任，建设生态生活的宜居环境。加强"一路两带三林"建设,提速"水润武城"步伐，全力打造天蓝地绿、水清气爽、生态宜居的美丽武城。

3. 着力推进绿色城镇化。（1）加强城镇空间管控。全面落实《德州市新型城镇化规划（2014—2020年）》，尊重自然格局，科学确定城市性质、规模、布局和重大基础设施布局，构建以城区为核心、城镇为节点、干线公路为发展轴线的多元结构和间隔分布的城镇空间发展布局，完善"中心城区、城镇、农村社区"三级体系，打造"一心三极"县域空间。保护文物古迹，实施城镇历史文化挖掘和保护工程，开展历史文化名城名镇创建活动，培育特色小镇。（2）推进生态城区建设。按照绿色、生态、低碳、宜居、宜业理念，积极开展绿色生态示范城镇建设，统筹推进绿色规划、绿色交通、绿色市政、绿色建筑、绿色能源，使城市建设与资源环境承载能力相适应；建立绿色建筑全寿命周期管理模式，县城规划区内的新建民用建筑全部执行绿色建筑标准；大力推广绿色施工，积极创建绿色施工示范工程，政府投资或政府投资为主的机关项目率先实施绿色施工；建立健全城市绿色交通体系。稳步推进智慧城市数字武城建设；组织编制海绵城市建设实施方案和建设计划，统筹推进新老城区海绵城市建设。扎实推进城镇污水、垃圾处理设施建设，做好城市污水处理厂污泥处置、垃圾焚烧处理、垃圾渗滤液处理、城乡生活垃圾分类收集和处理工作，提高建管水平。加快建设县城医疗废物集中处置设施，实现县、乡医疗废物统一收集、统一处置。（3）加强城市地下综合管廊建设。组织编制实施城市地下综合管廊建设规划。城市新建道路、新区建设和集中连片的旧城改造，在重要地段和管线密集区采取综合管廊模式建设地下管网，力争一次敷设到位，并同步配套消防、供电、照明、监控与报警、通风、排水、标识等设施；加大老旧管线改造力度，实施城市电网、通信网架空线入地改造工程。建立城市地下管线信息系统，实现城市管线的数字化、动态化、现代化管理。

4. 加快城乡一体化发展。坚持以人的城镇化为核心，以城带乡、城乡互动，构建城乡经济社会一体化发展新格局。（1）突出县城引领作用。完善城区功能布局。充分发挥规划的引领作用，增强系统思维，坚持地上地下统筹、里子面子并重，坚持产城融合、促进良性互动，合理布局生产空间、生活空间、生态空间。大力实施"骨架支撑、功能完善、管理提升"三大工程，完善基础设施，补好城市短板，提升管理水平，把品质体现在建设、配套、管理的全过程，全面提升城市的承载力和吸引力。全面完成棚户区改造，治理背街小巷，完善水、电、路、气、暖等基础设施，提高商业、餐饮、医疗、教育、养老、文化体育、休闲娱乐等公共服务水平，改善群众生活质量，提升城市档次和品位。（2）加快小城镇发展。以建设特色突出、环境优美、设施配套、产业发达的现代宜居小镇和经济强镇为目标，推进特色小城镇建设。鲁权屯镇、四女寺镇、老城镇三个中心镇，要重点依托产业、资源、区位等比较优势，进一步做活邻边经济，打造辐射周边、带动力强的省级特色名镇、实力强镇。其他镇要以资源禀赋为基础，以特色产业为支撑，推动发展，加快建设，努力打造城乡统筹、产城融合的新平台，转移就业、促进增收的新空间。

5. 着力推进生态文明和美丽乡村建设。（1）加强农村基础设施建设。抓住政策性金融贷款支持农村公路工作及第三批村级公路网化示范县活动等政策机遇，大力实施农村公路升级改造，提高农村公路通行能力和安全保障水平；打通临近区域间断头路，改善优化瓶颈路段，加大农村公路危窄桥梁改造力度，大力实施农村公路安全生命防护工程；同步实施排水沟渠设施及道路绿化工程，尽快实现主要道路和公共场所道路亮化、美化。加快优化农村公路路网结构，提升质量和养护水平，改善路域生态环境，有效保护路产路权，健全完善农村客运和物流服务体系，城乡交通一体化格局基本形成。优化农村电网结构，加强变电站配套设施和技术服务站建设，提高农村电网受电、输电和供电能力。实施农村改暖、改水、改厕工程，促进城镇集中供热系统向农村延伸；巩固提升饮水安全成果，加强水源保护，保证水质达标与饮水安全；合理选择改厕模式，加强政府引导和投入，运用市场化运作机制，到 2018 年底实现农村改厕全覆盖。（2）推进新型社区建设。以城中村、城郊村、镇驻地周边村为重点，以交通干线为依托，探索建设“居住社区化、就业园区化、生活城镇化、环境生态化”新型农村社区发展模式，努力实现基础设施配置、公共服务功能、长效管理机制、建设质量“四个标准化”，让群众生活得更舒适、更富足、更幸福。（3）营造优美乡村环境。实施农村环境综合整治，加大垃圾清运、污水处理和农村改厕等工作力度，推动城乡要素配置更加合理化、城乡居民基本权益更加平等化。大力提升通村公路硬化率，确保每个农村进村主干道硬化、亮化、绿化。积极挖掘整理历史典故、名人传说、特色民俗等人文资源，强化具有民居民俗特色的传统村落的保护，提升村庄文化底蕴。按照“建设中心村、治理空心村、培植特色村、合并弱小村”的要求，突出乡村特色、地方特色，建设功能完备、环境优美的新农村。

（二）加快产业结构调整

围绕发展壮大新经济，深入实施高端高质高效产业发展战略，推动工业绿色化，推动农业发展方式加快转变，推动服务业跨越发展，加快构建科技含量高、资源消耗低、环境污染少的产业结构。

1. 推动工业绿色化。优化工业产业结构，努力打造科技含量高、规模化、循环式、生态型的现代化、特色工业集聚区。围绕已有的市场前景好、经济效益高、发展潜力大的产业，着力发展高端装备制造、节能环保、新材料、新能源等新兴产业，以突破核心技术为关键，以膨胀产业规模为重点，实行重点打造、重点培育，实现新兴产业跨越发展。围绕工业转型升级，采用先进适用节能低碳环保技术改造提升传统产业。综合运用市场、经济、法治手段，通过兼并重组、债务重组、破产清算等方式，多措并举去产能。充分发挥市场主导作用，落实财税、金融、土地等政策措施，支持企业就地改造和搬迁改造，统筹做好人员安置、债务处置、历史遗留问题处理和安全生产等工作，确保平稳去产能。健全倒逼机制，分行业制定节能环保安全质效标准，对不能达标企业依法依规进行处罚，促使企业转型升级或产能退出。

2. 推进农业现代化。牢固树立现代农业安全观、生态观和效益观，以“一园六区”建设为支撑，以标准化种植、规模化经营、产业化发展、社会化服务为方向，以发展特色优势产业为重点，构建高产、优质、高效、生态、安全的农业现代化发展格局。大力发展专业合作社、种粮大户、家庭农场等新型经营主体，因地制宜发展以产业为主导的精准农业、观光休闲农业、立体农业、创意农业等，促进一二三产融合发展，拓宽农业增效、农民增收空间，让农民更多分享农村产业融合增值效益。

3. 推动服务业转型升级。以集聚资源、板块培育、重点提升为着力点，积极培育新供给新动力，加速形成消费持续促进经济健康发展的良性机制，进一步提高服务业总量和比重。（1）着力提升生产性服务业。以建设特色生产性服务基地为目标，以强化产业服务支撑为中心，以增强区域服务功能为重点，以发展服务载体为突破，积极拓展服务业态，重点发展现代物流、科技信息、金融商务、电子商务等生产性服务业，建设具有较强影响力和竞争力的现代服务业聚集区。（2）加快提升生活性服务业。把握消费新趋势，聚焦消费新热点，积极培育旅游产业，养生养老产业、商贸餐饮等生活性服务业，打造面向京津冀鲁的生态型健康养生目的地。

4. 调整优化能源结构。积极稳妥推进新能源的开发利用，坚持清洁利用化石能源与大力发展非化石能源并举，严格实行能耗强度和总量双控制度。努力压减煤炭消费总量，逐步降低煤炭消费比重，逐年实现省市定煤炭消费总量控制目标。积极推进民用散煤清洁化和燃煤锅炉环保提升改造工作，大力推动煤炭清洁高效利用。完善天然气基础设施，推动天然气在工业燃料、交通、民用等领域应用，扩大天然气消费市场，提高天然气消费比重。加快风电、太阳能、生物质能、地热能等新能源开发应用，大幅提高非化石能源消费比重，到2020年可再生能源消费占一次能源消费的比重达到15%以上，可再生能源发电量占全社会用电量的比重约26%。

（三）大力发展绿色产业

加大节能环保产业的培育力度，推动制造业绿色改造升级，壮大绿色能源产业和有机生态农业规模，大幅提高经济绿色化发展水平。

1. 大力发展节能环保产业。研究出台加快节能环保产业发展的政策措施，重点培育一批具有较强竞争力的节能环保设备生产企业，积极推行政府绿色采购制度，培育拓展节能服务市场，形成完整的节能环保产业链。加快发展节能环保服务业，支持专业化节能服务公司采取合同能源管理方式实施节能改造；制定推行环境污染治理的政策措施，在玻璃钢、新能源空调、汽车零部件、电力、造纸等污染物排放量大、治理技术成熟的重点行业以及工业园区大力推行环境污染第三方治理。全面落实燃煤发电机组脱硫、脱硝、除尘等环保电价政策，积极推进治污领域第三方治理工作，提高污染物治理的产业化、专业化、市场化程度。

2. 大力发展绿色制造业。支持企业开发绿色产品，推行生态设计，引导绿色生产和绿色消费。推动厂房集约化、原料无害化、生产洁净化、废物资源化、能源低碳化，建设一批绿色工厂；推进工业园区产业耦合，实现近零排放，发展一批绿色园区；加快建立以资源节约、环境友好为导向的采购、生产、营销、回收及物流体系，打造一批绿色供应链；支持企业实施绿色战略、绿色标准、绿色管理和绿色生产，培育壮大一批绿色企业。

3. 大力发展绿色能源产业。实施节能优先战略，合理布局，提高能源开发利用效率，构建安全、稳定、经济、清洁的现代能源体系。加快推进青岛昌盛100MW光伏扶贫电站项目、20MW光伏电站及光伏农业科技大棚项目、龙源陈公堤风电一期、二期项目、三自能源50MW风力发电项目、分布式光伏发电项目等新能源项目建设。抓住新能源汽车革命带来的机遇，加大布局新能源汽车充换电基础设施建设。加大对节能技术改造项目的投资力度，改造提升电网，完善电网节能机制，加强企业用电管理，提高用电效能，规划新建500千伏贝州站及其配出工程，新建和改造10千伏线路700公里以上，到2020年，供电可靠率达到99.985%。全面改造提升农村电网，提高农村供电安全保障能力。加快天然气输送管网建设，推进管道燃气向重点镇街、重点社区发展。

4. 大力发展绿色生态农业。加快构建"政府引导、企业主体、专家指导、部门联动、社会参与"的农产品品牌建设推进机制，创建一批农产品品牌，"十三五"期间，新增驰名商标1—2个，建成1处省级农业科技园区，建设1—2处多经营主体、多产业链、多业态的综合示范区，全力打造京津冀放心农场，建设国家级现代农业示范区。加强农产品质量安全监管体系建设，逐年提高"三品一标"产品产地认证面积，力争到2020年全县"三品一标"认证突破80个，认证基地面积50万亩，占食用农产品产地面积的70%以上。加强经济林果基地建设，进一步壮大经济林、花卉苗木及木材加工等产业，大力发展苹果、梨、桃、核桃等特色经济林。

（四）加快转变资源利用方式

坚持节约优先，树立节约集约循环利用的资源观，深入推进全社会节能减排，构建贯通生产、流通、消费各环节的循环经济体系，实现各类资源节约高效利用。

1. 加大节能推进力度。（1）加大工业重点领域节能。实施"工业绿动力"计划，加快高效煤粉锅炉推广应用，利用三年时间开展燃煤锅炉综合治理，到2018年全县燃煤锅炉（窑炉）大气污染物排放比2015年二氧化硫减少561.21吨、氮氧化物减少119.42吨、烟尘减少408.64吨。加强重点用能单位能源管理体系建设，推行节能标准化，建立节能长效机制。加强能源管理中心建设，提高节能信息化水平，开展重点用能企业能效对标活动，提高能源利用效率；开展重点用能单位能源计量审查活动，加强重点用能单位能源计量器具配备管理。实施能效领跑者制度，在太阳能、电机、变压器等行业树立一批能效标杆，提升行业整体能效水平。实施变压器能效提升工程，鼓励应用高效节能变压器，淘汰落后变压器产品。建立激励约束机制，组织"能效之星"活动，在重点耗能行业培育能效水平先进企业，发挥其示范带动作用。（2）加快推进建筑节能。实施"建筑能效领跑者"行动，县城规划区内的新建民用建筑全部执行绿色标准。加快推进建筑产业现代化，发展应用新型结构体系及构配件、部品部件配套技术。制定绿色建材发展实施方案，开展绿色建材评价标识，重点推广节能高效、安全防火、生态环保的新型建材和结构体系，推进建筑垃圾在建设领域的资源化利用，培育发展绿色建材产业。大力推行太阳能光热建筑一体化，新建、改建、扩建的住宅和集中供应热水的公共建筑应安装使用太阳能热水系统。加强既有建筑供热计量及节能改造，集中供热的新建建筑和已完成供热计量改造的建筑，实行按用热量计价收费。加强公共建筑节能监管体系建设，推行能效测评标识、公共建筑用电限额等制度。完善激励政策，支持研发推广建筑节能与绿色建筑新技术、新材料、新产品、新工艺、新设备。（3）加强交通运输节能。加快构建客运“零距离换乘”、货运“无缝衔接”的现代化综合交通运输体系，创建绿色交通县。加快发展城市公共交通，提倡绿色出行。大力推广应用节能环保型运输车辆。加大甩挂运输、多式联运等新型运输组织方式推广力度，不断提高甩挂运输承运比重。（4）抓好公共机构节能。落实《德州市实施〈党政机关厉行节约反对浪费条例〉细则》（德发〔2014〕11号）和《山东省公共机构节能管理办法》（山东省人民政府令第210号），完善公共机构节能考核评价制度，强化公共机构节能监督考核，加强公共机构能源审计，开展公共机构节约型示范单位建设。

2. 加大资源节约管控力度。（1）强化水资源节约。加强用水需求管理，实行水资源消耗总量和强度双控行动。把水资源承载能力作为经济社会发展规划、城市规划、园区建设、产业布局的刚性约束，落实最严格水资源管理制度，使城乡建设、产业布局、区域开发与水资源承载能力相适应。加强区域用水总量控制，严格实施取水许可、水资源有偿使用、地下水管理和保护制度，强化水资源统一调配能力，提高水资源安全保障水平。大力推进节水型社会建设。大力推进农业节水和水肥一体化，加强渠系节水改造、田间工程建设和农业用水管理，推广高效节水技术，加强灌区监测与管理信息系统建设，实现精准高效灌溉；开展水效领跑者行动，大力推广工业水循环利用、高效冷却等节水工艺和技术，加快推进工业节水技术改造；加快供水管网改造，加强公共建筑和住宅小区节水配套设施建设，创建节水型单位、社区、城市。推行合同节水管理。加强城镇污水处理回用，促进工业、环卫、绿化、景观等领域优先使用再生水；在新建宾馆、学校、居民区、公共建筑等配套建设雨污分流、雨水集蓄和再生水利用设施。鼓励采取多种方式利用矿井水、微咸水等非常规水源。（2）节约集约用地。坚持最严格的节约用地制度，实行建设用地总量和强度双控行动，按照城乡统筹、合理布局、适度集中的原则，建立节约集约用地评价机制，推进人口向城镇集中、居住向社区集中、产业向园区集中。积极探索工业用地供应新机制，推广“先租后让”“长期租赁”“弹性年期”等多种方式并存的工业用地供应制度。鼓励“飞地经济”“拆企并企”“退城入园”，支持建设多层标准厂房，推进低效利用建设用地的二次开发利用和工矿废弃地复垦利用。推广应用节地技术模式，创新节地路径方式，健全闲置低效土地盘活利用的政策机制，积极开展“国土资源节约集约模范镇（街）创建活动”。

3. 加大循环经济发展支持力度。（1）实施循环发展引领计划。推行企业循环式生产、产业循环式组合、园区循环式改造，到2020年，基本完成全县产业园区循环化改造。在重点行业规模以上企业引入产品生命周期理念，从产品设计、生产、销售、使用和回收等全生命过程进行控制，打造一批符合产业政策、工艺技术先进、资源综合利用率高的循环经济骨干企业。围绕钢铁、电力、化工、建材、造纸、纺织等行业，加强高效能、可循环技术研发，推广循环生产模式，拓宽、拉长、增厚循环经济产业链。按照“布局优化、产业成链、物质循环、集约发展”的原则，推进园区循环化、低碳化、生态化改造，促进资源集约利用、废物综合利用、废水循环利用、能量梯级利用，形成多行业、多产品、多链条的循环经济发展模式，着力培育综合类、行业类、静脉产业类等多类型的循环经济示范园区和生态工业园区。（2）加大清洁生产推广力度。在企业全面推行清洁生产，从源头削减污染，提高资源利用效率，减少或避免生产、服务以及产品使用过程中污染物的产生和排放。大力实施汞削减、铅削减和高毒农药替代清洁生产重点工程，促进行业绿色转型升级。在电力、钢铁、化工、造纸等重点行业，加快推行清洁生产先进工艺、技术和装备，实现源头减量、全过程控制，促进大气环境质量改善。（3）完善再生资源回收、加工和利用体系。推广实施家庭生活垃圾源头分类，建设小区垃圾分类回收站点，合理设置垃圾分拣中心，推进生活垃圾资源化综合利用；建立区域性再生资源交易市场、废旧物资回收中心和再生资源信息系统，提高建筑垃圾、餐厨废弃物以及废旧的纺织品、汽车轮胎、有色金属、塑料、橡胶、铅酸电池等回收利用水平，开发利用“城市矿产”，促进废弃资源再生利用规模化发展。（4）大力发展再制造。以汽车零部件、农业机械、办公信息设备为重点，研发推广一批再制造技术，实施一批再制造项目，培育一批骨干再制造企业，打造一批再制造基地。

4. 加大应对气候变化推进力度。（1）全面控制温室气体排放。落实德州市“十三五”控制温室气体排放工作方案，实施碳排放强度和总量双控，加快构建以低碳为特征的工业、能源、建筑、交通体系，努力增加森林、农业、湿地碳汇，推动全县经济加快向绿色低碳转型升级。（2）扎实推进低碳试点建设。以低碳城市、低碳园区、低碳社区创建和低碳产业发展为抓手，推进多层次、宽领域的低碳试点建设，支持优化开发区域率先实现碳排放峰值目标，实施近零碳排放区示范工程，形成以绿色低碳为特征的生产、生活、消费方式和符合县情的低碳发展模式。（3）积极适应气候变化。实施应对气候变化工程建设，提升城乡建设与基础设施、水资源、农业、气象和公共卫生等重点领域的适应能力；加强气候变化影响评估，提高应对气候变化特别是应对极端天气和气候事件能力，最大限度减轻气候变化对经济社会发展的不利影响。（4）强化应对气候变化保障措施。加强全县各级应对气候变化主管部门人员力量配备，强化专业技术支撑机构和业务执行团队建设，加大财政资金保障力度，形成常态化的工作推进机制。

（五）系统推进环境污染防治工作

以建设生态功能区为目标，以提高环境质量为核心，以防控环境风险为底线，以污染物总量控制为手段，实施最严格的环境保护制度，着力解决突出环境问题，让人民群众喝上干净水，呼吸清洁空气，吃上放心食品。

1. 狠抓大气污染防治。全面落实《国务院关于印发〈大气污染防治行动计划〉的通知》（国发〔2013〕37 号）、《省政府关于印发〈山东省 2013—2020 年大气污染防治规划〉和〈山东省 2013—2020 年大气污染防治规划一期（2013—2015 年）行动计划〉的通知》（鲁政发〔2013〕12 号）、《德州市大气污染防治管理规定》（德州市人民政府令第 2 号）和《武城县大气污染防治实施方案（2016—2017）》，健全大气污染联治联防联控机制，有效遏制雾霾频发态势。加强多种污染物协同控制，倒逼企业加强技术创新和改造升级，严控高耗能、高排放行业新增产能，加快淘汰落后产能，加强重点行业脱硫、脱硝、除尘改造工程建设，重点实施工业企业燃煤锅炉改造提升、中小燃煤锅炉淘汰、挥发性有机物达标治理、清洁能源替代、移动污染源防治、城市扬尘烟尘综合防治、秸秆综合利用、燃料清洁化改造等蓝天工程，推动重化企业向专业园区聚集，严格控制煤炭消费总量，建立民用散煤煤质控制机制，发布散煤供应质量标准，加强散煤污染控制。到2018年，10蒸吨/小时以上的燃煤锅炉达到燃煤锅炉超低排放水平，10蒸吨/小时及以下的燃煤锅炉全面完成清洁能源替代，完成散煤燃烧治理工作；到2020年，全县环境空气质量比2010年改善50%左右，"蓝天白云，繁星闪烁"天数明显增加。

2. 巩固提高水污染治理。实施水污染防治行动计划，全面深化流域"治用保"治污体系。完善全县水环境质量监测和污染源监测网络。加强饮用水源地保护，全面推进水源地、涵养区环境综合整治，强化供水全过程管理，保障饮用水安全，集中式饮用水水源地水质达到Ⅲ类标准，南水北调输水干线水质稳定达到国家标准。加强重点流域、区域水污染防治，严格排污管理，全面实施流域水污染防治和小流域水清洁工程，维护良好的生态系统。狠抓工业废水污染防治，深入推进重点行业清洁化改造和水污染整治，集中治理工业园区水污染，开展对水环境影响较大的涉重金属、涉危险废物及"散乱污"企业、加工点、作坊的专项整治。强化城镇污水集中收集与处理，加强农村畜禽养殖废水处理设施建设。因地制宜实施人工湿地工程，净化城区及工业区排水；利用农田水利工程建设微湿地群，净化处理乡镇社区生活污水和农田排水。到"十三五"末，境内省控及以上主要河流水质全面消除劣Ⅴ类水体；主要支流境内水质明显改善。集中式地表水型饮用水水源水质在源水达标的基础上全部达到地表水Ⅲ类标准要求，地下水型饮用水水源地全部达到地下水Ⅲ类标准要求。全县建成区不得产生新的黑臭水体，黑臭水体比例控制在5%以内。地下水质量考核点位水质级别稳中趋好。

3. 建立土壤污染防治体系。制定实施土壤污染防治行动计划，以种植性土壤和城市土地二次开发利用为重点，建立土壤环境保护管理制度，开展土壤污染状况调查，优先保护耕地土壤环境，强化工业污染场地治理，开展土壤污染治理与修复试点，控制被污染土地开发利用的环境风险。严厉打击企业非法向土壤环境转移污染物的行为，鼓励企业在达标排放的基础上进行深度处理。严格污泥、垃圾处理，防止造成二次污染，严控工业污染向农村转移。

4. 加强农业面源污染防治。着力推广使用商品有机肥，促进微生物繁殖，改善土壤理化性状，减少化肥施用量；普及测土配方施肥，提高化肥利用率。推广高效低毒低残留农药、生物农药和绿色防控技术，搞好高毒农药替代，逐步减少化学农药的使用。开展地膜污染防治，探索推广双降解生态地膜，推进废旧地膜回收利用。突出抓好重金属污染治理与修复，推广源头防控、农艺修复、化学钝化、植物萃取等应用技术。以秸秆肥料化、饲料化、燃料化、基料化利用为重点，积极推广秸秆精细化还田、生物反应堆、青储氨化、秸秆沼气、养殖食用菌等技术。推广粪污无害化处理利用技术，实施畜禽养殖场粪污处理设施标准化改造工程，加强病死畜禽无害化处理。完善农业地方标准体系，实施农业标准化工程，加快标准化生产基地建设。加强土壤改良修复，通过施用土壤调理剂，改善土壤理化性状；在果园中种植绿肥植物，增加土壤有机质含量，调理土壤酸碱度。在设施蔬菜栽培集中区域，重点推广水肥一体化技术，通过配套建设滴灌设施，将施肥和灌溉同步进行、一体化管理。开展保护性耕作技术集成与示范，促进粮食作物增产增收。正常年份下，到2020年，测土配方施肥技术推广覆盖率达到90%以上，化肥利用率提高10个百分点以上，主要农作物农药利用率提高到40%，主要农作物病虫害绿色防控覆盖率达到30%。

5. 抓好环境风险防控。开展全县环境与健康调查，加强典型区域环境与健康监测。加快危险废物处置设施建设。建立健全环境风险防范与应急管理工作机制，着力整改薄弱环节，做好重金属、电子垃圾、危险化学品、持久性有机污染物、危险废物的污染防治工作，加快医疗废物集中处置向乡村医疗卫生机构延伸，防范环境污染风险及各类重大事故发生。

（六）建立健全生态系统修复体系

遵循自然规律，实施水林田湖生态保护和修复工程，更加注重自然恢复，协同推进人工修复，持续改善生态环境质量。

1. 保护和培育森林生态系统。以创建国家森林城市为方向，实施增绿工程，加强公路周围生态修复。不断提升路网、水网、农田林网建设水平，推动实施城区建成区绿化工程、城市绿色生态屏障工程、城郊观光休憩林基地示范工程。积极推进绿色家园及新农村建设、森林公园、生态文化建设，改善区域生活环境。加强森林资源修复，落实森林资源生态效益补助政策，重点加强森林涵养、重点防护林建设，对重点沙化土地和重要水源地等实施退耕还林还果。全面停止天然林商业性采伐，严禁移植天然大树进城。加强森林防火和林业有害生物防治基础能力建设，提高森林资源保护水平。创新产权模式，深化集体林权制度改革，引导各方面资金投入植树造林。保护生物多样性，对森林公园、风景名胜区、湿地公园等典型自然景观和古树名木实施就地保护。努力打造一批生态示范园区、清洁生产基地、生态文明乡村和高标准生态示范县。

2. 保护和修复湿地与河湖生态系统。实施河道系统性生态修复工程，提高水体自身净化调节能力，营造河流生态景观和生物栖息地，加强成片森林湿地建设，鼓励创建一批自然保护区、湿地公园及精品小流域，主要河流的生态功能得到恢复，有效遏制地下水超采，浅层地下水超采区达到采补平衡，深层地下水超采区开采量逐年减少。地下水漏斗区面积扩大趋势得到遏制。加快湿地自然保护区和湿地公园建设，逐步提高保护级别；实施生态补水、退耕还湿等措施，恢复湿地数量；实施水系联通、污染和有害生物防控、水禽栖息地恢复、水位调控等措施，不断改善湿地质量、增强生态功能。实施生态修复工程，对重点地区开展油污治理。

3. 保护和改善农田生态系统。实施耕地质量提升计划，加强退化农田改良修复和集雨保水保土。在果菜主产区推广应用农药减量控害技术；积极推广保护性耕作，实施沟、渠、路、林统一规划，加强农田防护林体系建设。

4. 推进荒漠化和水土流失综合治理。加强沙化、荒漠化治理，积极推进乔灌结合的防风固沙林网、林带、片林建设，遏制沙化扩展，有效减轻大气沙尘危害。优化配置工程、植物和耕作措施，形成有效的水土流失综合防护体系。全面贯彻落实新修订的水土保持法，依法划定各级水土流失重点防治区，组织实施全县水土保持规划，开展水田林路村综合治理，加快水土流失严重地区水土流失治理步伐。

5. 加强地下水保护。通过水源替代、节水压减、修复补源等措施，严格控制地下水开采量，实施农业、工业、城镇生活等全方位节水，建设实施南水北调配套、引黄供水提升、非常规水利用等水源置换工程和湿地、坑塘、河道拦蓄、地下水库等修复补源工程，逐步压减超采区地下水开采量。建立以防为主的地下水污染防治体系，实施典型地下水污染场地修复示范工程。到2020年，浅层地下水超采量全部压减，深层承压水超采量压减50%，全县浅层超采区面积逐步减小。

（七）深化生态文明体制改革

贯彻落实国家生态文明体制改革总体方案，加大重点领域和关键环节制度建设和改革力度，加快形成系统完整的生态文明制度体系。

1. 完善资源环境生态红线制度。（1）划定生态保护红线。编制实施武城生态红线区域保护规划；推进生态环境空间分区管治，实行生态重要性、敏感性和脆弱性评价；依法管理、保护禁止开发区域，在保护中开发重点生态功能区。（2）强化资源消耗管控。能源方面，建立新建、改建和扩建项目用能总量指标挂钩制度，设立新上项目用能强度标准，超过标准的不予办理立项手续。土地方面，划定永久基本农田，对新增建设用地占用耕地规模实行总量控制，严格落实耕地占补平衡政策。森林湿地方面，推进林地保护利用规划实施，设立林地和森林红线，将目标任务落实到具体地块；发挥湿地生态系统的功能效益，确定县级湿地保护名录，实现湿地质量和数量同步提高。大气方面，实行逐步加严的大气污染物综合排放标准，编制大气污染防治规划二期行动计划，建立空气质量监测体系，加大重点领域气体、扬尘排放治理。水资源方面，严格水资源开发利用控制、用水效率控制、水功能区限制纳污“三条红线”管理制度，加强对黄河、海河等流域的水资源保护。（3）严守环境质量底线。加强自然生态空间征（占）用管理，遏制生态系统退化趋势。将生态环境质量逐年改善作为区域发展的约束性要求，科学确定污染物排放总量限值和环境风险防控措施，对资源消耗和环境容量接近或超过承载能力的地区，及时采取区域限批等强制性措施。

2. 完善生态环境监管制度。（1）健全污染物排放监管制度。创新生态环境调查和执法工作机制，建立网格化环境监管制度和移动执法系统，完善执法部门独立调查和解决突出环境问题工作程序，形成部门联动的环境监管工作格局，实现行政处罚和刑事处罚无缝衔接。（2）完善污染物排放许可证制度。完善污染物排放监管制度。制定重点行业污染物排放标准，建立企业环境信用等级评价制度、环境责任保险制度和环境污染损害责任赔偿制度。建立企业污染物排放许可制，将企业污染物排放信息纳入许可证管理范围，对造成生态环境损害的依法追责。（3）推进环评审批制度改革和环境承诺、备案制试点。实行企事业单位污染物排放总量控制制度，适时调整主要污染物指标种类，纳入约束性指标。建立健全环境信息公开、环境公益诉讼等制度，保障民众知情权、参与权，维护公众环境权益。

3. 完善生态保护补偿制度。（1）健全补偿运行机制。综合运用财政、税收和市场手段，形成奖优罚劣的生态效益补偿机制，对在污染物减排和环境改善等方面成效显著的，加大奖励力度。（2）建立财政转移支付机制。整合现有各类生态环保资金，加大重点生态功能区转移支付力度，规范资金分配方式，促进基本公共服务均等化。（3）建立横向和流域生态保护补偿机制。建立地区间横向生态保护补偿机制，逐步提高林木、湿地生态补偿标准。鼓励第三方专业机构开展生态环境损害评估，建立独立公正的生态环境损害评估制度。

4. 完善自然资源资产产权制度和用途管制制度。（1）建立自然资源资产产权制度。对水流、森林、湿地等各类自然资源资产进行普查，完成自然生态空间统一确权登记，建立县级自然资源资产产权管理数据库。（2）完善自然资源资产用途管制制度。在科学建立空间规划体系和划定生产、生活、生态空间开发管制界限的前提下，按照“多规合一”要求，逐步建立覆盖全面、界限清晰、责任明确、约束性强的用途管制制度，实现能源、水资源、森林资源、矿产资源按质量分级、梯级利用。（3）强化自然资源资产管理。严格落实水资源论证和取水许可制度，强化水资源管理与保护。坚持并完善最严格的耕地保护和节约集约用地制度，强化土地利用总体规划和年度计划管控，加强土地用途转用许可管理。强化林地“一张图”建设，加强林地用途管制。完善矿产资源规划制度，强化矿产开发准入管理，提高矿产开发综合利用效率。（4）深化自然资源资产管理体制改革。依照国家政策导向，明确国土空间的自然资源资产所有者、监管者及其责任。整合分散的全民所有自然资源资产所有者职责，组建对全民所有的各类自然资源统一行使所有权的机构，负责全民所有自然资源的出让等。

三、制度创新

通过制度和政策创新，建立健全推进生态文明建设的制度体系，逐步建立有利于生态文明建设的市场体系，推动更深层次、更广领域的生态文明建设。

（一）完善政绩考核制度

1. 完善政绩考核方法。充分发挥科学发展综合考核导向作用，完善生态武城建设目标责任制年度综合考核办法，建立健全体现生态文明要求的考核奖惩机制。加大对资源消耗、环境损害、生态效益等内容的考核力度，引导各级牢固树立正确的政绩观。根据各镇街、开发区在主体功能区功能定位，实行差异化考核。根据考核评价结果，对生态文明建设成绩突出的镇街、开发区、单位和个人给予通报表扬。

2. 实行领导干部自然资源资产和环境责任离任审计。摸清自然资源资产现状，编制资产负债表，建立资产数据档案。明确自然资源资产和环境责任离任审计对象、范围和内容，推行领导干部自然资源资产和环境责任离任审计，强化审计结果运用。

（二）完善责任追究制度

严格落实《中央办公厅、国务院办公厅关于印发〈党政领导干部生态环境损害责任追究办法（试行）〉的通知》（中办发〔2015〕45 号），各级党委和政府对本地生态环境和资源保护负总责。坚持依法依规、客观公正、科学认定、权责一致、终身追究的原则，完善党政领导干部生态环境损害责任追究制度。对推动生态文明建设工作不力的，要及时诫勉谈话；对领导干部因决策部署不力、造成资源环境生态严重破坏的，一律记录在案，实行终身追责。对盲目决策、造成严重后果的，严肃追究有关人员的领导责任；对履职不力、监管不严、失职渎职的，依法追究监管责任。情节较轻的，给予批评教育，责令公开道歉；情节较重或者干部群众反映强烈、造成恶劣影响的，给予组织处理和党纪政纪处分；涉嫌违纪违法的，移送纪检监察机关或者司法机关处理。

（三）完善法规和标准体系

1. 完善有利于生态文明建设的法规制度体系。根据《山东省循环经济条例》《山东省节能监察条例》等有关地方性法规，及时完善和推进相关工作。密切跟踪国家相关法律法规的立改废，适时出台、修订包括水、声、气、固废、土壤、湿地以及生态环境损害赔偿等方面的地方性立法，有效解决环保责任不落实、守法成本高、违法成本低等问题，为生态文明建设提供法制保障。

2. 发挥标准的引领、制约作用。严格执行国家有关能耗、水耗、地耗、污染物排放、环境质量等方面的强制性标准。科学划定环境容量较小、生态环境脆弱、风险高的地区范围，制定实施分阶段逐步加严的地方标准，执行污染物特别排放限值。加大推进力度，将分头设立的环保、节能、节水、循环、低碳、再生、有机等产品统一整合为绿色产品，建立统一的绿色产品标准、认证、标识等体系，推动企业发展从研发到产品全过程绿色化。

（四）完善环境治理和生态保护市场体系

1. 积极参与全国碳排放权市场交易。制定武城县碳排放权交易推进工作方案，建立碳排放权交易推进机制，扎实开展企业温室气体排放报告、碳排放数据核查、碳排放权配额管理等重点工作，加快融入全国碳排放权交易市场。鼓励企业积极参与碳汇交易，培育碳汇交易市场。

2. 建立健全相关领域市场化调节制度。积极推进电力直接交易改革，扩大发电企业与用户直供电试点范围。探索建立水权水市场制度，培育和规范水权交易市场，构建较为完善的水权水市场制度体系；积极探索多种形式的水权交易流转方式，允许通过水权交易满足新增合理用水需求；在保障灌溉面积、灌溉保证率和农民利益的前提下，建立健全工农业用水水权转换机制。培育排污权交易市场，制定激励政策，加快交易市场的发展；完善污染源监测监督制度，建立排污数据实时查询系统和交易信息系统，健全排污权交易的技术支撑体系。

3. 积极推进环境污染第三方治理。制定环境污染第三方治理政策措施，开展试点积累经验。改革投资运营模式，创新第三方治理市场化运作机制，培育一批专业化服务机构，壮大第三方治理市场。

（五）完善政策支撑体系

1. 落实税收优惠政策。落实国家关于节能环保、新能源、生态建设的税收优惠政策；支持工业窑炉协同处置废弃物和开发循环经济链接技术，鼓励企业开发绿色产品、清洁生产技术、节能减排设备投资、资源能源回收利用和发展节能环保服务业。

2. 稳妥推进价格综合改革。建立完善反映市场供求、资源稀缺程度、生态损害成本和修复效益的资源性产品价格形成机制，运用价格杠杆促进生态文明建设。在生活领域，推行居民生活用水、用气阶梯式价格制度，落实居民生活用电阶梯式价格制度；在生产领域，落实“扶限并举”的差别化价格政策体系，落实差别电价、阶梯电价、超标准耗能加价和超定额用水加价等制度，严格执行燃煤发电机组脱硫、脱硝、除尘等环保电价政策，合理确定再生水价格，推进农业水价综合改革，严格落实风力、光伏、焚烧处置垃圾（污泥）等可再生能源发电项目省级价格补贴政策。

3. 推动相关费税改革。积极推动环境保护费税改革，扩大资源税从价计征品目，逐步扩展资源税征收范围。进一步深化矿产资源有偿使用制度改革，根据国家规定及时调整矿业权使用费征收标准。完善水资源费征缴制度和污水处理收费政策，落实主要污染物排污费征收标准，实行差别化排污收费制度，以排放物的浓度和数量为基础开展排污企业征收排污费试点。

4. 拓宽投融资渠道。加大财政资金投入，引导各类主体积极投入节能减排、资源综合利用和环境保护PPP项目建设。积极推进绿色债券发行工作，重点支持节能减排技术改造、绿色城镇化、能源清洁高效利用、新能源利用开发、循环经济发展、水资源节约和非常规水资源开发利用、污染防治、生态农林业、节能环保产业、低碳产业、生态文明先行示范、低碳试点示范等领域。鼓励金融机构创新金融服务，推广绿色信贷。探索采用碳排放权、排污权、用能权、用水权等收益权，以及知识产权、预期绿色收益质押等增信担保方式，拓宽绿色金融担保增信渠道。深入开展环境污染责任保险试点，鼓励保险公司推广开展相关保险业务。鼓励各镇街、开发区通过投资补助、担保补贴、债券贴息、基金注资等多种方式，支持绿色金融和绿色项目实施，稳步扩大直接融资比重。

（六）完善统计监测和执法监督体系

1. 加强统计监测体系建设。（1）完善全社会能源消耗统计核算体系。巩固能源生产、流通、消费、库存等数据的统计联网直报。（2）完善矿产资源生产、消费、库存等统计数据网上报送体系。明确非化石能源统计指标，改革能源平衡表核算，切实反映非化石能源生产和消费变化情况。（3）完善以资源产出率为核心的资源综合利用统计监测评价指标体系。建立循环经济统计指标，加强资源循环利用统计监测。（4）完善水质、大气质量、土壤环境、温室气体等统计监测指标体系。构筑覆盖环境质量、重点污染源、生态状况的天地一体、上下协同、信息共享的生态环境监测网络，实现自然资源和生态环境保护状况全天候监测。（5）完善重点企事业单位能源消费、水资源消费、温室气体、环境污染物等在线报送体系。充分利用信息技术和先进监测手段，建设统计监测公共服务平台，提高数据准确性、及时性，提升对生态环境的管控能力。（6）完善统计监测保障措施。健全各级统计监测体系，加强技术支撑和人才队伍建设；建立环境与健康调查、监测和风险评估制度，提高风险防控和突发环境事件应急能力；加大各级财政资金对统计监测基础能力建设的支持力度，形成生态文明统计监测的长效机制。

2. 强化执法监督。贯彻实施《山东省行政执法监督条例》，建立常态化、制度化的执法监督机制，加大对浪费能源资源、违法排污、破坏生态环境、干扰统计监测数据质量等行为的执法监察和专项督察力度。建立领导干部违法违规干预执法活动的责任追究制度，确保监管机构开展行政执法的独立性和权威性。建立行政执法与刑事司法“两法衔接”平台，依法科学划分执法权限，整合执法主体，加大对破坏生态环境刑事案件查处力度,落实“零容忍”。实行环保机构监测监察执法垂直管理制度，加强基层执法队伍建设，推进执法重心下移。加强环境应急处置救援队伍建设，提高专业化水平、装备水平和科学处置救援能力。建立执法跟踪监督制度，强化对资源开发、旅游开发和交通建设等活动的生态环境监管。健全多元化纠纷化解机制，建立专业性、行业性人民调解组织，运用人民调解、行政调解、司法调解多种手段，积极化解生态文明保护涉及的各类矛盾纠纷。

四、保障机制

生态文明建设是一项庞大的系统工程，各级党委和政府要作为一项重大政治任务和战略任务，加快健全生态文明建设领导体制和工作机制，积极探索、勇于创新，在生态文明建设进程中走在全市前列。

（一）构建统筹协调推进机制

县生态环保委员会负责本方案实施的统筹协调，研究确定生态文明建设的重大政策、体制机制创新、重大事项、重大工程建设等问题，生态环保委员会办公室负责本方案实施的组织推进工作。县直有关部门要根据职能分工，完善工作措施，抓好工作落实。重大政策落实以县直部门为主，重大事项和重大工程建设以所在镇街、开发区为主。各镇街、开发区要对本地区生态文明建设负总责，建立相应的工作推进机制，有序推进本方案确定的各项任务。坚持分类指导，深入开展生态文明制度建设，积极探索不同发展阶段、资源环境禀赋、主体功能定位地区生态文明建设的有效模式。

（二）构建科技创新引领机制

发挥科技创新在生态文明建设中的引领作用，促进生态环保领域产业链、创新链、资金链和政策链深度对接融合，全面提高生态环保科技创新能力。实施生态环保技术创新示范企业培育工程，鼓励企业牵头组建生态环保产业技术创新战略联盟，构建以企业为主体、市场为导向、政产学研用相结合的生态环保技术创新体系；支持有条件的企业和研发机构建设国家级和省级生态环保科技创新平台，建设产业、科研、人才三位一体的工程技术协同创新中心；建立多元化的投融资渠道，重点支持节能环保、新能源、清洁能源等产业，优先支持能源高效节约与梯次利用、新能源开发、环境污染防治、循环利用、生态修复、防灾减灾等关键共性技术研发；加强生态环保类科技成果信息平台和孵化转化平台、中介服务机构建设，促进成果转化和成熟实用技术的推广利用；把环保人才队伍建设列入“十三五”时期全县人才资源开发体系，深入推进生态环保领域专业技术人才知识更新工程，着力培养引进一批生态文明基础研究、试验研发、工程应用和市场服务等高层次科技创新人才和团队。

（三）构建贯彻落实督查机制

各级党委、政府和有关部门要把抓好本方案实施作为建设生态文明的重要工作，抓紧制定与本方案相衔接的区域性、行业性和专题性规划，明确目标任务、责任分工和时间要求，确保各项政策措施落到实处。制定本方案实施责任清单，建立完善职责事项和约束性指标落实目标责任制，落实情况列入审计范围。建立本方案实施工作年度进展报告制度，加强动态管理和分类指导，对本方案开展情况进行定期督查和通报，督促各方面加快推进速度。各镇街、开发区、各部门本方案实施情况要及时向县委、县政府报告，同时抄送生态环保委员会办公室。县委、县政府将就本方案实施情况适时组织开展专项监督检查。

（四）构建生态文明共建共享机制

1. 推动生态文明意识更加深入人心。建立健全生态文明教育体系，把生态文明教育作为素质教育的重要内容，纳入国民教育体系和干部教育培训体系，推动生态文明教育进校园、进家庭、进园区、进机关。深入挖掘传统生态文化思想，大力培育和弘扬生态文化。加强生态文明宣传教育阵地建设，提高生态文化知识宣传的普及性。开展经常性宣传教育活动，以世界地球日、世界环境日、世界森林日、世界水日、世界海洋日和全国节能宣传周、低碳日等主题活动为依托，制定经常性宣传教育活动实施方案。强化依法保护生态环境意识。把生态文明保护相关法律法规纳入普法宣传教育重点内容，落实“谁执法、谁普法”的部门普法责任制，深入开展有针对性的法治宣传教育，增强全民依法保护生态环境的意识和能力。充分发挥新闻媒体作用，加大新闻媒体开展生态文明公益宣传的力度，树立理性、积极的舆论导向。利用互联网、移动客户端等传播生态文明知识，创作一批优秀的动漫和影视作品，提高宣传教育的针对性、精准性和实效性，形成生态文明建设的良好社会氛围。

2. 推动生活方式更加绿色健康。大力倡导绿色消费，完善各类节能产品补贴政策，积极引导消费者购买节能环保低碳产品。倡导自备洗漱用品和餐具，减少宾馆、酒店等一次性用品的使用。制定礼品、食品、保健品等重点领域包装标准，限制过度包装。提倡使用太阳能、地源热泵等新型家庭能源形式，广泛使用可再生的能源产品。在餐饮企业、单位食堂、家庭，开展反食品浪费行动。推广绿色低碳出行，提高公共交通系统的覆盖范围，建设完善自行车道等慢行道路系统，大力发展城市公共自行车系统，倡导自行车和步行等无碳出行方式。发展绿色休闲旅游，树立健康、向上、轻松的绿色休闲理念，打造以休闲健身为主题的旅游路线，建设以低碳为特征的新型旅游景区。完善生态旅游产业体系，积极创建国家生态旅游示范区和省级生态旅游示范单位。建立绿色办公制度，党政机关办公设备及办公家具配备应优先选择绿色产品，按规定配备使用新能源汽车，加大绿色产品的政府采购力度，强化示范带头作用。

3. 推动公众参与渠道更加畅通。建立生态信息公开机制，定期发布环境质量、政策法规、项目审批和案件处理等信息，及时准确公布各类环境信息，保障公众知情权。在建设项目立项、实施、后评价等环节，根据项目影响范围，适度扩大群体参与规模，有序增强公众参与程度。建立生态环境监督制度，健全举报、听证、舆论和公众监督等制度，发挥人大代表、政协委员监督作用，设置社区生态文明监督员，构建全民参与的社会监督体系；建立法律援助体系，支持有关组织对污染环境、破坏生态的行为提起环境公益诉讼。鼓励发展环境质量监测第三方机构，支持生态公益组织和志愿者队伍建设，发挥社会组织和志愿者的积极作用；建立党委政府引导机制，开展绿色单位、绿色学校、绿色社区、绿色企业等创建活动，形成全社会参与生态文明建设的良好氛围。

中共武城县委　武城县人民政府 关于深入学习贯彻党的十九大精神认真开展“大学习、大宣讲、大调研、大落实”活动的意见

（2017年12月5日）

武发〔2017〕10号

为深入学习贯彻党的十九大精神，按照市委、市政府统一安排部署，结合我县实际，今冬明春在全县开展“大学习、大宣讲、大调研、大落实”活动，现提出如下意见。

一、总体要求

全面深入学习贯彻党的十九大精神，坚持以习近平新时代中国特色社会主义思想为指导，坚持以人民为中心，紧紧围绕学懂、弄通、做实，把十九大精神带给群众，把人民群众需要带回党委政府，进一步加强基层党组织建设，夯实基层战斗堡垒，引导广大党员发挥先锋模范作用，推动学习贯彻党的十九大精神覆盖到基层，确保中央决策部署和各级党委、政府工作要求落到实处。要坚持“深下去”，学习学深学透，宣讲入脑入心，调研摸细摸清，落实见人见事。要坚持“实起来”，紧密结合中心工作、重点工作，在学习和宣讲中融入调研、推动落实，在调研和落实中深化学习、积极宣讲，做到两手抓、两不误、两促进。要坚持“高标准”，履行政治责任、提高工作标准，把每一个“规定动作”都做成“示范动作”，把每一个“自选动作”都做成“创新动作”，切实做到学懂、弄通、做实。

二、深入开展大学习

把学习党的十九大精神和习近平新时代中国特色社会主义思想作为中心内容，推进“两学一做”学习教育常态化制度化，在全县范围内来一个大学习，各级党委（党组）负总责，切实用习近平新时代中国特色社会主义思想武装党员干部群众头脑。

（一）原原本本学。坚持读原著、学原文、悟原理，党支部指导党员根据实际制定个人自学计划，熟读新党章，精读十九大报告等文件，学好用好《习近平谈治国理政》第二卷和《习近平新时代中国特色社会主义思想学习纲要》。鼓励党员结合实际开展“日学1小时”、手抄十九大报告和党章、记录学习笔记等方式学原文，提升学习效果。

（二）融会贯通学。把学习贯彻党的十九大精神同学习马克思主义基本原理贯通起来，同把握党的十八大以来党领导人民进行伟大斗争、建设伟大工程、推进伟大事业、实现伟大梦想的实践贯通起来，同把握党的十九大作出的各项战略部署贯通起来，把工作摆进去、把职责摆进去、把问题摆进去，把学习落细落实落具体，指导实践、推动工作。

（三）领导示范学。各级党委（党组）理论学习中心组要制定系统学习计划，把重点发言和集体研讨、专题学习和系统学习结合起来。中心组学习每月至少一次，领导班子集体学习

根据需要随时组织。要坚持先学一步、学深一层，发挥示范引领作用。

（四）带领群众学。扎实推动“十九大精神进支部、党的声音传万家”主题学习活动，领导干部带头深入基层、走进群众，党支部推行开放式党日活动，带动群众一起学习、一起研讨。

（五）高端培训学。把学习党的十九大精神纳入干部培训主体班次，列入教育计划，作出具体安排，年底前分期举办党的十九大精神专题培训班，办好“贝州大讲堂”，集中邀请中央党校等院校专家教授来武授课，把全县科级干部轮训一遍。

（六）灵活形式学。加强研讨式、互动式、调研式学习，以党支部为主体、以党员活动日为载体，每月至少安排一次专题研讨，交流思想、深化理解。采取知识测试、现场问答、知识竞赛、主题演讲等方式激发学习动力、保障学习效果。坚持“线上”与“线下”相结合，利用好共产党员网、“灯塔—党建在线”等网上资源，创新学习形式，丰富学习内容，拓展学习深度。

三、集中开展大宣讲

各级党员干部带着感情、带着责任走到党员群众中间，围绕习近平新时代中国特色社会主义思想这一主线，把党的十九大提出的重要思想、重要观点、重大论断、重大举措讲清楚、讲明白，让广大党员干部群众听得懂、能领会、可落实。

（一）组建专业宣讲团队。成立全县党的十九大精神宣讲先锋团，县级领导干部带头，各级各部门主要负责同志和优秀副职为主，辐射带动党员干部参与，推进“千名党员干部进基层”活动，按照县委统一安排到分管部门、基层单位宣讲，实现全覆盖、无遗漏，12 月底前全部到基层宣讲一次。

（二）精心设计宣讲内容。县委宣传部要组织专门力量，针对农村、社区实际设计宣讲内容，列出宣讲重点，提供学习参考。要精心准备宣讲内容，科学确定宣讲主题，把党的十九大精神转化为群众语言、生活语言，把“普通话”翻译成“地方话”，注重运用百姓视角、身边故事摆事实、讲道理，推动十九大精神和习近平新时代中国特色社会主义思想群众化、大众化，家喻户晓、入心入脑。

（三）拓展丰富宣讲形式。积极推广“村级党校”“巡回党校”“乡村夜话”等方式，深入田间地头，更加务实、更接地气地宣讲。运用“村村响”广播、宣传册、口袋书以及微党课、微视频、文艺节目等群众喜闻乐见的方式，增强宣讲的吸引力和感染力。

四、全面开展大调研

把调查研究、领题破题作为落实学懂、弄通、做实要求的基础性工作和强有力抓手，各级党员领导干部要结合到基层宣讲十九大精神深入调研，听一听群众声音、看一看群众生活、问一问群众诉求，及时了解掌握人民日益增长的美好生活需要。

（一）坚持问题导向。调研要覆盖所有村（社区），党员干部全部走到、贫困户全部走到、特殊群体全部走到，深入了解群众的所思所想所盼。注重多到困难较大、矛盾尖锐的地方倾听民声，系统梳理工作中的重点难点、短板弱项。要立足实际思考问题、入木三分剖析问题、对症下药解决问题，切实把情况搞透、把思路搞准、把举措搞实，真正形成一批有情况、有分析、有对策、有质量的调研成果。2018 年元月底前调研报告送县委办公室备案备查。

（二）坚持系统谋划。要围绕学习贯彻党的十九大精神和习近平新时代中国特色社会主义思想，围绕落实各级党委、政府重大决策部署，围绕破解发展不平衡不充分问题和结构性体制性矛盾，围绕满足人民日益增长的美好生活需要，科学谋划明年工作思路和举措，为推动转型发展凝聚共识、出谋划策，推动党的十九大精神在武城生根开花结果、形成生动实践。

（三）坚持群众路线。党员领导干部要带头践行群众路线，严格落实八项规定精神有关要求，尽量不安排陪同人员，确需陪同的由相关对口负责同志陪同，陪同人员最多1人，坚持随机走访、蹲点调研，不给基层和群众增加负担。

五、全力推动大落实

按照“坚守初心抓落实、以严实作风抓落实、以强烈政治担当抓落实、带着感情抓落实、以顽强意志抓落实、依靠群众抓落实、以科学方法抓落实、强化全面从严治党抓落实”的要求，推动省委省政府、市委市政府、县委县政府各项目标任务以及工作要求落到实处、取得实效。

（一）深入开展“回头看”。各级各部门单位要认真对今年重点工作进行“回头看”，特别是对精准脱贫、环保问题整改、基层党组织建设、美丽乡村建设及改厕改电改气等重点工作，对生态环保、安全生产、社会稳定三项底线工作，要了解真实情况、发现并解决不严不实问题。对查摆出的问题，要梳理归类，列出整改清单、责任清单、措施清单。对于群众反映的问题和诉求，属于职能范围内的，能及时办理的要及时办理、限时办结；不能及时办理办结的，要向群众做好解释工作；对于本部门单位解决不了的，要及时上报领导小组统筹解决。

（二）锁定年度目标。各部门单位要以对县委县政府负责、对事业发展负责、对群众负责的态度，认真做好年底各项工作的总结提升。要聚焦难点工作和薄弱环节，整合工作力量，补齐工作短板，拉升工作标杆，全面提升工作质量和水平。要以“业务单位学业务”和对接上级部门党组织开展“党建筑桥·携手创优”活动为契机，主动加强与上级对口部门的汇报沟通，最大限度争取上级单位支持和帮助。

（三）指导监督“两委”换届选举。选好配强村级带头人队伍，帮助基层党组织健全基本制度、严格组织生活、管好党员队伍，提升组织力，强化政治功能、服务功能。认真分析基层党建工作中的薄弱环节和短板问题，列出重点任务，强化制度建设，切实把基层党组织建设成为宣传党的主张、贯彻党的决定、领导基层治理、团结动员群众、推动改革发展的坚强战斗堡垒。

六、健全机制

（一）建立“三全一化”联系帮包机制。全覆盖。县委常委和县人大常委会、县政协党组书记帮包镇街区全覆盖，负责牵头抓总，统筹调度整个活动开展，同时直接负责1个村、1个企业、1所中小学校工作；其他县级干部、部门单位主要负责人和有关副职帮包村、城市社区、中小学校、企业全覆盖，履行好帮包职责。全联系。丰富拓展联系帮包内涵，既要联系帮包单位开展“大学习、大宣讲、大调研、大落实”活动及后续“不忘初心、牢记使命”主题教育，又要按照把十九大精神带给群众、把人民群众对美好生活的需要带回党委政府、把工作部署落实下去的活动要求，辐射帮包联系单位的基层党建、精准脱贫、环保攻坚、美丽乡村建设、困难救助等其他各项工作，通过全联系促进大提升。全过程。坚持“换人不换单位”原则，联系帮包贯穿活动全过程、各阶段，保持连续性。制度化。建立“三全”联系帮包工作机制化常态化，持续推动十九大精神在武城落地生根、开花结果。

（二）建立群众需求反馈机制。围绕人民日益增长的美好生活需要，依托城乡网格化管理工作，健全完善群众需求收集整理、分析研判、归口受理、分类处置、办结回访机制，确保群众反映的问题不拖、不压、不漏、不误。健全完善政府治理和社会调节、居民自治良性互动机制，健全用好“支部统领，主体分工”村级治理机制，实现有事好商量，众人的事情由众人商量。

（三）建立推动落实机制。县委县政府定期召开重点工作推进落实情况会议，逐项列出任务书、时间表、路线图，必要时召开现场办公会，以钉钉子精神抓好落实。加强督查力量，实行常态化督查，及时掌握落实情况，并运用到综合考评中。

（四）“不严不实”问题纠正机制。把从严从实贯穿活动始终，着力纠正形式主义、敷衍应付、弱化虚化、不担当不作为等问题。坚持失责必问、问必从严，造成不良影响的，严肃追责问责。用好提醒、函询、问询、诫勉等措施，让干部知敬畏、存戒惧、守底线，自觉践行“三严三实”，习惯在受监督和约束的环境中工作生活。

七、工作要求

（一）提高思想认识。开展“大学习、大宣讲、大调研、大落实”活动，是学习宣传贯彻党的十九大精神的重要举措，是“两学一做”学习教育常态化制度化的重要内容，是坚持以人民为中心发展思想的具体实践，也是为开展“不忘初心、牢记使命”主题教育做好思想和实践准备。各级各部门单位要将其作为当前一项重要任务，按照县委县政府工作要求，切实抓紧抓好。

（二）加强组织领导。成立活动领导小组，党政主要负责同志任组长，党委副书记任常务副组长，有关常委任副组长，相关职能部门负责同志为成员。办公室设在组织部，下设综合协调、学习宣讲、调研督查三个工作组，根据职责分别制定“大学习”“大宣讲”“大调研”“大落实”具体方案，细化工作指导。各级党委（党组）书记要履行第一责任人职责，带头学习、带头宣讲、带头调研、带头落实，形成一级抓一级、层层抓落实的生动局面。

（三）做好结合文章。把活动与做好当前工作有机结合，确保今年收好尾、明年开好局；与加强党的建设有机结合，推动全面从严治党向基层延伸；与选派第一书记、双向挂职、城乡网格化管理等工作有机结合，实现工作有序衔接。镇街区和有关县直部门单位要整合资源、协调配合、形成合力。要严肃工作纪律，严禁以任何形式扰民添乱。要加强舆论宣传，培育选树典型，营造良好氛围。

各级各部门在参与全县活动的同时，结合本单位、本系统实际，制定具体活动实施方案，抓好贯彻落实。

中共武城县委
关于深入学习贯彻党的十九大精神的决议

（2017年11月25日中国共产党武城县第十三届委员会第二次全体会议通过）

（2017年12月5日）

武发〔2017〕11号

为深入学习贯彻党的十九大精神，全面贯彻落实习近平新时代中国特色社会主义思想，努力完成党的十九大确定的各项任务，根据中央和省委、市委部署要求，结合武城实际，作出如下决议。

一、充分认识党的十九大的重大意义

党的十九大是在全面建成小康社会决胜阶段、中国特色社会主义进入新时代的关键时期召开的一次十分重要的大会，具有划时代和里程碑式的意义。习近平总书记的报告，高举中国特色社会主义伟大旗帜，系统回顾和总结了过去五年的历史性成就和历史性变革，作出了中国特色社会主义进入新时代、我国社会主要矛盾已经转化为人民日益增长的美好生活需要和不平衡不充分的发展之间的矛盾等重大政治论断，深刻阐述了新时代中国共产党的历史使命，确立了习近平新时代中国特色社会主义思想为全党的指导思想、全国人民的行动指南，明确了新时代坚持和发展中国特色社会主义的基本方略，描绘了决胜全面建成小康社会、夺取新时代中国特色社会主义伟大胜利的宏伟蓝图，对加强新时代党的建设作出全面部署，进一步指明了党和国家事业的前进方向。报告是我们党团结带领全国各族人民在新时代坚持和发展中国特色社会主义的政治宣言和行动纲领，是闪耀着马克思主义真理光芒的纲领性文献。中央纪委工作报告全面总结了十八届中央纪律检查委员会的工作成就、经验体会，明确了当前和今后一个时期党风廉政建设和反腐败工作的总体要求、具体安排。大会通过的《中国共产党章程（修正案）》，确立了习近平新时代中国特色社会主义思想的历史地位，实现了党的指导思想的与时俱进，顺应时代要求，体现全党全国各族人民共同意志，是大会作出的历史性贡献。党的十九大和十九届一中全会选举产生的以习近平同志为核心的新一届中央领导集体，为在新的时代条件下进行伟大斗争、建设伟大工程、推进伟大事业、实现伟大梦想提供了坚强政治和组织保证。

全县各级党组织和广大党员干部，要把学习宣传贯彻党的十九大精神作为首要政治任务和头等大事，按照习近平总书记在十九届中央政治局会议、第一次集体学习和中央政治局常委瞻仰中共一大会址时提出的要求，认真落实省委十一届二次全会和市委十五届三次全会精神，努力在学懂、弄通、做实上下功夫。要原原本本、原汁原味学习党的十九大报告和大会其他文件，把着力点聚焦到习近平新时代中国特色社会主义思想是党必须长期坚持的指导思想上，聚焦到5年来党和国家事业取得的历史性成就和发生的历史性变革上，聚焦到作出中国特色社会主义进入新时代、我国社会主要矛盾已经转化为人民日益增长的美好生活需要和不平衡不充分的发展之间的矛盾等重大论断的深远影响上，聚焦到贯彻落实党的十九大的重大决策部署上，聚焦到习近平总书记是全党拥护、人民爱戴、当之无愧的党的领袖上，切实把思想和行动统一到党的十九大精神上来。

二、坚持不懈用习近平新时代中国特色社会主义思想统一思想和行动

1. 牢固树立“四个意识”。党的十八大以来，党和国家事业取得了历史性成就、发生了历史性变革，关键有习近平总书记这个坚强的领导核心，关键有习近平新时代中国特色社会主义思想这个科学的指导思想。习近平总书记展现了马克思主义政治家、思想家、理论家、战略家的雄韬伟略、远见卓识、坚定信念和崇高品质，不愧为党中央的坚强核心、全党的坚强核心、人民的英明领袖、军队的伟大统帅。要更加牢固树立“四个意识”，旗帜鲜明讲政治，始终对党忠诚，始终忠诚核心、拥戴核心、维护核心、紧跟核心，始终以党的旗帜为旗帜、以党的方向为方向、以党的意志为意志，坚定不移同以习近平同志为核心的党中央保持高度一致，以实际行动推动习近平新时代中国特色社会主义思想在武城落地生根。

2. 把握思想精髓。习近平新时代中国特色社会主义思想系统回答了新时代坚持和发展什么样的中国特色社会主义、怎样坚持和发展中国特色社会主义这个重大课题，内涵丰富、博大精深，是对马克思列宁主义、毛泽东思想、邓小平理论、“三个代表”重要思想、科学发展观的继承和发展，是马克思主义中国化最新成果，是党和人民实践经验和集体智慧的结晶，是中国特色社会主义理论体系的重要组成部分，是全党全国人民为实现中华民族伟大复兴而奋斗的行动指南，必须长期坚持并不断发展。要从理论和实践、历史和现实、当前和未来的结合上进行思考，深刻领会其政治意义、历史意义、理论意义、实践意义。要充分运用辩证思维和系统思维，把学习贯彻党的十九大精神同学习马克思主义基本原理贯通起来，同把握党的十八大以来党领导人民进行伟大斗争、建设伟大工程、推进伟大事业、实现伟大梦想的实践贯通起来，同把握党的十九大作出的各项战略部署贯通起来，深刻认识各项战略部署的整体性、关联性、协同性。要结合自身实际、认真对照，将党的十九大提出的新思想、新观点、新论断、新方略，转化为我们抓重点、补短板、强弱项、提升质量效益的具体思路、具体动作、具体行动。

三、迅速兴起学习宣传贯彻党的十九大精神热潮

3. 切实抓好学习培训。各级党委（党组）理论学习中心组要把学习党的十九大精神作为中心内容，制定系统学习计划，列出专题进行研讨。要充分发挥领导干部示范引领作用，县委理论学习中心组要将学习党的十九大精神作为重中之重，持续深入开展学习交流讨论。各级各部门党政主要负责同志要带头学、带头讲、带头干，原原本本学好报告，学原文、悟原理，做到先学一步、学深一层。党校和干部培训机构要把学习十九大精神作为干部培训的必修课，列入教学计划，作出具体安排。要认真组织好基层党员干部群众的学习，推动党的理论创新成果进企业、进农村、进机关、进校园、

进社区、进军营、进网站，切实把广大党员干部群众的思想统一到党的十九大精神上来，把力量凝聚到实现党的十九大确定的各项任务上来。

4. 广泛开展宣讲活动。成立县委党的十九大精神宣讲团，按照“七进”要求全覆盖搞好集中宣讲。举办理论宣讲骨干培训班，组织好基层面对面宣讲。坚持县、乡联动，层层组成宣讲团，深入城乡基层开展对象化、分众化、互动化宣讲。各级领导干部要带头宣讲，党委（党组）书记要搞好“第一讲”。要发挥各类宣讲队伍作用，利用各类讲坛讲堂和宣讲平台，组织开展形式多样的宣传教育活动，切实把党的十九大精神讲清楚、讲明白，让群众听得懂、能领会、可落实，推动党的理论创新成果走进群众，凝聚党心民心，扩大社会共识。

5. 精心组织新闻宣传。报刊、电视、广播、网络等新闻媒体，要采取群众喜闻乐见的形式，推出一批有特色有影响的专题专栏，推出一批有分量有深度的报道、综述、评论，大力营造学习宣传贯彻党的十九大精神的浓厚氛围。组织新闻工作者深入基层一线，推出一批生动鲜活的报道，及时宣传各级各部门各单位学习贯彻十九大精神的具体举措和实际行动，充分反映基层干部群众学习贯彻十九大精神的典型事迹和良好风貌。加强社会舆情的分析研判和处置，做好热点敏感问题正面引导，最大限度凝聚社会共识。强化网络宣传引导，积极回应网民关切，形成网上正面舆论强势。

6. 加强理论研究阐释。广大理论工作者要紧紧围绕学习宣传贯彻党的十九大精神，结合我县经济社会发展实际，结合干部群众关心的热点难点问题，加大研究阐释力度，为学习贯彻党的十九大精神提供有力理论支撑。组织武城时报开设专刊专栏专题，转发刊发一批解读阐释文章，推动党的十九大精神的宣传普及。

四、以党的十九大精神为指引，奋力开创协同发展先行区建设新局面

7. 进一步完善思路目标。按照党的十九大对我国社会主义现代化建设作出的战略安排，把县第十三次党代会提出的目标任务与党的十九大绘就的宏伟蓝图紧密结合起来，与省第十一次党代会和市第十五次党代会作出的战略部署和任务目标紧密结合起来，立足新的起点，放眼美好未来，瞄准更高目标，全面提升水平，在决胜全面建成小康社会、实现社会主义现代化新征程中不断开创协同发展先行区建设新局面。要时刻保持高质量发展的战略定力，保证我们所做的任何工作都能经得起历史的检验、经得起群众的批判。要切实增强践行新思想的能力，把新思想作为日常工作的标尺和灯塔，时刻丈量和指引我们的工作理念、工作思路、工作措施、工作方法。要时刻保持永不懈怠的精神动力，咬定青山不放松，一件事情接着一件事情办，发扬钉钉子精神，一张蓝图干到底，全面加快武城振兴发展。工作中遵循的重要原则：必须坚持以习近平新时代中国特色社会主义思想为指导，必须坚持以人民为中心的发展思想，必须深刻把握社会主要矛盾变化和我县发展的阶段性特征，必须全面深化改革扩大开放，必须加强党的全面领导，努力把党的十九大确定的目标任务落到实处。

8. 加快建立现代化经济体系。充分认识我县“供给结构失衡、经济总量太小”两个突出问题，以做大总量和提高质效为目标，以推进供给侧结构性改革为主线，坚持标本兼治，一手抓产业推进，一手抓生活环境提升，推动经济社会持续健康发展。

要始终聚焦实体经济发展，把产业推进作为基础工程来抓，深入实施新材料（玻璃钢）“产业拓展”、新能源空调“产业整合”、汽车及汽车零部件产业“合作发展”等三大工程，推动产业转型升级、提质增效。要牢固树立“没有合作，就没有科研”理念，强化科技创新能力建设、企业创新主体地位、创新人才保障，更好促进动能转换、结构调整、转型升级。要围绕扩大增量，不断完善“699”产业推进体系，全面把握“产业发展基础、各类招商平台、产业输出基地、在外商会、产业资本资源”五大重点，积极走出去、请进来，努力吸引前景好、投资大、层次高的转型项目落户武城。全力推进“三招三引”，在对接京津上实现突破，在引进优质大项目上实现突破。同时，坚持一手抓狠力招引项目，一手抓狠心否决项目，深入实施“三位一体、四线联动”协同推进产业发展机制，始终保持高质量发展的战略定力。要围绕优化存量，全面优化营商环境，解决企业发展难题，推动骨干企业做大做强；积极培育推广“共享工厂”等产业发展新模式，推进资源整合、优势互补，推进小微企业转型升级。

始终围绕人民日益增长的美好生活需要，把环境提升作为治本之策，努力让生态环境更优良、居住环境更舒适、工作环境更便利、发展环境更有吸引力。充分认识武城永远处于滚石上山的路上，必须时刻保持永不懈怠的精神动力，持续发力、久久为功。抓好三大底线工作关键环节，巩固基础、总结经验，把好经验、好做法规范化、制度化，建立起长效机制。抓好政府投资项目建设、监管工作，质量进度“两手抓”。扩大融资渠道，完善国有投融资公司体系建设，着力抓好棚户区改造、基础设施建设、公共服务设施建设、脱贫攻坚等重点工作。

9. 大力发展社会主义民主政治。充分发挥党委总揽全局、协调各方的领导核心作用，支持和保证人大、政府、政协、法院、检察院等依法依章独立负责、协调一致开展工作。深化机构和行政体制改革，进一步增强政府公信力、执行力，建设人民满意的服务型政府。坚持厉行法治，统筹推进科学立法、严格执法、公正司法、全民守法，加快建设法治武城。各级党组织和每名党员要带头尊法学法守法用法，绝不允许以言代法、以权压法、逐利违法、徇私枉法。充分发挥统一战线的团结和引导作用，做好民族、宗教、对台、关心下一代和侨务工作，加强对工会、共青团、妇联等群团组织的领导，深化群团改革。

10. 不断促进文化繁荣兴盛。要大力弘扬企业家精神、劳模精神和工匠精神，传播好声音、汇聚正能量，牢牢把握意识形态工作领导权。要大力培育和践行社会主义核心价值观，深入推进“我文明 · 武城文明”等主题活动，不断提高公民道德水平和社会文明程度。要深入实施文化惠民工程，加强阵地建设和管理，完善公共文化服务体系、现代文化产业体系，推动文化事业和文化产业繁荣发展。要全面加快生态文明建设，力争 3 年内，跨入省级园林城、国家级文明城、国家级卫生城行列。

11. 推动民生改善和社会治理创新。要抓住人民最关心最直接最现实的利益问题，一件事接着一件事办，一年接着一年干，使人民群众获得感、幸福感、安全感更加充实、更有保障、更可持续。加快推进扶贫攻坚、安全生产、食药监管、全面改薄和解决大班额等重点工作，特别是做好“气代煤”改造后的民生工作，确保取暖季群众生活无忧。扎实推进信访维稳等社会治理创新，深入推进城乡网格化管理，创造更加和谐稳定的社会环境。

12. 加强生态文明建设和环境保护。要深入推进“生态靓县”战略，全面推进大气、水、土壤等污染防治，提供更多的优质生态产品满足人民日益增长的优美环境需要。要加紧落实秋冬季大气污染综合治理攻坚行动各项措施，坚决打好蓝天保卫战。要增强“越往后越严”的紧迫感，以“清河行动”为着力点，全面抓好河长制落实，把更多功夫下在事前。要加大执法监督查处力度，对不符合环保要求的企业坚决予以处置关停，确保整改落实到位；探索建立“路长制”管理模式，让武城生态环境更加优良。

五、推进全面从严治党向纵深发展，努力建设高素质专业化干部队伍

13. 突出党的政治建设。坚定理想信念，牢固树立“四个意识”，坚定不移维护党中央权威和党中央集中统一领导，自觉在思想上政治上行动上同以习近平同志为核心的党中央保持高度一致，增强党的向心力、凝聚力和战斗力。要严守政治纪律和政治规矩，弘扬忠诚老实、公道正派、实事求是、清正廉洁等价值观，坚决防止和反对个人主义、分散主义、自由主义、本位主义、好人主义，坚决防止和反对宗派主义、圈子文化，坚决反对搞两面派、做两面人。坚持民主集中制原则，充分发扬党内民主，严格执行集体决策。严格党的组织生活制度，认真落实“三会一课”、民主生活会、谈心谈话等制度，过好双重组织生活，用好批评和自我批评武器，敢于直面剖析，勇于自我剖析。

14. 夯实思想建设基础。把坚定理想信念作为党的思想建设的首要任务，教育引导广大党员干部牢记党的宗旨，挺起共产党人的精神脊梁，解决好世界观、人生观、价值观这个“总开关”问题。深入推进“两学一做”学习教育常态化制度化，积极开展“不忘初心、牢记使命”主题教育。加强理想信念教育、党性教育、道德教育，进一步坚定中国特色社会主义道路自信、理论自信、制度自信、文化自信，使广大党员干部成为习近平新时代中国特色社会主义思想的坚定信仰者、积极实践者、忠诚捍卫者。

15. 强化干部队伍建设。要坚持党管干部原则，树立正确的选人用人导向，旗帜鲜明为敢于担当、踏实做事、不谋私利的干部撑腰鼓劲，营造更好的干事创业氛围。要立足当前多数干部“想干事”“能干事”的实际，进一步锁定“会干事”“干成事”方向，以增强执政能力为基础，持续深入开展“业务单位学业务”活动，努力打造高素质的党员干部队伍。要继续选派年轻干部到基层一线和条件艰苦的地方接受锻炼，在实践中提高本领、增长才干。

16. 加强基层党组织建设。认真贯彻落实省市有关要求，统筹抓好农村、城市社区、机关、企事业单位、非公有制经济组织和社会组织等基层党组织建设，推进党的组织、党的工作全覆盖。以开展“灯下黑、边缘黑”“两黑”整治为抓手，全面加强机关党建工作。树立党的一切工作到支部的鲜明导向，积极推进过硬支部建设。加强村“两委”班子特别是党支部书记队伍建设，整顿软弱涣散基层党组织，确保基层堡垒更加坚强有力。落实党内激励关怀帮扶制度，完善党员干部联系服务群众制度，深化“第一书记”抓党建促脱贫工作。深入推进农村党支部领办创办土地股份合作社工作，努力在实施乡村振兴战略、破解“三农”问题、推进农业农村现代化上，充分发挥基层党组织战斗堡垒作用。

17. 持之以恒正风肃纪。深入推进作风建设，紧紧围绕保持党同人民群众的血肉联系，增强群众观念和群众感情，不断厚植党执政的群众基础。按照《中共中央政治局贯彻中央八项规定的实施细则》精神和省委、市委要求，修订我县实施办法。坚持以上率下，紧盯老问题、关注新动向，持续整治“四风”问题。坚持把纪律挺在前面，运用监督执纪“四种形态”，重点强化政治纪律和组织纪律，带动廉洁纪律、群众纪律、工作纪律、生活纪律严起来。持续开展“整风肃纪，抓早抓小”活动，让守纪律、讲规矩成为党员干部的行动自觉。强化监督执纪问责，强化纪律教育和执行，让党员干部知敬畏、存戒惧、守底线，习惯在受监督和约束的环境中工作生活。

18. 夺取反腐败斗争压倒性胜利。坚持无禁区、全覆盖、零容忍，坚持重遏制、强高压、长震慑，坚持受贿行贿一起查，巩固反腐败斗争压倒性态势、夺取压倒性胜利。突出惩治重点，严肃查处高压态势下仍然不收敛、不收手，群众反映强烈、问题反映集中，已经进入重要岗位、可能还要提拔使用的领导干部，特别要清除政治问题和经济问题相互交织的利益集团。加大整治群众身边腐败问题力度，开展扶贫领域不正之风和腐败问题专项治理。推进标本兼治，健全制度机制，强化不敢腐的震慑、扎牢不能腐的笼子、增强不想腐的自觉，以反腐倡廉的实际成效取信于民。

19. 落实党和国家监督体系建设的部署要求。加强对权力运行的制约和监督，畅通群众监督渠道，推进党务政务公开。突出领导机关和“关键少数”，强化自上而下的组织监督，改进自下而上的民主监督，破解同级监督和一把手监督难题，探索对大多数党员干部日常管理监督的方式方法，增强监督实效。深化政治巡视，推进巡察工作，发现问题、形成震慑。强化派驻监督，实现向县级党和国家机关派驻全覆盖，完善工作机制，发挥好“探头”作用。按照中央部署和省委、市委要求，适时推进监察体制改革。

20. 全面增强执政本领。各级领导干部要自觉按照既要政治过硬也要本领高强的要求，不断增强学习本领、政治领导本领、改革创新本领、科学发展本领、依法执政本领、群众工作本领、狠抓落实本领、驾驭风险本领。既向书本学习又向实践学习，既向领导和同事学习又向专家、基层和群众学习，既向传统学习又向现代学习，注重培养专业能力、专业精神。加强实践锻炼，砥砺品质、增长才干，努力适应新时代中国特色社会主义发展要求。

六、切实加强组织领导，不断把我县学习宣传贯彻工作推向深入

21. 坚持领导带头。各级领导干部要带头学习、精研细读党的十九大报告、党章等文件，全面系统地领会和把握党的十九大精神，更加自觉地用习近平新时代中国特色社会主义思想武装头脑，带头搞好宣讲，带头抓好落实。县委常委要率先垂范并指导好分管领域和单位的学习。其他领导干部要以身作则、履职尽责，发挥好带学促学作用，以实际行动带动本地本部门本单位的学习宣传贯彻工作。

22. 细化责任分工。各级党委（党组）要专门制定学习宣传贯彻计划，迅速作出专题部署。各级各部门单位要在县委统一领导下，结合工作实际，密切配合、形成合力。组织部门要把学习宣传贯彻党的十九大精神与干部教育培训、领导班子和干部队伍建设、基层组织建设结合起来，认真做好组织协调工作。宣传部

门要牢牢把握意识形态工作领导权，组织宣传好、宣讲好、阐释好党的十九大精神。教育部门要切实抓好党的十九大精神进教材、进课堂、进学生头脑的工作，把学习党的十九大精神作为学校思想政治教育和课堂教学的重要内容。工会、共青团、妇联等人民团体要发挥广泛联系各界群众的优势，开展各具特色的学习活动。其他部门单位也要结合实际，组织安排好学习贯彻工作。

23. 改进工作作风。认真践行全心全意为人民服务的根本宗旨，勤勤恳恳为民、兢兢业业干事、清清白白做人。时刻把人民群众安危冷暖放在心上，想问题、作决策、抓工作都要坚持从群众中来、到群众中去，强化“视公如私、视人如己”观念，做到与群众同甘苦、共忧乐、共奋进。

24. 加强调查研究。广大党员干部特别是领导干部要真正动起来、深下去，紧扣人民群众生产生活，紧扣经济社会发展实际，紧扣全面从严治党面临的现实问题，紧扣贯彻落实党的十九大精神需要解决的问题，听民声、察实情、出实招。县级党政领导干部每年要拿出两个月以上时间到基层调研，尤其要注重多到困难较多、情况复杂、矛盾尖锐的地方去，把问题找出来、把根源弄明白，努力把各项工作做实做好。

25. 狠抓工作落实。按照党的十九大提出的新目标新任务新要求，深入研究制定贯彻落实措施，细化工作任务，明确责任分工，强化督查考核。善于结合实际创造性推动工作，善于运用改革的思维破解难题，善于与时俱进通过新技术新方法打开工作局面。毫不放松地做好坚守“底线”的工作，增强工作预见性，把握工作主动权，确保经济持续平稳健康发展、社会大局和谐稳定。

全县各级党组织和广大党员干部要更加紧密地团结在以习近平同志为核心的党中央周围，高举中国特色社会主义伟大旗帜，以习近平新时代中国特色社会主义思想为指导，深入学习贯彻党的十九大精神，不忘初心、牢记使命，努力开创协同发展先行区建设新局面，为决胜全面建成小康社会、夺取新时代中国特色社会主义伟大胜利、实现中华民族伟大复兴的中国梦不懈奋斗！

光 荣 榜

武城县获得的省级以上荣誉称号

2017 年首批中国地名文化遗产千年古县
2017 年全国义务教育发展基本均衡县
国家级产品质量提升示范区
全国未成年人检察工作创新实践基地
全国青少年犯罪与司法研究及服务中心实践基地
中国刑事诉讼法学研究会少年司法专业委员会研究基地
省级卫生县城
全省唯一实施产城融合推进就地城镇化试点县
省级新型城镇化建设标准化试点
全省“四德工程”建设示范县
全省信访工作先进集体
全省安全生产先进单位
全省“安全生产月”活动优秀组织单位
全省十九大安保工作先进集体
全省关心下一代工作先进集体
公立医院综合改革重点考核指标达标县
山东省优质中央空调配套产品生产基地
山东省优质辣椒产品生产基地
山东省生态循环农业示范区
全省政协宣传工作先进集体
全省防范和处理邪教工作先进集体
山东省军区先进团级单位
2017 年度山东省关心国防建设十佳单位
2017 年度山东省征兵工作先进单位
山东省工业旅游示范基地
全省预防未成年人违法犯罪研究基地
全省第一期、第二期“灯塔—党建在线”党的十九大精神学习竞赛县市区第一名

在武城县召开市级及以上现场会情况

全国未成年人保护多部门联动机制与网络平台建设研讨现场会全省推进农业转移人口市民化现场会
全省法院家事审判方式和工作机制改革试点推进会
全省基层武装部建设现场会
全省住房城乡建设经济形势分析现场会
全省小学教师专业发展暨“小学心语滚动作文”研讨（现场）会
全市全面深化改革现场会
学习贯彻党的十九大精神暨全市机关党建现场观摩交流会
全市农业脱贫攻坚工作会议
全市共青团工作会议
全市户政管理工作会议暨户籍制度改革现场会
全市普法依法治理工作现场会
全市人大信访工作座谈（现场）会
全市综治工作培训会
全市生产环节食品安全监管现场会
全市散煤清洁化治理工作现场推进会
全市三秋全程机械化生产武城现场会
全市粮食烘干机械化推进现场会
德州市 2017 年科技活动周启动仪式暨农科驿站建设推进会

武城县在市级及以上会议作典型发言
（会议地点非武城县）

国家发改委推进支持农民工等人员返乡创业工作座谈会典型发言
全国部分法院家事审判方式和工作机制改革试点工作推进会典型发言
第二十四次全省法院工作会议典型发言
山东省住房城乡建设工作会议典型发言
全省城乡规划工作座谈会典型发言
市直机关工委纪念建党 96 周年暨推进机关党建规范化工作座谈会典型发言
全市纪检监察干部队伍建设会议典型发言
全市卫生与健康大会典型发言
全市农村工作会议典型发言

全市总工会保障信访工作会典型发言
全市城市基层党建暨城乡网格化管理工作推进会议典型发言
2017 年全市秋冬季造林绿化动员视频会议典型发言
全市食药环侦工作暨基层建设现场推进会议典型发言
全市“敲门行动”推进会议典型发言
全市人武系统规范化建设会议典型发言
全市信访维稳工作会议典型发言
德州市综治委预防青少年违法犯罪专项组工作会议典型发言

2017 年度全县总结考评情况

一、武城县

全市协同发展综合考评先进单位（县市区）二等奖
全市基层党建考核先进单位（二等奖）

二、镇街、经济开发区

（一）全市乡镇（街道）综合实力考评成绩排名（全市共 134 个乡镇街）

鲁权屯镇　全市第 4 名
武城镇　全市第 14 名
广运街道　全市第 21 名
甲马营镇　全市第 58 名
四女寺镇　全市第 62 名
李家户镇　全市第 73 名
老城镇　全市第 109 名
郝王庄镇　全市第 131 名

（二）全县综合考评成绩排名

一等奖：鲁权屯镇、广运街道、武城镇、甲马营镇
二等奖：四女寺镇、李家户镇、老城镇、郝王庄镇、经济开发区
进步奖：广运街道

（三）财税工作考评成绩排名

老城镇、广运街道、鲁权屯镇、武城镇、四女寺镇、李家户镇、郝王庄镇、甲马营镇对考评前四名的老城镇、广运街道、鲁权屯镇、武城镇进行表扬。

（四）产业投入情况考评成绩排名

鲁权屯镇、甲马营镇、四女寺镇、武城镇、经济开发区、李家户镇、老城镇、广运街道、郝王庄镇

（五）招商引资工作考评成绩排名

鲁权屯镇、四女寺镇、甲马营镇、武城镇、广运街道、经济开发区、郝王庄镇、老城镇、李家户镇

（六）“三个一批”情况考评成绩排名

鲁权屯镇、四女寺镇、武城镇、甲马营镇、经济开发区、郝王庄镇、李家户镇、广运街道、老城镇

（七）人才工作考评成绩排名

鲁权屯镇、经济开发区、武城镇、四女寺镇、老城镇、广运街道、郝王庄镇、甲马营镇、李家户镇

（八）环境保护工作考评成绩排名

鲁权屯镇、广运街道、老城镇、武城镇、四女寺镇、李家户镇、甲马营镇、郝王庄镇

（九）产城融合推进就地城镇化工作考评成绩排名

鲁权屯镇、甲马营镇、武城镇、老城镇、李家户镇、四女寺镇、广运街道、经济开发区、郝王庄镇

（十）脱贫攻坚工作考评成绩排名

武城镇、郝王庄镇、甲马营镇、老城镇、经济开发区、广运街道、李家户镇、鲁权屯镇、四女寺镇

（十一）安全生产工作考评成绩排名

武城镇、广运街道、甲马营镇、四女寺镇、经济开发区、鲁权屯镇、郝王庄镇、李家户镇、老城镇

（十二）落实全面从严治党主体责任考评成绩排名

武城镇、老城镇、四女寺镇、甲马营镇、广运街道、经济开发区、鲁权屯镇、郝王庄镇、李家户镇

（十三）党风廉政建设和反腐败工作考评成绩排名

四女寺镇、武城镇、老城镇、经济开发区、甲马营镇、广运街道、李家户镇、郝王庄镇、鲁权屯镇

（十四）基层党建工作考评成绩排名

武城镇、四女寺镇、广运街道、鲁权屯镇、老城镇、李家户镇、郝王庄镇、经济开发区、甲马营镇

（十五）社会稳定及综合治理工作考评成绩排名

经济开发区、武城镇、四女寺镇、广运街道、甲马营镇、李家户镇、老城镇、郝王庄镇、鲁权屯镇

（十六）城乡网格化管理工作考评成绩排名

广运街道、武城镇、老城镇、甲马营镇、四女寺镇、郝王庄镇、李家户镇、经济开发区、鲁权屯镇

（十七）信访工作考评成绩排名

四女寺镇、经济开发区、武城镇、鲁权屯镇、甲马营镇、郝王庄镇、老城镇、广运街道、李家户镇

（十八）统计工作考评成绩排名

鲁权屯镇、武城镇、广运街道、甲马营镇、四女寺镇、老城镇、郝王庄镇、李家户镇、经济开发区

（十九）外经贸工作考评成绩排名

经济开发区、鲁权屯镇、老城镇、四女寺镇、武城镇、郝王庄镇、广运街道、李家户镇、甲马营镇

（二十）金融创新及优化金融生态环境工作考评成绩排名

广运街道、四女寺镇、鲁权屯镇、甲马营镇、李家户镇、武城镇、老城镇、郝王庄镇

（二十一）工业技术改造投资情况考评成绩排名

鲁权屯镇、甲马营镇、经济开发区、武城镇、广运街道、四女寺镇、老城镇、郝王庄镇、李家户镇

（二十二）现代农业发展工作考评成绩排名

四女寺镇、武城镇、李家户镇、鲁权屯镇、郝王庄镇、老城镇、甲马营镇、广运街道

（二十三）创建全省农产品质量安全县工作考评成绩排名

武城镇、李家户镇、郝王庄镇、广运街道、老城镇

（二十四）党支部领办创办土地股份合作社考评成绩排名

李家户镇、郝王庄镇、鲁权屯镇、武城镇、甲马营镇、四女寺镇、广运街道、老城镇、经济开发区

（二十五）河长制工作考评成绩排名

武城镇、李家户镇、四女寺镇、老城镇、甲马营镇、郝王庄镇、鲁权屯镇、广运街道、经济开发区

（二十六）美丽乡村建设工作考评成绩排名

李家户镇、鲁权屯镇、四女寺镇

（二十七）农村财务管理工作考评成绩排名

武城镇、郝王庄镇、经济开发区、鲁权屯镇、老城镇、李家户镇、四女寺镇、广运街道、甲马营镇

（二十八）移风易俗工作考评成绩排名

李家户镇、郝王庄镇、甲马营镇、武城镇、鲁权屯镇、广运街道、老城镇、四女寺镇

（二十九）危房改造、旱厕改造、污水处理工作考评成绩排名

鲁权屯镇、甲马营镇、四女寺镇、李家户镇、武城镇、老城镇、郝王庄镇

（三十）城乡环卫一体化工作考评成绩排名

李家户镇、广运街道、武城镇、郝王庄镇、甲马营镇、四女寺镇、鲁权屯镇、老城镇

（三十一）全面改薄及解决大班额工作考评成绩排名

老城镇、鲁权屯镇、武城镇、甲马营镇、李家户镇、郝王庄镇、四女寺镇、广运街道

（三十二）市民热线办结情况考评成绩排名

鲁权屯镇、李家户镇、武城镇、广运街道、经济开发区、郝王庄镇、甲马营镇、老城镇、四女寺镇

（三十三）国防后备力量建设考评成绩排名

广运街道、李家户镇、四女寺镇、郝王庄镇、甲马营镇、武城镇、老城镇、鲁权屯镇

（三十四）“平安山东”建设工作考评成绩排名

武城镇、李家户镇、甲马营镇、老城镇、四女寺镇、郝王庄镇、鲁权屯镇、广运街道、经济开发区

（三十五）棚户区房屋征收工作考评成绩排名

广运街道、鲁权屯镇、甲马营镇、武城镇、经济开发区

三、县直部门单位

（一）全市综合考评三等功单位

县纪委监委、县委组织部、武装部、商务局、统计局

（二）全市综合考评突出贡献单位

县委政法委、县委统战部、工商联、法院、经信局

（三）全县综合考评成绩排名

1. 党群部门

县委办公室、县委组织部、县纪委监委、县委政法委、人大办公室、团县委、政协办公室、台办、县委统战部、信访局、县委宣传部、科协、档案局、老干部局、农工办、编办、总工会、党史委、工商联、机关工委、党校、老龄委办、招待所、妇联、扶贫办

2. 政务与社会事务单位

县人社局、教育局、卫计局、政府办公室、民政局、广播电视台、体育办、文体广新局、审批中心、机关事务管理局、残联、民族宗教局

3. 经济协调与发展单位

县发改局、住建局、农林局、商务局、经信局、交通运输局、财政局、统计局、城管执法局、金融办、民经局、农机局、供销社、水务局、旅游局、开发办、农经局、林业局、人防办、畜牧水产局、规划局、经济合作局、粮食局、外商服务中心、蔬菜局、科技局、房管局

4. 司法与社会管理单位

县审计局、工商局、公安局、环保局、检察院、法院、质监局、法制办、物价局、安监局、食品药品监管局、司法局、文化执法局

（四）招商引资工作考评成绩排名

县发改局、审计局、经信局、农林局、旅游局、人社局、金融办、县委办公室、经济合作局、政府办公室、台办、民经局、商务局、质监局、地税局、县委组织部、县委宣传部、县委政法委、人大办公室、政协办公室

（五）推动产业发展工作考评成绩排名

新能源空调产业发展办公室（发改局）、汽车及汽车零部件产业发展办公室（经信局）、新材料（玻璃钢）产业发展办公室（科技局）、新兴纺织（地毯）产业发展办公室（民经局）、现代物流及电子商务产业发展办公室（商务局）、现代机械（农业机械）产业发展办公室（农机局）、新兴产业发展办公室（经济合作局）、食品及农产品加工产业发展办公室（农林局）、文化旅游产业发展办公室（旅游局）

（六）人才工作考评成绩排名

县委组织部、经济合作局、民经局、经信局、农机局、财政局、发改局、农林局、科技局、人社局、旅游局、团县委、统计局、商务局、畜牧水产局、广播电视台

（七）争取上级扶持资金考评成绩排名

县发改局、财政局、供电公司、人社局、开发办、住建局、国土资源局、农林局、教育局、公路局、民政局、交通运输局、农机局、环保局、水务局、卫计局、扶贫办、县委组织部

（八）产城融合推进就地城镇化工作考评成绩排名

县委办公室、农经局、国土资源局、县委组织部、县委宣传部、政府办公室、住建局、发改局、公安局、卫计局、民经局、农工办、环保局、农机局、统计局、规划局、旅游局、经信局、城管执法局、人社局、教育局、房管局

（九）脱贫攻坚工作考评成绩排名

县委组织部、县纪委监委、民政局、教育局、发改局、交通运输局、农林局、人社局、财政局、县委宣传部、审计局、县委统战部、水务局、卫计局、团县委、畜牧水产局、住建局、体育办、开发办、经信局

（十）党风廉政建设和反腐败工作考评成绩排名

县委办公室、县委组织部、政府办公室、广播电视台、发改局、交通运输局、检察院、公安局、国税局、供电公司

（十一）基层党建工作考评成绩排名

县检察院、水务局、卫计局、县委办公室、县委组织部、党校、老干部局、公安局、县纪委监委、地税局、县委政法委、县委宣传部、人大办公室、政府办公室、编办、农工办、发改局、民政局、金融办、物价局、政协办公室、法院

（十二）社会治安综合治理工作考评成绩排名

县法院、检察院、公安局、司法局、信访局、民政局、教育局、卫计局、人社局、地税局、住建局、环保局

（十三）信访工作考评成绩排名

县信访局、县委办公室、县委政法委、公安局、县纪委监委、县委组织部、县委宣传部、政府办公室、民政局、广播电视台、人大办公室、检察院、环保局、人社局、住建局、农经局、司法局、安监局、交通运输局、畜牧水产局

（十四）安全生产工作考评成绩排名

县交通运输局、质监局、安监局、经信局、公安局、住建局、商务局、教育局、民经局、卫计局

（十五）全面深化改革工作考评成绩排名

县检察院、法院、农经局、县委办公室（改革办）、公安局、环保局、国土资源局、农林局、卫计局、物价局、县委宣传部、水务局、人社局、农机局、总工会、住建局、司法局、旅游局、工商局、地税局

（十六）河长制工作考评成绩排名

县发改局、环保局、农林局、公安局、水务局

对以上单位进行表扬。

（十七）市民热线办理情况考评成绩排名

县食品药品监管局、广电网络公司、国税局、卫计局、林业局、物价局、人社局、供电公司、城管执法局、教育局、交通运输局、工商局、商务局、自来水公司、公安局、水务局、畜牧水产局、民政局、交警大队、房管局

（十八）棚户区房屋征收工作考评成绩排名

县住建局、食品药品监管局、人防办、水务局、农林局、交通运输局、国土资源局、民政局、林业局、司法局

四、驻武单位、金融机构

（一）驻武单位考评成绩排名

县国土资源局、地税局、供电公司、公路局、国税局、广电网络公司、气象局、交警大队、住房公积金、新华书店、邮政局、盐务局、烟草公司、财险公司、人险公司、移动公司、电信公司、联通公司

（二）金融机构考评成绩排名

中国人民银行武城支行

商业银行：武城农村商业银行、中国银行武城支行、农业银行武城支行、武城圆融村镇银行、德州银行武城支行、农业发展银行武城支行、邮政储蓄银行武城支行、工商银行武城支行、建设银行武城支行

五、重点企业

（一）综合考评前10名企业

山东水星集团
古贝春集团有限公司
德州玲珑轮胎有限公司
国网山东武城县供电公司
山东双一科技股份有限公司武城分公司
山东龙祥橡塑制品有限公司
德州金正大生态工程有限公司
山东奥博环保科技有限公司
山东新明玻璃钢制品有限公司
德州常兴集团有限公司

（二）亩均税收考评前25名企业

山东水星博惠汽车部件股份有限公司
古贝春集团有限公司
武城水星天元橡塑材料科技研发有限公司
山东龙祥橡塑制品有限公司
山东双一科技股份有限公司武城分公司
山东水星汽车部件集团股份有限公司
德州金正大生态工程有限公司
武城县新和祥纸制品包装有限公司
山东新明玻璃钢制品有限公司
德州常兴集团有限公司
山东晨光汽车部件有限公司
山东鼎昌复合材料有限公司
山东省武城县成龙纺织有限公司
武城博远天然气有限公司
武城阔海粮油工贸有限公司
武城县康妮纺织有限公司
德州德邦体育器材有限公司
山东天池伟达电力设备有限公司
武城华能玻璃钢集团有限公司
武城县华建筑路设备有限公司
山东省腾翔玻璃钢集团公司
山东波图汽车零部件有限公司
山东创一供水设备有限公司
山东省奥绒服装有限公司
德州亨力防爆电机有限公司

（三）固定资产投入考评前10名企业

武城县耀胜太阳能科技有限公司
山东双一科技股份有限公司武城分公司
德州玲珑轮胎有限公司
武城德百房地产开发有限公司德百广场分公司
山东龙祥橡塑制品有限公司
山东旺科机械设备有限公司

德州盛凯新型建材有限公司
山东陈氏集团有限公司
武城县丹顶鹤面粉有限公司
山东水星博惠汽车部件股份有限公司

（四）安全生产考评前10名企业

中椒英潮辣业发展有限公司
德州金正大生态工程有限公司
山东水星博惠汽车部件股份有限公司
德州玲珑轮胎有限公司
古贝春集团有限公司
山东双一科技股份有限公司武城分公司
武城县新和祥纸制品包装有限公司
武城县恒和车业有限公司
山东晨光橡塑工程有限公司
山东中威空调设备集团有限公司
山东同创复合材料有限公司

（五）科技创新考评前10名企业

中椒英潮辣业发展有限公司
山东奥博环保科技有限公司
德州玲珑轮胎有限公司
山东龙祥橡塑制品有限公司
山东新明玻璃钢制品有限公司
德州金正大生态工程有限公司
古贝春集团有限公司
山东日新复合材料有限公司
山东丰神农业机械有限公司
德州金磊电机制造有限公司

（六）环境保护考评前10名企业

古贝春集团有限公司
山东水星集团
中椒英潮辣业发展有限公司
德州玲珑轮胎有限公司
山东旺科机械设备有限公司
山东中威空调设备集团有限公司
德州春明农业机械有限公司
山东创一供水设备有限公司
山东浩科新型建材有限公司
山东汇特环保科技有限公司

（七）劳动关系考核前10名企业

德州玲珑轮胎有限公司
古贝春集团有限公司
国网山东武城县供电公司
山东双一科技股份有限公司武城分公司
武城水星天元橡塑材料科技研发有限公司
山东真元水兴汽车部件有限公司
武城博远天然气有限公司
山东龙祥橡塑制品有限公司
德州金正大生态工程有限公司
山东水星博惠汽车部件股份有限公司

文 史 考 述

明宣德皇帝诰封吴中的圣旨

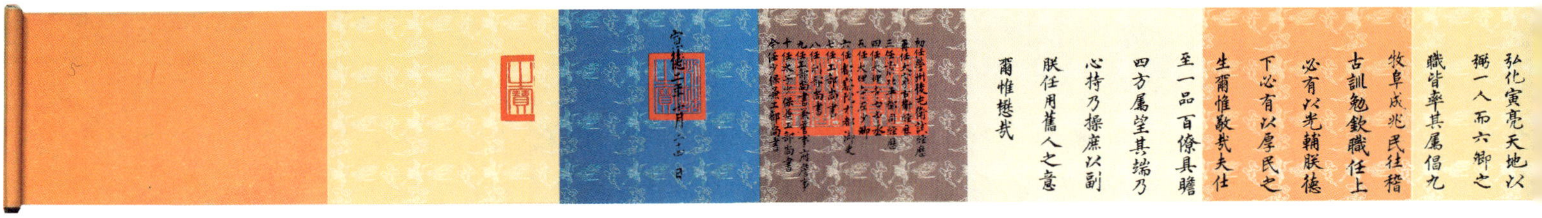

《武城县大吴庄吴氏宗谱》中抄录了明朝皇帝给吴中的诏书及《明史》《明实录》《中国军事通史》《嘉靖武城县志》中介绍这位明朝四朝元老的一生，介绍吴中、武城与明代北京宫殿关系的大量史料。

目前，武城吴氏族人还保存着明宣德皇帝诰封吴中“荣禄大夫、少保仍兼工部尚书”的一份诰命圣旨原件。该圣旨异常珍贵，折射出该家族的辉煌历史和背后的传奇故事。

据《吴氏宗谱》记载：大吴庄吴氏始祖吴渊，山西人，生一子吴兴。吴兴，元朝时任任丘县令，落籍武城，建立了自己的村庄——吴家庄（现武城县鲁权屯镇大吴庄村），吴兴生一子吴成。吴成生四子，依序名中、庸、达、英。

长子吴中，字思正，生于明洪武五年（1372），卒于正统七年（1442）农历六月十一，享年70岁。葬于北京良乡（今房山区）北怪坨村。生前官至少师兼工部尚书，在任38年，主持了明代北京城的建设。

吴中逝世后，正统皇帝朱祁镇特中止上朝一日，表示哀悼。并追封吴中为茌平伯，谥号荣襄。派礼部尚书胡濙谕祭吴中。同时，答应了吴中次子吴贤由文官改为武官的请求，破例让他当了锦衣卫百户（正六品）。又敕赠吴中父吴成为资善大夫、工部尚书。

吴中自幼聪颖过人，少时在家乡读书，学习成绩突出，被武城选为贡生（洪武年间武城贡生只有刘昱、王士嘉、吴中、刘宗道4人）。因此，吴中在洪武三十一年27岁时就进入国子监读书了。随即，由国子生授营州后屯卫经历，升大宁右卫经历，之后，历任大理寺右司丞、大理寺左少卿、都察院左都御史、工部尚书兼詹事府詹事、太子少保兼工部尚书、少师兼工部尚书等职，还兼管过吏部，深得永乐、洪熙、宣德、正统四世皇帝的恩宠重用。

吴中在担任工部尚书期间，主持修建了北京明代宫殿和十三陵中的长陵、景陵、献陵三陵，建设了乾清、坤宁两宫，重修了奉天、华盖、谨身三殿，修建京都九门城楼以及数不清的建筑，在中国乃至世界建筑史上留下浓墨重

注：这卷明代圣旨（原件藏于吴氏族人中），长 6.37 米，高 31 厘米，由青、黄、褐、浅黄、赤五种丝绸织成，分 10 段组合。另加首尾，首处有两条翻飞的银龙，“奉天诰命”4 个篆字端庄古朴，望之令人顿生威严肃穆之感，尾处钤盖有皇帝的“制诰之宝”玺印。从圣旨的材料来看，十分考究，上好蚕丝制成的绫锦织品，图案为祥云瑞鹤，绚丽多姿，雍容华贵。

这道圣旨，距今已有 600 多年的历史，保存完好十分难得，极具史料价值，能从中探究出中央、地方（武城）及吴家的种种文化现象，同时也具有极大的艺术欣赏价值。其行文的精悍简练，几乎达到了增一字嫌其累赘、减一字达意不确的程度。其书法为端庄的小楷，气度雍容，圆润飘逸，布局奇正相参，跌宕有致，字迹犹如浮雕一般，历经沧桑却风采不减。

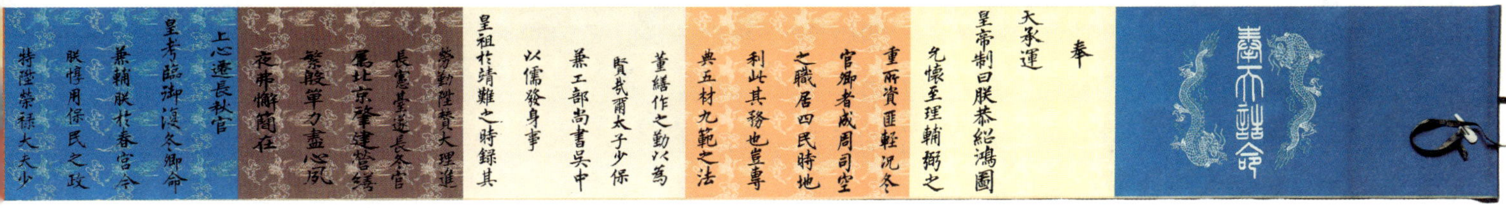

彩、光辉灿烂的一页。营建中，临清至武城的宫窑应运而生，烧制的砖借助土质好和运河漕运方便的优势，成为修建北京的贡砖。

为何皇家营建所需贡砖大都是在临清至武城沿运河两岸烧造？首先，临清至武城一带属黄河冲积平原，土质好，俗称“莲花土”，细腻无杂质，沙粘适宜，用这种土烧出的砖，敲之有声，断之无孔，坚硬结实，不碱不蚀；其二，由于临清至武城傍临运河，运输方便，土质特别，水质不碱，故而成为生产贡砖的首选之地。由此，临清、邱县、馆陶、夏津和武城的官窑应运而生。官窑烧制成的贡砖颜色都是青色，一块砖一般在四五十斤上下，重的有七八十斤。有诗赞曰：“朱花钤印体制精，陶模范埴觚棱好。”贡砖烧制成后，经严格检验，用黄裱纸封裹，搭船解运至天津张家湾（现北京通州张家湾镇）码头，经检验合格后，陆路转运京师。有诗赞曰：“玉河秋水流涓涓，舳舻运砖如丝连。”因临清至武城的数百座官窑烟火甚旺，加之漕运便利，带动运河两岸驿站商铺林立，经济繁荣。

临清至武城的贡砖除用于北京皇宫等建筑外，广泛用于全国各地。大运河沿岸的贡砖官窑厂即创设于此时。烧制时间由明永乐初到清末。据史籍记载，永乐初，工部在临清设营缮分司督理烧砖业，岁征城砖百万，顺治十八年裁营缮分司，由山东巡抚领之。至今在故宫、天坛、十三陵及清西陵等皇家建筑内，均发现有临清砖的标识。

官窑的分布以临清为中心，南至现河北省馆陶县境内，北至夏津县、武城县，东至现临清魏湾乡，原清平县的漳卫运河及会通河两岸。在此区域内窑窑相连。现武城县沿运河有几个带“厂”字的村，也即吴中的家乡大吴庄的邻村，其中不乏以当年烧制贡砖官窑厂的“厂”字命名的村庄，包括：青州厂、苏家厂、秘家厂、罗家厂和袁家厂。如今，贡砖官窑厂已不见，可这些延续下来的村子似乎还在诉说着当年运河沿岸贡砖官窑厂的辉煌历史。

《吴氏宗谱》还收录了明朝四代皇帝给吴

中的11道圣旨：第一道是永乐十年四月明成祖朱棣敕赠吴中曾祖父吴渊的诏书；第二道是同年明成祖朱棣封授吴中诰命诏书；第三道是同年明成祖朱棣诰封吴中妻刘氏的诰命；第四道是洪熙元年正月明仁宗朱高炽封授吴中为太子少保诰命；第五道是同年明仁宗朱高炽封授吴中母董氏为一品太夫人诰命；第六道是同年明仁宗朱高炽敕封吴中继母杨氏为一品太夫人诰命；第七道是同年明仁宗朱高炽封赠吴中祖父吴兴诏书；第八道是宣德二年十月明宣宗朱瞻基敕授吴中为荣禄大夫诰命；第九道是正统元年正月明英宗朱祁镇敕封吴中妻子刘氏诰命；第十道是正统七年明英宗朱祁镇追封吴中为茌平伯诰命；第十一道是明英宗朱祁镇追封吴中父亲吴成诰命。其中，明宣德皇帝诰封吴中为“荣禄大夫、少保仍兼工部尚书”的诰命原件，现仍保存在吴氏族人手中。

明宣德二年十月明宣宗朱瞻基敕授吴中为荣禄大夫诰命原文如下：“奉天承运，皇帝制曰：

朕恭绍鸿图，允怀至理。辅弼之重，所资非轻。况冬官司卿者，成周司空之职，居四民事时、地利，此其务也。岂专典五材九范之法，董缮作之，勤以为贤哉。尔太子少保兼工部尚书吴中，以儒发身，事皇祖于靖难之时，录其劳勤，升赞大理，进长宪台，遂长冬官属。北京肇建，营缮繁殷，殚力尽心，夙夜弗解，简在上心。迁长秋官，皇考临御。复冬官卿，命兼辅朕于春宫。今朕惇用保民之政，特升荣禄大夫、少保，仍兼工部尚书。夫古之三孤二公，弘化寅亮天地以弼一人，而六卿之职，皆率其属，以昌九牧，阜成兆民。往稽古训，勉钦职任，上必有以光辅朕德，下必有以厚民之生，尔钦敬哉！夫仕至一品，百僚具瞻，四方属望。其端乃心、持乃操，庶以副朕任用旧人之意，尔其懋哉！

初任营州后屯卫经历；再任大宁右卫经历；三任前北平都司经历；四任大理寺右司丞；五任大理寺左少卿；六任都察院左都御史；七任工部尚书兼詹事府詹事；八任刑部尚书；九任工部尚书兼詹事府詹事；十任太子少保兼工部尚书；今任少保兼工部尚书。

宣德二年（1427）十月二十四日”

（考述人　赵登勤）

索　引

D

F

G

H

J

K

L

M

N

P

Q

R

S

T

W

X

Y

Z